이 도서의 국립중앙도서관 출판시도서목록(CIP)은
e-CIP홈페이지(http://www.nl.go.kr/ecip)와
국가자료공동목록시스템(http://www.nl.go.kr/kolisnet)에서
이용하실 수 있습니다.(CIP제어번호: CIP2012000153)

내 몸을 살리는

곡물 과일 채소

글
박태균

design **house**

차례

한국의 식문화	*6*		
곡물	*10*	깨	*14*
		메밀	*16*
		밀	*20*
		보리	*24*
		쌀	*28*
		옥수수	*34*
		콩	*38*
		팥	*44*
과일	*48*	감	*52*
		귤	*56*
		대추	*60*
		딸기	*64*
		매실	*68*
		멜론	*72*
		바나나	*76*
		배	*80*
		복숭아	*84*
		사과	*88*
		수박	*92*
		자두	*96*
		체리	*98*
		키위	*100*
		토마토	*104*
		파인애플	*108*
		포도	*112*
채소	*116*	가지	*120*
		감자	*122*
		고구마	*126*
		고추	*130*
		깻잎	*134*
		냉이	*136*
		당근	*138*
		마	*142*
		마늘	*146*
		무	*150*

미나리	*154*
배추	*158*
버섯	*162*
부추	*168*
브로콜리	*172*
상추, 양상추	*176*
생강	*180*
셀러리	*182*
숙주나물	*184*
시금치	*188*
쑥	*192*
아스파라거스	*194*
아욱	*198*
양배추	*202*
양파	*206*
연근	*210*
오이	*214*
우엉	*218*
인삼	*220*
죽순	*224*
콜리플라워	*226*
콩나물	*228*
토란	*232*
파	*236*
파슬리	*240*
파프리카	*242*
피망	*244*
호박	*246*

견과 *250*

도토리	*252*
땅콩	*256*
밤	*260*
은행	*264*
호두	*268*

올바른 냉장고 사용법 *272*
채소와 식중독 *276*
농약 문제 *277*

한국의 식문화

최근 다양한 분야에서 한류(韓流)가 거세다. K-팝(Pop)은 이제 아시아를 넘어 유럽·남미까지 확산되고 있다. 자동차와 반도체 시장에선 세계시장 점유율을 계속 높이고 있다. 덩달아 한국 음식에 대한 세계인의 관심도 부쩍 높아졌다. 우리 정부가 한식 세계화를 강하게 밀어붙이고 있는 것도 도움이 됐겠지만 기본적으로 음식과 식문화가 매력적이지 않다면 공염불일 수밖에 없다.

최근 지구촌의 웰빙 열풍과 잘 맞아떨어지는 것은 우리 전통 음식과 식문화가 전형적인 슬로 푸드(slow food)이기 때문이다. 슬로 푸드는 패스트푸드(fast food)의 반대 개념이다. 시속 300킬로미터 속도로 달리는 고속철도의 시대와는 얼핏 잘 어울리지 않는 듯 보인다. 일상화된 '빨리 빨리' 신드롬을 거부하기 때문이다. '슬로'란 단어가 의미하는 대로 '슬로 푸드'는 식재료를 생산하는 데 오랜 시간이 걸린다. 발효·가공 등 수고스러운 과정을 거친다. 주문과 함께 조리를 시작하고 상차림에도 손이 많이 가므로 조리 시간도 길어진다. 식사 시간도 길다. 한 끼 식사에 보통 1시간 30분 이상 소요된다.

슬로 푸드에 대한 우리 국민의 관심은 세계 평균을 훨씬 웃돈다. 슬로 푸드란 용어가 서구에서 유행하자 국립국어원은 발 빠르게 이를 여유식(餘裕食)이라고 번역했다.

밥·된장국·김치·나물·젓갈 등 발효시켜 만들거나 조리에 많은 시간을 들이는 우리 전통 음식은 대표적인 슬로 푸드다. 설렁탕·곰탕·삼계탕·해장국 등도 슬로 푸드로 손색이 없다. 이 음식들은 오래 씹으면 맛이 나고 각종 영양소가 골고루 들어 있다.

이 중 김치는 유산균이 풍부한 것이 장점이다. 한국인은 하루 평균 100g의 김치를 먹는데 매일 100억 마리의 유산균을 먹는 셈이다. 유산균은 김치가 적당히 익어 새콤한 맛이 날 때 그 수가 가장 많다. 유산균의 강력한 항균 능력 덕분에 김치를 먹은 뒤 배탈이 나는 경우는 거의 없고, 김치가 썩는 일도 드물다.

젓갈은 소금에 절여 볼품없어 보이지만 훌륭한 유산균 발효 식품이며 영양 덩어리다. 특히 쌀밥을 주식으로 하는 식생활에서 결핍되기 쉬운 각종 영양소를 보충해준다. 부족하면 악성 빈혈을 일으킬 위험이 있는 비타민 B_{12}가 풍부한 것도 장점이다.

된장·간장·고추장 등 '장류 삼총사'도 미생물 발효를 이용한 완벽한 슬로 푸드다. 장의 주원료는 콩이다. 맛있고 영양 많은 장을 얻으려면 잘 여문 콩을 삶은 뒤 빻아서 만든 메주를 바람이 잘 통하고 햇볕이 잘 드는 곳에서 말려야 한다. 발효시킨 메주를 소금물로 우려낸 것이 간장, 우려내고 남은 메주를 으깨 소금 간을 해 다시 발효시킨 것이 된장, 메주 가루에 찹쌀·소금을 넣어 발효시킨 것이 고추장이다.

김치·비빔밥·설렁탕 등을 즐겨 먹는 외국인에게 한국 음식의 특징에 대해 물으면 흔히 나오는 단어가 스파이시(spicy·자극적), 헬시(heathy·건강), 펀(fun·재미)이다.

우리 음식이 자극적인 것은 고추와 마늘을 많이 쓰기 때문이다. 먹으면 입이 얼얼하고 땀이 줄줄 흐르는 음식이 외국인에겐 '핫(hot)'하게 느껴졌을 법하다. 그러나 이 사실이 우리 음식의 세계화를 가로막는 장애물은 아니다. 고추를 더 많이 쓰는 태국 음식이 세계인의 입맛을 사로잡았다는 것이 증거다. 게다가 마늘과 고추는 최고의 웰빙 식품이다.

우리 음식이 건강식이라는 것은 자부할 만하다. 세계 최고의 웰빙식으로 통하는 지중해식 식사 못지않다. 오히려 그 이상이다. 그렇게 말하는 근거는 우리 음식은 밥과 다양한 반찬이 함께 나오는 균형식이기 때문이다. 특히 채식 대 육식 비율이 8대 2의 황금 비율이다. 요즘 발효 음식을 빼고 웰빙 음식을 논하기 힘든데 김치·청국장 등 발효 음식이 발달했다. 육류를 삶고 찌며, 생선을 찜·조림·회로 이용하는 등 조리법도 건강 친화적이다.

한국 음식이 '펀'하다는 것은 같은 음식이라도 조리법이 다양해 배우는 즐거움이 있다는 의미다. 주한 외교사절의 부인들이 우리 음식 배우기에 열심인 것은 이 때문이다. 우리 음식은 또 뛰어난 미적 감각을 자랑한다. 음식 간의 색채미와 조화미를 고려하고 수(壽) 등 기원하는 글자를 수놓은 고배 음식이 좋은 예다. 이야기(story)도 있다. 음식마다 전해져 내려오는 전설이나 민담은 한국 음식의 즐거움을 더욱 높여준다.

우리 식문화를 잘 간직한 음식으로는 종가 음식과 사찰 음식을 꼽을 수 있다.

종가 음식은 각 지방 종갓집의 관혼상제(冠婚喪祭)를 위한 상차림이다. 태어나고 결혼하고 죽고 제사를 받는 사례(四禮)를 잘 치르기 위해 정성을 다해 만든 음식이다. 한마디로 요약하면 종가의 맏며느리인 종부(宗婦)의 '손맛'이다.

요즘 사람들이 종가 음식에 대해 갖는 막연한 오해와 편견 세 가지가 있다. 손이 너무 많이 가서 대중과는 동떨어진 음식, 현대인의 입맛엔 잘 맞지 않는 고전적 음식, 상다리가 휠 만큼 산해진미여서 허례가 심한 음식이라는 것이다.

만들 때 손이 많이 가고 시간이 오래 걸리는 슬로 푸드인 것은 맞다. 하지만 이는 오히려 자랑거리다. 가족의 건강을 위해 식재료 손질에서 조리까지 정성을 다한다는 것은 큰 매력이다.

종가 음식은 인공조미료를 사용하지 않아 맛이 담백하다. 몇 번 즐기다 보면 깊은 맛에 빠지게 된다. 까다로운 집안 어른의 입맛에 맞추기 위해 종부가 정성껏 만든 음식이니 맛이 떨어질 리 없다.

종가 음식이 격식을 중시하고 식생활에서 상스러움을 피하려고 애쓴 것은 사실이다. 특히 제사를 모실 때는 조상에 대한 감사와 존경의 의미를 담아 최고의 음식을 장만했다. 하지만 가문의 위신과 권위를 위해 형편에 맞지 않는 값비싼 식재료를 사용하거나 외관에 치중하진 않았다. '한 상 가득' 올려 음식물 쓰레기를 양산하는 교자상은 우리의 전통 식문화와는 거리가 있다. 선조들의 원래 상차림은 외상 차림이었다.

그 지역에서 나는 제철 농산물, 즉 신선한 식재료를 사용하는 것도 종가 음식의 강점이다. 종가 음식이 향토 음식의 보고이자 로컬 푸드의 원조로 평가되는 것은 이래서다.

사찰 음식도 채식 위주의 우리 전통 식생활과 맥이 닿아 있다. 사찰 음식은 삼소, 즉 적게(小) 먹고 채소(蔬)가 주를 이루며 웃으며(笑) 즐기는 음식이다. 불교 교리대로 육류와 어패류 등 고기의 섭취를 금한다. 냄새나 자극성이 강한 파·마늘·부추·달래·홍거 등 오신채, 인공조미료 등 식품첨가물, 정제된 설탕을 쓰지 않는다. 비닐하우스에서 길렀거나 농약·비료를 사용한 곡물도 기피 대상이다. 사찰 음식의 요체는 제철 재료와 천연 재료로 조리하는 것이다. 인공조미료 대신 다시마·버섯·들깨·콩가루 등으로 직접 만든 천연 조미료를 넣는다. 설탕은 유기농 설탕과 과일로 대체한다. 사찰 김치는 젓갈 대신 조선간장·된장·고추장·잣·깨로 맛을 내고 감초를 감미료로 쓴다. 멸치와 쇠고기 대신 참죽순·표고버섯·다시마를 넣는다. 단백질은 콩과 버섯으로, 칼슘은 우유 대신 무청으로 섭취한다. 이때 칼슘의 체내 흡수를 돕는 비타민 D가 풍부한 무말랭이와 표고버섯을 함께 섭취한다.

종가 등 가정과 함께 우리 식문화의 한 축을 이루는 곳이 음식점이다.

한반도 음식점의 역사는 주막(酒幕)에서 시작된다. 주막의 기원을 신라시대 김유신이 어릴 때 다니던 술집 천관(天官)으로 보는 학자도 있다.

하지만 기록상 처음 주막이 생긴 것은 고려 성종 2년 때다. 해외 교역이 활발했던 고려의 수도 개성엔 외국 상인들을 위한 영빈관·회선관 등을 세웠고, 여기서 자연스레 술과 음식을 팔았을 것으로 짐작된다.

향촌 사회가 중심이던 조선시대엔 TV 사극 드라마에서처럼 '마을의 온갖 정보가 소통되던' 주막은 드물었다. 조선 후기인 18세기에 들어서야 주막이 우후죽순처럼 생겨났다. 당시 시골의 시장에는 주막이 3분이 1을 차지했다는 기록도 남아 있다.

　　주막은 한자의 뜻대로 작은 술집이다. 술을 마시고 안주로 요기를 하며 잠도 잘 수 있는 곳이었다. 술값이나 음식값은 받지만 숙박비는 따로 지불하지 않아 숙박업소라기보다는 주점에 더 가까웠다. 음식을 주문하면 김치 등 반찬값은 받지 않는 국내 식당들의 오랜 전통도 주막의 기억에서 비롯됐을 것으로 여겨진다.

　　19세기 말부터는 다양한 형태의 주점이 등장했다.

　　몰락한 양반가의 부인들이 생계를 잇기 위해 차린 내외주점, 막걸리를 사발로 파는 사발막걸릿집, 서서 술을 마시는 목로주점, 술 찌꺼기를 걸러 만든 모주를 파는 모줏집, 기생이 나오는 색주가 등이다.

　　주점 일부가 전문 밥집으로 간판을 바꿔 달기 시작한 것은 1930년대부터다. 술을 마신 손님들이 국물이 있는 탕을 찾은 것이 계기가 됐다. 한정식을 제공한 최초의 전문 음식점(요릿집)은 궁중 요리를 하던 안순환이 1909년에 세운 명월관이다. 명월관은 기생집을 겸했다. 한 상 가득 차린 교자상엔 '승기악탕'·'신선로' 등 궁중 음식을 주로 올렸다. 명월관의 교자상은 밖으로 배달하기도 해 한식 출장 뷔페의 효시로 알려졌다.

　　해방과 한국전쟁을 거치면서 요릿집 대신 요정이 자리를 잡았다. 1960년대에 요정은 한정식을 취급하는 음식점으로 탈바꿈한다.

　　이처럼 우리나라 음식점의 주메뉴는 주막 → 주점 → 주점을 겸한 밥집→요릿집→요정 등을 거쳐 변화해온 술이었다. 즉, 기생 등의 접대를 받기 위해 가는 곳이었다.

　　세계에 자랑할 만한 전통 음식과 식문화를 놔두고 식생활이 점차 서구화되는 것은 참으로 안타까운 일이다. 비만·고혈압·당뇨병·심장병·뇌졸중 등 서구형 질환과 대장암·상부 위암·전립선암 등 서구형 암이 늘어나는 것은 우리 음식을 홀대한 결과일 수 있다.

곡물

Cereal

곡류(곡물)에는 우리의 주식인 쌀과 각종 잡곡이 포함된다.

영양적으로 곡류는 우리에게 탄수화물을 주로 공급해주는 식품이다. 탄수화물은 흔히 '자녀 많은 집의 탈 없이 자라는 둘째'에 비유되는 영양소다. 두뇌와 근육의 에너지원이며 영양가(家)의 '맏형'뻘이지만 그다지 대중의 주목을 받지 못하기 때문이다. 단백질·비타민·미네랄은 영양제를 복용해서라도 부족하지 않게 섭취하려고 애쓴다. 지방은 악명이라도 높지만 탄수화물에 관심을 보이는 소비자는 의외로 드물다. 지난 1969년 우리 식생활에서 탄수화물·단백질·지방을 통한 열량 섭취 비율은 80%·13%·7%였으나 요즘은 탄수화물의 기여도가 60%대로 떨어졌다. 전체 열량 섭취에서 탄수화물의 기여도는 크게 줄어들고 지방의 기여도는 증가하는 추세다. 탄수화물 섭취 비율이 감소하면서 당뇨병·심장병·고혈압·뇌졸중 등 생활 습관병이 크게 늘어났다고 주장하는 학자도 있다.

건강에 이로운 탄수화물(good carb)과 해로운 탄수화물(bad carb)이 있다. 설탕·케이크·과자·과일·청량음료 등에 든 단순당은 '나쁜' 탄수화물 공급 식품이다. 반면 가공하지 않은 현미·통밀 등 전곡(全穀·통곡이라고도 함, whole grain)은 '좋은 탄수화물'의 대표다. 실제로 미국의 소비자는 곡류를 구입할 때 라벨에서 'whole'(全)이란 단어를 열심히 찾는다.

정월 대보름 절식인 오곡밥은 흔히 쌀·보리·조·콩·기장 등 다섯 가지 곡류로 지은 밥이다. 엄밀히 말하면 이 중 콩은 곡류가 아니라 콩류(두류)로 분류된다.

잡곡밥에 들어가는 곡류(잡곡)는 범위가 넓다. 옥수수·감자·고구마·율무·녹두·팥, 심지어는 대추·밤을 넣기도 한다. 잡곡밥은 전곡과 거의 유사한 건강 효과를 보인다. 식이섬유·칼륨 등 미네랄과 비타민 B_1·B_2·E·나이아신 등 비타민·단백질 등도 흰쌀밥보다 풍부하다. 그래서 잡곡밥을 종합 영양제라고 부르는 학자도 있다.

곡류의 주된 성분이 탄수화물이라면 대표 건강 성분은 식이섬유(섬유소)다. 그러나 모든 곡류에 식이섬유가 풍부한 것은 아니다.

현미·통밀·통보리 등 전곡이 식이섬유가 풍부한 대표적인 곡류다. 식이섬유가 많은 곡류를 먹으면 소화되는 속도가 지연되므로 소량만 먹어도 포만감이 오래 지속된다. 전곡이 식욕 억제제, 다이어트 식품으로 통하는 것은 다 식이섬유 때문이다. 전곡과 잡곡밥은 당뇨병 환자에게도 권장할 만하다. 콩밥이나 팥밥을 먹으면 장에서 탄수화물이 흡수되는 시간이 지연돼 혈당이 서서히 오르기 때문이다. 식이섬유가 배변을 촉진하므로 전곡과 잡곡밥은 변비 예방에도 효과적이다. 전곡의 식이섬유는 대장암 예방에도 유효하다. 발암 물질 등 독성 물질이 장을 빨리 통과하도록 하기 때문이다. 옥수수·고구마·보리 등은 훌륭한 변비 치료제이자 대장암 예방 식품이라고 볼 수 있다.

전곡과 잡곡밥은 고지혈증 환자에게도 추천하는 음식이다. 식이섬유가 장 통과 시간을 단축시켜 콜레스테롤이 장에서 재흡수되는 시간이 짧아지기 때문이다. 이와 더불어 전곡엔 혈압을 조절해주는 미네랄인 칼륨이 풍부해 고혈압 환자에게도 유익하다. 부종(浮腫)이 있는 사람이 잡곡밥을 먹으면 부기가 가라앉는 것도 칼륨 덕분이다.

팥 등 일부 곡류엔 B_1·B_2·나이아신 등 비타민 B군이 많이 들어 있다. 이 비타민들은 몸 안에서 에너지(열량)가 빨리 생성되도록 돕는다. 지치고 피로가 쌓였을 때 콩밥이나 팥밥을 먹으면 금세 기운이 나는 것은 이래서다. 술꾼에게 전곡이나 잡곡밥을 권하는 것은 비타민 B_2가 간에서 알코올 분해를 촉진하고 간 기능 향상에 도움을 주기 때문이다.

제아무리 건강에 좋은 전곡과 잡곡밥이라고 해도 주의할 점은 있다. 이들의 식이섬유 함량이 높다는 것이 불리하게 작용할 수도 있어서다. 소화가 잘 안 될 수 있으므로 어린이, 노인, 위염·위궤양 환자, 평소 소화력이 약한 사람에게 전곡이나 잡곡 섭취를 강권하는 것은 현명하지 않은 일이다. 특히 소화 기능이 채 성숙되지 않은 어린이에게 전곡이나 잡곡을 억지로 먹이면 소화 장애가 올 수 있다. 전곡이나 잡곡을 불린 물을 무심코 버리는 것도 손해 막급이다. 그 안엔 수용성비타민 등 각종 영양 성분이 녹아 있기 때문이다.

잡곡밥은 백미 밥보다는 영양이 훨씬 우수하지만 단백질과 비타민 C·D·E, 엽산(비타민 B군의 일종, 기형 예방), 칼슘(뼈와 치아 건강에 중요), 불포화지방(혈관 건강에 유익) 등을 반찬으로 보충하면 더욱 알찬 건강식이 된다.

잡곡밥 1공기, 두부 된장국 1대접, 고등어구이 1토막(고등어 50g), 풋고추볶음, 버섯볶음, 배추김치, 오렌지 주스. 잡곡밥과 잘 어울리는 식단의 한 예다.

고등어는 잡곡밥에 부족한 단백질·비타민 E·불포화지방을 보충해준다. 풋고추·버섯엔 비타민 C와 D, 엽산이 풍부하다. 두부 된장국엔 양질의 단백질과 칼슘이 들어 있다. 식사 뒤에 비타민 C가 풍부한 오렌지 주스 한 잔을 곁들이면 훌륭한 잡곡밥 건강식이 된다.

깨   Sesame

"열려라 깨."

《알리바바와 40인의 도적》의 주문(呪文)에 등장하는 깨는 참깨일까? 들깨일까?

참깨(Open Sesame)다. 'Open Perilla'(열려라 들깨)를 외쳤다면 도적들의 바위 문은 절대 열리지 않았을 것이다.

참깨와 들깨는 엄연히 다른 식물이다.

참깨가 한반도에 들어오기 전엔 들깨를 깨라고 일컬었는데 나중에 참깨에 밀려 들(野) 자가 붙게 됐다는 설도 있다.

참깨부터 살펴보자. 색깔에 따라 흰깨와 검은깨로 나뉜다. 둘은 열량과 영양 면에서 차이가 별로 없다. 검은깨엔 흰깨에는 없는 항산화 성분이 하나 더 들어 있다. 검은 색소 성분인 안토시아닌이다. 학자들이 깨 중에서 검은깨의 항산화 효과가 가장 강력하다고 보는 까닭은 안토시아닌의 존재감 때문이다. 우리 선조도 검은깨의 이런 강점을 알았던 것일까? 검은깨를 거승(巨勝)이라 불렀다. 또 신라의 화랑은 수련할 때 일곱 가지 곡식을 섞어 먹었는데 이 중 하나가 검은깨였다.

참깨는 모양이 납작하다. 고대 이집트와 중동(메소포타미아)에서도 재배됐다. 고대 이집트에선 미라를 보존하기 위한 약으로도 썼다.

참깨를 짜면 참기름, 들깨에선 들깨 기름(들기름)이 나온다. 두 기름엔 혈관 건강에 이로운 불포화지방이 많다. 참기름엔 불포화지방 중에서도 오메가-6 지방의 일종인 리놀레산이 풍부하다. 들기름엔 오메가-3 지방의 일종인 리놀렌산이 많다. 리놀렌산은 체내에 들어온 뒤 역시 오메가-3 지방인 EPA나 DHA로 전환된다. 등 푸른 생선에 풍부하다는 바로 그 녀석들이다.

들깨는 참깨처럼 씨앗류, 즉 종자류에 속한다. 대개 갈색을 띠며 모양이 동그랗다. 한국·중국·인도 등 동양인들이 선호한다. 들깨의 잎이 깻잎이다. 깻잎을 참깨 잎으로 오인하는 사람이 의외로 많다. 깻잎은 차조기(紫蘇)의 잎과 비슷하게 생겼다. 들깨의 다른 이름이 야소(野蘇)·백소(白蘇)인 것은 그 때문이다. 들깨에서 기름을 짜고 남은 것이 깻묵이다. 깻묵은 사료나 비료로 이용된다. 이처럼 들깨는 버릴 게 하나도 없는 식물이다.

참깨나 들깨의 표면은 셀룰로오스란 물질로 덮여 있다. 그대로 먹으면 소화되지 않고 몸 밖으로 배출된다. 영양학자들이 깨는 씨앗째 먹지 말고 볶아서 빻아 먹으라고 권하는 것은 이런 이유에서다. 일단 빻고 나면 산화가 빨리 진행되므로 먹기 직전에 필요한 양만 볶아서 빻는 것이 현명하다.

왜 사이가 좋으면 깨가 쏟아져?
깨는 다른 곡물과는 달리 추수할 때 한번 살짝 털기만 해도 우수수 잘 떨어진다. 이처럼 추수하기가 쉬운 까닭에 깨를 털 때마다 깨를 쏟는 재미가 각별하다. 그래서 오붓하고 아기자기하여 매우 재미있다는 것을 표현할 때 깨가 쏟아진다고 표현한다.

참깨는 높이 1m 정도까지 자라며 잎에는 흰색 털이 빽빽이 덮여 있다. 뿌리는 곧고 깊게 뻗으며 줄기는 단면이 네모지고 여러 개의 마디로 나뉜다. 8월에 줄기 위쪽 잎겨드랑이에서 연보라색 꽃이 피며 열매는 둥근 기둥 꼴이고 보통 네댓 쪽으로 나뉜다. 이 열매 속에 노르스름하고 납작한 작은 씨앗이 들어 있는데 이것이 깨이다.

알고 보니 '짱깨'
중국산이 곡물 시장을 점령한 가운데, 국내산을 찾는 사람들이 많다.
들깨: 국내산은 껍질이 얇고 잘 벗겨지는 반면, 중국산은 껍질이 두껍고 잘 벗겨지지 않는다. 육안으로 봤을 때 껍질이 매끄럽고 낱알 크기가 작으면 국내산, 거칠고 크면 중국산이다.
참깨: 낱알이 잘고 길이가 짧은 것이 국내산, 굵고 너비가 좁아 길어 보이는 것이 중국산이다. 또 낱알을 만져봤을 때 촉감이 부드러운 것이 국내산이다.

주요 산지

안동
해남
여천
북제주
의성
예천
신안
무안

주요 영양 성분

참깨, 들깨 모두 불포화지방이 풍부하고 단백질 · 칼슘 · 칼륨 함량이 매우 높으며 작물로서는 가장 많은 영양 성분을 함유하고 있다.

효능

피부 노화 방지

보관 방법

습기나 물기가 닿으면 2~3일 내로 곰팡이 피므로 밀폐력이 우수한 용기에 넣어 서늘한 곳에 보관한다.

내 건강에 따라 깨를 골라 먹는 재미

흰깨(참깨): 참깨는 지방과 영양이 풍부해 허약한 체질을 개선한다. 고기를 먹을 때 곁들이면 콜레스테롤을 제거하고 혈관의 노화를 예방한다.

들깨: 들깨는 폐를 보호하는 작용과 함께 위를 좋게 하고 배변을 쉽게 하는 효과가 있다. 철분이 많아 빈혈에도 좋으며 피부 노화 방지, 성인병 치료와 예방에 좋다.

검은깨: 검은깨는 맛이 달고 두피와 모발 보호 효과가 있어 탈모를 방지한다. 또 노화 방지 효과가 뛰어나며 간 기능을 회복시킨다.

건강에 고소함과 바삭함을 더한 참깨와 검은깨 나선형 강정

볶은 참깨 · 볶은 검은깨 1컵씩, 강정 시럽(설탕 · 물엿 1컵씩, 소금 1/4작은술) · 올리브 오일 약간씩

① 설탕 1컵과 물엿 1컵을 냄비에 넣어 섞은 후 약한 불에서 설탕이 녹을 정도로 끓인 다음 소금으로 간을 해 강정 시럽을 만든다.
② 프라이팬에 참깨를 넣고 강정 시럽 4~5큰술을 넣어 약한 불에서 고루 섞는다. 재료가 한 덩어리가 되면서 시럽이 실처럼 엉겨 붙을 때까지 볶는다.
③ 검은깨도 같은 방법으로 시럽을 넣어 볶는다.
④ 김밥 틀 위에 랩을 깔고 올리브 오일을 살짝 바른 뒤 각각의 강정 덩어리를 놓고 밀대를 사용해 0.5cm 두께로 민다. 이때 참깨 강정 덩어리를 검은깨 강정 덩어리보다 조금 더 크게 민다.
⑤ 참깨 강정 민 것을 넓게 펴두고 그 위에 검은깨 강정 민 것을 올린 다음 잘 붙도록 눌러가며 김밥처럼 돌돌 만다.
⑥ 5가 굳기 전에 단면이 보이도록 0.5cm 두께로 썬다.

메밀

Buckwheat

"산허리는 온통 메밀밭이어서 피기 시작한 꽃이 소금을 뿌린 듯이 흐뭇한 달빛에 숨이 막힐 지경이다."

이효석의 소설인 《메밀꽃 필 무렵》의 한 대목이다. 메밀꽃은 초가을에 핀다. 그러나 음식 재료로서의 메밀은 겨울이 제철이다. 메밀국수·메밀묵·꿩메밀칼국수·꿩메밀만두·메밀쌀죽·메밀수제비는 찬 바깥 날씨와 잘 어울린다.

우리 선조의 눈에 비친 메밀은 오방지영물(五方之靈物)이었다. 파란 잎, 흰 꽃, 붉은 줄기, 검은 열매, 노란 뿌리 등 오방색(五方色)을 지녔기 때문이다. 과거에 부녀자가 겨울밤에 모여 메밀묵 추렴을 한 것은 오색을 두루 갖춘 메밀을 먹으면 아들을 잘 낳는다는 속설 때문이었다.

조상들에게 메밀은 고마운 구황(救荒)작물이었다. 흉년이 들면 메밀대를 삶아 먹으면서 허기를 달랬다. 메밀가루는 뜨거운 물에 타면 곧바로 먹을 수 있어서 들에 마소를 돌보러 나갈 때 비상식량으로 이용했다. 씨를 뿌린 뒤 2개월만 기다리면 거둘 수 있는 데다 추운 곳이나 고지에서도 잘 자라는 등 메밀은 구황작물의 조건을 죄다 갖춘 곡류다.

요즘엔 미식(美食)과 웰빙을 위해 즐겨 먹는다. 다이어트를 하는 사람에게도 인기가 높다. 열량이 특별히 낮은 것은 아니지만 다른 곡물에 비해 상대적으로 저열량이기 때문이다(100g당 알곡 374kcal, 가루 359kcal). 특히 삶은 메밀국수와 메밀묵의 열량은 100g당 각각 132kcal·58kcal에 불과하다. 이 정도라면 체중 감량 중인 사람도 부담 없이 먹을 수 있는 열량이다.

한방에선 오래전부터 메밀을 약재로 썼다.

중국의 고의서인 《본초강목》엔 "메밀은 위를 실(實)하게 하고 기운을 돋으며 정신을 맑게 하고 오장의 찌꺼기를 없애준다"라고 기술돼 있다.

《동의보감》에는 "비·위장에 일 년간 쌓인 체기가 있어도 메밀을 먹으면 내려간다. 메밀 잎으로 나물을 만들어 먹으면 귀와 눈이 밝아진다"라고 했다.

메밀의 대표 웰빙 성분은 루틴이다. 비타민 P라고도 불린다. 항산화 성분이어서 혈관에 쌓인 유해산소(활성산소라고도 한다)를 없애 혈관의 노화를 막아준다. 뇌졸중·동맥경화 환자에게 메밀을 권장하는 것은 이래서다.

루틴은 혈압도 내려준다. 우리 몸에 염분이나 스트레스가 가해지면 앤지오텐신-II(혈압을 높이는 물질)가 분비돼 혈압이 올라간다. 이때 루틴은 앤지오텐신-II의 활성을 낮춘다. 고혈압 환자는 메밀가루를 물에 탄 뒤 꿀을 넣어

《메밀꽃 필 무렵》의 주인공 따라잡기

봉평 효석문화제

이효석의 작품 《메밀꽃 필 무렵》의 실제 무대가 된 봉평 메밀밭에서는 매년 축제가 열린다. 소설처럼 아름다운 메밀 꽃밭을 배경으로 시골 마을의 넉넉한 인심과 흥겨운 볼거리를 체험해볼 수 있다. 자세한 내용은 홈페이지를 통해 알아볼 수 있다.

주요 산지	주요 영양 성분	효능	고르는 방법
강원도 봉평 일대	단백질 비타민 B_1 · B_2 니코틴산	변비 예방 동맥경화 예방	삼각형의 모서리가 뾰족하고, 삼각뿔을 이루는 각각의 면이 오목한 것으로 고른다.

메밀의 꽃은 희고 줄기는 붉으며 잎은 녹색이다.

마시면 효과를 볼 수 있다.

메밀은 당뇨병 환자에게도 좋다. 루틴이 인슐린(혈당을 낮추는 호르몬) 생산 공장인 췌장의 활동을 도와주기 때문이다.

루틴은 우리 몸에서 생성되지 않으므로 전량 식품을 통해 공급받아야 한다. 루틴은 메밀 외에 감자·아스파라거스·버찌·감귤류·팥 등에도 들어 있다.

수용성(水溶性)인 루틴은 메밀 삶은 물에 우러나온다. 그러므로 메밀국수의 국물 등 메밀 삶은 물을 버리지 말고 마시는 게 좋다.

메밀에는 단백질과 식이섬유도 풍부하다. 100g당 단백질 함량이 11.5g으로 같은 무게의 두부(9.3g)보다 높다. 단백질의 질로만 따지면 식물성 식품 중에선 단연 최고 수준이다. 특히 메밀에 든 리신·트레오닌·트립토판은 쌀·보리·밀 등엔 부족한 아미노산이다.

식이섬유 함량은 100g당 9.5g에 달한다. 식이섬유는 변비를 예방하고 혈중 콜레스테롤을 낮춰준다. 그래서 예부터 메밀을 변통(便通)에 이로운 곡물로 쳤다. 식이섬유는 희고 고운 가루보다는 겉껍질이 조금 남은 거뭇거뭇한 가루에 훨씬 많다.

메밀가루엔 전분 분해 효소 등 각종 소화효소가 많이 들어 있다. 당연히 메밀로 만든 음식은 소화가 잘될 수밖에 없다. 그러나 가루 상태로 장기간 저장하면 이들 효소의 작용으로 메밀가루 고유의 특성이 사라진다. 메밀국수 등 메밀로 음식을 만들 때는 새로 빻아서 만든 가루를 써야 제맛이 난다.

약점으로 지적되는 것이 두 가지 있다. 첫째, 껍질 부위에 살리실아민 등 독성 물질이 소량 들어 있다. 이 독성 물질을 해독하는 것이 무다. 메밀국수·메밀냉면에 무생채나 무즙이 꼭 따라 나오는 것은 이런 이유에서다. 둘째, 성질이 차다는 것인데 이는 강점도 된다. 평소 몸이 찬 사람이 메밀을 과다 섭취하면 설사·소화불량을 일으킬 수 있다. 몸이 냉성인 사람은 열성 식품인 겨자를 넣은 뒤 따뜻한 국물을 부어 온면으로 먹는 것이 좋다. 속열이 많은 사람은 냉성 식품인 메밀·오이·배로 열을 식힐 수 있다.

메밀은 버릴 게 없는 식품이다. 연한 잎은 데쳐서 나물로 먹는다. 껍질은 예부터 베갯속으로 이용했다. 메밀껍질 베개는 잠을 잘 오게 하는 것으로 입소문이 났다. 최근엔 미국에서도 메밀 베개가 상당한 인기를 누리고 있다.

메밀껍질이 베갯속으로 쏙

메밀껍질은 베갯속으로 주로 사용된다. 물에 넣어 가볍게 흔들어 씻어 먼지를 없애고 넓게 펼쳐 그늘에 잘 말린 뒤 베갯속으로 사용하면 숙면을 취하는 데 도움이 된다. 이때 바스락 소리가 날 정도로 바짝 말려야 벌레가 생기지 않는다. 메밀껍질은 흡수성이 뛰어나 더운 여름날 이용하거나 땀과 열이 많은 사람이 사용하면 땀이 덜 나고 머리가 맑아진다. 베갯속 메밀껍질은 자주 꺼내 씻어야 위생적이다. 잘 말려 사용하면 여러 번 쓸 수 있다.

시원하게 즐길 수 있는 메밀묵사발

메밀묵 1모, 동치미 무(작은 것) 1/2개, 오이 1개, 신 배추김치 200g, 김 2장, 고춧가루 · 참기름 · 깨소금 약간씩, 국물 양념(동치미 국물 · 육수 5컵씩, 식초 · 설탕 2큰술씩)

만들기

① 동치미 국물과 육수를 섞어 식초와 설탕으로 간한다. 간한 국물은 냉동실에 넣어 살짝 얼린다.
② 동치미 무는 곱게 채 썰어 고춧가루를 넣어 버무리고, 오이도 채 썰어 소금에 가볍게 절인 뒤 물기를 꼭 짠다.
③ 신 배추김치는 속을 털어내고 잘게 채 썰어 참기름과 깨소금으로 양념한다.
④ 메밀묵은 가늘고 길게 자른다.
⑤ 김은 살짝 구워 손으로 부순다.
⑥ 속이 깊은 그릇에 메밀묵을 담고 오이와 동치미 무, 신 김치를 고루 얹은 뒤 1의 육수를 붓는다. 그런 다음 부수어놓은 김을 올린다.

밀 Wheat

'우리 밀 살리기 운동' 때문인지 '국산 밀=우리 밀'로 잘못 알고 있는 사람이 허다하다.

엄밀히 말하면 우리 밀은 국산 밀의 한 품종이다. 주 품종이 아니며 국산 밀의 1% 정도이다. 국산 밀의 90%가량은 국수 등 다목적으로 쓰이는 금강밀이다.

밀을 서양인의 주식으로만 여기는 사람이 많다. 그러나 밀은 한국인과도 인연이 깊은 곡식이다. 한반도에 밀이 들어온 것은 삼국시대로 거슬러 올라간다.《고려사》·《고려도경》 등엔 "(밀로 만든) 국수는 고급 음식이고 절에서 국수를 만들어 팔았다"라는 기록이 나온다.

요즘도 밀은 쌀 다음으로 많이 섭취하는 제2의 식량이다. 연간 1인당 33.7kg(2008년 기준, 같은 해 쌀 소비량 75.8kg)을 소비한다.

밀은 전 세계에서 가장 많이 경작될 뿐 아니라 국제 거래량 규모도 최대인 곡물이다. 단백질 함량을 기준으로 경질밀과 연질밀로 나뉘는데, 단백질이 많이 든 것이 경질밀이다.

우리나라에서 밀의 90% 이상은 가루로 제분된다. 밀가루는 면(국수)·빵·과자·간장·된장 등 다양한 식품의 재료로 쓰인다.

밀가루는 글루텐 함량에 따라 강력분(13% 이상)·중력분(10~13%)·박력분(10% 이하)으로 분류한다.

경질밀로 만드는 강력분은 식빵 등 각종 빵의 원료로 쓰인다. 빵을 만들 때 발효된 가스를 모아주는 단백질 함량이 가장 높아 빵에 부드러움을 더하기 때문이다. 케이크·과자·만두·카스텔라·과자·튀김에 사용되는 밀가루는 연질밀로 만드는 박력분이다. 경질밀과 연질밀을 섞은 중력분은 강력분과 박력분의 중간 정도 성질을 띤다. 국수·라면·수제비·만두 재료로 흔히 쓰인다.

셋 중 국내에서 가장 많이 생산되는 것은 중력분(중력 밀가루)이다. 우리 국민이 빵보다 면을 선호해서다. 중력분은 수분과 냄새를 잘 흡수하므로 화장품·세탁비누·등유·나프탈렌 등 냄새가 강한 물건과는 함께 두지 말아야 한다.

영양 강화 밀가루도 있다. 제분 공정 중에 손실되는 영양소를 보충하기 위해 비타민 B군·미네랄·아미노산 등을 첨가·혼합한 것으로 제과·제빵·면 등의 재료로 다양하게 사용된다. 파스타의 주재료로 쓰이는 밀가루는 이탈리아의 기후에서 잘 자라는 듀럼이란 딱딱한 밀로 만드는 세몰리나다.

비싸서 못 먹었던 밀

송나라 사신인 서긍(徐兢)이 지은《고려도경》(1123년)에 "고려에는 밀이 적어 화북에서 들여온다. 따라서 밀가루값이 매우 비싸 성례(成禮) 때가 아니면 먹지 못한다. 10여 가지 식미食味 중 면식(麵食)을 으뜸으로 삼는다"라는 구절이 나온다. 이것으로 보아 우리나라에 국수를 전래한 것은 송나라로 유학 간 고려 승려들이었을 것으로 추측된다. 밀가루는 조선시대에도 귀하고 비싸 오래된 음식 책에는 밀가루보다 메밀로 만든 국수가 훨씬 많이 등장한다.

저, 밀가루로 샴푸했어요

요즘은 천연 머리 세정제를 쓰는 사람들도 많은데, 샴푸나 린스를 쓰지 않고 밀가루로 머리를 감을 수 있다는 사실! 대야에 밀가루를 넣어 물에 희석시켜 두 번 감은 다음에 식초 2~3방울을 탄 물로 헹구어주면 끝이다. 밀가루로 머리를 감으면 머릿결이 윤택해지는 것은 물론, 두피의 기름을 없애주고 탈모 예방에도 효과적이다.

주요 산지	주요 영양 성분	효능	고르는 방법
구례 고창 함양 제주 등	단백질 65% 이상 비타민 B_2 · B_6 미네랄	변비 치질 대장암 예방 면역력 강화 소화관 활성화	냄새를 맡았을 때 산화되지 않아 고소한 냄새가 나며 색이 선명한 것이 좋다.

밀가루를 분류하는 데 기준이 되는 글루텐(gluten)은 밀 단백질이다. 밀가루에 물을 가해 반죽하면 점성이 생기는 것은 이 덕분이다. 만약 글루텐이 없다면 밀가루가 흐트러져 빵이나 면을 만들 수 없다. 쌀엔 글루텐이 없다. 이 때문에 밀·보리·옥수수(글루텐 함유)로는 빵을 쉽게 만들 수 있지만 쌀을 원료로 하는 쌀빵은 제조하기 힘들다. 글루텐은 일부 민감한 사람에게 알레르기나 셀리악병(심한 위장 질환)을 일으킬 수 있다.

밀은 완전식품은 아니다. 영양적으로 약점이 몇 가지 있다. 첫째, 피와 살이 되는 단백질이 양적인 면에선 부족하지 않지만 질이 떨어진다. 밀의 단백가(단백질의 질을 나타내는 지표)는 57(밀가루 41)로 쌀(73)보다 낮다. 빵·과자 등을 만들 때 계란·우유 등 동물성 단백질 식품이나 콩가루·메밀가루 등 식물성 단백질 식품을 첨가하면 밀의 단백가를 높일 수 있다. 우리 조상이 밀가루 반죽에 콩가루 등 다양한 부재료를 넣은 것은 놀라운 생활의 지혜라고 볼 수 있다.

둘째, 열량이 꽤 높다. 100g당 열량이 376kcal로 백미(372kcal)와 차이가 없다.

셋째, 밀가루 음식을 많이 먹으면 속이 더부룩해질 수 있다. 밀가루만으로 제조한 면을 먹고 소화불량을 경험했다면 쌀가루·찹쌀가루 등 다른 곡물가루를 함께 넣어 면을 만들어보는 것이 좋다.

백미보다 현미가 건강에 이롭다는 것은 상식이다.

마찬가지로 밀가루보다는 통밀·밀기울·밀 배아 등 거칠고 덜 도정된 것이 건강에 유익하다. 하지만 통밀을 그대로 먹는 일은 거의 없었다.

밀 제분의 부산물인 밀기울(껍질 부분)도 너무 거칠어 과거엔 위·장 건강에 나쁘다고 여겼다. 그래서 지금도 가축의 사료로 주로 사용한다.

그러나 최근 서양에선 '밀기울은 변비 예방, 귀리기울은 콜레스테롤 개선 식품'으로 각광받고 있다. 밀의 씨눈, 즉 밀 배아엔 '회춘 비타민'이자 '항산화 비타민'(유해산소 제거)으로 알려진 비타민 E(토코페롤)가 풍부하다. 밀 배아유도 시판 중이다. 밀 배아엔 옥수수 배아처럼 지방이 많이 들어 있다. 혈관 건강에 이로운 불포화지방이긴 하지만 오래 보관하면 산화·변질되기 쉽다는 것이 문제다.

뿌리자, 다양하게 쓰는 밀가루

흔히들 설거지할 때 쌀뜨물을 많이 쓴다. 하지만 매끼 밥을 하지 않으니 번거로울 수 있다. 이럴 땐 밀가루를 설거지할 그릇에 미리 골고루 뿌려 놓아보자. 세제를 쓰지 않아도 깨끗하고 간편하게 씻을 수 있다. 특히 생선 기름이 묻은 그릇은 밀가루를 뿌려놓으면 냄새도 잡아주고 기름기도 제거할 수 있다. 또 천연 팩을 할 때 밀가루를 조금 뿌리면 내용물이 흘러내리지 않게 고정해주면서 피부 건강에도 도움을 준다.

홈메이드 블루베리 베이글

(약 9개 분량) 유기농 강력분 400g, 유기농 박력분 50g, 유기농 호밀 가루 50g, 소금 10g, 설탕 15g, 인스턴트 드라이 이스트 4g, 물 290g, 건조 블루베리 20g, 몰트 진액이나 꿀 또는 설탕 적당량
* 발효 반죽을 사용할 때는 이 재료에 발효 반죽 100g을 추가하고 이스트는 3g으로 줄인다.

만들기

① 반죽대에 강력분·박력분·호밀 가루를 놓고 여기에 소금, 설탕, 이스트를 서로 닿지 않게 넣는다. 가운데 부분을 분화구 모양으로 만든 후 물을 넣고 모든 재료를 잘 섞으며 반죽한다.
② 반죽이 잘 뭉쳐 탄력 있고 매끄러운 상태가 되면 블루베리를 넣고 고르게 섞이도록 가볍게 반죽한다.
③ 반죽을 동그랗게 뭉쳐 볼에 담는다. 따뜻한 물(30℃ 이하)을 담은 다른 볼 위에 얇은 접시를 올리고, 그 위에 반죽을 담은 볼을 올려 랩을 씌우고 1시간 정도 1차 발효시킨다.(손가락으로 눌렀을 때 반죽이 눌린 채로 있으면 발효가 완료된 것).
④ 반죽을 100g씩 9등분해 동그랗게 만든 후 20분간 벤치 타임을 갖는다.
⑤ 4의 반죽을 길게 밀어 한쪽은 뾰족하게, 다른 한쪽은 납작하게 누른 뒤 납작한 쪽으로 뾰족한 쪽을 감싸 링 모양을 만든다. 이 반죽을 오븐 팬에 얹어 45분간 2차 발효시킨다.
⑥ 반죽이 1.5배 정도 부풀면 70~80℃의 뜨거운 물에 넣고 약 5초간 앞뒤로 데친다. 이때 몰트 진액(물 양의 2% 정도)이나 꿀, 설탕(물 양의 5% 정도)을 넣으면 풍미가 좋아진다.
⑦ 익힌 반죽을 다시 오븐 팬에 올려 170℃로 예열한 오븐에서 15~20분간 구워낸다.

오리를 얹어 맛있게, 녹차국수

오리 1마리, 대파 1대, 마늘 5쪽, 양파 1/2개, 생강 2cm, 물 1.5L, 소금·후춧가루 약간씩, 시금치 1단, 녹차 생면 4인분, 간장 2큰술, 맛술·설탕 1큰술씩

만들기

① 오리는 목과 꽁지, 가슴의 기름을 잘라내고 끓는 물에 한 번 데쳐 찬물에 헹군 뒤 대파, 마늘, 양파, 생강과 함께 1시간쯤 푹 삶는다. 고기는 건지고 육수는 면보에 밭쳐 소금과 후춧가루를 넣는다.
② 가슴살을 도려내 프라이팬에 간장, 맛술, 설탕, 후춧가루를 넣어 끓이다 지진 뒤 저며 썬다.
③ 시금치는 데쳐 찬물에 담가 건지고 생면은 삶는다.
④ 면 위에 국수와 시금치, 오리 가슴살을 담고 뜨거운 육수를 붓는다.

보리

Barley

쌀·밀·보리 등 곡류 라이벌 중에서 최고의 웰빙 식품으로 꼽히는 것은 보리다. 변비·대장암 예방, 콜레스테롤 개선, 혈당 조절 등을 돕는 식이섬유가 셋 중 가장 풍부하기 때문이다. 그러나 쌀밥에 비해 소화가 잘 안 되고, 먹고 나면 가스가 많이 생기는 등 약점도 있다. 이는 아이러니하게도 웰빙 성분인 식이섬유가 너무 많이 든 탓이다.

과거에 보리는 춘궁기(보릿고개)에 굶주린 배를 채워주던 고마운 곡식이었다. 쌀 공급량이 절대적으로 부족했던 1960년대엔 1인당 연간 보리 소비량이 40kg에 달했다. 요즘 1인당 연간 쌀 소비량의 절반 이상이다. 그러나 경제 성장과 더불어 먹을거리가 풍부해지면서 보리는 한동안 우리 식탁에서 사라졌다.

그러다 웰빙 열풍과 함께 배고픔과 가난의 상징이던 보리가 부활했다. 이번에는 건강식품으로 돌아왔다.

보리밥만 파는 식당이 생기는가 하면 보리 빵·보리 피자·보리 라면·보리 음료·보리 화장품 등 보리의 쓰임새는 계속 확대되고 있다. 그러나 '맛이 없다', '소화가 안 된다', '방귀가 나온다' 등 다양한 이유로 기피하는 사람이 아직 많다.

흔히 보리는 변통에 좋은 곡식으로 꼽힌다. 장(腸)의 연동운동을 도와 변비를 없애주는 식이섬유가 풍부하기 때문이다. 통보리 100g에 함유된 식이섬유는 21g(보리쌀 11g)으로 백미(1g)·식빵(4g)과는 비교가 안 된다.

실제로 이스라엘에선 보리가 변비약으로 쓰인다. 변비 환자는 밀가루 대신 보릿가루로 만든 비스킷·케이크 등을 먹는다.

따라서 변비로 늘 고민이라면 쌀밥보다 쌀·보리를 적당히 섞은 밥, 잡곡밥을 먹는 것이 좋다. 보리밥·잡곡밥과 함께 역시 식이섬유가 풍부한 신선 채소·과일을 즐기면 '만병의 근원'이라는 변비에서 해방될 수 있다.

보리밥을 먹으면 방귀(가스)가 잦은 것은 식이섬유 탓이다.

한방에선 보리를 발아시켜 햇볕에 말린 맥아(麥芽)를 약재로 쓴다.

중국의 고의서인 《본초강목》엔 "보리는 오장(五臟)을 보(補)하고 기(氣)를 내리며 식체를 없애고 식욕을 증진한다"라고 쓰여 있다.

한의사들은 보리를 위를 편하게 하고 소화 작용을 돕는 곡류로 친다. 그래서 예부터 식체나 설사병에 썼다. 곡식·과일을 먹은 후 체해서 배가 더부룩하고 막힌 것을 풀어준다고 여겼기 때문이다. 아이가 젖을 먹고 체했을 때도 보리를 흔히 처방한다.

가벼운 여자의 비밀, 보리차

날씬한 연예인들의 다이어트 비결로 제시되는 것 중 하나는 바로 물! 이때 보리차는 양질의 식이섬유가 풍부하며 식욕 조절을 도와 다이어트에 좋다. 보리 가루를 이용해 보리차를 끓일 때는 소금을 약간 넣자. 향기도 좋아지고 맛이 한결 부드러워진다.

주요 산지
영덕
고창

주요 영양 성분
단백질
비타민 $B_1 \cdot B_2$
섬유질

효능
변비 예방
다이어트
대장암 예방

고르는 방법
손으로 만졌을 때 부드럽고 담황색으로 광택이 있는 것이 좋다. 알은 고르고 둥그스름하면서 통통하고, 냄새를 맡았을 때 향미가 뛰어나고 이물질이 섞여 있지 않은 것으로 고른다.

보관 방법
벌레가 생기기 쉬우므로 밀봉한 뒤 직사광선을 피해 서늘한 곳에 보관한다.

맥아는 식혜의 재료이기도 하다. 그 때문에 식사 후 식혜를 마시면 소화가 잘된다.

중국에선 열을 빨아들이는 곡식으로 통한다. 그래서 위가 차가워 설사가 잦은 사람에겐 보리를 먹이지 않는다.

쌀과 보리의 비율이 7대 3 정도인 보리밥의 열량이 결코 적다고는 볼 수 없다. 백미로 지은 쌀밥의 열량은 100g당 148kcal, 보리밥은 140kcal로 별 차이가 없다.

그러나 보리밥은 쌀밥보다 다이어트에 훨씬 이로운 것으로 간주된다. 보리밥은 꼭꼭 씹어 먹어야 하므로 쌀밥을 먹을 때에 비해 식사 시간이 길어지게 마련이다. 밥을 너무 빨리 먹으면 뇌에서 '이제 그만'이라는 신호를 보내기도 전에 과식을 하게 된다. 게다가 보리는 적게 먹어도 포만감을 얻을 수 있어 다이어트 식품으론 안성맞춤이다.

《동의보감》에서는 보리를 '오곡지장(五穀之長)'으로 표현한다. 곡류의 왕이란 뜻이다. 당뇨병 환자에게도 권할 만하다. 당뇨병의 한방명은 소갈(消渴)이다. 배에 열이 쌓여 생긴 병이라고 본다. 이를 근거로 한방에선 성질이 찬 보리·메밀이 당뇨병의 예방·치료를 도울 것으로 기대한다.

보리는 식사 후 혈당의 '롤러코스터'(빠르게 오르내리는 것)를 막아준다. 보리밥을 먹으면 쌀밥을 먹었을 때에 비해 식후 혈당 변화가 적다는 뜻이다. 보리는 당지수(GI)가 쌀보다 낮다. 당지수가 높을수록 당뇨병 환자에겐 부담스러운 식품이다.

보리는 혈중 콜레스테롤 수치를 낮추는 데도 유용하다.

보릿가루로 만든 머핀·빵·케이크를 매일 세 차례씩 6주간 먹였더니 혈중 콜레스테롤 수치가 평균 15% 떨어졌다는 미국 몬태나주립대의 연구 결과가 이를 뒷받침한다. 보리엔 흔히 '숙취 해소 성분'으로 통하는 베타글루칸(다당류의 일종)이 곡류 중 가장 많이 들어 있다. 쌀의 50배, 밀의 7배이다. 베타글루칸은 간에서 콜레스테롤이 합성되는 것을 막아 혈중 콜레스테롤 수치도 떨어뜨린다.

곡류이지만 피와 살이 되는 단백질이 꽤 들어 있다는 것도 보리의 매력이다. 통보리 100g당 단백질 함량은 13.8g으로 통밀(12g)·현미(7.6g)·백미(6.4g)보다 많다.

보리는 항암 식품 후보로도 유망하다. 항암 능력이 인정된 식이섬유와 셀레늄이 들어 있기 때문이다.

어려서 더 싱그러운 보리 싹 & 보리 순

보리 순에는 우유보다 칼륨이 55배, 칼슘이 11배나 많이 들어 있다. 비타민 C도 사과의 60배나 많이 들어 있어 최근 건강식품으로 떠올랐다. 통통한 보리 순을 된장이나 바지락 육수 등에 넣고 푹 끓이면 시원한 맛이 난다. 전라도에서는 된장을 풀어 홍어 내장과 보리 순을 넣어 끓인 홍어앳국이 유명하다. 여린 보리 싹은 샐러드로 먹어도 좋다. 재래시장이나 마트의 새싹 코너에 가면 구할 수 있다.

고소하면서도 달콤하게 한잔, 보리단술

보리쌀·누룩 1컵씩, 쌀 1/4컵, 물 적당량

① 보리쌀과 쌀을 깨끗이 씻어 보리밥을 짓는데, 뜸을 오래 들인다. 밥이 다 되면 넉넉한 그릇에 펴 식힌다.
② 식은 보리밥에 누룩을 넣고 잘 섞은 다음 물을 부어 묽게 만들어 뚜껑을 덮고 실온에 놓아 하루 동안(24시간) 보리밥을 삭힌다.
③ 2를 굵은체에 거르는데, 되직하다면 물을 섞으면서 거른다.
④ 냄비에 3을 넣어 끓인다. 기호에 따라 설탕을 넣고 주걱으로 눋지 않게 저어 끓어오르면 불을 줄이고, 농도를 조절해가며 물을 더 넣는다. 넘치지 않게 저으면서 끓이다가 푸르르 끓어오르면 불을 끈다.
⑤ 식으면 걸쭉해진다. 이것을 그릇에 담아 숟가락으로 떠먹는다. 묽기가 떠먹는 요구르트와 비슷하면 완성된 것이다. 맛은 막걸리보다 순하다.

디저트로 즐기자, 보리개떡

햇보리 5컵, 간장 1큰술, 소금·참기름 2큰술씩, 끓는 물 적당량

① 햇보리는 파랗게 볶아 찧는다.
② 찧은 보리를 여러 번 까불러 맷돌에 곱게 갈거나 찧은 다음 체에 쳐서 곱게 가루를 낸다.
③ 보릿가루에 참기름, 간장, 소금을 넣고 반죽해 절구에 찧는다.
④ 3에 끓는 물을 부어 익반죽한 뒤 둥글넓적하게 만들어 투명하게 찐다.

쌀　　　　　　　　　　　　　　　　　　　Rice

소비가 해마다 감소하는 추세라고는 하지만 우리의 주식은 쌀이다. 한국인의 주요 열량·탄수화물 공급원인 것이다. 너무나 소중한 곡식이어서인지 관련된 속담도 많다. "6월 장마는 쌀 창고, 7월 장마는 죽 창고"란 속담도 이 중 하나다. 음력 6월의 장맛비는 늦은 모심기나 논에 물을 대기 위해 필요하나 벼이삭이 피는 시기인 7월의 장마는 벼농사에 해롭다는 뜻이다. 실제로 가을에 비가 자주 내리면 벼가 잘 익지 않고 푸석푸석해진다. 논에 심은 벼가 가을에 익어가면 농부들은 "입추 때는 벼 자라는 소리에 개가 짖는다"라며 행복해한다.

세계 인구 세 명 중 한 명이 쌀을 주식으로 하여 살아간다. 밀을 주식으로 하는 인구 비율은 의외로 10%밖에 되지 않는다. 우리 민족이 본격적으로 쌀을 주식으로 이용하기 시작한 것은 통일신라 시대부터라고 전해진다. 그러나 기원은 구석기 시대로 거슬러 올라간다. 충북 청원군 소로리 구석기 유적지에서 출토된 세계 최고(最古)의 볍씨가 그 증거다. 서울대와 미국 지오크론 연구소의 연대 측정 결과 약 1만 3000~1만 5000년 전의 것으로 확인됐다.

쌀밥은 과거엔 '부의 상징'이었다. 평소에 허기진 배를 채워주는 음식이 아니고 명절·제삿날 등에나 먹는 특식이었다. 그러나 식생활이 서구화되면서 소비가 계속 뒷걸음질 치고 있다. 1970년엔 1인당 연간 136.4kg을 먹었으나 1998년 100kg 벽이 깨진 데 이어 요즘은 70kg대까지 감소했다. 쌀 소비가 양적으론 마이너스를 지속한 것과는 달리 질적으론 진화를 거듭하고 있다. 소비자의 관심이 포만감 → 맛 → 건강 기능성으로 바뀌고 있어서다.

국내에선 소비자의 요구에 부응하기 위해 저마다 '플러스 알파'를 내세우는 다양한 기능성 쌀을 속속 선보이고 있다. 기능성 쌀은 크게 세 가지로 나뉜다. 현미·배아미 등 도정할 때 건강 성분을 많이 남긴 웰빙 쌀, 일반미에 특정 성분을 코팅하거나 건강에 유익한 퇴비를 뿌려 만든 쌀, 쌀겨·왕우렁이·오리 등 다양한 생물을 활용해 재배한 친환경 유기농 쌀이다.

한때 쌀은 '살찌게 하는 곡류'로 오인됐다. 이런 인식을 불식시키기라도 하듯 다이어트 쌀(고아미 2호, 3호 등)이 나와 있다. 비밀은 일반 쌀보다 3배 이상 많은 식이섬유다. 식이섬유는 장내의 당·중성지방과 숙변을 체외로 배출시켜 변비 예방·체중 감량을 돕는다.

'키 크는 쌀'도 출시됐다. 대개는 성장을 돕는 필수아미노산이 일반 벼보다 많이 들어 있다는 것을 내세운다. 이는 필수아미노산의 섭취가 부족하면 성장과 두뇌 발달이 뒤떨어질 수 있다는 영양학 지식에 근거한다. 그러나 이런 쌀을

내 피부를 뽀얗게, 쌀뜨물 화이트닝

쌀을 씻으면 뽀얗게 우러나는 쌀뜨물은 화이트닝에 좋은 재료다. 쌀을 씻으면서 각종 수용성 영양분이 녹아나 여드름이나 뾰루지 치료에 좋고, 피부 세포를 활성화해 기미나 주근깨를 억제하는 효과가 있기 때문이다. 쌀뜨물을 미지근하게 데워 수시로 세안하면 피부가 한결 하얘지는 것을 확인할 수 있다.

묵은쌀에서 냄새가 난다면?

쌀을 오랫동안 보관하다 보면, 묵은쌀이 되어 냄새가 나기 쉽다. 버리기에는 아깝고 먹으려니 냄새나는 고민을 해결해줄 수 있는 것이 바로 식초다. 자, 이렇게 해보자. 밥을 해 먹기 전날 저녁 물에 식초 한 방울을 타서 쌀을 씻는다. 쌀을 씻은 뒤 물기를 쏙 빼고 다음 날 밥을 지을 때 미지근한 물에 한 번 헹군 다음 밥을 지으면 냄새가 나지 않는다는 사실! 묵은쌀엔 식초, 꼭 기억해두자.

주요 산지

여주
이천
안성
김포
천안
나주
김제 등

주요 영양 성분

수분
탄수화물
지방질
단백질
식이섬유
미네랄
비타민 등

효능

이뇨 작용
소화기 질환 예방
고혈압 등

보관 방법

쌀을 신선하게 보관하려면 저온 저장을 하는 것이 가장 중요하다. 저온 저장은 쌀의 호흡과 생리적·화학적 변화를 억제해 쌀의 품질을 유지한다. 저장 온도 13℃에 상대습도 70%의 저온 상태에서는 모든 화학적 변화가 크게 억제된다.

장기간 섭취한 사람의 키 성장 효과가 과학적으로 입증되지는 않았다.

칼슘·철분 등 한국인이 권장량보다 적게 섭취하는 미네랄을 보충해주는 미네랄 쌀(고아미 4호)도 선보였다. 이런 쌀엔 일반 쌀에 비해 칼슘·철분·칼륨·아연이 50% 이상 많이 들어 있다.

컬러 쌀과 코팅 쌀도 사람들이 쌀 하면 먼저 떠올리는 고정관념을 깨뜨린다. 컬러 쌀(유색미)의 색은 흑색·적색·녹색 등 다양하다. 대개 흰쌀(일반 쌀)과 검정 쌀의 교배를 통한 육종(育種)의 결과다. 흑색미(흑미)엔 검은 색소이자 항산화 성분인 안토시아닌 함량이 높다. 식이섬유 함량도 현미보다 높다. 녹색미엔 필수아미노산인 라이신이 일반 쌀보다 많이 들어 있어 어린이 성장 발육에 효과적이다.

코팅(coating) 쌀은 물에 적신 일반 쌀에 색깔이나 웰빙 성분을 입힌 뒤 말린 것이다. 금박을 입힌 금쌀, 영지·아가리쿠스·동충하초 등 버섯 추출물을 코팅한 버섯 쌀, 라이신·아르기닌 등의 필수아미노산을 입힌 아미노산 강화 쌀 등이 좋은 예다. 물에 쌀을 푼 뒤 홍국균을 넣으면 균이 발효되면서 쌀이 불그스름하게 코팅된다. 홍국균 대신 감귤에서 추출한 플라보노이드 성분(황색 색소)을 첨가하면 노란 코팅 쌀이 된다. 코팅 쌀은 유용한 성분이 쌀 표면에 달라붙어 있으므로 밥을 지을 때 쌀을 물에 씻지 말고 바로 사용해야 한다.

알코올 의존증 치료 쌀과 우리 술 전용 쌀도 나와 있다. 알코올 의존증 치료 쌀인 '밀양 263호'의 약효 성분은 GABA다. GABA는 뇌세포의 대사 기능을 촉진해 음주 충동을 억제할 뿐 아니라 우울증·불면·스트레스 등 알코올 의존증 증상을 완화하는 것으로 알려져 있다. 술 전용 쌀 '설갱'은 일반 쌀에 비해 쌀을 불리는 시간이 짧은데 이 쌀로 술을 담그면 맛이 담백하고 깔끔하다.

쌀(벼)은 수확한 후 어떻게 찧느냐에 따라 현미·배아미(胚芽米)·백미로 나뉜다. 현미는 왕겨와 겉껍질만 벗기고 속겨(쌀겨)는 벗기지 않은 1분도 쌀(한 번 도정)이다. 비타민·미네랄·식이섬유의 보고(寶庫)인 배아(胚芽·씨눈)가 고스란히 남아 있다. 백미는 쌀을 여러 번 도정해 씨눈과 쌀겨가 완전히 떨어져 나간 10분도 쌀(열 번 도정)이다. 배아미는 현미와 백미의 중간 형태로 씨눈이 남아 있다. 현미는 통밀·통보리 등과 함께 전곡에 속하는 살아 있는 쌀이다. 현미와 백미를 물에 담가 며칠 지켜보면 그 이유를 알 수 있다. 백미는 썩지만 현미에서는 싹이 난다. 발아에 필요한 영양소가 충분히 들어 있기 때문이다. 백미로 밥을 지으면 맛이 기막히다. 입안에서 자르르한 윤기가 느껴진다. 그러나 영양은 녹말가루를 먹는 것과 별반 다를 바 없다.

현미밥은 맛은 떨어질지 몰라도 우리 건강에 필수적인 영양소가 골고루 든 훌륭한 웰빙 음식이다. 쌀은 전체 영양소의 29%가 쌀겨, 66%가 씨눈에 집중돼 있다. 옛 사람들은 백미의 영양상 가치를 높게 평가하지 않았다. '쌀 미(米)'와 '흰 백(白)'을 합하면 쓰레기를 뜻하는 '깻묵 박(粕)'이다. 현미의 구성 성

나이 먹는 쌀

쌀은 겉으로 보기에는 차이를 느끼지 못하지만 보관 환경에 따라 쌀 속에 함유된 효소의 변화가 진행된다. 쌀이 묵으면 발아 능력이 떨어지고, 각종 효소의 활성도 저하되기 때문에 신선한 햅쌀을 먹는 것이 건강에 좋다. 또 쌀이 오래되면 함유된 효소의 작용에 모든 성분의 화학적 분해가 진행된다. 그중에서 가장 빠르게 분해가 진행되는 것이 지방이며 묵은쌀의 품질과 밥맛을 떨어뜨리는 주범이다. 지방이 다시 산화 분해되어 묵은쌀의 군내를 내는 원인 물질이 된다.

분은 쌀겨(5%)·배아(3%)·배젖(92%)이다. 양은 배젖이 가장 많지만 영양소는 배아(66%)·쌀겨(29%)·배젖(5%)의 순서다. 나이 들어서도 젊음과 건강을 유지하려면 현미밥을 즐겨 먹는 것이 좋다. 비만·변비·당뇨병·혈관 질환·암 등의 예방에 두루 유용한 곡식이기 때문이다. 특히 '만병의 근원'이라는 비만·변비 예방에 유익한 것으로 알려져 있다. 포만감을 빨리 느끼게 하고 쾌변(快便)을 돕는 식이섬유가 백미보다 9배나 많이 들어 있어서다. 입속에서 거칠게 느껴질수록 식이섬유가 더 많이 든 식품이다. 거친 음식이 건강에 이로운 것은 식이섬유 덕분이다.

겨울철 김밥 쌀 때는 설탕

날씨가 추워지면 금방 밥이 딱딱해진다. 밥을 섞을 때 설탕을 넣으면 밥이 훨씬 부드러워진다.

당뇨병의 예방·치료에도 유익하다. 백미와는 달리 먹어도 혈당이 크게 요동치지 않기 때문이다.

암·노화 예방도 돕는다. 예부터 씨눈이 남아 있는 배아 식품은 항암 효과가 있는 것으로 알려졌다. 노화와 암의 주범인 유해 산소를 없애는 항산화 성분인 폴리페놀·셀레늄·비타민 E와 피틴산·식이섬유 등이 풍부하게 들어 있기 때문이다. 현미를 섭취해 암을 예방하기를 바란다면 거의 매일 먹어야 한다. 가끔 현미밥을 지어 먹는 것으론 부족하다.

또 심장병·뇌졸중·동맥경화 등 혈관 질환 예방에도 효과가 좋다. 혈중 콜레스테롤을 낮추는 등 혈관 건강에 이로운 불포화지방이 쌀겨와 씨눈에 풍부하게 들어 있어서다.

현미는 다이어트 식품으로도 유용하다. 씹고 소화시키는 데 시간이 오래 걸려 현미밥을 먹으면 한참 후에나 허기가 느껴진다. 게다가 현미에 든 아라비노자일란이란 성분은 물을 빨아들이는 성질이 있어 포만감을 안겨준다.

체력 증강, 근육 기능 향상에도 이롭다. 배아에 '쌀 속의 진주'로 통하는 옥타코사놀이란 웰빙 성분이 들어 있기 때문이다. 옥타코사놀은 대륙을 이동하는 철새들의 에너지원을 연구하던 학자들이 발견한 물질이다. 이는 철새의 먹이인 쌀눈·사과 껍질·포도 껍질에 풍부한 것으로 밝혀졌다. 옥타코사놀을 섭취하면 근육 내 글리코겐 저장량이 30% 가까이 증가하는데, 우리는 운동할 때 근육·간에 저장된 글리코겐을 에너지원으로 사용한다.

한방에선 현미를 신장·간장의 기능을 향상시키는 검은색 식품으로 친다. 현미(玄米)의 현은 '검을 현'이다. 영어명은 갈색 쌀(brown rice)이다.

현미가 웰빙 식품이라고 해서 무한정 많이 먹으면 곤란하다. 현미밥 한 공기의 열량은 약 300kcal로 백미 밥과 별반 다를 게 없다. 현미의 식이섬유 함량이 높은 것은 단점도 된다. 현미밥을 먹은 뒤 소화불량을 호소하는 사람이 적지 않은 것은 이래서다. 현미밥은 대강 씹어 넘겨선 안 되고 적어도 열 번 이상 꼭꼭 씹어야 한다. 특히 평소 배탈이 잦은 사람은 씹는 횟수를 더 늘려야 한다. 오래 씹으면 침에서 소화효소가 분비돼 소화가 잘되고 위의 부담이 줄어든다. 현미 죽이나 현미 미음을 끓여 먹는 것도 소화를 돕는 방법이다. 걸쭉하게 현미 죽을 끓인 뒤 생강과 파 등을 넣으면 환자식으로도 훌륭하다.

　　현미밥 짓기는 쌀밥보다 훨씬 까다롭다. 미리 현미를 두 시간가량 물에 담가두고 가능한 한 압력솥을 이용한다. 현미밥은 압력솥을 이용해 짓는 것이 밥맛도 좋고 조리하기도 편하다. 압력솥으로 현미밥을 지을 때 현미와 물의 비율은 1대 1로 맞추는 것이 적당하다. 일반 밥솥으로 지을 때는 밥을 두 번 지어야 한다. 밥솥에 현미(2컵)와 물(3컵)을 넣고 한 번 끓인 뒤 15분가량 뜸을 들인다. 이어서 물 2컵을 붓고 살짝 저은 뒤 한 번 더 끓여야 현미밥이 완성된다. 현미와 궁합이 잘 맞는 식품은 찹쌀이다. 현미 50%, 현미 찹쌀 10%에 콩 등을 추가한 현미 잡곡밥을 지어 먹어도 좋다. 더 차지게 먹으려면 현미와 현미 찹쌀을 반반씩 섞는다.

　　발아 현미는 콩나물 키우듯이 현미를 물에 불린 뒤 어둡고 시원한 곳에서 싹을 틔워 말린 것이다. 발아시키면 부드러워져 먹기가 쉬워지고 발아 도중 아밀라아제라는 효소가 생성돼 소화가 잘되는 것으로 알려져 있다. 이미 불린 상태이므로 밥을 지을 때 불릴 필요가 없다. 백미 밥처럼 지으면 된다. 압력밥솥보다는 일반 밥솥으로 짓는 것이 좋다.

섞어 먹는 재미가 있는 쌀

쌀은 도정하는 정도에 따라 맛과 영양이 달라진다. 탈곡한 벼에서 껍질(왕겨)을 벗기면 현미, 겨층과 씨눈을 완전히 제거해 도정해버린 것을 '정백미'라고 한다. 검은색 쌀인 흑미 또한 현미로 도정하므로 씨눈이 있어 영양 면에서는 백미보다 우수하다. 그래서 요즘은 밥에 콩이나 팥 대신 흑미나 현미를 섞어 먹는 가정이 많다. 현미밥을 지을 때는 세 시간 이상 충분히 불린 뒤 백미로 지을 때보다 물을 30% 더 넣어야 부드러워진다. 또 흑미는 백미 양의 10% 정도 섞어 밥을 지어야 씹는 느낌이나 시각적 효과가 좋을 뿐 아니라 밥맛도 구수하다.

아뿔싸, 탄내 나는 밥 SOS

압력밥솥이나 냄비 혹은 솥으로 밥을 짓다가, 밥이 타면 탄 냄새가 밥 전체에 퍼진다. 이럴 때 할 수 있는 응급처치! 우선 탄내가 나는 밥 위에 올려두어도 무방한 깨끗한 종이 한 장을 밥 위에 올려놓는다. 그리고 그 위에 숯 한 덩이를 얹고 얼마 동안 뚜껑을 덮어두면 탄내가 가신다.

반찬이 필요 없는 별미밥

홍합밥

홍합 살과 새우 살은 살짝 데친 후 데친 물은 따로 받아놓는다. 솥에 참기름을 두르고 홍합, 새우 살, 마늘, 파를 볶는다. 해물에서 물이 나오면 불린 쌀을 넣고 볶다가 해물 데친 물과 은행을 넣는다. 간장으로 간하고 한소끔 끓으면 밥물을 잡아 약한 불로 뜸을 들인다.

곤드레나물밥

잘 삶은 곤드레를 된장 양념과 들기름으로 슴슴하게 무쳐 불린 쌀 위에 얹어 밥을 한다. 뜸을 잘 들여 간장 양념장이나 강된장에 비벼 먹는데, 이때 부추를 조금 넣으면 좋다. 곤드레나물을 집 간장과 들기름으로 무쳐 볶은 뒤 밥을 해도 좋다.

사프란 리소토

쌀은 세 시간 이상 불린 다음 물기를 빼고 사프란을 섞는다. 팬에 버터를 두른 다음 준비한 쌀을 담고 손질한 새우, 관자 등을 올린다. 여기에 백포도주를 뿌리고 해물 육수를 붓는다. 소금, 후춧가루로 간한 뒤 밥을 짓는다.

색다른 쇠고기 달걀초밥

간 쇠고기 200g, 쇠고기 양념(간장 2큰술, 설탕 1½큰술, 맛술 1큰술, 물 3큰술), 달걀 2개, 달걀 양념(설탕 1작은술, 맛술 1큰술, 소금 약간), 껍질콩 10개, 초밥 4공기, 소금 약간, 달걀지단·당근 적당량

① 쇠고기는 양념한 뒤 달군 팬에 넣고 젓가락 네 개를 이용해 뒤적이며 물기 없이 볶는다.
② 달걀에 설탕, 맛술, 소금을 넣고 잘 섞은 다음 체에 내린다.
③ 작은 냄비를 끓는 물에 중탕하며 2의 달걀 물을 넣고 저으며 멍울멍울하게 익힌다.
④ 껍질콩은 끓는 소금물에 데친 후 찬물에 헹궈 물기를 빼고, 어슷하고 가늘게 송송 썬다.
⑤ 초밥 틀에 밥과 볶은 쇠고기, 밥, 익힌 달걀, 밥의 순서로 넣으며 각각 적당한 세기로 눌러 윗면을 평평하게 만든다.
⑥ 윗면에 채 썬 껍질콩을 고루 얹고 나비와 꽃 모양으로 찍은 달걀지단과 당근을 올려 장식한다.

* 초밥 틀 대신 케이크 틀을 이용해도 된다. 위아래가 뚫린 틀은 그냥 사용하지만 그릇 모양처럼 바닥이 있는 틀은 안에 랩을 평평하게 깔고 밥을 넣어야 나중에 뒤집어 빼기 좋다.

옥수수

Corn

옥수수는 감자와 함께 강원도를 대표하는 작물이다. 강원도의 도로를 주행하다 보면 옥수수를 내다 파는 사람들을 자주 만난다. 하지만 우리나라의 옥수수 자급률은 1%에도 미치지 못한다. 주로 미국에서 수입하는 엄청난 양의 옥수수 중 극히 일부만 식용이다. 대부분은 가축의 사료로 쓰인다.

옥수수가 한반도에 처음 들어온 시기는 17세기쯤이다. 중국을 거쳐 유입돼 '(중국의) 강남'에서 왔다 하여 '강냉이'라고도 부른다. 원산지는 중미나 남부 멕시코로 기원전 3400년경부터 길러왔다. 지금도 멕시코에선 주식이나 다름없다. 북미의 인디언들은 '씨중의 씨'·'거룩한 어머니'라고 칭송했다. 또 옥수수·시금치·호박(squash)을 '세 자매'라 불렀다. 셋을 함께 심고 식탁에서 가장 중요한 존재로 여겼기 때문이다. 1492년 신대륙을 찾은 청교도들이 가장 먼저 재배한 작물이 옥수수였다. 인디언이 씨를 주고 재배법을 가르쳐주었는데, 이것이 추수감사절의 기원이다. 그래서인지 미국은 콘 벨트(corn belt)라고 불리는 광대한 지역에서 전 세계 옥수수의 약 40%를 생산한다. 콘(corn)은 미국에선 옥수수이지만 영국에선 밀 등 곡류를 뜻한다. 런던에선 메이즈(maize)라 부른다.

우리 국민은 대개 옥수수를 자루째 담아 그대로 삶아 먹는다. 쪄 먹는 옥수수를 풋옥수수라 한다. 덜 익은 옥수수란 뜻이다. 완전히 익은 옥수수는 알맹이가 단단해져 푹 쪄도 씹기 힘들다. 그래서 가루를 내 가공용으로 사용한다. 풋옥수수는 찰옥수수·단옥수수로 분류된다. 당도가 높으면 단옥수수, 찰기가 있으면 찰옥수수다. 단옥수수보다 더 달면 초당옥수수다. 씹을 때 알갱이가 쉽게 뭉개지면 단옥수수·초당옥수수이고, 단단한 알갱이가 모양을 유지한 채 자루에서 쏙쏙 빠지면 찰옥수수다. 옥수수는 전분(녹말)이 주성분인 고탄수화물 식품이다. 전분의 구조에 따라 찰옥수수·메옥수수로도 나뉜다. 전분이 아밀로펙틴 100%이면 찰옥수수, 70%가량이면 메옥수수다.

영양상 장점은 식이섬유(변비 예방)와 비타민 B_1(정신 건강에 유익)·엽산(기형 예방) 등 비타민, 칼륨(혈압 조절)·철분(빈혈 예방) 등 미네랄이 풍부하다는 것이다. 반면 단백질의 질이 떨어진다는 것은 단점이다. 단백질이 100g당 3.8(단옥수수 생것)~11.5g(찰옥수수 마른 것) 들어 있지만 필수아미노산인 트립토판이 거의 없고 라이신도 전혀 없어 불완전 단백질에 속한다. 단백질의 질을 나타내는 단백가 42로 곡류 중 가장 낮다. 그래서 옥수수를 섭취할 때는 콩(라이신 풍부)이나 우유(트립토판 풍부)를 곁들이라고 권장한다. 비타민 B군의 일종인 나이아신이 들어 있긴 하나 체내 이용률이 떨어진다는 것도 약점

옥수수 찌는 방법

옥수수는 한 겹 정도 껍질을 남기고 다듬은 뒤 천일염과 설탕을 조금 첨가해 푹 찌면 맛이 좋다.

주요 산지

강원도
괴산

주요 영양 성분

단백질
지방
식이섬유
미네랄
비타민

효능

변비 예방
충치 개선
정장 작용

보관 방법

밭에서 꺾은 옥수수를 24시간 이내에 쪄 한 번에 먹을 만큼씩 나누어 밀봉한 뒤 냉동실에 보관한다.

이다. 나이아신과 트립토판이 적은 옥수수를 주식으로 하는 민족은 펠레그라라는 피부병에 걸리기 쉬운 것으로 알려져 있다.

옥수수는 알갱이의 색깔에 따라 황색과 백색종으로 나뉜다. 영양·건강 면에선 황색이 낫다. 비타민 A·베타카로틴·루테인 등이 더 풍부하다. 특히 눈 건강에 유익한 루테인이 많이 들어 있어 백내장·황반변성 등 안과 질환 예방 식품으로 간주된다.

옥수수의 배아(씨눈)에서 얻은 기름이 옥수수유다. 혈관 건강에 이로운 불포화지방의 비율이 90%에 달한다. 서양에서 옥수수유(옥배유)를 고급유로 치는 것은 이래서다.

특히 씨눈엔 피부 건조와 노화를 억제하는 비타민 E가 풍부하다. 알갱이엔 거의 없는 트립토판·라이신도 들어 있어 '옥수수의 심장'으로 통한다.

옥수수 하나에 700~1000개씩 달려 있는 수염도 쓰임새가 만만치 않다. 한방에선 신장염·당뇨병에 효능이 있는 약재로 친다. 수염엔 이뇨 성분이 있어 몸의 부기를 빼고 싶을 때 먹으면 효과적이다. 옥수수수염 우린 물은 옥수수수염을 잘라 햇볕에 말린 뒤 5~10개에 물 500ml를 넣고 물이 3분의 2로 줄어들 때까지 약한 불로 졸이면 완성된다. 하루에 세 번에 나눠 마시면 적당하다.

풋옥수수 생것을 사면 바로 냉장 보관하되 되도록 24시간을 넘기지 말고 쪄 먹는 것이 좋다. 찐 것은 랩에 말아 냉동 보관한다. 옥수수의 참맛을 즐기려면 밭에서 따자마자 찐다. 수확한 후 시간이 지나면 빠르게 당분이 전분으로 변환되기 때문이다.

한 박사의 열정이 녹아 있는 괴산대학 찰옥수수

흔히들 '옥수수=강원도'라는 인식을 가지고 있는데, 충북 괴산의 대학 찰옥수수 또한 그 명성이 대단하다. 괴산 출신의 최봉호 박사가 지역 농민의 농가 소득을 높이기 위해 개발한 이 옥수수는 일반 옥수수보다 가늘고 찰기가 강해 소비자들에게 인기가 높다. 괴산 도로 곳곳에서 이 옥수수를 파는 것을 쉽게 볼 수 있고 수확 시기에 맞춰 괴산군 인터넷 쇼핑몰에서 구매할 수 있다.

부기 빼고 V라인 되자, 옥수수수염차!

'V라인이 되려면 옥수수수염차'라는 광고가 있다. 실제로 옥수수수염을 물에 넣고 끓여 마시면 부기를 빼는 데 탁월한 효과를 볼 수 있다. 특히 임신 중의 부기를 빼는 데 많은 도움이 되고 이뇨제로도 쓰여 방광염, 요로결석 같은 질병에도 좋다.

내 아이와 함께, 옥수수 건포도 머핀

찐 옥수수 알갱이, 옥수수 가루, 우유 1/3컵, 밀가루, 베이킹파우더, 달걀 2개, 건포도 1큰술, 설탕 3큰술, 소금 약간

만들기

① 옥수수 가루, 밀가루, 베이킹파우더를 섞어 체에 내린다.
② 달걀은 흰자와 노른자를 분리해 흰자는 거품기로 저어 거품을 내고, 노른자는 설탕과 소금을 넣어 충분히 젓는다.
③ 2에 우유를 붓고 1과 옥수수 알갱이, 건포도를 넣고 잘 섞는다.
④ 3을 머핀 컵에 1/3 정도만 채우고 170℃로 예열한 오븐에 넣어 20분간 굽는다.

맛있고 부드럽게 즐기자, 옥수수 크림수프

(4인분) 옥수수 6개(옥수수 알 450g 정도), 양파 100g, 버터 2큰술, 물 2컵, 우유 1½컵, 생크림 1/2컵, 소금 2/3작은술, 흰 후춧가루 약간

만들기

① 옥수수는 껍질을 벗기고 칼로 깎아 알만 발라낸다.
② 양파는 굵게 다진다.
③ 냄비에 버터를 두르고 양파와 옥수수를 볶다가 물을 붓고 끓인다.
④ 옥수수가 푹 무르면 우유를 붓고 믹서에 갈아 체에 내린다.
⑤ 4를 다시 냄비에 붓고 소금으로 간한 뒤 흰 후춧가루를 뿌린 다음 약한 불로 끓인다. 마지막에 생크림을 넣고 섞은 다음 그릇에 담는다.

콩　　　　　　　　　　　　　　　　　　　　　　　Soybean

요즘 콩을 빼놓고 웰빙·장수 식품을 거론할 수 있을까? 전래 동화 〈콩쥐팥쥐〉에 등장할 정도로 우리 민족에게 익숙한 콩은 단백질과 지방이 풍부한 식품이다. 단백질 함량(국산 노란 콩 기준)은 100g당 36.2g에 달한다. '밭에서 나는 쇠고기'라는 별명이 붙은 것은 이래서다. 단백질의 '보물 창고'인 셈이다. 특히 라이신·루신 같은 아미노산(단백질의 구성 성분)이 많이 들어 있어 쌀·보리 등 우리가 주로 먹는 곡류의 영양상 결점을 보완해준다. 그러나 메티오닌·트립토판 같은 아미노산은 부족하다. 콩 단백질은 혈관 건강에 유익한 것으로 알려져 있다. 미국 식품의약청(FDA)은 1회 제공량(보통 한 번에 섭취하는 양)당 콩 단백질이 6.25g 이상 함유된 식품에 대해 '심장병 발생 위험을 낮춘다'라는 건강 강조 표시를 할 수 있도록 승인했다. 식단에서 동물성 단백질 25~50g을 콩 단백질로 대체하면 혈중 콜레스테롤 수치를 24%나 낮출 수 있다는 연구 결과가 나왔다. 또 콩 단백질을 10일간 먹은 쥐는 우유 단백질을 섭취한 쥐에 비해 체지방이 평균 20% 줄어든 것으로 나타났다. 콩에 함유된 사포닌도 체내 지방을 줄여서 비만 치료에 이용된다. 사포닌은 콩을 물에 담그거나 삶을 때 거품이 일어나도록 하는 성분이다. 비누가 없던 과거엔 이 물로 손을 씻기도 했다. 손이 젊어진다고 여겨서다.

지방 함량도 꽤 높다(100g당 17.8g). 그 때문에 콩으로 기름을 만들 수 있다. 콩의 지방은 절반 이상이 리놀레산이다. 리놀레산은 혈관 건강에 유익한 불포화지방의 일종으로 혈관 벽에 붙은 콜레스테롤을 떼어준다.

콩의 웰빙 성분으로 단백질이나 리놀레산 못지않게 기대를 모으는 것이 아이소플라본이다. 아이소플라본은 식물성 에스트로겐의 일종이다. 식물성 에스트로겐은 에스트로겐(여성호르몬)과 유사한 작용을 하는 식물 추출물을 가리킨다. 아이소플라본은 가열 조리 도중 거의 파괴되지 않는다. 정제·캡슐 형태의 보충제나 두부·두유·된장·청국장·고추장·미소국·낫토 등 콩류를 통해 섭취할 수 있는데 세 가지 측면에서 건강에 유익하다.

첫째, 유방암·전립선암 등 호르몬 관련 암의 발생을 억제한다. 유방암은 여성호르몬, 전립선암은 남성호르몬의 과잉 분비가 원인이 될 수 있는데 아이소플라본을 적당량 섭취하면 이 두 호르몬의 분비가 줄어든다.

둘째, 아이소플라본은 갱년기 장애·골다공증·심혈관계 질환을 예방해준다. 이 세 질병은 모두 폐경 이후의 여성에게 잦은 질병이다. 동양 여성이 서양 여성에 비해 얼굴 화끈거림·불안·불면·손에 땀이 나는 등 갱년기 장애

주요 산지

파주
안동
강릉
고창

주요 영양 성분

단백질 40% 이상
필수아미노산
불포화지방산
라이신

효능

성인병 예방
다이어트
탈모 예방

보관 방법

수분 함량은 11% 이하로 유지하고 통풍이 잘되도록 하는 것이 좋다.

두부의 재료! 좋은 콩, 알고 고르는 방법

국산
- 껍질이 얇고 깨끗하며 윤이 많이 난다.
- 낱알의 굵기가 고르지 않다.
- 눈 모양이 회색, 황색, 미색 등의 타원형이고 눈 속에 ―자형의 갈색 또는 미색 선이 있다.

수입
- 껍질이 두껍고 지저분하며 윤이 적다.
- 낱알의 굵기가 고르다.
- 미국산은 검은색 타원형, 중국산은 희미한 흔적만 보인다.

국산
- 낱알이 굵고 둥글둥글하며 손상된 낱알이 거의 보이지 않는다.
- 눈 모양이 회색의 타원형이며 ―자형의 갈색 선이 뚜렷하다.

수입
- 낱알이 작고 둥글넓적하며 손상된 낱알이 많이 섞여 있다.
- 눈 모양은 회색의 타원형이며 ―자형의 갈색 선이 희미하게 보인다.

를 상대적으로 가볍게 경험하는 것은 콩 섭취가 상대적으로 많기 때문이라는 주장도 나왔다.

미국 심장협회(AHA)는 콩류 식품을 즐겨 먹으면 혈관 건강에 해로운 LDL 콜레스테롤의 혈중 농도가 낮아지고 혈관 건강에 유익한 HDL 콜레스테롤의 농도는 높아진다고 밝혔다.

갱년기 여성이 가장 조심해야 할 질병은 심장병이다. 폐경 이후엔 심장마비 발생 위험이 이전보다 열 배나 높아지기 때문이다. 이는 심장병 예방을 돕는 에스트로겐 분비가 거의 끊긴 결과이다. 따라서 갱년기 여성은 식물성 에스트로겐인 아이소플라본이 풍부한 콩을 즐겨 먹는 것이 좋다. 아이소플라본은 혈액 속의 콜레스테롤과 중성지방이 혈관에 달라붙는 것도 막아준다.

뼈가 약해 고민인 사람에게도 콩을 권장한다. 아이소플라본이 골밀도를 높여 골절·골다공증을 예방한다는 연구 결과가 있다. 한방에서는 콩 중에서 주로 서목태 품종을 골다공증 환자에게 추천한다.

셋째, 아이소플라본은 노화·암 등 성인병의 주범으로 지목된 유해 산소를 없애는 항산화 성분이다. 아이소플라본의 하루 권장량은 아직 설정되지 않았다. 매일 50~100mg 섭취하는 것이 적당하다고 보는 학자가 많다. 두부 1모에는 150mg, 두유 1팩(200ml)에는 30mg, 된장(15g)에는 5.5mg, 낫토(50g)에는 61mg가량 들어 있다.

아이소플라본은 두부·청국장·된장 등 콩 음식을 통해 섭취하는 것이 최선이다. 아이소플라본 보충제(알약)로는 별 효과를 얻지 못한다는 연구 결과도 나왔다.

이같이 다양한 건강 효과를 얻으려면 콩이나 콩 제품을 얼마나 먹어야 할까? 서양에서는 매일 콩 단백질을 25g 섭취할 것을 권장한다. 하루에 두부 2모쯤 먹으면 이 양을 충족시킬 수 있다. 콩을 오랫동안 즐겨온 한국인은 아침·저녁 식사 때 된장국·청국장·두부 요리 등을 먹으면 충분하다.

콩을 조리할 때는 물에 너무 오래 삶지 않는 것이 좋다. 그래야 콩의 건강 성분인 아이소플라본이 소실되지 않는다. 콩은 또 삶는 것보다 찌는 것이 아이소플라본을 더 많이 얻는 방법이다.

콩은 영양가가 우수한 건강식품이지만 섭취할 때 주의할 점이 있다. 조직이 단단해 소화가 잘 안 될 수 있다는 것이다. 따라서 소화력이 약한 사람은 가루로 만들거나 가열한 뒤 섭취하는 것이 바람직하다. 삶은 콩과 볶은 콩은 생콩에 비해 상대적으로 소화가 잘되는 편이다. 또 콩보다는 비지나 두부가 소화가 잘된다. 콩에는 단백질 분해 효소인 트립신의 작용을 방해하는 안티 트립신이란 물질이 들어 있는데 가열 처리하면 안티 트립신의 활성이 저하되기 때문이다.

콩과 찰떡궁합인 식품으로는 다시마와 부추를 꼽을 수 있다. 다시마는 콩의 사포닌이 몸 밖으로 배출시키는 요오드를 보충해준다. 부추에는 콩에 부족

잭은 어떤 콩을 골라 심었나

흰 강낭콩
흰 강낭콩에 풍부한 엽산과 비타민 B군은 나이가 들면서 발생할 수 있는 뇌졸중과 인지력 감퇴의 위험을 감소시킨다.

병아리콩
병아리콩은 인슐린 분비 조절에 도움을 준다. 결과적으로 당뇨병에 걸릴 위험이 낮아진다.

검은콩
미국 코넬대학에서 발표한 논문에 따르면 검은콩의 껍질에는 각종 성인병을 예방하는 항산화 성분이 함유되어 있고 탈모 예방에 효과적이다.

강낭콩
강낭콩에는 동맥경화를 예방하는 항산화 물질이 많이 함유되어 있다.

얼룩콩
미국 애리조나주립대학이 밝혀낸 바에 따르면 얼룩콩을 하루 반 컵씩 매일 섭취하면 건강에 나쁜 LDL 콜레스테롤의 수치를 9%나 낮출 수 있다.

내 여자를 지켜주는 고마운 콩
국내 분석 결과 콩을 많이 섭취한 여성이 적게 섭취한 여성에 비해 호르몬 관련 부인병 발생의 위험도가 61%나 낮았다. 암 종류별 발생 위험도는 자궁내막암은 약 70%, 난소암은 약 절반 정도로 낮아져 암 예방 효과가 있는 것으로 나타난 것. 이화여대여성암전문병원 주웅 교수는 "콩 섭취량이 증가할수록 부인병 예방 효과가 큰 것으로 나타났다"라고 설명했다.

거친 피부를 촉촉하게, 콩가루 팩
콩가루·우유 2큰술씩, 꿀 1큰술 간단하다. 콩가루에 우유를 섞어 꿀을 넣으면 준비 끝! 팩을 얼굴에 고루 바른 다음 15~20분 후에 미온수로 세안하면 된다. 콩가루에는 단백질 함량이 높아 탄력 있는 피부를 만들어준다. 또 피부에 영양 공급과 더불어 스크럽 효과까지 안겨주는 똑똑한 식품이다.

한 비타민 A·C와 칼륨이 풍부하게 들어 있다. 그러나 치즈와는 궁합이 맞지 않는다. 콩에 든 인이 치즈에 풍부한 칼슘의 체내 흡수를 방해하기 때문이다.

만만하면서도 까칠한 두부, 내 맘대로 다루기

두부는 우리나라는 물론, 서양에서도 인기를 끌고 있는 대표적인 콩 가공식품이자 대중적인 건강식품이다. 이런 두부를 내 맘대로 다룰 수 있는 효율적인 방법 몇 가지!

물에 담가 보관하기

두부는 구입한 후에 물에 담가 보관하는 것이 가장 좋다. 이는 혹시 모를 유해 성분을 빼내기 위함이다. 새로 산 두부는 물에 한 시간 이상 담갔다가 사용하는 것이 좋으며, 사용한 후 남은 두부는 변질을 방지하기 위해서라도 반드시 깨끗한 물을 푹 잠기도록 담아 냉장고에 보관한다.

물기 빼서 조리하기

국이나 찌개에 넣는 두부는 물론 부침이나 조림 등의 요리를 할 때도 두부를 알맞은 크기로 썰어 면포 위에 올린 다음 소금을 약간 뿌려 10분 이상 두는 것이 좋다. 이렇게 하면 두부의 물이 자연스럽게 빠져 조직이 더 단단해지고 간도 쉽게 밴다.

칼등으로 손쉽게 으깨기

만두소를 만들거나 고기 완자 등에 두부를 넣을 땐 물기를 빼고 으깨야 한다. 보통 면포에 담아 꼭 짜는데, 이렇게 하면 면포 사이로 두부가 삐져나오고 물기가 고르게 빠지지 않는다. 먼저 소금을 뿌려 두부의 물기를 제거한 후 도마 위에 놓고 칼등으로 한쪽부터 누르면 훨씬 깔끔하게 으깰 수 있다.

시원하게 건강 만점 콩국수

(4인분) 콩(백태 또는 서리태) 2컵, 생수 5~6컵, 소면 400g, 오이(4cm) 1토막, 얼음 적당량, 장식용 수박 4쪽(또는 방울토마토 4개), 소금 약간

만들기

① 콩은 씻어서 찬물에 여덟 시간 정도 불린다.
② 불린 콩을 냄비에 담고 물을 잠길 정도만 부은 뒤 뚜껑을 덮어 삶는다. 우르르 끓어 넘치려고 하면 불을 끄고 2분 정도 그대로 두었다가 소쿠리에 쏟아 찬물에 헹군 다음 볼에 담고 바락바락 주물러 껍질을 벗긴다. 물을 부어서 껍질을 흘려보내고 다시 주물러 헹구기를 반복해 껍질을 완전히 벗긴다.
③ 껍질 벗긴 불린 콩을 건진 다음 믹서에 넣고 생수 2컵을 부어 곱게 간다.
④ 체에 젖은 면 보자기를 깔고 3의 간 콩물을 부은 다음 여기에 생수 2컵을 부어서 받친다. 거르고 남은 콩물 찌꺼기에 생수 1컵을 부어서 받쳐 냉장고에 차게 보관한다.
⑤ 오이는 가늘게 채 썬다.
⑥ 끓는 물에 국수를 넣고 삶은 다음 찬물에 헹궈 사리를 지어 물기를 뺀다.
⑦ 그릇에 국수와 얼음을 담고 4의 콩국을 부은 뒤 오이채와 수박 한 쪽을 얹고 소금을 곁들인다.

* 노란 백태 대신 서리태를 사용하면 콩국이 연한 연둣빛을 띠어 더 곱다.

멕시칸으로 즐기자! 멕시코풍 강낭콩 요리

불린 강낭콩 6큰술, 파스타 60g, 통조림 옥수수 3큰술, 브로콜리·콜리플라워 1/4송이씩, 방울토마토 10개, 블랙 올리브 5개, 프레시 바질·소금·살사드레싱 약간씩, 다진 토마토 1개 분량, 다진 양파 1/4개 분량, 플레인 요구르트 1/2통, 다진 청양고추 1개 분량, 레몬즙·식초·타바스코 소스·설탕 1큰술씩, 올리브 오일 2큰술, 소금 1/2작은술, 후춧가루 약간

만들기

① 냄비에 물을 넉넉하게 붓고 소금을 넣어 불린 강낭콩을 삶는다. 그런 다음 찬물에 헹군 뒤 체에 밭쳐 물기를 뺀다.
② 파스타는 포장지에 표기된 시간보다 1~2분 더 오래 삶는다. 그런 다음 건져서 체에 밭쳐 물기를 뺀다. 통조림 옥수수는 끓는 물에 살짝 데친 뒤 체에 밭쳐 물기를 뺀다.
③ 브로콜리와 콜리플라워는 한입 크기로 잘라 끓는 물에 소금을 살짝 넣고 삶은 뒤 찬물에 헹궈 물기를 뺀다.
④ 방울토마토와 블랙 올리브는 모양을 살려 얇게 썰고 프레시 바질은 다진다.
⑤ 볼에 플레인 요구르트를 제외한 모든 드레싱 재료를 넣어 고루 섞은 뒤 요구르트를 넣는다.
⑥ 볼에 강낭콩과 파스타, 여러 가지 채소를 담고 드레싱을 부어 고루 버무린다.

팥

Red bean

전래 동화 〈콩쥐팥쥐〉를 떠올려보자. 콩과 팥은 두류(豆類)계의 오랜 라이벌이다. 동화에서처럼 둘은 차이가 많다. 그러나 늘 '팥쥐'가 악역을 맡는 것은 아니다. 콩이 단백질과 지방이 풍부한 식품이라면 팥은 탄수화물 식품이다(팥 100g당 68.4g, 콩 30.6g). 당뇨병 환자라면 팥으로 만든 음식이 혈당을 올리지 않을까 싶어 우려될 것이다. 이런 걱정은 하지 않아도 된다. 식이섬유가 풍부하기 때문이다. 팥의 식이섬유 함량은 쌀의 두 배 이상이다. 이 덕분에 팥의 당질(탄수화물)은 장에서 천천히 흡수된다. 이에 따라 혈당도 서서히 오른다. 팥밥의 당지수가 쌀밥보다 낮다는 뜻이다. 게다가 팥의 당질은 대부분 복합당인 전분이다. 설탕·포도당처럼 혈당이 롤러코스터를 타게 하지는 않는다는 말이다. 팥의 비타민 B_1 함량은 곡류 중 최고이며, 이 비타민이 당질의 대사를 돕는다는 사실도 당뇨병 환자가 기억할 만하다.

고맙지만 임신부는 주의해야 할 붉은 팥

팥은 영양분이 많은 좋은 곡물이다. 그렇지만 붉은 팥은 혈액을 흩어지게 하는 작용을 해 임신 중 호르몬 분비를 왕성하게 함으로써 태아의 기형을 유발할 수 있으니 주의해야 한다.

콩의 아이소플라본에 견줄 만한 팥의 웰빙 성분은 안토시아닌이다. 붉은색 색소 성분인 안토시아닌은 노화와 성인병의 주범인 유해산소를 없애는 항산화 성분이다. 팥죽을 끓일 때는 철제 냄비를 사용하면 안 된다는 말이 있는데 이는 팥에 든 안토시아닌이 철과 결합해 검게 변할 수 있기 때문이다.

팥의 한자명은 소두(小豆)·적두(赤豆)·홍두(紅豆)다. 대두(大豆)인 콩보다 크기가 작아서다. 영양적으론 비타민 B_1·B_2·나이아신 등 비타민 B군이 풍부하다. 한국인의 주식인 쌀엔 비타민 B_1이 거의 들어 있지 않은데, 이 비타민은 우리 몸의 활력을 높여준다. 그래서 지치고 피로가 쌓였을 때 팥을 먹으면 금세 기운이 난다. 또 다른 곡류에 부족하기 쉬운 아미노산인 라이신·트립토판이 상당량 들어 있다.

혈압을 조절하고 몸의 부기를 빼주는 칼륨도 풍부하다(100g당 1180mg). 열량은 100g당 337kcal로 꽤 높은 편이다. 팥에 대해 흔히 하는 오해 중 하나는 맛이 달다는 것이다. 팥빵·단팥죽을 연상해서일 게다. 그러나 실제론 쓴맛에 가까우며 앙금·양갱·단팥죽이 단 것은 설탕을 많이 넣기 때문이다.

껍질 부위엔 사포닌이 많이 들어 있다. 사포닌은 팥을 우려낸 물에서 나오는 거품 성분으로 콩에도 들어 있다. 사포닌은 또 부기 제거를 돕는다. 중국의 고의서인 《본초강목》엔 '팥에 부종(浮症, 부기)을 없애는 힘이 있다'라고 기술돼 있다. 한방에선 다리가 부을 때 적소두이어탕을 흔히 권장한다. 여기서 적소두는 팥, 이어는 잉어다. 팥 90g과 잉어 한 마리(약 500g)를 물에 넣고(식초 첨가) 한 시간쯤 달여서 만든다. 민간에선 볼거리로 몸이 부었을 때 팥을 환부에 붙였

주요 산지

강원도와 경기도 일부 지역
충주
보은
무안
영천
안동
문경

주요 영양 성분

전분 34%
단백질 20% 내외
비타민 B군
칼륨 등

효능

이뇨 작용
과식 방지
변비 예방
신장염
부기 제거

보관 방법

팥은 영양소가 많아 벌레가 쉽게 생긴다. 생 팥은 끓는 물에 넣었다 빼서 바싹 말려 보관하고, 익혀서 바로 먹을 수 있게 보관할 때는 삶아서 냉동실에 넣고 필요한 양만 꺼내서 간편하게 먹으면 좋다.

다. 팥이 염증을 가라앉힌다고 여겨서다.

껍질은 콩 껍질보다 단단하다. 콩 껍질은 여섯 시간가량 물에 담그면 물러지지만 팥 껍질은 24시간 담가야 약간 부풀어 오른다. 그래서 팥은 대개 깨서 물에 불린다. 팥은 굳이 냉장고에 보관할 필요가 없다. 잘 말린 뒤 항아리에 넣어서 시원한 곳에 두면 오래 두고 먹을 수 있다. 수분이 거의 없는(8~10%) 상태에선 세균·곰팡이 등이 살지 못하기 때문이다. 팥은 보관 도중 팥바구미 등 벌레가 생길 수 있다. 이를 예방하려면 부숴서 보관하는 것이 좋다.

팥이 들어가는 음식 중 가장 유명한 것은 팥 시루떡과 동지의 절기 음식인 팥죽이다. 옛사람들은 동지를 태양이 죽음에서 부활하는 날로 여겼다. 이날 이후 낮이 다시 길어지기 때문이다. 당연히 해의 '생환'을 반겼고, 축제를 벌였다. 축제엔 음식이 빠질 수 없다. 새알 모양의 떡(새알심)을 넣은 팥죽을 쑤어 먹었다. 또 동지를 작은설로 쳐서 아세(亞歲)라 했다. 팥죽에 자기 나이대로 새알심을 넣어 먹은 것은 이래서다.

생리통에 효과 만점, 팥 찜질

한방에서 팥은 어혈과 부종을 풀어주는 데 효과적인 식품으로 친다. 또 데우면 온기가 오래가서 천연 찜질제로 사용하면 제격이다. 몸이 차거나 배가 아플 때 근육이 뭉치기 쉬운 어깨나 허리, 피로가 쌓인 등에 얹으면 근육이 편안해지고 피로 해소에도 좋다. 방법 또한 간단하다. 안 쓰는 수건에 팥을 넣어 박음질한 후 전자레인지에 3~4분 정도 데워 배에 올려두면 된다.

지금은 팥물 다이어트 열풍

팥물이 다이어트 음료로 열렬히 각광받기 시작한 것은 아이돌 그룹 빅뱅의 TOP이 팥물 다이어트로 20kg을 감량했다는 소식이 전해지면서부터다. 하지만 멋모르고 시작했다간 설사나 피부가 거칠어지는 부작용이 있으니 내 체질에 맞는지 꼼꼼히 따져보고 시작해야 한다. 팥물 다이어트를 하기 시작했다면 밥을 먹기 전 마시는 것이 좋다. 하루에 세 잔 이상 마시면 부작용을 초래할 수 있으니 주의해야 한다. 또 팥물은 상하기 쉬우니, 조금씩 만들어 먹는 것이 좋다. 다이어트에 좋은 팥물은 이렇게 만든다.

재료 : 팥 1컵, 물, 냄비, 고운체
① 팥을 깨끗이 씻는다.
② 물에 10시간 정도 불린 후 불린 팥에 새 물을 붓고 센 불에 끓인다. 끓인 첫 물은 버리고 깨끗한 생수를 다시 부어 센 불에서 10~20분간 약한 불로 달이듯이 끓여 체에 거르면 완성된다.

새알 동동, 맛있는 동지 단팥죽

붉은팥 3컵, 껍질 벗긴 밤 10톨, 물 적당량, 설탕·소금 약간씩, 새알심(찹쌀가루 2컵, 따뜻한 물 6~8큰술, 생강즙 1큰술, 소금 1/2작은술)

만들기
① 팥을 깨끗이 씻어 냄비에 담고 팥이 잠길 정도로 물을 부어 우르르 끓인 후 물을 버린다.
② 냄비에 1의 팥, 물 10컵을 넣고 팥알이 무르도록 푹 끓인다. 체에 밭쳐 물을 버리고 팥알을 체에 으깨어 거른다. 이때 물 10컵을 나누어 부어가며 체에 내린다.
③ 팥 껍질은 버리고 내린 팥과 물은 가만히 두어 앙금을 가라앉힌다.
④ 따뜻한 물에 생강즙과 소금을 넣어 고루 섞고 찹쌀가루를 넣어 익반죽한 뒤 지름 1cm 크기로 둥글게 빚는다.
⑤ 팥 앙금이 분리되면 윗물만 따라 냄비에 넣어 끓인다. 그런 다음 적당히 썬 밤과 새알심을 넣고 끓인다.
⑥ 새알심이 위로 떠오르면 남은 팥 앙금을 넣고 되직하게 끓인다. 설탕과 소금을 넣어 마무리한다.

빙수야 팥빙수야, 팥빙수 팥 만들기

국산 팥 1컵, 설탕 1/2컵, 물 적당량

만들기
① 팥을 물에 담가놓고 하루 정도 불린다.
② 팥에 물을 붓고, 한 번 끓으면 약 5분 정도 더 끓인 후 물을 버린다.
③ 다시 물을 붓고 한참 끓여준다. 이때 팥을 손으로 만졌을 때 부서질 정도로 끓이면 된다.
④ 물을 조금 남기고 버린 후 설탕을 넣어 졸인다. 이때 중간 불로 은근하게 졸이는 것이 포인트다. 다 삶은 팥은 한 번 먹을 만큼 나누어 냉장 보관한다.

과 일

Fruit

과일이 채소와 함께 건강에 유익한 웰빙 식품이라는 것은 이미 상식이 되었다. 미국에선 과일과 채소를 하루에 다섯 번 이상 섭취하자는 'Five a Day' 운동도 벌이고 있다.

과일은 전체의 80~90%가 수분이다. 수분 함량은 채소보다 약간 적다. 열량은 100g당 50kcal 전후로 채소보다 약간 높다.

수분을 뺀 나머지는 대부분 탄수화물(10~20%)로 구성돼 있다. 기본적으로 탄수화물 식품인 셈이다. 탄수화물 중 과당·유기산이 많다.

과일이 건강에 이로운 것은 비타민·미네랄·식이섬유·각종 생리활성물질(파이토케미컬)이 풍부하기 때문이다. 비타민 중에선 비타민 C·베타카로틴 등 항산화 효과가 있는 비타민이 많다. 미네랄은 혈압 조절을 돕는 칼륨과 뼈 건강을 좌우하는 칼슘이 풍부하다. 식이섬유 중에선 수용성 식이섬유인 펙틴이 많다.

웰빙 식품인 과일에도 약점은 있다. 첫째, 열량이 꽤 높다. 과일은 양껏 먹어도 살이 찌지 않는다고 생각하는 사람이 많지만 실제론 그렇지 않다. 특히 바나나 등 열대 과일과 과일 통조림의 열량은 상당히 높다. 바나나 반 개 분량인 70g을 기준으로 바나나의 열량은 62kcal, 망고는 48kcal, 오렌지는 46kcal다. 석류·포도의 열량도 오렌지 못지않다. 따라서 성인의 하루 과일 적정 섭취량은 중간 크기 참외 1개, 포도 2/3송이, 중간 크기 복숭아 1개, 수박(대) 2쪽, 자두(대) 2개, 멜론 1/4개 정도다. 체중·혈당·중성지방이 정상이라면 이보다 조금 더 섭취해도 무방하다.

둘째, 일부 과일은 알레르기를 유발할 수 있다. 하지만 이런 사실을 아는 사람은 드물다. 사과(껍질)·살구·바나나·체리·키위·멜론·복숭아·파인애플·자두·딸기·배·토마토(초록색 씨) 등 다양한 과일이 알레르기를 일으킬 수 있다. 증상은 과일과 접촉한 입술·입 주위의 가려움증·홍반·물집 등이다. 접촉성 피부염·두드러기·천식·설사·복통 등을 유발하기도 한다. 심지어 쇼크로 숨지는 사람도 있다. 과일 알레르기가 있는 사람은 과일을 익혀 먹는 것이 안전하다. 알레르기의 원인이 되는 단백질이 가열 과정에서 변성돼 항원성(알레르기 유발성)이 크게 줄기 때문이다.

과일 알레르기가 있는 사람은 과일을 깎아 먹어야 한다. 알레르기 유발 성분 대부분이 과일의 껍질에 존재하기 때문이다. 오래된 과일을 먹는 것은 피하는 게 상책이다. 농익은 것이 설익은 것보다 알레르기를 더 잘 일으키기 때문이다.

탄수화물 식품인 과일은 육류·해산물 등 단백질 식품처럼 식중독 균이 잘 자라는 조건은 아니다. 식중독 균은 과일의 껍질에선 잘 증식하지 못한다. 과일 껍질이 식중독 균 오염을 막는 일종의 방어벽이 되어준다. 그러나 과일의 손상 부위를 통해 식중독 균이 껍질 안으로 들어가 증식할 수 있다. 그러므로 과일을 살 때 상처 난 부위가 있는지 잘 확인하는 것이 좋다. 또 사람 손에 묻어 있던 식중독 균이 과일 껍질에 오염될 수 있으므로 과일을 다루기 전에 손부터 잘 씻는 것이 중요하다. 특히 땅에서 기르는 수박·토마토·참외 등은 토양에 서식하는 식중독 균에 오염될 수 있으므로 더 철저히 세척한 뒤 먹어야 한다.

과일이 식중독 균에 오염돼 있으면 대처하기가 쉽지 않다. 육류·계란 등에 오염된 식중독 균은 가열 처리하면 간단히 없앨 수 있지만 과일의 특성상 가열 처리가 쉽지 않다. 차선책은 잘 씻어 먹는 것이다.

과일을 세척할 때 식초 희석액(10%)이나 1종 세척제를 사용하면 식중독 균을 효과적으로 줄일 수 있다. 세척제를 사용한 후엔 흐르는 수돗물로 과일을 충분히 씻어야 한다.

과일 전용 도마·칼을 사용하는 것도 식중독 예방에 도움이 된다. 육류·생선 조리에 사용한 칼과 도마로 과일을 다룰 때 교차오염이 일어날 수 있기 때문이다. 과일 껍질을 벗기면 표면에 묻은 잔류 농약이 제거된다.

과일 껍질엔 건강에 유익한 성분이 속살(과육)보다 더 많이 들어 있다. 과일의 대표적인 파이토케미컬인 라이코펜은 비닐하우스에서 재배한 것보다 햇볕을 받고 자란 것에 더 많이 들어 있다. 껍질이 속살보다 햇볕을 더 많이 받으므로 파이토케미컬 등 각종 웰빙 성분 함량도 더 높다.

특히 사과·배·복숭아 등은 껍질에 식이섬유의 대부분이 몰려 있다. 블루베리·포도·딸기·자두 등 검붉은 색을 띠는 과일의 껍질엔 항산화 성분인 안토시아닌이 풍부하다. 안토시아닌은 항산화 비타민인 비타민 E보다 항산화력이 크다. 비타민 C도 과일의 속살보다 껍질에 많이 들어 있다.

과일 껍질 깎지 않고 먹기의 장단점

장점
비타민·미네랄·식이섬유·파이토케미컬을 더 많이 섭취할 수 있다.
음식물 쓰레기 양을 줄일 수 있다.
웰빙 성분이 풍부해 변비와 혈관 질환 등을 예방할 수 있다.

단점
껍질에 농약이 소량 잔류할 수 있다.
과일 알레르기를 일으킬 수 있다.
과다 섭취하면 방귀와 복부 팽만감을 유발할 수 있다.

자료=식품의약품안전청

각종 과일의 열량(200g 기준)

바나나(2개) 200kcal
멜론(1/2개) 150kcal
포도(작은 송이 1개) 136kcal
감(1½개) 136kcal
파인애플(2/3개) 116kcal
키위(4개) 112kcal
참외(1개) 100kcal
귤(4개) 96kcal
배(2/3개) 100kcal
사과(큰 것 1개) 100kcal
오렌지(1개) 90kcal
자몽(1개) 80kcal
복숭아(1개) 50kcal
딸기(20개) 46kcal
토마토(1개) 44kcal
수박(1쪽) 40kcal

자료=한림대의료원

감

Persimmon

가을철 과일인 감은 우리에게 예부터 매우 친숙한 과일이어서 속담에도 자주 등장한다. 준비하지 않는 사람을 '누워서 감 떨어지기를 기다린다'라고 했고, '감 고장의 인심'은 순박하고 후한 인심을 뜻한다. 한가위 차례상에 빠지지 않고 나오는 조율이시(棗栗梨枾, 대추·밤·배·감)에서 시에 해당한다. 한국·중국·일본이 원산지다. 《향약구급방》에 경상도 고령에서 감을 재배했다는 기록이 남아 있다. 그러나 서양에선 인기가 별로 없다. 서구인들은 감의 떫은맛을 꺼린다.

'콩 심은 데 콩 나고 팥 심은 데 팥 나는 것'이 세상의 이치이나 감은 그렇지 않다. 감 씨앗을 심은 데서 감나무 대신 고욤나무가 난다. 3~5년 지났을 때 감나무 가지를 잘라 고욤나무에 접붙여야 이듬해부터 감이 열린다. 그래서 감은 인고(忍苦)를 상징한다. 고욤나무 줄기에 감나무를 접붙이는 산고(産苦)가 있어야 비로소 열매가 열리기 시작한다는 이유에서다.

감나무는 버릴 게 하나도 없다. 열매인 감뿐 아니라 나무 자체와 잎도 요긴하게 쓰인다. 골프채의 헤드 부분은 감나무로 만든 것을 최고로 친다. 감잎은 비타민 C·폴리페놀이 풍부해 항산화 효과를 낸다. 잘게 썬 감잎을 물에 넣어 우리거나 가볍게 끓이면 감잎차를 만들 수 있다.

열매인 감엔 단순당인 포도당과 과당이 많이 들어 있어 먹으면 금세 힘이 나고 피로가 풀린다. 피부 미용과 감기 예방에 좋은 비타민 C도 100g당 20mg(연시, 단감은 13mg) 들어 있다.

감은 숙취 해소용 과일로도 유명하다. 감에 든 과당이 알코올 분해를 돕고 칼륨이 이뇨 작용을 한다. 중국의 의서 《명의별록》엔 "잘 익은 감은 술을 해독하고 위장의 열을 내린다"라고 기술돼 있다. 그러나 홍시는 위통을 일으킬 수 있고 술에 더 취하게 한다고 해서 한방에선 술자리와는 궁합이 잘 맞지 않는 과일로 친다.

감은 떫은 감과 단감, 두 종류가 있다. 감나무에 달린 상태에서 익는 도중 떫은맛이 사라져 따자마자 바로 먹을 수 있는 것이 단감이다. 반면 수확한 뒤 인위적으로 떫은맛을 없애야 하는 감도 있다. 이 중 우리 조상이 즐겨 먹은 것은 떫은 감이다. 중국인도 떫은 감을 선호한다. 단감은 일본에서 왔다. 일본엔 단감뿐이다.

감은 여느 과일과 달리 신맛이 없다. 브릭스(Brix) 당도계로 잰 감의 당도(단맛)는 15~18로, 포도보다는 낮지만 사과나 배보다 높다. 감 고유의 떫은맛

품격 있게 만나는 감, 청도 감 와인

흔히 와인이라고 하면 으레 '포도로 만든 술'을 떠올리게 된다. 하지만 감으로 만든 와인이 있다는 사실! 이름 하여 '감 그린'이라는 와인인데, 세계 최초로 감으로 만든 와인이다. 경북 청도의 특산물인 청도반시로 만든 이 와인은 순수 감 100%와 특수 효모로 발효시켜 완성한다. 이 와인은 최고의 품질을 인정받아 2005 APEC 정상회담에서 참가 대표단 공식 만찬주로 선정되어 사용되었다. 와인만 유명한 것이 아니다. 이 감 와인은 (구)남성현터널에서 숙성되는데 지금은 일명 청도와인터널로 불리며 인기몰이를 하고 있다. 이 와인 터널은 운치 있는 인테리어가 특징으로, 시음과 식사 외에도 와인 만들기 체험 등으로 관광객들에게 큰 인기를 얻고 있다. 감 와인은 청도 감 와인 쇼핑몰에서도 구입 가능하다.

주요 산지	주요 영양 성분	효능	제철	고르는 법
상주 청도 광양 악양 등	당분 비타민 A 비타민 C 타닌 단백질 지방	숙취 해소 피부 개선 고혈압·동맥경화 예방 진정 작용 등	9~10월	꼭지가 황색으로 불룩하게 튀어나온 것일수록 씨가 고르게 박혀 있어 맛이 좋다. 또 껍질에 탄력과 윤기가 있고 표면이 울퉁불퉁하지 않고 색이 짙으며 꼭지가 매끈하게 붙어 있는 것이 좋다.

은 녹차에도 있는 타닌의 맛이다. 타닌은 상당한 약성(藥性)을 지녔다. 민간에선 설사·배탈을 호소하는 사람에게 감을 권했다. 타닌이 장의 점막을 수축시켜 설사를 멈추게 한다는 사실을 경험으로 알았기 때문이다. 지혈 작용을 해 위궤양 치료에도 효과적이다. 그러나 감은 변비·빈혈·저혈압이 있는 사람에겐 오히려 해로울 수도 있다. 임신부에게도 권하지 않는다. 감의 타닌 성분에 무엇이든 거둬들이는 수렴(收斂) 효과가 있기 때문이다. 특히 철분과 결합, 체외로 함께 빠져나간다. 많이 먹으면 몸이 냉해진다는 말도 있지만 곶감은 그럴 염려가 없다.

우리 고유의 떫은 감을 달게 만들려면 꼭지에 침을 놓은 뒤 따뜻한 소금물에 담가둔다. 이를 탈삽 감 또는 삭힌 감이라 한다. 홍시(연시)나 곶감으로 만들어도 떫은맛이 사라진다. 항아리에 짚을 깐 뒤 여기에 떫은 감을 올려놓으면 물렁한 홍시가 된다. 떫은 감의 껍질을 벗긴 뒤 꼬챙이에 꿰어 말린 것이 곶감이다. 요즘은 더 간단히 떫은맛을 없앤다. 떫은 감을 빈 상자에 넣고 그 위에 신문지를 몇 장 깐 뒤 사과 껍질을 올려놓으면 금세 홍시로 변한다. 사과에서 나온 식물의 노화 호르몬인 에틸렌이 감의 숙성을 촉진하고 사과의 사과산과 감의 타닌이 중화반응을 일으키기 때문이다.

에탄올과 물을 반씩 섞은 뒤 떫은 감의 꼭지 부분이 젖을 만큼 스프레이로 뿌려주는 방법도 있다. 그런 다음 비닐봉지에 넣어 따뜻한 방에 사나흘 놓아두면 떫은맛이 제거된다. 에탄올 대신 소주를 써도 되지만 시간이 조금 더 오래 걸린다.

곶감은 바싹 말린 건시, 반쯤 말려 냉동 보관해 먹는 반건시로 분류된다. 곶감은 냉결실에 넣으면 일 년 이상 보관할 수 있다. 민간에선 숙취 해소와 기침·딸꾹질을 진정시키는 데 곶감을 추천했다. 곶감의 표면에 묻은 흰 가루는 감의 수분이 빠져나가면서 단맛이 농축된, 포도당·과당·만니톨의 결정체다.

감의 떫은맛 없애는 데는 소주가 최고

감에서 떫은맛이 나 먹을 수 없을 때 사용할 수 있는 방법! 감꼭지에 소주를 발라 비닐에 넣어 밀폐한 후 보관하면 약 일주일 뒤에 감의 떫은맛이 없어져 맛있게 먹을 수 있다.

입맛 없을 때, 제철 홍시로 만든 홍시젤리

홍시 250g, 꿀 1큰술, 판 젤라틴 3장

만들기

홍시의 껍질을 벗겨 체에 내린 후 꿀과 중탕으로 녹인 판 젤라틴을 넣고 젤리 틀에 부어 굳힌다.

밥 한 숟가락에, 감장아찌

감, 소금물(소금 : 물 1 : 5), 찹쌀고추장, 매실 진액

만들기

① 감을 깨끗이 씻어 준비한 후 껍질을 깎거나 깎지 않은 채 소금물에 24시간 정도 담가둔다.
② 소금물에 푹 담가놓았던 감을 썰어 채반에 올려 말린다.
③ 물기 없이 말린 감을 찹쌀고추장에 버무린 후 매실 진액을 넣는다.
④ 1개월 정도 뒤에 꺼내 쪽파, 통깨, 참기름을 넣어 무친다.

귤

Mandarin orange

귤은 우리나라를 포함한 동양, 오렌지는 서양을 대표하는 감귤류다. 원산지가 중국인 귤의 영문명은 'mandarin orange'인데 'mandarin'은 중국 관리를 뜻한다. 우리가 즐겨 먹는 귤은 온주(溫州) 밀감이며 온주는 귤 산지로 유명한 중국 저장성의 지명이다. 껍질이 과육에 단단히 붙어 있는 오렌지나 탠저린(tangerine)과는 달리 귤은 과피가 얇고 부드러워 잘 벗겨지는 것이 장점이다. 그래서 귀차니스트들도 즐겨 먹는다.

가장 유용한 성분은 비타민 C로 100g당 44(조생종)~48mg(보통종)이나 들어 있다. 게다가 귤은 대부분 생과로 먹으므로 비타민 C가 조리 도중 소실·파괴될 일도 거의 없다. 비타민 C는 일찍(10월께) 출시되는 것보다 날씨가 추운 겨울에 나오는 것에 더 많이 들어 있다. 귤을 피부 건강, 겨울철 감기 예방, 스트레스 해소, 담배의 해독에 유효한 과일로 치는 것은 비타민 C가 풍부하기 때문이다.

헤스페리딘이란 성분도 돋보인다. 항산화 성분인 플라보노이드의 일종으로 비타민 P라고도 불린다. 이는 모세혈관을 튼튼하게 하는데, 주로 속껍질에 들어 있다. 그 때문에 고혈압·동맥경화 등 혈관 질환이 있는 사람에게 귤을 속껍질째 먹으라고 권한다.

신맛과 단맛이 섞여 있는데, 익으면서 산(酸)은 적어지고 당(糖)이 많아져 신맛보다 단맛이 강해진다. 귤의 단맛은 설탕·과당·포도당, 신맛은 유기산의 일종인 구연산의 맛이다. 신맛이 약간 도는 귤을 먹으면 몸이 가벼워지는 듯한 느낌이 든다. 구연산이 신진대사를 촉진해 피로를 풀어주고 피를 맑게 해준 덕분이다.

당근·호박과 함께 귤은 색깔이 노란 옐로 푸드(yellow food)의 대표 식품으로 꼽힌다. 따라서 황색 비타민이라고 일컬어지는 베타카로틴과 리보플라빈(비타민 B_2)이 많이 들어 있다. 이들 중 일부는 혈액에 섞여 전신으로 퍼진다. 그래서 귤을 과다 섭취하면 손바닥과 발바닥 등 각질이 많은 부위와 콧구멍 주위·눈꺼풀 등 피부가 얇은 부위가 노랗게 변한다. 그렇다고 우려할 필요는 없다. 외관상의 문제일 뿐 건강에 해로운 것은 아니기 때문이다. 귤 섭취를 자제하면 피부색은 원상회복된다.

사과가 완전히 익은 상태에서 수확하는 완숙과라면 귤은 채취한 뒤에도 서서히 익는 후숙 과일이다. 이는 귤이 사과보다 더 빨리 물러지는 이유이기도 하다. 귤의 수분 함량이 거의 90%에 육박한다는 것도 물러지기 쉬운 조건이다.

귤껍질? 버리지 마세요, 청소에 양보하세요

귤을 먹고 나면 껍질이 수북이 쌓인다. 별 생각 없이 버린 귤껍질을 천연 청소용품으로 쓸 수 있다는 사실! 고기나 잡냄새가 나는 음식을 전자레인지에 넣어 조리했다면 귤껍질을 넣어 1분 동안 데워보자. 상큼한 향과 함께 전자레인지의 잡냄새가 사라진다. 또 귤껍질을 일주일간 바싹 말려 수분이 없는 상태에서 물에 5분 동안 끓인 후 그 물을 냉장고에 넣고 식혀 유리창을 닦으면 유리창이 반짝반짝 빛난다. 마지막으로 바닥이나 접시의 기름때 또한 귤껍질로 문질러주면 깨끗이 없앨 수 있고 상큼한 방향제 역할도 해준다.

주요 산지	주요 영양 성분	효능	제철	고르는 법
서귀포 통영 고흥 완도 거제 남해 금산	비타민 A 비타민 C 비타민 P 칼륨 등	감기 예방 피로 해소 동맥경화 · 고혈압 예방	10~12월	껍질이 탄력 있고 윤기 나는 것이 싱싱하다. 들어보아 크기에 비해 묵직한 것이 과즙이 많다. 중간 크기로 모양이 평평한 것으로 고른다. 껍질이 얇고 잘 벗겨지는 것이 맛있다.

목이 아플 땐 귤을 먹자!

목이 아플 때 귤을 먹으면 부은 목을 가라앉힐 수 있다. 효과적으로 목의 부기를 가라앉히고 싶다면 귤껍질을 햇빛에 잘 말린 후 물에 넣고 물의 양이 처음 부은 물의 반 정도가 될 때까지 졸여 마시면 감기 예방에도 좋고 통증도 가신다.

귤을 냉장고에 넣어두는 것도 현명한 선택은 아니다. 냉장고는 기본적으로 건조한 공간이어서 수분이 발산돼 귤이 쭈글쭈글해지기 쉽다. 상온에 두고 가능한 한 빨리 먹는 게 최선이나 2주 이상 두고 먹으려면 냉장 보관해야 한다. 귤은 며칠 두면 흰 곰팡이가 생긴다. 당질과 수분이 많은 귤은 곰팡이가 생기기 쉬운 조건을 두루 갖췄다. 특히 귤을 너무 밀착 포장하면 곰팡이가 잘 생긴다. 귤을 종이박스 안에 넣을 때 과밀은 금물이다.

열량(100g당 42kcal)은 단맛에 비해 그리 높지 않다. 그러나 다이어트 중이라면 중간 크기의 귤을 하루에 2(여성)~3개(남성) 이상 먹는 것은 곤란하다.

귤은 손으로 직접 벗겨 먹는 과일이어서 손에 극소량의 잔류 농약이 묻을 수도 있다. 그러므로 껍질을 벗기기 전에 미리 흐르는 물에 잘 씻어야 한다.

귤은 가을·겨울에 주로 나오지만 아열대성 과일인 오렌지는 일 년 내내 생산된다. 오렌지는 귤과 마찬가지로 열매가 녹색일 때 수확하는데 운반·저장하는 동안 노랗게 익는다. 그래도 덜 익으면 에틸렌 처리를 해서 빨리 익히기도 한다.

일정 무게당 비타민 C 함량이나 열량은 귤과 엇비슷하다. 담배를 많이 피거나 스트레스를 심하게 받아 비타민 C의 요구량이 늘어났을 때 섭취하면 좋다. 오렌지도 귤처럼 많이 먹으면 손바닥 등이 노래지지만 역시 걱정할 필요는 없다. 섭취량을 줄이면 곧 사라지며 건강에 해롭지 않기 때문이다. 다이어트 중이라면 오렌지는 하루 한 개 정도 먹는 것이 적당하다.

오렌지는 단맛이 강한 귤과는 달리 신맛과 단맛이 어우러져 있다. 귤은 주로 생과로 먹고 오렌지는 대개 주스를 만들어 마시는 것도 이런 맛과 관련이 있다. 서양에선 오렌지를 마멀레이드로도 즐긴다. 오렌지 껍질을 채 썬 뒤 설탕을 버무린 것인데, 대개 샌드위치나 빵 사이에 넣어 먹는다. 설탕이 다량 함유돼 열량이 높은 게(100g당 238kcal) 흠이다.

자몽과 유자도 감귤류에 속한다. 자몽의 영문명은 'grapefruit'. 굳이 번역하자면 '포도 과일'이 된다. 포도송이처럼 나무에 달려 있어서 이런 이름이 붙었다. 속이 흰 것과 붉은 것이 있는데 붉은 것(ruby red)의 인기가 훨씬 높다. 토마토에 함유된 웰빙 성분인 라이코펜이 풍부하게 들어 있어서다. 라이코펜은 카로티노이드 중에서 항산화력이 가장 뛰어나 전립선암 등 암 예방에 효과적이다.

겨울엔 몸을 따뜻하게 해주는 귤 목욕을

귤껍질에는 리모넨이라는 성분이 있는데 이는 몸을 따뜻하게 해주는 역할을 한다. 귤껍질을 햇빛에 잘 말린 후에 세탁 망이나 입욕제 넣는 곳에 넣고 물에 담가놓으면 천연 입욕제가 된다. 귤껍질을 이용해 반신욕을 하면 몸을 따뜻하게 해줄뿐더러 피부가 촉촉해진다고 하니 추운 겨울에 사용하면 안성맞춤이다.

감기로 입맛 없는 아이에겐, 귤현미푸딩

불린 쌀·불린 현미 1큰술씩, 사과 1/4개, 달걀 1/2개분, 물 1/3컵, 분유·버터 약간씩

만들기
① 불린 쌀과 현미는 믹서에 살짝 간다.
② 사과는 깨끗이 씻어 껍질과 씨를 제거한 다음 다진다.
③ 분유는 물에 풀어 달걀과 섞는다.
④ 냄비에 버터를 녹여 1을 넣고 볶다가 물을 붓고 2를 넣어 끓인다.
⑤ 쌀알이 퍼지면 3을 조금씩 넣어가며 부드러운 푸딩이 될 때까지 젓는다.

호호 불어 먹자, 감귤찐빵

귤 20g, 달걀 1/2개분, 박력분 1/2컵, 우유 1/4컵, 설탕 2큰술, 베이킹파우더·올리브 오일 1/2큰술씩

만들기
① 귤은 속껍질을 벗긴 다음 냉장실에 3시간 정도 넣어 발효시킨다.
② 볼에 달걀, 설탕, 우유, 올리브 오일을 넣고 고루 섞는다.
③ 박력분과 베이킹파우더는 체에 내려 2에 넣고 섞는다.
④ 3에 1을 넣고 섞는다.
⑤ 내열 용기에 반죽을 7할 정도 담고 찜통에 넣어 15분간 찐다.

대추

Jujube

대추는 제사 때 빼놓을 수 없는 과일이다. 제사상의 앞줄에 놓이는 조율 이시의 첫 번째다. '당송팔대가' 중 한 명인 송나라 시인 왕안석은 《조부(棗賦)》에서 "대추나무엔 네 가지 득이 있다. 심은 해에 바로 돈이 되는 득, 한 그루에 열매가 많이 열리는 득, 나무의 재질이 단단한 득, 귀신을 쫓는 득"이라고 썼다. 이 중 '잡귀 내몰기' 외엔 다 나름대로 과학적인 근거가 있다. 씨를 심으면 그해 9월이면 어김없이 열매가 주렁주렁 열려 주인의 주머니를 두둑하게 해준다. 혼인할 때 시부모가 실에 꿴 대추를 빼 신부의 치마폭에 던지는 것은 대추나무에 열매가 달리듯 자식을 많이 낳으라는 뜻이다. 대추나무는 단단하기로도 유명해 판목(版木)·떡메·달구지·태평소(악기) 등의 재료로 썼다. 힘든 역경을 잘 이겨내는 사람을 '대추나무 방망이'라고 부른다. 선조들은 벼락 맞은 대추나무로 만든 부적을 몸에 지니고 다녔는데 잡귀를 쫓고 불행과 병마를 막아준다고 믿어서다.

원산지는 중국이며 4000년 전부터 재배됐다. 한자명은 '조(棗)'·'목밀(木蜜)'인데 이름처럼 잘 익으면 꿀처럼 맛이 달다. 영문명은 'jujube'나 'Chinese date'·'red date'인 것은 대추야자(date)의 사촌이기 때문이다.

한방에선 감초 못지않은 약재로 여긴다. 한방명은 대조(大棗)이며 한약재에 감초와 대추를 넣은 것은 약의 독성이 감(減)해지고 백약(百藥)이 조화를 이루며 거북한 맛을 순화시키는 약재라고 보기 때문이다. 한약을 달일 때는 대개 생강 3쪽과 대추 두 개를 넣는다.

한방에선 원기를 북돋아주고 신경을 안정시키는 약재로 쓰인다. 특히 대추 달인 물은 예부터 '부부 화합의 묘약'으로 통했다. 마음이 불편하거나 신경이 날카로울 때는 대추 열 개·감초 3g·밀 10g을 물에 달여 마시라고 추천한다. 밤에 잠을 잘 못 자 고민인 사람에겐 대추와 파의 흰 뿌리를 넣어 함께 끓여 마시라고 처방한다.

그러나 변비·구강 건조 증세가 있는 사람에겐 적극 권하지 않으며 단맛이 강해 당뇨병 환자와도 궁합이 잘 맞지 않는다고 본다. 소화가 잘 안 되거나 헛배가 잘 부르거나 속이 자주 거북하거나 속열이 있거나 몸이 잘 붓는 사람도 너무 많이 먹지 말라고 권한다.

"대추 보고 안 먹으면 늙는다"라는 옛말이 있다. 노화 방지에 좋은 성분이 특별히 더 들어 있지는 않다. 노화의 주범인 유해 산소를 없애는 항산화 성분인 비타민 C의 함량이 높은(생것은 100g당 62mg, 마른 것은 8mg) 정도다. 그러나 이 정도의 비타민 C는 같은 무게의 딸기(71mg)나 레몬(70mg)에도 들

삼계탕 대추, 먹지 말라고?

흔히 많은 이들이 삼계탕을 먹을 때 대추를 빼놓는다. 왜 그럴까? 그 이유는 대추가 독을 빨아들이는 성질이 있기 때문에 삼계탕에 넣는 것이고 삼계탕 재료의 독을 빨아들인 대추를 먹으면 안 된다고 하는 속설이 있기 때문이다. 이 말은 과연 사실일까? 정답은 No. 대추가 약 기운을 빨아들이는 것은 맞지만 삼계탕에 넣는 인삼이나 황기 같은 재료는 대개 몸에 좋기 때문에 대추를 먹지 않을 필요는 없다. 그러니 안심하고 삼계탕에 든 대추를 먹어도 된다.

대추와 만나면 병나요

대추는 웬만해선 음식과 궁합이 잘 맞지만 유독 생선과는 궁합이 안 맞는다. 예부터 민간에선 생선과 대추를 함께 섭취하면 복통이나 요통을 일으킬 수 있다고 여겼다.

주요 산지	주요 영양 성분	효능	제철	고르는 법
보은 경산 제천 밀양 청송	비타민 C 칼슘 칼륨 등	호흡기 질환 예방 불면증 해소 근육 이완 항암 효과	5~10월	가급적 주름이 적은 것을 고르고 껍질은 붉은색이며 속은 황백색인 것이 좋다. 덜 익은 대추는 껍질이 깨끗하고 윤이 많이 나는 것을 고른다.

어 있다.

대추는 성질이 따뜻해서 생대추를 많이 먹으면 몸에서 열이 난다. 대추를 두세 토막으로 썬 뒤 씨와 함께 물에 넣고 은근한 불에 우려낸 것이 대추차인데 마시면 겨울을 한결 수월하게 날 수 있다. 대추 자체의 당도가 높으므로 대추차를 만들 때는 꿀이나 설탕을 따로 넣을 필요가 없다.

대추는 과일치고는 열량이 다소 높은(생것 100g당 94kcal, 말린 것 289kcal) 편이다. 영양소는 칼슘(100g당 28mg)·칼륨(357mg, 혈압 조절)이 풍부하다. 작업량이 많거나 허약 체질인 사람이나 성장기 어린이의 간식거리로 적당하다.

대추는 흔히 생과로 먹지만 충분히 익혀 섭취하는 것도 괜찮다. 덜 익은 대추는 설사·열의 원인이 될 수 있기 때문이다. 또 잘 말린 대추는 과자·요리·한약의 원료로 쓴다. 술·차·식초·죽·약밥에도 넣는다. 이런 음식은 쌀에 부족한 영양소를 보충하며 대추의 붉은색은 식욕을 높여준다.

살 때는 가급적 주름이 적은 것을 고른다. 씨는 작으면서 과육이 많은 것이 좋다.

그렇게 좋다는 대추, 차로 만들어 마시기

대추는 예부터 귀한 과실로 여겨져 많은 사랑을 받았다. 대추는 생으로 먹는 것이 가장 좋으나, 그다음으로 효능이 좋은 것이 말린 대추를 차로 마시는 것이다. 대추차는 만든 후 냉장 보관해 필요할 때마다 데워 마시면 된다. 몸에 좋은 대추차 만드는 법은 다음과 같다.

① 대추는 깨끗이 씻어 물기를 제거한다.
② 약탕기에 대추와 물의 비율을 1:2로 해 약한 불에 달인다. 물이 반으로 줄면 대추를 건진 다음 짓이겨 꼭 짠 후 건더기는 버리고 약한 불로 재탕한다.
③ 잔에 대추 고명과 잣을 얹어 마신다. 기호에 따라 생강과 같이 달이거나 마실 때 꿀을 첨가한다.

내 아이에게 주는 레드 이유식, 대추죽

불린 쌀 50g, 다진 대추·잣 2작은술씩, 분유 1작은술, 물 1/2컵, 참기름·소금 약간씩

만들기
① 냄비를 달궈 참기름을 두르고 불린 쌀과 다진 대추, 잣을 넣어 볶는다.
② 1의 쌀알이 투명해지면 물을 붓고 중간 불에서 뭉근히 끓인다.
③ 2의 쌀알이 부드럽게 퍼지면 분유를 넣고 소금으로 간을 맞춰 한소끔 더 끓인다.

달달하게 즐기는 대추곶감전

대추 1개, 곶감 1/2개, 잣 3알, 호두 1알, 찹쌀가루 60g, 올리고당·올리브 오일 약간씩

만들기
① 찹쌀가루는 체에 내려 소금을 넣고 따뜻한 물로 익반죽해 둥글납작하게 빚는다.
② 대추는 물에 담가 5분 정도 불린 뒤 돌려 깎아 씨를 발라내고 밀대로 밀어 평평하게 만든다.
③ 2에 잣을 넣고 꽃잎처럼 돌돌 말아 썬다.
④ 곶감은 반으로 저며 씨를 발라내고 밀대로 밀어 평평하게 만든 후 호두를 넣고 대추와 같은 모양을 만든다.
⑤ 팬에 올리브 오일을 약간 두르고 1을 놓아 어느 정도 익으면 뒤집고 3, 4를 얹어 지진다.
⑥ 5를 접시에 담고 표면에 올리고당을 바른다.

딸기

Strawberry

"분명히 신은 더 좋은 과일을 만들고자 했을 것이다. 그러나 장담하건대 신은 그 일을 끝내 하지 못했다." 17세기 영국의 극작가 윌리엄 버틀러는 딸기를 두고 이렇게 예찬했다. 그는 딸기를 과일 중 최고로 평가했다. 사실 이런 칭송을 듣기에 부족함이 없을 만큼 딸기는 맛과 영양이 뛰어난 과일이다. 서양에선 고대 로마시대부터 딸기가 건강에 유익하다고 믿었다. 주로 우울감·의기소침·염증·열·신장 결석·통풍·관절염을 호소하는 사람에게 추천됐다. 민간에선 치석이 있으면 딸기 주스 양치액으로 입안을 헹구고, 피부 미용을 위해 딸기를 얼굴에 문지르기도 했다.

딸기의 대표적인 영양소는 비타민 C이며 100g당 함량이 개량종은 71mg, 재래종은 82mg에 달한다. 같은 무게인 사과·블루베리의 다섯 배, 오렌지의 세 배, 레몬의 두 배다. 비타민 C의 하루 섭취 권장량이 100mg이므로 딸기 예닐곱 개만 먹어도 하루 권장량을 채울 수 있다. 딸기가 '피부 미인의 과일', '피로 해소와 감기 예방을 돕는 과일'로 통하는 것도 다 비타민 C 덕분이다.

딸기는 또 콜레스테롤 수치를 낮추는 데도 유익하다. 식이섬유의 일종인 펙틴이 풍부하기 때문이다. 혈압을 조절하는 미네랄인 칼륨과 기형아 출산을 예방하는 엽산(비타민 B군의 일종)이 많이 들어 있어 고혈압 환자나 임신부에게도 추천할 만하다.

암을 예방하는 식품으로도 기대를 모으고 있다. 딸기에 함유된 항암 성분은 껍질의 색소 성분인 안토시아닌과 식이섬유·엘라그산(폴리페놀의 일종) 등이다.

또 딸기엔 충치 예방에 효과적인 자일리톨이 다량 함유돼 있다. 자일리톨은 충치 균의 먹이가 되지 않아 충치 균을 아사(餓死)시키는 효과가 있다. 식후에 딸기를 먹으면 충치 예방에 효과적이나 딸기에 설탕이나 우유를 뿌려 먹으면 이런 효과는 사라진다. 딸기는 치석 제거도 돕는다. 딸기 주스를 입안에 오래 머금고 있거나 딸기를 반으로 잘라 치석이 있는 치아에 문질러주거나 칫솔에 묻혀서 양치질을 하면 좋다.

단맛이 강하지만 생각보다 열량이 낮다는 것도 딸기의 장점이다. 100g당 열량이 35kcal(재래종은 26kcal)에 불과해 다이어트하는 사람도 부담 없이 즐길 수 있다.

국산 딸기, 그중에서도 가능한 한 사는 곳에서 가까운 농장에서 재배한 것을 사는 것이 좋다. 딸기는 장기간 운송하거나 오래 보관하면 곰팡이가 피는

궁합 음식

딸기를 요구르트 같은 유제품과 함께 섭취하면 칼슘이 보충돼 골다공증 예방에 도움이 된다.

미백의 지름길, 딸기 팩

우리가 백설공주를 동경하는 이유는 바로 그녀의 피부가 잡티 없이 눈부시게 빛나기 때문이다. 그녀의 눈부신 피부를 따라잡을 수 있는 비법은 바로 딸기 팩! 딸기는 피부의 기미를 잡아주고 피부를 하얗게 하는 미백 효과를 발휘한다. 유난히 백옥 같은 피부를 원하는 한국 여성들에겐 안성맞춤이다.

주요 산지

논산
홍성
담양

주요 영양 성분

수분
단백질
탄수화물
칼슘
비타민 C 등

효능

스트레스 해소
피부 미용
피로 해소

제철

1~5월

고르는 법

꼭지가 마르지 않고 진한 푸른색을 띠는 것이 좋다. 과육의 붉은 빛깔이 꼭지 부분까지 도는 것이 잘 익은 것이다.

등 질이 떨어지기 때문이다. 색이 선명하고 표면에 광택이 있으며 꼭지가 싱싱하고 진한 녹색을 띠는 것이 상품이다. 꼭지 주변이 하얀 것은 아직 다 익지 않은 것으로 봐야 한다.

딸기는 극히 일부 사람에겐 두드러기 등 알레르기를 일으킬 수 있다. 딸기는 다른 과일과는 달리 껍질에 씨앗이 있는데, 이 씨앗이 알레르기 유발 원인인 것으로 알려져 있다. 딸기 알레르기가 있으면 먹지 않는 것이 최선이다.

만약 의사가 아스피린을 복용하지 말라고 충고했다면 딸기도 먹지 않는 게 안전하다. 아스피린의 주성분인 살리실산염이 딸기에도 들어 있기 때문이다.

상식적인 얘기지만 흐르는 물에 잘 씻어 먹어야 한다. 농약 등 유해 물질이 오돌토돌한 표면에 남아 있을 수 있는데, 흐르는 물에 두세 번 씻으면 90% 이상 제거된다. 이때 꼭지를 떼지 않은 상태로 씻어야 비타민 C와 단맛이 빠져나가지 않는다. 물에 너무 오래 담가놓으면 비타민 C가 소실될 수 있다는 사실도 기억하자.

딸기는 꼭지를 떼지 않고 씻지 않은 상태로 냉장 보관하는 것이 원칙이다. 봉지에 넣어 냉동실에 넣어두면 영양소가 2주는 고스란히 보전된다.

양딸기를 흔히 딸기라고 줄여서 부르는데 딸기·산딸기·복분자는 '사촌' 간이다. 복분자의 색이 산딸기보다 훨씬 검붉다. 미국에선 산딸기를 라즈베리(raspberry)라 부르는데 복분자를 굳이 영어로 바꾸자면 블랙 라즈베리(black raspberry)다.

복분자는 그릇(盆)을 엎어놓은 듯한(覆) 열매(子)라는 뜻으로, 가지에 열매가 매달린 모양이 마치 그릇을 뒤집어놓은 것 같다고 해서 이런 이름이 붙었다. 같은 이름을 놓고도 민간에선 소변 줄기가 세져 요강(盆)을 엎어버리게 하는(覆) 열매(子)라고 풀이한다. 《동의보감》엔 "복분자는 남성과 여성의 정력에 좋다"라고 쓰여 있는데 신기(腎氣)가 허하고 정(精)이 고갈돼 발기가 잘 안 되는 남성, 임신이 안 되는 여성에게 이로운 과일이란 의미다.

서양에선 산딸기 주스를 해독(detox) 요법에 널리 사용한다. 이는 산딸기가 장에 쌓인 독소를 해독하고 장을 깨끗이 한다고 여기기 때문이다.

요즘은 인공 재배가 가능해졌지만 산딸기는 명칭대로 주로 산에 자생한다. 시고 단맛이 어우러진 맛이 난다. 복분자는 대부분 노지에서 재배하는데 단맛이 덜하고 약간 씁쓸한 맛이 난다. 산딸기와 복분자도 딸기와 마찬가지로 비타민 C와 식이섬유가 풍부하며 껍질에 항산화 성분인 안토시아닌이 들어 있다. 쉬 상하는 것도 딸기와 흡사하다. 복분자는 급속 냉동하지 않으면 하루 이상 보관할 수 없으며 산딸기도 유통기한이 길어야 이틀이다. 이보다 오래 두면 맛이 떨어지고 곰팡이가 핀다.

세상의 딸기는 모두 빨갛지 않다

만약 딸기가 빨갛지 않았다면 어땠을까? 이런 궁금증을 풀어주는 딸기가 있다는 사실! 일본의 '첫사랑의 향기', 영국의 'pine berry'가 그것이다. 일본의 첫사랑의 향기는 연분홍색을 띠고 영국의 pine berry는 흰색이 돋보인다. 일본의 첫사랑의 향기는 첫사랑을 떠올릴 때 연상되는 이미지가 이 딸기의 연분홍색과 비슷하다고 느껴져 붙여진 이름이란다. 영국의 pine berry는 파인애플과 딸기를 접붙여 개량한 품종으로, 파인애플 맛이 나는 딸기라 하여 이름 붙여졌다. 현지를 직접 방문해 딸기가 빨갛다는 상식을 깨는 이 재미있는 딸기들을 만나보는 것은 어떨까?

딸기가 면발로 쏙, 딸기비빔국수

국수 1/2줌, 양송이버섯 1개, 다진 청경채 · 다진 양파 1큰술씩, 참기름 적당량, 비빔소스(딸기 4개, 올리고당 · 매실청 1작은술씩)

만들기

① 달군 팬에 참기름을 두르고 잘게 다진 양송이버섯, 청경채, 양파를 살짝 볶아 식힌다.
② 믹서에 딸기 비빔소스 재료를 넣어 큼직하게 간다.
③ 국수는 끓는 물에 삶아 찬물에 헹궈 체에 건져 물기를 빼고 2와 고루 섞은 뒤, 1을 고명으로 얹는다.

바삭한 상큼한 주전부리, 딸기를 얹은 누룽지 튀김

찹쌀 누룽지 · 딸기 12개씩, 생크림 1/3컵, 식용유 적당량, 커스터드 크림(강력분 · 옥수수 녹말 4g씩, 설탕 20g, 달걀노른자 1개분, 우유 1/2컵, 바닐라 빈 2cm)

만들기

① 냄비에 강력분, 옥수수 녹말, 설탕, 달걀노른자, 우유, 반으로 쪼개서 씨를 긁어낸 바닐라 빈을 넣고 거품기로 저어 섞는다. 냄비를 불에 올려 거품기로 계속 저으면서 끓인다. 풀떡풀떡 끓으면 바트에 쏟아 랩을 밀착시켜 덮은 뒤 냉장고에 넣어 식히면 커스터드 크림이 완성된다.
② 생크림을 반 정도 거품 낸 다음 1의 커스터드 크림을 넣고 섞는다.
③ 냄비에 기름을 붓고 170℃ 정도로 가열해 찹쌀 누룽지를 하얗게 튀긴다.
④ 딸기는 씻어서 물기를 빼고 꼭지를 떼어낸 뒤 길이로 반 자른다.
⑤ 튀긴 누룽지 위에 2를 듬뿍 얹고 딸기를 얹는다. 딸기 위에 파릇파릇한 꼭지를 얹어 장식한다.

매실

Japanese apricot

매실(梅實)은 이름 그대로 매화나무의 열매. 5월 중순에서 7월 초순에 채취한 것을 푸를 청(靑) 자를 써 청매(靑梅)라 한다. 아직 덜 익어서 과육이 단단하며 색깔이 파란 것이 특징이다. 노랗게 익어서 과육이 무른 것을 황매(黃梅)라 부른다.

청매를 너무 일찍 따는 것은 피해야 하는데 덜 익은 씨에 청산배당체의 일종인 아미그달린이라는 독소가 들어 있기 때문이다. 매실의 씨는 부드러워 부서지기 쉬운데 이때 아미그달린이 분해돼 유독한 청산(靑酸)이 된다. 매실주를 담글 때 매실을 나중에 건져내는 것도 이 독 때문이다. 일반적으로 5월 중순에 수확한 매실엔 아미그달린 함량이 상대적으로 높으며 이후 차츰 줄어든다.

매실은 가공 방법에 따라 오매(烏梅)·금매(金梅)·백매(白梅)로 분류된다. 오매는 청매의 껍질을 벗기고 씨를 뺀 뒤 짚불 연기에 그을려 말린 것으로, 까마귀처럼 까맣다고 해서 그런 이름이 붙었다. 이는 가래를 삭이고 구토·갈증·이질·술독을 풀어주는 한약재로 널리 쓰인다. 단오 때 조선의 임금이 대신들에게 하사한 '제호탕'(청량음료)에도 넣었다. 금매는 청매를 증기로 찐 뒤 말린 것으로, 술 담그는 데 주로 이용된다. 백매는 청매를 묽은 소금물에 하룻밤 절인 뒤 햇볕에 말린 것으로 입 냄새 제거에 유용하다.

중국이 원산지인 매실의 영문명은 'Japanese apricot'이다. 우리나라에선 인기가 높지만 서양에선 거의 즐기지 않는다. 관련 연구도 한방과 일본에서 집중적으로 이뤄졌다.

영양적으론 수분(85%)·탄수화물(10%)·유기산(5%)이 풍부하다. 구연산·사과산·호박산 등 유기산 중에서도 특히 구연산이 다른 과일에 비해 월등히 많이 들어 있다. 미네랄도 풍부해 사과보다 칼슘이 네 배, 철분이 여섯 배, 마그네슘이 일곱 배, 아연이 다섯 배나 함유돼 있다. 열량은 100g당 29kcal로 과일 중에서도 낮은 편에 속한다.

한방에선 매실을 약성이 강한 과일로 치며 특히 3독(음식·혈액·물의 독)을 해독한다고 여긴다. 음식·물의 독을 풀어준다는 것을 현대적으로 해석하면 매실에 항균 성분이 들어 있어 식중독·수인성 전염병 예방에 유효하다는 뜻이다. 한방에선 세균성 이질 등 소화기 전염병 환자에게 오매 18g을 달여 먹도록 권장한다. 일본인은 주먹밥과 도시락에 우메보시라고 불리는 매실장아찌를 넣고 생선회를 먹을 때도 우메보시를 함께 먹는다. 식중독을 예방하기 위해서란다.

매화는 매화나무의 꽃으로, 이른 봄에 만개하는 것이 특징이다. 운치가 있고 품격이 높아 예로부터 선비들에게 많은 사랑을 받았다.

뽀루지를 잡아먹는 매실 팩

매실은 살균 작용과 항염증 작용을 해 얼굴에 뽀루지가 돋았을 때 팩으로 사용하면 좋다. 방법도 매우 간단하다. 밀가루와 매실청 그리고 흑설탕을 섞은 후 물로 농도를 조절한 뒤에 얼굴에 골고루 바르면 된다. 팩을 하기 전에는 스팀 타월로 모공을 충분히 열어주고 약한 피부 부위에 테스트를 해 아무 이상이 없을 때 하는 것이 좋다.

주요 산지	주요 영양 성분	효능	제철	고르는 법
광양 울진 안동 진주 악양	유기산 미네랄 탄수화물	피로 해소 변비 예방 숙취 해소 멀미 완화 소화불량 완화	5~6월	색이 선명하고 알이 고르고 단단하며 껍질에 흠이 없고 벌레 먹지 않은 것이 좋다.

음식과 함께 위로 들어온 유해 세균은 위 속의 염산에 의해 대부분 죽지만 위의 활동이 원활하지 않을 때는 살아서 장까지 내려간다. 소장은 약알칼리성이어서 유해 세균을 죽이지 못하는데, 이 유해 세균이 배탈·설사·식중독을 일으킨다. 이때 매실을 먹으면 장 안이 일시적으로 산성화돼 유해 세균을 없앨 수 있다. 따라서 여름에 매실장아찌나 매실절임을 즐겨 먹는 것은 효과적인 식중독 예방법이다.

청매를 씻어 물기를 완전히 뺀 뒤 과육을 6쪽으로 잘라서 설탕과 함께 용기에 넣고 서늘한 곳에 15~20일 놔둔 것이 매실절임이다. 여기서 과육을 건져 내고 소금 간을 해 냉장고에 보관했다가 생각날 때마다 꺼내 먹으면 된다. 매실장아찌나 매실절임에는 소금이 많이 들어 있으므로 식전에 하루 한 알씩만 제한적으로 먹는 것이 바람직하다.

매실은 주독(酒毒)과 숙취 해소에도 효과 만점이다. 알코올, 특히 숙취의 원인인 아세트알데히드를 분해하는 효능이 있기 때문이다. 매실즙이 알코올 분해 효소(ADH)의 활성을 40% 가까이 높인다는 사실은 국내 연구진을 통해 확인됐다. 그래서인지 술 마신 뒤 매실 농축액을 물에 타서 마시면 다음 날 아침에 일어나기가 한결 쉬워진다. 믹서로 갈아 과즙을 낸 매실과 설탕을 5대 3의 비율로 섞은 뒤 끈적끈적해질 때까지 약한 불로 끓인 것이 매실 농축액이다.

매실은 피로 해소에도 유용한 과일이다. 매실에 든 피루브산과 피크린산은 간을 보호하고 간 기능을 높이며 독성 물질을 해독하는 것으로 알려져 있다. 또 매실의 구연산(유기산의 일종)은 피로의 주범인 젖산을 분해해 체외로 배출시킨다.

매실은 신맛이 너무 강해 거의 유일하게 생으로 먹지 않는 과일이다. 한방에선 매실을 날로 먹거나 덜 익은 것을 먹으면 복통과 설사를 일으키고 뼈와 치아를 상하게 할 수 있다고 경고한다. 덜 익은 매실은 특히 임신부와 어린이에겐 금기 식품이다. 평소 위산의 분비가 많아 자주 속이 쓰리다고 호소하는 사람에게도 권하지 않는다. 위 점막을 자극해 증상이 악화될 수 있기 때문이다. 병 기운이 심할 때나 감기 초기에 땀을 내야 할 때도 먹지 않는 것이 좋다. 약용으로 섭취하더라도 한 번에 6~18g 이상 먹는 것은 삼간다.

매실은 과육이 가지런하고 선명한 것이 상품이다. 지름이 4cm가량이면서 씨가 작고 과육이 많으며 깨물었을 때 신맛과 단맛이 나는 것이 좋다. 또 껍질에 벌레 먹은 자국이나 상처가 없는 것을 고른다.

근육 통증을 싹! 매실 씨앗 베개

매실은 그야말로 버릴 것 하나 없이 무궁무진하게 활용할 수 있다. 매실 씨앗을 두꺼운 면에 집어넣어 베개를 만들면 목이나 어깨의 결림, 머리에 땀이 나는 증상 등을 다스리는 효과가 있다. 매실 씨앗 베개를 만들 때는 씨앗을 말리는 과정이 가장 중요한데, 씨앗을 바짝 말리지 않고 베개를 만들면 냄새가 고약해 사용할 수 없으며 벌레가 생길 수 있으니 주의한다.

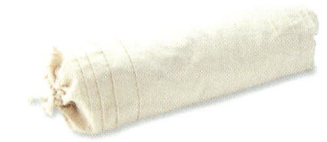

맛있게 한잔, 요리에도 한 방울, 매실주

매실 5kg, 소주 10L, 감초 2조각

만들기
① 매실의 꼭지를 제거한 뒤 물에 잘 씻어 먼지를 없앤다.
② 유리병에 분량의 매실과 감초를 담고 소주를 붓는다. 뚜껑을 잘 닫아 바람이 잘 통하는 신선한 곳에 100일 동안 둔다.
③ 고운 면보에 밭쳐 매실주를 거른다. 과즙만 따로 담아 실온에서 숙성시킨다.

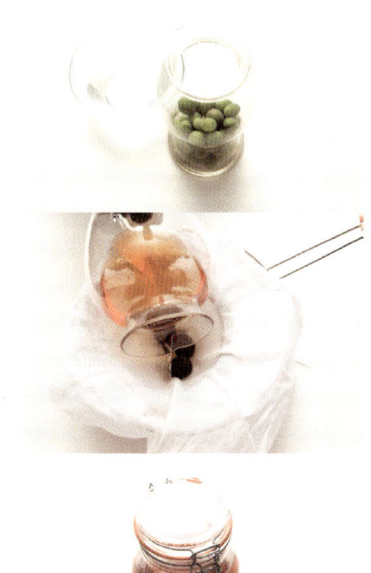

상큼하게 마시는 식초, 매실식초

황매 5kg, 설탕 3kg

만들기
① 황매는 꼭지를 제거한 뒤 물에 잘 씻어 먼지를 없앤다. 그런 다음 평평하게 펼쳐 하룻밤 동안 물기를 잘 말린다.
② 입구가 좁은 유리병에 황매와 설탕을 넣고 밀봉해 서늘한 곳에 한 달 동안 둔다.
③ 고운체에 밭쳐 매실식초를 거른다.
④ 거른 매실식초를 살짝 끓인다. 이때 떠오르는 불순물은 숟가락으로 제거하고 병에 담아 보관한다.

멜론

Melon

멜론(melon)은 요즘 음원 정보 사이트로도 유명하나 원래는 여름철 더위에 지친 몸에 원기를 주고 갈증을 풀어주는 과일이다.

종류가 다양한데 일반적으로 그냥 멜론이라고 하면 향이 강한 머스크(musk) 멜론을 가리킨다. 요즘 우리에게 익숙해진 캔털루프·허니듀·카사바 등도 멜론의 한 종류다. 이 중 허니듀는 가장 단맛이 강하기로, 카사바는 향이 없기로, 캔털루프는 미국인이 가장 즐기는 멜론으로 유명하다.

크게 보면 멜론·호박·오이는 '패밀리'이며 수박을 제외한 모든 멜론은 과육 안에 씨가 모여 있는 공간이 별도로 있는 것이 공통점이다.

멜론은 껍질에 그물(net) 무늬가 있는 네트멜론과 표면이 매끄러운 무(無)네트멜론으로 분류된다. 머스크멜론이 대표적인 네트멜론인데 모양이 구(球)형이고 과육의 색은 녹색·적색·백색 등 다양하다. 무네트멜론은 참외처럼 긴 것도 있고 둥근 것도 있으며 참외도 이에 속한다.

멜론의 원산지는 아프리카·중동 지역인데, 고대 이집트→고대 로마→유럽으로 전해져 개량된 것이 네트멜론이다. 그 후 콜럼버스가 미국으로 멜론 씨앗을 가져가 재배지가 북미 대륙까지 확대됐다고 전해진다.

1954년 국내에서 처음으로 멜론 재배에 성공한 사람은 '씨 없는 수박'으로 유명한 우장춘 박사다. 멜론을 명칭이나 외양만 보고 수입 과일로 오해하는 사람이 허다하나 현재 국내에서 판매되는 멜론은 대부분 국산이다. 일부 일본산·우즈베키스탄산 등이 수입되는 정도이며 최근엔 일본·동남아·러시아 등으로 수출까지 한다. 유통업자들은 일부 황색 멜론을 '양구 멜론'이라고 부르는데 강원도 양구산이란 뜻이 아니다. 황색 무네트멜론인 영(young) 멜론을 일본식(양그)으로 발음한 것이다.

영양학적으로 보면 멜론은 저열량·저지방·고칼륨·고비타민 C 식품이다. 100g당 열량이 38kcal 내외에 불과하므로 다이어트하는 사람도 마음 놓고 먹을 수 있다. 또 칼륨과 비타민 C가 풍부해 고혈압 환자나 스트레스를 심하게 받는 사람에게 좋다. 수박에 비해 단백질은 두세 배, 식이섬유는 아홉 배, 비타민은 두 배가량 많이 들어 있다. 또 과육 성분의 90% 가까이가 물이므로 갈증이 날 때 음료수 대용으로도 그만이다.

맛은 수박이나 참외보다 달다. 멜론 당분의 대부분이 몸에 들어오면 바로 에너지화할 수 있는 단순당(과당·설탕 등)이어서 원기 회복에 효과적이다.

네트멜론은 모양이 둥글고 그물 모양의 굵기·간격이 일정하게 잘 발달

멜론, 예쁘고 손쉽게 자르기

맛있고 건강에도 좋은 멜론! 하지만 막상 멜론을 사면, 어떻게 잘라야 할지 몰라 당황하는 사람들이 많다. 그런 이들에게 유용한 멜론 자르기 노하우를 알아보자.

① 꼭지를 따고 반으로 자른다.
② 반으로 자른 멜론의 씨앗이 있는 양 끝 부분을 씨앗 모양을 따라 칼집을 양방향으로 낸 뒤, 칼집을 따라 국자로 씨앗을 걷어낸다.
③ 국자로 씨앗을 제거한 멜론을 다시 2등분한 후 칼로 껍질과 과육을 분리한다.
④ 멜론을 미끄러지지 않게 잘 잡은 후, 먹기 좋은 크기로 자른다.

주요 산지	주요 영양 성분	효능	제철	고르는 법
나주 성산 금오산 부여	철분 탄수화물 식이섬유 비타민 A 비타민 C 등	피로 해소 변비 예방 심장 질환 · 뇌졸중 예방	7~10월	찌그러지지 않고 예쁘며 동그랗고 줄이 가지런하게 그어진 것을 고른다. 중간에 줄이 끊어지거나 껍질에 상처가 있는 것은 과육에도 손상이 있는 경우가 있다. 꼭지 반대쪽을 엄지로 눌렀을 때 부드러울 때가 가장 맛있다. 냄새를 맡아 구별할 수도 있다.

된 것이 맛있다. 같은 크기의 멜론 중 가벼운 것은 먹을 수 있는 부위가 적은 경우가 많으므로 어느 정도 무게가 느껴지는 것을 고른다. 두드렸을 때 소리가 둔탁한 소리가 나고 향기가 나는 것이 좋다. 껍질 굳기는 밑부분을 눌렀을 때 약간 말랑말랑하고 옆 부분은 단단한 것이 좋다.

네트멜론은 무게가 1.8~2kg 정도 나가는 것이 적당하다.

멜론은 완전히 익은 상태에서 딴 것이 가장 달다. 덜 익은 멜론을 따서 후숙(後熟)시켜 먹어야 한다고 여기는 사람이 많은데 이는 잘못된 상식이다. 후숙 기간이 너무 길어지면 맛이 떨어지므로 구입한 후 서늘한 곳에 3~5일 보관하다가 먹기 2~3시간 전에 냉장고에 넣어 약간 차게 해서 먹으면 가장 맛있다.

참외 씨는 먹어도 괜찮지만 멜론 씨는 참외 씨보다 크고 딱딱해서 식용하기엔 부담스럽다.

스트레스, 멜론으로 날려버리자

최근, 멜론에 포함되어 있는 항산화 효소가 스트레스를 억제한다는 연구 결과가 나왔다. 영국의 BBC 방송은 프랑스 건강식품 회사인 '세픽(Seppic)'의 연구 결과 멜론의 항산화 효소가 스트레스를 유발하는 세포 내의 작용을 억제하는 것으로 확인됐다고 보도한 것. 지금, 왠지 울컥하고 스트레스를 받았다거나 그런 사람과 함께 있다면 달콤한 멜론을 나눠 먹자. 맛있고 기분 좋은 스트레스 해소법이 될 것이다.

맵고 짜게 먹은 후엔 후식으로 멜론!

한국 음식의 특성을 꼽으라고 하면 '맵고, 짜다!'로 많이 이야기한다. 이렇게 맵고 짜게 먹다 보니 자연스레 고혈압을 앓는 사람들이 많다. 입맛을 바꾸기 힘들다면 후식으로 멜론을 먹는 것이 좋다. 멜론은 칼륨이 풍부에 고혈압 예방에 좋다. 멜론의 칼륨이 고혈압의 원인이 되는 염분을 몸 밖으로 배출시키기 때문이다.

시판 아이스크림보다 건강한 멜론 아이스크림

만들기

멜론 1/2통, 생크림 1컵(종이컵), 연유 · 설탕 약간씩

만들기

① 멜론은 껍질을 제거하고 적당한 크기로 썬 뒤 주서기에 넣어 멜론즙을 만든다.
② 멜론즙에 연유 또는 탈지분유를 2~3스푼 넣는다.
③ 생크림을 70~80% 정도 부풀도록 휘핑해 2와 섞는다.
④ 3을 냉동실에 넣어 꽁꽁 얼린다.

색다른 멜론 바나나 푸딩

달걀노른자 1개분, 멜론 30g, 바나나 1/2개, 분유 물 1큰술, 올리브 오일 약간

만들기

① 바나나는 껍질을 벗기고 믹서에 간다.
② 멜론은 껍질을 벗기고 씨를 제거한 뒤 믹서에 곱게 간다.
③ 볼에 달걀노른자를 넣고 분유 물을 부어 충분히 저은 다음 체에 내린다.
④ 3에 1과 2를 넣고 섞는다.
⑤ 오목한 그릇에 올리브 오일을 살짝 바르고 4를 부어 찜통에 찐다.

바나나

Banana

원조 골프 황제 잭 니클라우스는 바나나 광으로 유명했고 타이거 우즈·박세리·오초아·유소연·서희경 선수 등도 바나나를 즐겨 먹는다. 그래서 골프 대회 때는 주최 측이 티잉그라운드 옆에 바나나를 놓아두기도 한다. 테니스 선수 라파엘 라달, 베이징 올림픽 배드민턴 금메달리스트 이용대 선수도 경기 전에 꼭 바나나 한 개를 먹는 것으로 유명하다. 마라토너가 레이스를 시작하기 전이나 도중에 바나나 한두 개를 먹는 것은 흔히 볼 수 있는 광경이다. '미끄러진다'는 의미도 있는 과일을 운동선수들이 즐겨 먹는 이유는 무엇일까?

껍질을 벗긴 바나나 한 개(100g)의 열량이 80kcal에 달해 한 시간은 족히 버틸 수 있을 만큼 속이 든든해지는 데다 식이섬유가 풍부해 금세 포만감을 주기 때문이다. 그래서인지 마라톤·테니스 등 지속적인 힘이 필요한 선수들이 바나나를 예찬한다. 또 근육 경련을 막아주는 미네랄인 칼륨이 풍부하다는 것도(100g당 380mg, 사과의 네 배) 선수들이 바나나를 즐겨 찾는 이유다.

바나나는 세계에서 가장 많이 재배되는 과일이다. 전체 작물 중에서도 쌀·밀·옥수수 다음으로 생산량이 많다. 원산지는 아시아의 열대 지역으로 지금도 필리핀·인도·중국 등 아시아에서 전 세계 생산량의 40% 이상이 생산된다. 우리가 먹는 것은 대부분 필리핀산이다. 국산도 제주도에서 소량 생산되나 가격이 수입산보다 서너 배는 비싸다.

바나나는 나무가 아니라 파초과에 속하는 커다란 여러해살이풀이다. 씨가 없어 번식이 불가능한데 뿌리(알줄기)를 잘라 옮겨 심기만 하면 열매(바나나)가 열린다. 처음 열매를 맺기까지 9개월가량 소요되며 6개월마다 재수확할 수 있다.

우리가 먹는 바나나는 '캐번디시'라는 품종뿐이다. 전 세계의 바나나가 유전적으로 모두 동일하다는 뜻이다. 그 때문에 수십억 개의 바나나 중 하나만 병에 걸려도 병이 전체로 퍼질 수 있다. 얼마 전 바나나에 치명적인 '파나마병'이 동남아시아를 중심으로 유행해 멸종을 우려하는 목소리까지 나온다. 1903년 파나마에서 처음 발견된 파나마병은 캐번디시 이전에 존재한 '그로 미셸'이라는 바나나를 50년 만에 지구상에서 사라지게 한 경력이 있으며 현재도 치료법이 없다.

미국의 저널리스트 댄 쾨펠은 저서인 《바나나-세계를 바꾼 과일의 운명》에서 "7000년 전 인류가 경작한 최초의 농작물이자 수렵·채집 생활에서 농경·정착 생활로 바뀌는 계기를 제공한 것이 바나나"라고 지적했다. 또 "에덴동

내겐 너무나도 비쌌던 바나나, 껍질까지 활용하자!

요즘에는 참 손쉽게 바나나를 살 수 있다. 누구든 즐겨 먹고 간편하게 마트에서 사 먹으면 그만인 바나나가 예전에는 참으로 귀했다. 만화 《검정고무신》을 보면 당시 바나나가 귀했던 상황을 잘 보여준다. 이렇게 귀했던 바나나를 껍질까지 활용하는 방법 몇 가지! 첫 번째, 건성 피부라면 바나나 껍질 안쪽을 10분 동안 얼굴에 대고 있다가 맑은 물로 헹구어 내면 촉촉한 피부로 가꿀 수 있다. 두 번째, 천연 가죽으로 된 갈색이나 검은색의 핸드백, 신발, 의류 등을 바나나 껍질로 문지른 후 깨끗한 천으로 닦으면 가죽의 색이 잘 살아나고 오랫동안 쓸 수 있다.

바나나를 보관할 때 레몬을 써보자

레몬을 짜서 바나나와 섞어두면 바나나의 색깔이 변하지 않을 뿐 아니라 바나나의 향도 오래 보존된다.

주요 산지

제주도
수입

주요 영양 성분

칼륨
비타민 B_6
비타민 C
식이섬유

효능

혈압 조절
당뇨병 · 뇌졸중 예방

제철

1~12월

보관방법

바나나는 후숙 과일이기 때문에 13~16°C의 실온에서 매달아 보관하는 것이 가장 좋다. 바나나를 빨리 익히고 싶을 때는 사과나 토마토와 함께 갈색 종이 봉지에 하룻밤쯤 놓아둔다. 냉장고에 넣으면 금방 검게 변하지만 신선하게 2주 동안 보관할 수 있다.

산의 선악과는 사과가 아니라 바나나"라는 주장도 폈다. 사과가 선악과라는 통념은 후대 사람들의 번역상 오류에서 비롯됐으며 에덴동산이 지금의 중동 지역이란 점을 고려하면 바나나일 가능성이 더 높다는 것이다.

우리 국민은 다양한 열대 과일 가운데 바나나를 가장 많이 소비하며 1인당 연간 6~7kg을 섭취한다. 영양상의 장점은 칼륨(혈압 조절)·비타민 B₆(면역력 강화)·비타민 C(항산화 효과)·수용성 식이섬유(혈중 콜레스테롤 수치 저하)가 풍부하다는 것이다. 당분(탄수화물)은 바나나가 익어감에 따라 포도당·과당 등 단순당으로 변하는데 두 단순당은 소화·흡수가 잘되고 몸 안에서 훌륭한 에너지원이 된다.

바나나가 변비를 일으킨다는 속설이 있지만 반은 맞고 반은 틀린 말이다. 잘 익은 것엔 변비 예방을 돕는 식이섬유가 풍부하나 덜 익어서 떫은 것을 먹으면 변비나 소화불량을 부를 수 있다. 떫은맛 성분인 타닌 때문이다.

바나나는 고혈압·뇌졸중·심장병 등 혈관 질환 환자의 간식으로도 유용하다. 2011년 4월 영국 워릭대와 이탈리아 나폴리대 공동 연구팀은 기존의 11개 논문을 재분석한 뒤 끼니때마다 바나나를 하나씩 먹으면 뇌졸중 발병 위험을 21%나 줄일 수 있다는 결과를 내놓았다. 연구진은 성인의 하루 적정 칼륨 섭취량이 3500mg인데 1600mg만 먹어도 그 위험을 5분의 1로 줄일 수 있다고 주장했다. 바나나를 하루 세 개 먹으면 채울 수 있는 양이다.

바나나를 먹으면 마음이 편해지고 잠이 잘 오는 것은 아미노산의 일종인 트립토판이 많이 들어 있어서다. 트립토판은 세로토닌이라는 신경 전달 물질의 원료인데 세로토닌은 행복감과 심신의 안정을 주는 '행복 물질'·'숙면 물질'로 통한다.

끝말잇기 놀이에서 '맛있으면 바나나'라고 표현할 만큼 단맛이 강하다. 가장 맛있는 바나나를 원하면 껍질에 갈색 점이 있는 주근깨 바나나를 고른다. 바나나의 당도가 높을 때 생기는 '주근깨'를 슈거 스폿(sugar spot)이라 한다.

다이어트하는 사람은 바나나의 열량과 탄수화물 함량(100g당 21.1g)이 높다는 사실을 기억할 필요가 있다. 잘생긴 것 하나의 열량은 밥 반 공기와 같으므로 한꺼번에 여러 개를 먹으면 체중 조절은 물 건너간다. 더욱이 말린 것의 열량은 같은 무게 생것의 다섯 배(483kcal)에 달한다. 일본에서 바나나 다이어트가 유행한 적도 있지만 체중 문제로 고민이라면 하루 한 개 이상 먹는 것은 곤란하다.

기분 좋은 잠을 부르는 바나나

성격이 예민한 사람들은 스트레스로 불면증이 생기기 쉽다. 만약 밤늦도록 잠을 이루지 못한다면 뇌의 긴장을 풀어주는 음식 테라피를 이용한다. 바나나에는 트립토판이라는 아미노산이 풍부하게 함유되어 있는데 트립토판 성분은 몸속으로 들어오면 뇌로 전달되어 최면과 신경 안정 작용을 하는 세로토닌이라는 물질을 만들어낸다. 그 때문에 바나나를 숙면을 취하지 못하는 사람이 먹으면 신경이 안정된다. 일종의 천연 수면제 효과를 발휘하는 것이다.

영양 만점 달걀과 만난 바나나 디저트, 바나나 오픈 오믈렛

달걀 1개, 중력분 60g, 우유 1/2컵, 버터 15g, 소금·설탕·민트 잎 약간씩, 속재료(바나나 1~2개, 설탕 1/8컵, 버터·럼 1큰술씩), 소스(오렌지 주스 1/4컵, 버터 2큰술, 설탕 1/6컵, 레몬즙 1/2작은술)

만들기
① 중력분은 고운체에 내린다.
② 볼에 달걀과 중력분, 우유를 잘 섞는다.
③ 프라이팬에 버터를 녹여 황갈색이 되면 2에 부어 고루 섞고 소금과 설탕을 뿌린다.
④ 달군 프라이팬에 3을 부어 얇게 부친다. 얇아서 잘 익기 때문에 뒤집지 않아도 된다.
⑤ 바나나는 손가락 크기로 썬다. 프라이팬에 버터를 녹여 바나나와 설탕을 넣고 황갈색이 될 때까지 익히다가 럼을 부어 조린다.
⑥ 얇게 부친 달걀에 조린 바나나를 넣고 접는다.
⑦ 프라이팬에 오렌지 주스와 버터, 설탕, 레몬즙을 넣어 걸쭉하게 조린다.
⑧ 6에 소스를 끼얹고 민트 잎을 잘라 곁들인다.

달콤하게 먹는 요구르트, 바나나 요구르트 셰이크

바나나 작은 것 1개, 플레인 요구르트 1/2컵

만들기
① 바나나는 껍질을 벗기고 적당한 크기로 썬다.
② 1과 플레인 요구르트를 믹서에 넣고 걸쭉해질 때까지 간다.

배

Pear

배를 뜻하는 한자 이(梨)는 이로울 이(利)와 나무 목(木)으로 이뤄져 있다. 그만큼 사람에게 이로운 나무라는 뜻이다. 우리나라에서 가을철 '과일의 왕' 자리를 놓고 사과와 치열한 경합을 벌이는 배는 3000년 전부터 재배됐다. 고대 그리스에서 인기가 높았다는 기록이 전해지는데 배 맛에 반한 그리스의 역사가 호머는 '신의 선물'이라고 극찬했다. 중국에선 과일 중 으뜸이라 하여 과종(果宗)이라 불렀다. 우리나라 유학생이 가장 먹고 싶어 하는 과일이기도 하다.

배의 조생종은 9월 초부터 출하된다. 추석 전후에 가장 많이 생산·소비되는 과일로 차례상에 올라가는 조율이시 중 하나다. 통후추 서너 개가 깊숙이 박힌 배에 생강 넣은 꿀물이나 설탕물을 넣고 끓인 전통 화채 배숙은 추석 절식이다.

배는 사과보다 달게 느껴지나 실제 당도를 재보면 사과가 더 달다. 후지 사과의 당분 함량은 100g당 15.3g으로 신고배의 10.3g보다 높다. 그런데도 배가 더 달다고 느껴지는 것은 배의 수분 함량이 사과보다 높고 석세포가 들어 있어 씹을 때 과즙이 더 많이 나오기 때문이다.

석세포(돌세포)는 배를 먹을 때 까슬까슬하게 느껴지는 것으로 사과엔 없다. 또 사과와는 달리 유기산 함량이 0.2%에 불과한 배는 신맛이 적다. 배의 100g당 열량은 신고배 39kcal, 장십랑 33kcal, 일본산 40kcal로 단맛에 비하면 그리 높지 않다.

영양상 장점은 당분·식이섬유·칼륨·아스파라긴산이 풍부하다는 것이다. 배를 먹으면 금세 힘이 솟는 것은 과당·설탕·포도당 등 당분 덕분이다. 또 당지수가 낮아서 당뇨병 환자의 갈증 해소용 과일로 추천할 만하다.

식이섬유의 일종인 펙틴도 풍부한데 펙틴은 혈중 콜레스테롤 수치를 낮추는 데 효과적이다.

신고배를 예로 들면 혈압 조절을 돕는 미네랄인 칼륨이 100g당 171mg이나 들어 있다. 이는 사과의 칼륨 함량(후지 95mg, 아오리 99mg, 홍옥 39mg)의 두 배 이상이다. 칼륨은 체내에 쌓인 여분의 나트륨(고혈압 유발)을 몸 밖으로 배출시켜, 혈압 조절을 돕는다.

아스파라긴산이 풍부해 술독(酒毒)을 푸는 데도 그만이다. 과음한 사람에게 배·아스파라거스·콩나물국을 권하는 것은 이런 식품에 아스파라긴산이 풍부하기 때문이다.

또 배는 알레르기를 일으키지 않는 과일이어서 천식·아토피·비염 등

내 이를 깨끗하게!

배는 먹으면서 이를 닦는 효과를 내는 과일이다. 그 이유는 배에 있는 석세포 때문인데, 이는 양치 효과를 내는 동시에 이 사이에 끼는 때인 플라크 제거에도 효과가 있다. 어린이 치아 건강에 도움을 준다고 하니, 어린이 간식으로는 배가 최고다.

주요 산지	주요 영양 성분	효능	제철	손질법	보관방법
나주 보성 남양주 칠곡 공주	탄수화물 당분 지방 칼슘 식이섬유 칼륨 아스파라긴산	기침 완화 숙취 해소 해열 등	9~11월	흐르는 물에 깨끗하게 씻는 것이 중요하다. 껍질은 얇게 벗기는 것이 좋다. 껍질을 벗긴 배의 갈변 현상을 막으려면 1% 전후의 소금물에 담가 효소의 작용을 억제한다. 아스코르브산(비타민 C)액에 담가두는 것도 갈변을 막는 방법이다.	배는 구입한 즉시 하나하나 랩으로 싸서 냉장고 아래 칸에 보관하면 바람이 드는 것을 방지할 수 있다. 냉동되지 않는 한도 내에서 최대한 낮은 온도에서 보관한다. 사과와 같이 두면 쉽게 상할 수 있으므로 따로 보관한다.

알레르기성 질환 환자가 안심하고 먹을 수 있다. 그 때문에 배를 아기의 이유식용 과일로 널리 활용한다. 알칼리성 식품인 배는 산성 식품인 쇠고기 등 육류와 궁합이 잘 맞는다. 육회·불고기·갈비찜 옆에 배를 썰어놓는 것은 다 이유가 있다. 배엔 단백질을 분해시키는 효소가 들어 있어 고기 요리에 배를 넣으면 육질이 부드러워진다. 배는 또 고기의 탄 부위에 생긴 벤조피렌 등 발암물질을 신속하게 체외로 배출시킨다. 고기를 먹은 뒤 디저트로 배를 먹으면 소화도 잘된다.

감기나 기관지염에 걸려 기침이 잦다면 배의 속을 긁어내고 여기에 꿀을 채워 넣은 뒤 천으로 싸서 푹 삶아 먹는 것이 시도해볼 만한 민간요법이다. 민간에선 또 목소리를 트이게 하려면 강판에 간 배즙을 수시로 먹으라고 권한다.

배는 껍질에 붉은 기가 약간 돌면서 푸른 기가 없는 것이 상품이다. 푸른 기가 돌거나 너무 딱딱한 것은 제대로 익지 않은 배이기 십상이다. 이런 배는 단맛이 적고 시원한 맛이 덜하다. 손가락으로 눌러봤을 때 무르다는 느낌이 드는 것은 너무 완숙됐거나 장기 보관됐거나 바람이 든 배일 가능성이 높다. 적당히 단단하고 손가락으로 튕겨보았을 때 맑은 소리가 나며 색이 고르고 외형이 둥근 것이 맛도 좋다. 들어봤을 때 묵직한 느낌이 드는 것이 양질이다.

배는 냉장고의 채소 칸에 보관했다가 차갑게 먹으면 단맛과 청량감이 더 강하게 느껴진다.

안타깝게도 국내에서 배의 소비량과 재배 면적이 해마다 줄고 있다. 사과나 포도는 바로 씻어서 먹기 쉬우나 배는 크기가 크고 껍질째 먹기 어렵다는 것도 인기를 떨어뜨리는 요인이다. 그런 점을 개선해 농촌진흥청 원예연구소에서 개발한 것이 크기가 작고 껍질째 먹을 수 있는 신품종 배 '스위트 스킨'이다.

배와 관련해 우리나라 소비자는 껍질이 무조건 황갈색이어야 한다는 편견을 갖고 있다. 신고배 등 많은 국산 배가 익으면 껍질이 황갈색을 띤다. 그러나 '원황'·'금촌조생'·'만풍배'·'화산'·'감천배'·'만수' 등 일부 품종은 다 익어도 껍질에 푸른 기가 남아 있다. 이 경우 일부러 황갈색으로 바꾸기도 하는데 이 과정에서 품질과 맛이 떨어진다.

배는 무조건 커야 좋은 것이란 인식도 문제다. 그래서 더 크게, 더 일찍 수확하기 위해 지베렐린 등 생장촉진제를 배의 꼭지에 칠하기도 한다. 이런 배는 꼭지 부분이 끈적거리지만 꼭지를 바짝 잘라내면 일반 소비자는 구분하기 힘들다.

독소를 빼는 데 효과적인 배

배에는 설사를 진정시키는 효능이 있는데 배 껍질에 타닌 성분이 있기 때문이다. 특히 배는 유해 물질을 신속하게 배출하는 기능이 있어 탄 음식에 든 발암물질을 몸 밖으로 내보내는 데 효과적이다. 따라서 식사한 후 배를 후식으로 먹는 습관을 가지면 암을 예방할 수 있다.

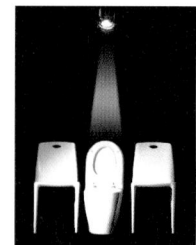

김치와 배의 럭셔리한 만남, 배보쌈김치

(10인 기준) 배 5개, 배춧잎 40장, 무 1개, 미나리 10줄기, 쪽파 10뿌리, 홍고추 5개, 양념(마늘 150g, 새우젓 100g, 굵은 고춧가루 25g, 설탕 50g, 굵은소금 400g, 꽃소금 100g)

만들기

① 배춧잎은 굵은소금으로 절이고 무와 홍고추는 채 썬다.
② 무채에 분량의 양념을 넣어 버무린다.
③ 미나리와 쪽파는 다듬어 씻는다.
④ 배는 양 끝을 자른 후 지름 7cm의 원으로 가운데를 파낸다.
⑤ 배춧잎을 2장 펴서 무, 미나리, 쪽파, 홍고추 순으로 올려 돌돌 만다. 이것을 다시 배춧잎으로 말아 지름이 7cm 되게 만든다.
⑥ 풀리지 않도록 만 ⑤의 배춧잎을 ④의 배를 파낸 곳에 채워 넣는다.
⑦ 속이 빠져나오지 않게 잘 채운 배는 통에 담아 익힌다.
⑧ 익은 배 김치를 꺼내 반으로 자른 후 자른 단면이 보이도록 그릇에 예쁘게 담고 시원한 국물을 붓는다.

우아하게 손님상에 올리자, 배와 참치전채

(10인 기준) 배 5개, 참치 800g, 돌나물 150g, 무순 50g, 간장 소스(간장 150ml, 물 50ml, 마늘즙 약간, 고추기름 1큰술, 참기름 1큰술)

만들기

① 돌나물은 먹기 좋은 크기로 다듬어 씻고, 무순은 깨끗한 것을 골라 씻은 후 돌나물과 잘 섞는다.
② 분량의 재료로 간장 소스를 만든다.
③ 참치는 5×3×0.2cm 크기로 얇게 썬다.
④ 배는 껍질을 벗겨 꼭지 부분에서 아래로 썰어 둥근 모양 그대로 2mm 두께로 자른 후, 가운데 씨 부분만 동그랗게 파낸다(둥글게 찍어내는 칼이 있으면 편리하다).
⑤ 재료가 준비되면 접시에 배 한 쪽, 참치 3조각, 돌나물을 놓고 간장 소스(1작은술)를 뿌린다. 3단으로 반복한 후 맨 위에 채소를 넉넉히 얹고 간장 소스를 뿌린다.

복숭아

Peach

복숭아는 불로장수나 힘을 연상시키는 과일이다. 손오공은 100년에 한 번 열리는 천도복숭아를 훔쳐 먹고 괴력을 얻은 것으로 그려진다. 도연명의 《도화원기》엔 "백 살까지 살게 하는 선약(仙藥)"으로 표현됐다. 특히 도교에선 신성한 식물로 간주된다. 무릉도원·도원경·천도 등 이상향이나 좋은 것에 복숭아 도(桃) 자를 붙인 것만 봐도 알 수 있다. 우리 선조도 복숭아를 귀하게 여겼다. 신라시대의 선도성모(박혁거세의 어머니)·도화랑(《삼국유사》에 나오는 미녀)의 '도'도 복숭아를 뜻한다. 안견의 '몽유도원도'는 안평대군의 꿈 이야기를 듣고 복숭아 밭에 안개가 휘감긴 이상향을 그린 작품이다. 원산지가 중국인 복숭아는 잉어와 함께 제사상에 오르지 못하는 식품이다. 옛사람들이 귀신을 쫓는 영력(靈力)이 있다고 믿었기 때문이다.

복숭아의 대표적인 품종은 껍질과 과육이 하얗고 과육이 물렁물렁해 입에서 사르르 녹으며 껍질이 쉽게 벗겨지는 백도다. 흰색에 붉은색이 약간 섞여 있고 과육이 단단해 아삭거리는 맛이 일품인 복숭아는 월미복숭아다. 백도보다 겉이 붉고 과육이 노란 것이 황도인데 대개 9월 이후 출하된다. 천도복숭아는 껍질에 털이 없는 복숭아를 가리킨다.

복숭아는 여름 과일이어서 더위에 달아난 원기를 회복해준다. 수분이 많은 데다 수박·참외처럼 몸을 차갑게 하지 않는다. 영양상 장점은 비타민 C·칼륨과 식이섬유인 펙틴이 상당량 들어 있다는 것이다. 이 중 비타민 C는 항산화(유해 산소 제거) 비타민으로 흡연자나 평소 스트레스가 많은 사람이라면 부족하기 쉬운 영양소다. "복숭아를 즐겨 먹으면 피부 미인이 된다"라는 말은 비타민 C를 근거로 한 속설이다. 그러나 복숭아의 비타민 C 함량은 같은 무게의 딸기나 오렌지보다는 적다. 칼륨은 혈압을 조절하는 미네랄이므로 복숭아는 고혈압 환자의 간식으로 권할 만하다. 식이섬유의 일종인 펙틴은 혈중 콜레스테롤을 낮추는 것으로 알려져 있다.

복숭아를 먹으면 금세 힘이 나는 것은 당질 덕분이며 백도 100g당 당질 함량은 8.7g(황도 6.3g, 천도 8.2g)이다. 단맛의 비밀은 과당이지만 사과산·구연산 등 유기산도 소량 들어 있어 새콤한 맛이 난다. 복숭아는 다이어트 중인 사람도 즐길 만하다. 100g당 열량이 26(황도)~34(백도·천도)kcal로 같은 무게 바나나의 절반 수준이다. 그러나 말린 것이나 당절임(275kcal)·통조림(백도 71kcal, 황도 59kcal)의 열량은 상당히 높다.

최근엔 복숭아의 암 예방 효과도 주목받고 있다. 연세대 박광균 교수팀

내 남자를 해독하자

복숭아는 숙취를 제거하는 데 효과적이라고 알려져 있어, 많은 이들이 술을 마신 후에 복숭아 주스를 많이 마신다. 그런데 이런 복숭아가 니코틴도 제거한다는 사실! 복숭아의 신맛을 내는 구연산과 사과산·주석산 성분이 효과적으로 니코틴을 제거해준다. 흡연과 음주를 즐기는 내 남자에게는 복숭아를 권해보자.

손오공은 복숭아를 훔쳐 먹었다

동양 문화권, 특히 중국에서는 천도복숭아를 신선들이 즐겨 먹는 전설의 과일로 여겨 선과라고도 불렀다. 중국의 소설 《서유기》를 보면 손오공 역시 천도복숭아나무 밭을 지키라는 옥황상제의 명을 어기고 3600개에 달하는 복숭아를 훔쳐 먹어 바위 동굴에 갇히게 되었지만 후에 불로불사했다고 한다. 우리나라에서도 복숭아는 예로부터 잡귀나 악마, 병마를 쫓는다고 알려져 제사상에는 복숭아를 올리지 않았다.

중국에서 발행하는 전화카드에 그려진 《서유기》 삽화

주요 산지

음성
청도
충주
이천
원주

주요 영양 성분

비타민 A
비타민 C
베타카로틴
식이섬유
칼륨
유기산

효능

노화 방지
피로 해소
혈액순환 촉진

제철

5~10월

손질법

좋은 복숭아는 진한 향이 나고 노란빛이 돈다. 잘 익은 복숭아는 손가락으로도 쉽게 껍질을 벗길 수 있다.

은 복숭아가 항암 효과가 있으며 니코틴 해독에 유효하다는 연구 결과를 발표한 바 있다. 이 연구에서 복숭아를 먹은 실험용 쥐는 담배에 든 발암물질을 더 빠르게 분해·배설하는 것으로 드러났다. 또 고의로 암을 일으킨 쥐에 복숭아 추출물을 먹였더니 암세포의 성장이 현저히 억제됐다.

복숭아는 씨가 쉽게 떨어지는 이핵과(freestone)와 잘 떨어지지 않는 점핵과(clingstone)로 분류된다. 대개 점핵과는 통조림, 이핵과는 생과로 사용한다. 일반적으로 부드러운 백도는 생으로 먹고, 살이 단단한 황도는 통조림으로 이용한다. 국내에선 백도가 황도보다 훨씬 많이 재배된다.

복숭아는 좌우대칭으로 상처가 없으며 잘생긴 것이 상품이다. 섭취할 때 주의할 점은 일부 예민한 사람에게 알레르기를 유발할 수 있다는 것이다. 복숭아와 접촉만 해도 피부가 부어오르거나 가려움증을 느끼는 사람이 있다. 복숭아 알레르기는 주로 껍질의 털에 있는 단백질 때문에 생기나 드물게는 과육을 먹는 뒤 발생하기도 한다. 복숭아 알레르기에 대한 최선의 대처법은 회피하는 것이다. 또 알레르기의 원인이 되는 털을 물로 깨끗이 씻은 후 먹어야 한다. 골 부분에 칼집을 넣어 반으로 나눈 후 수저 등을 이용해 씨를 빼고 껍질을 벗기면 된다.

쉬 물러져서 보관 기간이 짧기 때문에 여름 한 철에만 신선하게 먹을 수 있는 것도 복숭아의 약점이다. 제철이 지나면 통조림으로 만들어야 하는데, 이 과정에서 온도를 높여 살균해야 하므로 비타민 등 영양소가 파괴되며 당 시럽을 넣으므로 열량이 두 배 가까이 높아진다. 복숭아의 껍질 성분인 펙틴은 강알칼리 물질인 수산화나트륨에 잘 녹으므로 흔히 알칼리 박피법으로 껍질을 제거한다. 하지만 세척과 중화 과정을 거치면 유해 성분이 다 제거되므로 크게 걱정할 필요는 없다. 오히려 그 과정에서 비타민 C 등이 많이 파괴되는 것이 더 큰 문제여서 요즘은 뜨거운 물로 껍질을 벗기는 열수박피법을 채택하는 통조림 제조업체가 많다.

무좀 있는 발, 복숭아로 치료하자

예로부터 내려오는 민간요법 중 유명한 것이 바로 복숭아를 이용한 무좀 치료이다. 이때 백도를 쓰는 것이 좋은데, 육질이 연하고 당도가 높아 무좀 치료에 효과적이기 때문이다. 식초 100ml와 백도 250g만 준비하면 된다. 씨를 제거한 백도의 껍질을 벗기고 반으로 나눠놓은 후 시중에서 판매하는 사과식초를 유리병에 넣어 혼합 밀봉한다. 이어서 그늘진 곳에 1개월 이상 숙성시키면 무좀 치료액이 완성된다. 이 용액을 무좀 발생 부위에 1일 2~3회, 일주일 정도 바르면 무좀이 서서히 사멸되면서 새로운 조직이 생성된다.

복숭아는 냉장고에 보관하면 저온 장해를 일으키는 과일이다. 낮은 온도에 과일을 보관하면 과즙이 적어지고 조직감이 나빠지는 것을 저온 장해라 하는데 특히 백도가 심하다. 신문지나 종이에 싸서 바람이 잘 통하는 곳에 두었다가 먹기 2~3시간 전 냉장고에 넣어 차게 하면 맛있게 즐길 수 있다. 일반적으로 백도 생과는 8~10°C에서 1~2주간 두고 먹을 수 있다. 황도는 3~5°C의 냉장고에 넣어도 무방하며 보관 기간도 15~20일로 백도보다 길다.

상큼하게 복숭아 브런치, 복숭아 머랭 파이

파이 반죽, 천도복숭아 2개, 바닐라 농축액 1큰술, 설탕 1/2컵, 옥수수 전분 1큰술, 페이스트리 크림(우유 2컵, 설탕 1/2컵, 달걀노른자 1개분, 바닐라 농축액 1작은술, 옥수수 전분 3작은술), 이탤리언 머랭(설탕 110g, 물 30ml, 달걀흰자 5개, 소금 약간, 바닐라 농축액 1ml)

만들기

페이스트리 크림
① 냄비에 우유와 바닐라 농축액을 넣고 은근히 끓인다.
② 볼에 달걀노른자와 설탕을 섞어 넣은 뒤 거품기로 약 3분간 빠르게 젓는다. 여기에 옥수수 전분을 넣고 잘 섞는다.
③ 1의 1/2컵을 2에 넣고 잘 섞는다. 이것을 다시 우유가 든 냄비에 넣고 뭉근히 끓인다.

파이
① 복숭아를 적당한 크기로 자른 후, 설탕 1/2컵과 옥수수 전분 1큰술, 바닐라 농축액을 함께 넣어 섞는다.
② 파이 반죽을 팬에 얹고 냉동실에 넣어둔다. 1과 파이 껍질을 177℃로 예열된 오븐에 넣어 15분 정도 굽는다.
③ 달걀흰자와 설탕 50g을 섞어 거품을 낸 후, 설탕 60g과 물, 소금, 바닐라 농축액을 넣고 끓인 시럽을 서서히 넣어 이탤리언 머랭을 만든다.
④ 구운 타르트에 페이스트리 크림을 얹은 후 복숭아와 즙을 끼얹는다. 그 위에 머랭을 얹고 약 8분간 더 굽는다.

영양 만점 달콤한 아이 간식, 복숭아 요구르트

복숭아 30g, 조청 1/2작은술, 어린이용 플레인 요구르트 70g

만들기
① 복숭아는 깨끗이 씻어 껍질을 벗기고 강판에 살짝 간다.
② 냄비에 1과 조청을 넣고 잼보다 농도가 묽어질 정도로 졸인다.
③ 적당히 졸면 냉장고에 넣고 차갑게 식힌다.
④ 플레인 요구르트에 2를 넣고 잘 섞는다.

* 단단한 복숭아는 단맛도 덜하고 싱거울 수 있다. 호두, 건포도, 셀러리에 조청과 휘핑한 생크림을 섞어 복숭아와 함께 곁들이면 아이 간식으로 좋다.

사과

Apple

"하루에 사과 한 개씩만 먹으면 의사가 필요 없다(An apple a day keeps the doctor away)"라는 영국 속담이 있다. 서구인들은 "사과가 익는 계절이면 사람이 건강해진다"고 믿어 가장 실천이 쉬운 건강법으로 '하루에 사과 하나 먹기'를 권장한다.

신석기시대의 화석에도 새겨져 있을 정도로 사과는 지구상에 출현한 지 오래된 과일이다. 인류는 5000년 전부터 사과를 재배·저장해온 것으로 추정되며 구약성서에도 등장한다. 선악과인 사과를 먹지 말라는 신의 경고를 무시하고 사과를 몰래 먹다 들킨 아담의 목구멍에 그만 사과가 걸렸다는 대목이다. 남성의 목 중간쯤에 연골이 약간 돌출된 부위를 '아담의 애플(사과)'이라 한다. 아담의 사과 외에 뉴턴의 사과, 빌헬름 텔의 사과 이야기도 유명하다. 아담의 사과는 종교, 뉴턴의 사과는 과학, 빌헬름 텔의 사과는 정치를 낳은 사과로 통한다.

'과일의 여왕'이라고 불리는 사과는 가을이 제철이다. 조생종은 8월 말부터 출하되며 대표 품종인 후지 사과는 10월 초부터 본격적으로 시장에 나온다.

사과(후지 기준)는 100g당 15.8g인 탄수화물이 주성분이며 열량은 100g당 후지 57kcal, 아오리 44kcal, 홍옥 46kcal. 영양상의 장점은 칼륨·비타민C·유기산·펙틴·플라보노이드 등이 풍부하게 들어 있다는 것이다. 이 중 칼륨은 소금 성분인 나트륨을 몸 밖으로 배출하는 미네랄인데 후지 100g당 칼륨 함량은 95mg, 아오리는 99mg, 홍옥은 39mg이다. 고혈압 환자에게 사과를 권하는 것은 이 때문이다. 고혈압 환자가 유독 많은 일본 동북 지방에서 유일하게 고혈압 발생률이 낮은 지역이 일본 내 최대 사과 산지인 아오모리란 사실이 이를 뒷받침한다.

사과 하면 비타민 C를 연상하는 사람이 많지만 일반의 예상이나 기대보다는 적게 들어 있다. 사과 100g당 비타민 C 함량은 4~10mg으로 같은 무게의 오렌지(43mg)·레몬(70mg)·딸기(71mg)보다 낮다. '사과 나는 데 미인 난다'는 우리 속담은 비타민 C가 피부 건강에 유익한 것과 관련이 있는 듯 보인다.

사과에 풍부한 능금산(사과산)·구연산·주석산 등 유기산은 피로를 풀어주는 효능이 있다. 식이섬유의 일종인 펙틴은 혈중 콜레스테롤과 혈당을 낮춰준다. 플라보노이드 성분은 동맥에 찌꺼기가 쌓이는 것을 막아주며 암 예방 효과도 있다. 사과가 심장병 등 혈관 질환이나 암 예방에 이로울 것으로 보는 것은 이 때문이다.

사과는 단맛과 신맛이 섞여 있는데 단맛은 당분, 산뜻하고 신맛은 사과

사과 미인

고대 그리스 로마 신화를 보면 미의 여신 아프로디테는 그리스 로마 여신들 중 최고의 미인으로 선택될 때 파리스에게서 황금 사과를 받았다. 백설공주는 계략에 넘어가 사과를 먹었고, 예로부터 우리나라에서도 사과의 주산지인 대구를 미인의 고장으로 꼽았다. 왜 사과는 이토록 미인들과 연관이 있을까? 그 이유는 바로 사과가 피부 미용에 탁월한 효과를 보이기 때문이다. 사과는 숙면을 도와주는 동시에 피부 재생과 탄력에 효과가 있다. 사과는 다이어트 식품으로도 각광받고 있으니 사과는 미인과 떼려야 뗄 수 없는 관계임에 분명하다.

내 남자의 근육 비결?

모든 과일이 그렇듯이 사과는 버릴 게 없다. 그중 사과 껍질은 다른 과일과 비교할 수 없는 특성을 지니고 있으니 바로 근육 강화이다. 사과 껍질에는 우르솔산이라는 성분이 들어 있는데 이는 근육 형성에 중요한 역할을 하는 호르몬을 활성화한다. 결과적으로 체중은 늘지 않고 근육이 강해지면서 근력이 강화된다. 또 혈당·콜레스테롤·중성지방을 낮춰준다고 하니 사과는 껍질 째 먹자!

주요 산지	주요 영양 성분	효능	제철	고르는 법
예산 충주 대구 의성 사리원 황주 남포 함흥 등	탄수화물 비타민 C 칼륨 나트륨	피부 미용 고혈압 예방 진정 작용	10~12월	껍질에 탄력이 있고 꽉 찬 느낌이 드는 것이 좋다. 또 손가락으로 튕겨보았을 때 맑은 소리가 나는 것이 좋다.

산·주석산·구연산 등 유기산 덕분이다. 사과는 익을수록 녹말(전분)이 당과 알코올로 바뀌면서 당도가 높아진다.

사과는 아침에 먹으면 '금', 점심엔 '은', 저녁엔 '독'이라는 말이 있다. 저녁에 사과를 먹으면 유기산의 일종인 사과산이 위의 산도(酸度)를 높여 속을 쓰리게 하고 식이섬유가 장에 부담을 줄 수 있으며 사과의 탄수화물이 그대로 축적돼 체중이 불어날 수 있다는 점 때문에 독이라 표현한 듯하다.

평소 장 건강이 좋지 않은 사람은 잠자기 전에 식이섬유가 풍부한 사과를 여러 개 먹으면 소화가 잘 안 될 수 있다. 또 운동 등 에너지 소모가 적은 야간에 사과를 과다 섭취하면 체중 관리에 문제가 생길 수 있는 것도 사실이다. 그러나 사과산은 위에서 분비되는 강산인 위산보다 산도가 훨씬 약하므로 저녁에 먹는 사과를 독이라 칭하는 것은 지나친 해석이다. 아침에 먹는 사과가 좋다는 것은 일반적으로 오전에 우리 몸의 신진대사가 활발해지는데 이때 사과를 먹으면 포도당이 공급돼 두뇌 활동이 원활해지기 때문이다.

좋은 사과를 고르는 일은 신선한 수박 고르기보다 더 어렵다. 껍질 외엔 선택 기준이 별로 없기 때문이다. 국내에서 유통되는 대부분의 사과엔 꼭지가 없다. 사과도 수박처럼 꼭지가 달려 있어야 잘 시들지 않고 신선도가 오래 유지된다. 꼭지가 달려 있으면 일반 소비자도 신선한 사과를 간단히 고를 수 있다. 그러나 국내 사과 재배 농가들은 일부러 사과 꼭지를 자른다. 골판지 위에 사과를 올려놓고 포장할 때 사과가 움직이면서 옆 사과에 흠집을 낼까 봐 우려해서다. 사과의 모양은 타원형인 것이 양질이다. 전체적으로 색깔이 고르면서 만졌을 때 묵직하고 단단한 느낌이 드는 것을 구입하는 것이 차선책이다.

식이섬유와 항산화 물질인 안토시아닌 등 사과의 다양한 건강 성분은 껍질에 대부분 몰려 있으므로 껍질째 먹는 것이 좋다. 잔류 농약을 우려해 껍질을 벗겨 먹는 사람이 많지만 껍질째 먹을 수 있는 사과도 나왔다.

사과를 깎으면 속살이 금방 갈색으로 변하는데 깎은 사과를 0.5% 농도의 소금물에 담갔다 꺼내면 갈변을 막을 수 있다. 보관할 때는 다른 과일이나 채소와 따로 둬야 한다. 사과에 든 에틸렌이 주변 과일이나 채소의 숙성을 촉진해 금방 무르게 하고 시들게 해서다. 사과를 냉장고에 보관할 때는 다른 칸에 두거나 비닐에 싸두는 게 좋다. 사과와 감자는 같이 둬도 괜찮은데 이는 사과의 에틸렌이 감자에 싹이 나는 것을 막아주기 때문이다.

사과 발효주, 시드르

사과즙을 발효시킨 술인 프랑스 노르망디 지방의 특산물 시드르(Cidre)는 유럽에서 요리사나 애주가들에게 많은 사랑을 받고 있다.

사과와 도넛의 유쾌한 조화, 애플 프리터

사과 1개, 밀가루(박력분) 1컵(100g), 베이킹파우더 1작은술, 달걀 1개, 화이트 와인 1/3컵, 설탕 3큰술, 튀김 기름 · 슈거파우더 적당량

만들기

① 냄비에 튀김 기름을 부어 불에 올리고, 사과는 깨끗이 씻어서 껍질째 5mm 두께로 동그랗게 썰어 가운데 씨 부분을 도려낸다.
② 밀가루에 베이킹파우더를 섞어 고운체에 내린다.
③ 달걀은 흰자와 노른자로 나눈 뒤 흰자에 설탕을 넣고 거품기로 저어 거품을 낸다.
④ 달걀노른자와 화이트 와인을 고루 푼 다음 2를 넣고 섞은 뒤 3을 넣어 반죽을 만든다.
⑤ 1의 사과에 밀가루(여분)를 묻히고 털어낸 다음 4의 반죽을 입혀 170℃로 달군 기름에 노릇하게 튀겨 건진 뒤 슈거파우더를 뿌린다.

캐러멜 소스를 곁들인 구운 사과

사과 6개, 황설탕 140g, 호두 15g, 피칸 15g, 건포도 15g, 말린 살구 15g, 말린 크랜베리 15g, 말린 자두 15g, 버터 55g(깍둑썰기 해서 준비), 캐러멜 소스(버터 15g, 휘핑 크림 125ml), 물 175ml

만들기

① 오븐은 190℃로 예열한다.
② 사과의 꼭지 부분을 작은 칼로 3cm 지름의 원형으로 도려낸다.
③ 소스 팬에 황설탕과 물을 넣고 약 6분간 중간 불에서 끓인다.
④ 2의 도려낸 부분에 견과류와 말린 과일을 골고루 넣고 그 위에 썰어둔 버터를 올려 3에서 만들어둔 소스 1/2 분량을 끼얹는다. 그런 다음 사과가 부드러워질 때까지 약 50분간 오븐에 굽는다.
⑤ 팬에 버터를 두르고 여기에 생크림과 3에서 남은 소스를 넣고 2분간 중간 불에서 끓여 걸쭉한 캐러멜 소스를 만든다.
⑥ 4에서 완성된 사과 위에 5의 완성된 캐러멜 소스를 서빙 직전에 끼얹어 낸다. 이때 사과는 따뜻하게 온도를 유지하고 캐러멜 소스는 차갑게 식혀서 내면 맛이 더 좋다.

수박

Watermelon

한더위 갈증 해소제인 수박을 빼놓고는 여름을 지낼 수 없다. 수박의 수분 함량은 91%로 구갈(口渴)을 빠르게 없애준다. 특히 땀을 많이 흘리고 햇볕을 쬐어 속이 메스껍거나 토하려고 할 때는 냉수보다 낫다. 물과 달리 당질(탄수화물·8% 함유)·단백질·항(抗)산화 물질·비타민 A·칼륨·식이섬유 등이 풍부하기 때문이다. 먹고 나면 금세 힘도 난다(100g당 40kcal). 수박의 당질은 대부분 체내 흡수가 빠른 과당과 포도당이어서 섭취하면 바로 에너지로 바뀐다.

'수분 저장 탱크'인 수박의 주산지는 건조한 지역이다. 원산지는 아프리카의 칼라하리 사막이 원산지며, 중국의 실크로드 일대에서 재배되는 수박이 유명하다. 《맛보기 전엔 죽지 마라》의 저자 이시다 유스케는 "땅속 깊은 곳에 있는 물이 오랜 시간에 걸쳐 수박 속에 한 방울 한 방울 모이는 광경에서 생명의 위대함을 느끼게 한다"라고 적기도 했다.

수박은 '자연의 이뇨제'란 별명도 가지고 있다. 이뇨 작용을 돕는 시트룰린과 아르기닌(둘 다 아미노산의 일종)이 풍부하기 때문이다. 소변이 잘 나오지 않으면 몸이 쉬 피로해지고 잘 붓는다. 신장 기능이 약하거나 소변 양이 적거나 몸이 자주 붓는 사람에게 수박은 추천할 만하다. 수박엔 라이코펜이란 항산화·항암 성분이 들어 있다. 라이코펜은 토마토·파파야·핑크빛 포도 등에도 함유된 붉은 색소 성분이다. 미국에선 라이코펜이 전립선암 등 암 예방 성분으로 통한다. 수박엔 또 식이섬유가 많이 들어 있어 먹으면 장운동이 활발해진다(변비 예방). 뿐만 아니라 혈압 조절에 유익한 칼륨도 풍부하다.

《동의보감》에 따르면 수박은 고려 때 우리나라에 들어왔다. 거란족에게 종자를 얻어 처음 심었다는 것이다. 또 "성질이 차고 맛이 달다. 속이 타고 열이 나는 번갈(煩渴)과 서독(暑毒·더위에 의한 독)을 제거하는 데 쓴다. 소변을 잘 통하게 하고 피똥을 싸는 혈리(血痢)·입이 허는 구창(口瘡)을 다스리기 위해서도 처방된다"라고 적혀 있다. 한방에선 몸을 차게 하는 수박을 밤보다는 낮에 먹으라고 권장한다. 냉증(冷症)·장염·설사기가 있는 사람에겐 권하지 않는다.

수박 씨를 먹으면 배앓이를 하고 맹장염에 걸린다는 속설 때문에 일부러 씨를 빼고 먹는 사람도 많다. 그러나 이는 과학적 근거가 없는 말이다. 우리 몸은 수박 씨를 분해·소화하지 못하므로 씨를 삼키면 대변으로 배설된다. 수박은 원래 과육보다 씨를 먹기 위해 재배한 과일이기도 하다. 지금도 중국·아프리카에선 수박 씨에서 짠 기름을 식용유로 쓴다. 수박 씨엔 단백질·지방·비타민 B군 등 유익한 성분이 많다. 특히 시트룰린이 많이 들어 있다. 입이 궁

더 맛있게 수박 먹기

수박을 먹을 때 온도는 10°C가 적당하다. 따라서 냉장고에서 꺼낸 뒤 바로 먹기보다 30분가량 지난 후 먹는 게 좋다. 일본인은 수박에 소금을 뿌려 먹기도 한다. 과육이 단단해져(수분이 빠져나와) 더 아삭해지기 때문이란다.

옛 그림에 등장한 수박

수박은 참외나 오이처럼 덩굴식물이다. 옛사람들이 수박 그림을 그린 것은 자손이 덩굴처럼 번창하라는 의미도 있지만 수박의 발음이 수복(壽福)과 비슷한 데서 비롯되었다. 또 수박은 씨가 많은 열매다. 씨가 많은 것을 보여주려고 일부러 쥐가 갉아 먹은 부분을 그렸다.

신사임당의 수박도

주요 산지	주요 영양 성분	효능	제철	고르는 법	보관 방법
함안 예산 논산 고령 청원 영동 단양 음성 고창	수분 94% 이상 단백질 포도당 과당 칼슘 철	이뇨 혈압 조절 변비 예방	6~8월	껍질은 연두색이 나고 검은색 줄무늬가 선명한 것이 좋다. 껍질을 두드렸을 때 맑은 소리가 나야 잘 익은 수박이다. 장마철에는 무른 수박이 나오기 쉬우니 주의해서 고른다.	통째로 냉장고에 보관하는 것이 좋지만 너무 크면 적당히 쪼개 랩을 씌워 보관해야 한다. 그러면 과육의 물기가 마르는 것을 막을 수 있다.

금할 때 씨를 씹어 먹으면 몸이 붓는 것을 예방하고 다이어트에도 유익하다. 중국인은 콜레스테롤이 많이 든 돼지고기를 섭취할 때 말린 수박 씨를 소금과 함께 볶아 먹기도 한다.

맛도, 색깔도, 크기도 다양하다

무등산수박
무등산 높은 산기슭에서 재배되는 순재래종 수박이다. 암록색의 겉빛깔 탓에 '푸랭이'라고 불린다. 일반 수박보다 배로 크다. 수확철에 재배 농민은 상가(喪家)를 찾지 않고, 상중인 사람과 가까이하지도 않으며, 목욕재계하고 수박 밭 가운데 제단을 만들어 산신에게 제사를 지낸다는 속설이 있다.

황금수박
호박과 수박을 접목해 만들었다. 겉이 노랗다고 속도 노랗다? 천만의 말씀. 쪼개면 역시나 반가운 붉은 속살을 드러낸다.

흑수박
외관이 검은색인 흑수박은 일반 수박보다 더 달다. 특히 씨 없는 고당도 흑피수박이 인기다.

복수박
소프트볼 공보다는 크고 핸드볼 공보다는 작다. 껍질도 얇고 속도 달다. 식구가 적거나 혼자 자취하는 사람이 두 번에 나누어 먹기 딱 좋은 크기다. 냉장고에서 묵은 수박의 퍼석한 질감을 질색하는 사람들에게 인기다.

햇빛에 노출되어 피부가 탔을 때 효과적인
수박 팩
수박 껍질의 흰 부분은 열을 내려주는 진정 작용을 해 상처 없이 화끈거리는 피부에 사용하면 좋다. 그러나 수박의 당 성분이 남아 있어 피부 트러블을 일으킬 수 있으므로 반드시 깨끗한 물로 충분히 씻어내고 나서 팩을 해야 한다.

미니 수박
한 손에 쥘 수 있는 크기다. 무게 800g으로 들고 다니기 좋은 아담한 크기에 당도 또한 높다.

속 노란 수박
겉은 보통 수박과 같지만 쪼개보면 속이 샛노랗다. 맛과 당도는 일반 수박과 비슷하다.

달콤하고 새콤한 수박 셔벗

수박 750g, 통계피 작은 것 1조각, 레몬즙 2개분, 설탕 150g, 물 50ml

만들기

① 수박은 잘게 썰어 씨를 제거하고 믹서에 곱게 간 다음 설탕을 넣고 30초 동안 더 간다.
② 소스 팬에 물과 계피를 넣고 끓이다가 1을 넣는다.
③ 2가 다시 끓기 시작하면 불을 줄여 1분 정도 부글부글 끓인다.
④ 불에서 내려 김을 식힌 후 레몬즙을 넣는다.
⑤ 4에서 계피 조각을 건져내고 냉장고에 1시간 이상 두어 완전히 차갑게 되도록 식힌다.
⑥ 5를 넓은 그릇에 담아 냉동실에 넣고 얼렸다가 1시간 후 꺼내어 포크로 긁는다. 다시 냉동한 후 꺼내서 포크로 긁기를 3~4회 반복한다.

* 셔벗은 단맛과 신맛이 조화를 이뤄야 한다. 단맛은 셔벗의 얼음 결정을 부드럽게 하는 데도 큰 역할을 한다. 용액의 당도가 낮으면 얼음 결정이 커져 셔벗이 버석거리고 질감이 부드럽지 않다. 또 너무 달아도 먹기에 적당하지 않고 질척하고 끈적해진다. 셔벗 용액에 담갔을 때 달걀이 위로 10분의 1 정도 뜨는 것이 가장 알맞다. 달걀이 아래로 가라앉으면 설탕 시럽을 더 넣어 용액을 진하게 해야 하고, 그 이상 위로 뜨면 단맛이 너무 강한 것이므로 물을 섞어 농도를 연하게 한다. 대부분의 과일이나 술은 당도가 낮아 셔벗을 만들기에는 부족하므로 물과 설탕을 섞어 끓인 시럽으로 당도를 맞춰야 한다. 과일의 구연산으로 대표되는 신맛은 청량감을 주는 중요한 요소로 셔벗에도 빠질 수 없는 맛이다. 신맛은 단맛을 중화하는 역할도 하므로 셔벗 용액의 단맛이 너무 강할 때는 레몬즙을 더 첨가하기도 한다.
셔벗을 더 부드럽게 하는 방법 하나. 셔벗 용액에 달걀흰자를 넣는다. 과일을 갈아 넣고 시럽을 섞은 다음 달걀흰자만 분리해 조금 넣고 잘 섞어서 냉동실에 넣어 얼린다. 다른 셔벗을 만드는 것과 동일한 방법으로 포크로 긁을 때 입자가 훨씬 고운 셔벗이 만들어진다.

얼려 먹는 수박 디저트

수박을 통째 잘라 속을 파내 얼린 다음 그 안에 살짝 얼린 수박을 한입 크기로 큼직하게 썰어 넣으면 수박을 더욱 시원하고 푸짐하게 즐길 수 있다.

자두

Plum

자두는 장미과에 속하는 자두나무의 열매로 7~9월이 제철이며 원산지는 중국이다. 짙은 보라색 열매가 복숭아를 닮았다고 하여 자도(紫挑)라 불리다가 자두가 되었다. 순수 한글 이름은 오얏이고 영문명은 '플럼(plum)'인 자두는 살구(apricot)와 속(屬)은 같지만 종(種)은 별개인 식물이다. 껍질의 색깔은 처음엔 녹색이었다가 품종에 따라 적색 · 황색 · 흑자색 · 황적색 등으로 옷을 갈아입는다. 외관은 공 모양 · 계란 모양 · 끝이 뭉툭한 모양 · 끝이 뾰족한 모양 등 다양하다.

즙이 많고 신맛과 단맛이 어우러진 맛을 내는데 품종마다 맛의 스펙트럼이 넓다. 가장 이른 6월 중순에서 7월 중순에 출하되는 품종인 대석은 평균 중량이 60g 전후다. 크기는 작지만 맛이 달고 신맛은 적어 가장 인기가 높다. 저장성이 떨어져 약 3주 동안만 생과를 맛볼 수 있다는 것이 약점이다. 7월 중순에서 8월 초순에 시장에 나오는 후무사 품종은 평균 중량이 80g 이상으로 크기가 크고 저장성도 좋다. 하지만 대석에 비해 산도가 강해 맛이 떨어진다. 8월 중순 이후에는 장기간 저장할 수 있는 추희 품종으로 대체돼 11월까지 팔린다. 국내에서 유통되는 자두의 90%가량은 경북 김천과 의성 · 경산에서 생산한다.

주성분은 수분(93.2%)과 탄수화물(100g당 5.3g)이다. 100g당 열량은 25kcal여서 이 정도라면 다이어트하는 사람도 별 부담 없이 먹을 만하다. 자두를 비타민 C가 풍부한 과일로 여기는 사람이 많지만 실상은 그렇지 않다. 100g당 비타민 C 함량이 5mg 정도에 그친다. 영양 · 건강상 장점은 칼륨 · 식이섬유 · 안토시아닌 · 시트룰린 · 유기산이 풍부하다는 것이다. 혈압이 높은 사람이나 변비로 고생하는 사람에게 자두를 권하는 것은 칼륨과 식이섬유가 많이 들어 있기 때문이다. 자두 껍질에 함유된 검푸른 색소 성분인 안토시아닌은 유해 산소를 없애는 강력한 항산화 성분이다. 시트룰린은 아미노산의 일종으로 이뇨 효과가 있다. 신맛을 내는 사과산 · 구연산 등 자두의 유기산은 입맛이 돌게 하며 피로를 푸는 데 효과적이다. 자두는 대개 생과로 즐기지만 잼 · 통조림 · 건과 · 음료로도 이용한다.

과일 중심에 단단한 씨가 있어서 핵과류의 일종으로 분류된다. 씨나 덜 익은 과육에 아미그달린이란 독성 물질이 있다는 것은 모든 핵과류의 숙명이다. 독과 약은 '동전의 양면'이어서일까? 아미그달린은 요즘 암세포를 억제하는 성분으로 기대를 모으고 있으며 천식 치료에도 사용된다.

조선의 숨결을 가지다

자두의 나무는 오얏, 혹은 이화라고도 불린다. 이 자두나무의 꽃은 대한제국의 황실의 상징으로 사용되었다. 오얏은 사실 조선 왕조의 상징이 되는 나무이다. 그래서 우리나라 옛말에는 "오얏나무 밑에서는 갓끈을 고쳐 매지 마라"라는 말도 있었다. 후에 대한제국 황실 위엄을 보이기 위해 상징으로 '이화문(자두꽃)'을 적극적으로 활용했다.

덕수궁 이화문

내 치아는 자두를 좋아해

말린 자두는 치석 예방에 효과가 좋다. 미국 미네소타대학의 연구진은 말린 자두를 먹은 실험용 쥐가 그렇지 않은 쥐에 비해 치석이 적게 발생했다는 사실을 발견했다. 연구진은 자두에 들어 있는 특정 플라보노이드 성분이 혈관을 손상시키는 염증을 예방하기 때문이라고 밝혔다.

주요 산지	주요 영양 성분	효능	제철	고르는 법
김천	아미노산	식욕 증진	7~9월	껍질에 상처가 없고 손으로 쥐었을 때 무르지 않고 단단한 것이 좋다. 또 껍질에서 윤기가 나고 푸른빛이 약간 돌면서 붉게 익어가는 것을 고른다. 끝 부분이 약간 뾰족하게 생긴 것이 맛있다.
의성	칼륨	피로 해소		
경산	철분	기미 · 주근깨 제거		
영천	칼슘	안구건조증 · 야맹증 예방		
군위	비타민 A			
영동	비타민 C			
청도				

새콤달콤함이 파이 속으로, 자두 파이

(13X30cm 크기의 직사각 틀 1개분)
빵가루 · 녹인 버터 약간씩, 슈거파우더 적당량, 시트(중력분 150g, 이스트 3g 달걀노른자 25g, 미온수 24ml, 슈거파우더 12g, 소금 2g, 물 15ml, 버터 50g)
필링(자두 5개, 달걀 50g, 슈거파우더 24g, 생크림 24ml)

시트 만들기
① 볼에 중력분과 슈거파우더를 체에 내려 넣고 버터와 달걀을 넣어 잘 섞는다.
② 1에 미온수에 녹인 소금과 이스트를 섞은 후 물을 넣어 반죽한다.
③ 2에 랩을 씌워 냉장고에 2시간 넣어 두 배 정도 부풀린다.

자두 준비하기
자두는 깨끗이 씻어 씨를 제거하고 1/2 등분해 볼에 담은 뒤 설탕을 넣어 한 시간 정도 재워둔다.

필링 만들기
볼에 슈거파우더를 체에 내려 달걀노른자와 섞은 후 생크림을 넣어 조금 더 섞는다.

완성하기
① 준비된 시트 반죽을 꺼내어 밀대로 3mm 두께로 밀어 버터를 녹여 바른 후 바닥에 빵가루를 얇게 뿌린다.
② 1 위에 준비한 자두를 가지런히 올려 반죽이 부풀도록 실온에 30분 정도 둔다.
③ 2에 준비해둔 필링 재료를 붓고 슈거파우더를 골고루 뿌려 220℃로 예열한 오븐에 넣어 5분간 굽는다.
④ 3을 꺼내지 말고 온도를 180℃로 낮추어 30분간 더 굽는다.

추천 레시피

체리   Cherry

붉은 태양을 닮은 과일인 체리(cherry)는 여성과 새가 특히 좋아한다.

국내에서 유통되는 체리의 대부분은 미국산, 특히 캘리포니아산인데 5월 말에서 7월 초까지 출하된다. 체리의 종류는 1000종 이상이며 단 체리와 신 체리로 분류된다. '나폴레옹'·'램버트' 등은 단 체리이며 대개 생으로 먹는다. 신 체리는 주로 파이 재료로 사용해 파이 체리라고도 부른다. 셔벗·리큐어 등에 주로 넣는 것은 신 체리다. 영양·건강 면에선 신 것이 단 것보다 낫다. 항산화 비타민인 비타민 C·베타카로틴이 신 체리에 더 많이 들어 있고 열량은 낮다.

체리는 인류가 오래전부터 길러온 과일로 재배의 역사가 기원전 300년으로 거슬러 올라간다. 고대 로마시대엔 체리를 독소를 제거하고 신장(콩팥)을 정화하는 약재로 사용했다. 서양의 민간에선 체리를 오랫동안 통풍 치료에 사용했다. 관절염의 일종인 통풍에 의한 통증과 부종을 완화하는 효과가 있기 때문이다. 체리를 하루 225g 섭취하면 통풍의 주원인인 요산의 혈중 농도가 감소한다는 연구 결과도 있다.

퇴행성이나 류머티스성 관절염 환자에게도 권할 만하다. 체리의 붉은색 껍질의 색소 성분인 안토시아닌이 소염 효과를 내기 때문이다. 미국 미시간대 연구진은 체리의 소염 효과가 아스피린의 열 배에 달한다는 연구 결과를 발표했다.

또 암 예방 식품으로도 기대를 모으고 있다. 미국인은 스테이크를 먹을 때 체리를 흔히 곁들인다. 햄버거에 썬 체리를 넣은 체리 버거도 즐긴다. 붉은색이 식욕을 자극하고 항산화 성분인 안토시아닌이 암 예방을 돕는다고 생각하기 때문이다. 안토시아닌은 고기를 구울 때 검게 탄 부위에 생기는 발암 물질을 줄여준다.

영양상의 장점은 칼륨과 식이섬유가 풍부하다는 것이다. 혈압을 조절하는 칼륨은 단 체리, 신 체리 모두에 풍부하다. 식이섬유 중에서도 수용성인 펙틴이 풍부한데 펙틴은 혈압과 혈중 콜레스테롤 수치를 낮추는 효과가 있다. 비타민 C의 함량은 사람들이 기대하는 것보다 적다. 국산 체리의 열량은 100g당 60kcal(미국산 66kcal, 체리 통조림 74kcal)로 다른 과일들과 비슷하다. 다이어트하는 사람이 간식용으로 즐겨도 무리가 없다.

수확 시간이 너무 짧고 보존성이 과일 중에서 가장 떨어진다는 것이 체리의 약점이다. 7월 중순만 돼도 방금 나무에서 딴 체리는 구하기 힘들다. 체리의 짧은 제철이 지나면 체리 통조림·설탕 절임·잼 등으로 만족하거나 이듬해 5월까지 기다려야 한다.

체리와 함께라면 과음해도 괜찮아!

체리뿐만이 아니라 체리가 속한 베리류는 모두 OK. 몸에 좋은 베리류 열매의 효능을 더 높이기 위한 방법이 럼주나 보드카에 절이는 것이라는 사실! 주당들에겐 신날 만한 일이다. 체리를 포함한 베리류를 알코올에 담그면 질병에 대항하는 항산화 물질의 수치가 증가한다는 사실이 미국에서 발표됐다. 술이 항산화 성분의 전투력을 높여준 것인지 여부는 아직 확실하게 밝혀지지는 않았지만 이 강화 효과로 암의 주요 발생 요인인 산화적인 세포 손상에 맞서 싸울 탄약이 많이 생산되는 것은 확실하다.

주요 산지	주요 영양 성분	효능	제철	고르는 법	보관방법
김천 평택 음성 경주	칼륨 엽산 안토시아닌 솔비톨	관절염 소염 효과 당뇨 예방 심장 질환 예방 뇌졸중 예방 불면증 예방	5~8월	표면에 윤기가 나고 깨끗하고 흠집 없이 탱탱한 것을 고른다. 색이 진할수록 더 달다.	물에 씻지 말고 봉지에 담아 냉장 보관한다. 실온에 꺼내두었다가 먹으면 더 맛있다.

체리와 연어의 궁합, 체리 소스를 곁들인 연어 요리

연어 1마리, 아스파라거스 5줄기, 케일 & 감자 퓌레(감자 1개, 케일 5장, 헤비 크림 1/4컵, 버터 20g, 소금·후춧가루 약간씩), 체리 소스(체리 2컵, 적포도주 4컵, 설탕 1/4컵, 물 3/4컵, 전분 가루 1/8컵, 소금 약간), 올리브 오일·소금·후춧가루 약간씩

체리 소스
① 체리는 씨를 발라낸다.
② 냄비에 분량의 물, 적포도주, 체리, 설탕을 넣고 은근히 끓인다.
③ 전분 가루에 물을 섞어 2에 넣어 농도를 조절한다.
④ 소금 간을 한다.

만들기
① 팬에 올리브 오일을 두른 후, 연어를 노릇하게 굽는다.
② 다른 팬을 달군 다음, 버터나 오일을 약간 두른 후 아스파라거스를 넣어 익힌다. 그런 다음 소금과 후춧가루로 간한다.
③ 접시에 감자와 케일로 만든 퓌레를 담고, 아스파라거스를 올린 후 잘 구운 연어를 얹는다.
④ 체리 소스를 함께 곁들여낸다.

추천 레시피

키위　　　　　　　　　　　　　　　　　　Kiwi

뉴질랜드에는 키위가 셋 있다. 첫째는 새 이름 키위다. 이 새는 뉴질랜드에서만 살며 날지 못하는 것이 특징이다. 둘째는 뉴질랜드 사람이다. 겁이 많은 뉴질랜드 인을 키위라는 애칭으로 부른다. 셋째는 과일 이름 키위다. 나라 새인 키위와 비슷한 갈색 털로 덮여 있다고 해서 이런 이름이 붙었다. 사람 키위가 원주민인 마오리 족이 아니라 백인 이주민을 가리키듯이 과일 키위의 원산지도 뉴질랜드가 아니다. 중국 양쯔 강 주변인데 1906년께 중국에서 뉴질랜드로 건너온 차이니스 구즈베리(Chinese gooseberry)를 개량한 것이다.

키위는 이제 세상에 나온 지 100년 남짓한 젊은 과일이다. 한 개의 무게는 100g가량이며 속살은 겨자색(골드키위)이거나 밝은 녹색이다. 맛은 딸기와 멜론을 합친 것 같다. 키위도 바나나처럼 완전히 익은 것을 먹어야 한다. 익기 전에 먹으면 단단하고 제맛이 안 난다. 잘 익은 것은 즙이 풍부하며 작고 검은 씨가 동심원을 그리며 배열돼 있다.

이 과일의 3대 영양소는 비타민 C·칼륨·식이섬유다. 키위 100g당 비타민 C 함량은 27mg이다. 비타민 C는 노화의 주범인 유해 산소를 없애주는 항산화 비타민이며 피로 해소를 돕는다. 혈압을 조절해주는 미네랄인 칼륨도 100g당 271mg 들어 있다. 식이섬유는 물에 녹는 수용성과 녹지 않는 불용성으로 나눌 수 있는데, 키위에 풍부한 것은 수용성이다. 수용성 식이섬유는 혈중 콜레스테롤 수치를 낮춰준다.

불고기·돼지갈비 등 육류나 생선 요리를 먹은 뒤엔 키위나 배를 먹는 것이 좋다. 둘 다 육류와 생선의 소화를 도와준다. 특히 키위엔 악티니딘이라고 하는 단백질 분해 효소가 들어 있다.

질긴 고기를 조리할 때 미리 키위즙을 뿌려두면 고기가 연해지고 소화가 잘된다. 돼지고기·쇠고기·닭고기를 재료로 해서 요리할 때는 반으로 쪼갠 키위로 고기를 문지른 뒤 30분쯤 방치하면 육질이 부드러워진다.

속이 노란 골드키위는 일반 키위보다 털이 많아 껍질 벗기기가 어렵지만 단맛이 더 강하다. 맛은 레몬·딸기·바나나를 합쳐놓은 것 같다.

키위는 손으로 쥐었을 때 약간 탄력이 있으며 향기가 살짝 나는 것이 양질이다. 구입한 뒤 상온에서 하루 이틀 놓아두면 익는다. 사과·바나나·배 등과 함께 비닐이나 종이 백에 넣어두면 더 빨리 숙성된다. 에틸렌 가스가 키위의 숙성을 촉진하기 때문이다. 밀폐 용기에 담아 냉장고에 넣어두면 오래 두고 먹을 수 있다.

태아를 웃게 하는 키위

임신부는 일반인들에 비해 미네랄과 비타민을 많이 섭취해야 하는데, 키위는 비타민과 미네랄이 다량 함유되어 있어 임신부에게는 더없이 좋은 과일이다. 그리고 키위에는 비타민 E 성분과 더불어 엽산 성분이 들어 있는데, 이 엽산이 태아의 뇌신경과 척추 신경을 형성하는 데 도움을 주고 태아의 성장을 돕는 일등 공신 역할을 한다. 또 엽산은 선천성 기형아 출산을 예방하는 데 도움이 된다. 결과적으로 키위를 섭취하면 임신부에게도 태아에게도 좋다!

주요 산지

고흥
보성
순천
해남
통영
고성
제주
뉴질랜드

주요 영양 성분

비타민 C
비타민 E
칼슘
마그네슘
이노시톨

효능

다이어트
소화 촉진
변비 예방
두뇌 발달

제철

8~10월

보관 방법

키위는 저장 기간이 길어 길게는 일 년 동안 보관할 수 있는데 0°C의 서늘한 곳에 보관하는 것이 좋다. 가정에서 쓰는 일반 냉장고가 최적의 장소이다. 키위를 천천히 익혀 먹고 싶다면 느슨하게 밀폐한 용기에 넣어 상온에 2~3일 둔다. 빨리 익혀야 할 때는 익은 과일과 함께 비닐봉지에 넣어둔다.

냉장고에서 꺼낸 뒤 가운데를 칼로 잘라 찻숟갈로 파면 더 맛있게 먹을 수 있다. 썬 키위를 소주 등 술에 담그면 고운 색깔이 우러나오고 향과 맛이 좋아진다. 토마토와 함께 샐러드의 재료로 사용하거나 요구르트 위에 한 조각 올리는 것도 좋다.

키위는 수면을 돕는 효과도 있다. 대만 의대 영양·건강 대학원은 수면 장애가 있는 20~55세 성인 29명에게 매일 잠들기 한 시간 전에 키위 두 개를 제공했다. 4주 뒤 이들의 수면 시간이 5시간 54분에서 6시간 39분으로 길어졌다. 입면(入眠) 시간은 33분에서 20분으로 단축됐다. 연구팀은 신경을 안정시키는 칼슘·마그네슘·이노시톨이 상당량 들어 있기 때문이라고 풀이했다.

참다래 · 금다래 · 홍다래 자매 이야기

키위는 우리나라에서 다래라고도 불린다. 키위가 곧 다래인 셈이다. 모양 면에서 차이가 있는데 키위는 둥글며 다래보다 크고 씨가 고른 반면 산다래는 모양이 둥글며 작고 씨가 적다. 이런 키위 혹은 다래에도 종류가 있는데 참다래(그린 키위), 금다래(골드키위), 홍다래(레드키위)가 그것이다. 이 세 가지 키위는 속살의 색깔이 각각 다르고 성분 또한 조금씩 다르다. 영양 만점에 다이어트 효과까지, 키위든 다래든 골라 먹는 재미를 더한다.

홍다래

금다래

케이크와 키위의 만남, 키위 쇼트케이크

버터 100g, 설탕 3/4컵, 바닐라 에센스 1작은술, 달걀 2개, 밀가루 1컵, 베이킹파우더 1/2컵, 잘게 썬 마카다미아 1/2컵, 녹인 화이트 초콜릿 100g, 키위 2개, 토핑 크림치즈 125g, 메이플 시럽 1/4컵, 달걀 1개, 밀가루 1큰술, 녹인 화이트 초콜릿 60g

만들기

① 오븐은 180°C로 예열해놓고 버터, 설탕, 바닐라 에센스로 크림을 만든다.
② 밀가루와 베이킹파우더를 함께 체에 쳐서 1의 크림에 넣은 후 잘게 부순 마카다미아와 녹인 화이트 초콜릿을 함께 넣는다.
③ 녹인 버터를 발라둔 케이크 틀에 반죽을 반쯤 채우고 그 위에 키위 조각을 올린다.
④ 토핑 재료는 모두 믹서에 넣고 큰 덩어리가 없어질 때까지 간 뒤, 반죽 위에 올려 케이크 틀의 나머지를 채운다.
⑤ 180°C로 예열해둔 오븐에서 노릇노릇 완전히 익을 때까지 25분 정도 굽는다.

키위를 곁들인 안심 카나페

쇠고기 안심 2인분, 작은 빵 3덩어리, 칠리 고추 1개, 마늘 2쪽, 파 2대, 파슬리·고수 한 줌씩, 민트 잎 4장, 구운 아몬드 75g, 그린키위 3개

만들기

① 안심은 프라이팬에서 겉을 살짝 익힌 다음 180°C로 예열한 오븐에서 6분 동안 구워 미디엄 레어 정도로 만든다. 양고기 대신 쇠고기를 이용해도 좋다.
② 오븐에서 꺼내어 10분 정도 식혀두었다가 어슷썰기 해둔다.
③ 얇게 썬 빵에 오일을 뿌려 황금색이 될 때까지 굽는다.
④ 칠리 고추의 씨를 제거하고, 절구로 찧다가 마늘과 다진 파, 민트와 고수를 넣고 걸쭉해지면 구운 아몬드를 넣어 함께 빻는다.
⑤ 잘게 썬 키위를 4에 넣고 점성이 생길 때까지 계속 찧는다.
⑥ 구워둔 빵 위에 2의 고기와 5를 곁들이면 카나페가 완성된다.

토마토

Tomato

요즘 들어 식품학자·영양학자는 물론 의사들도 토마토를 주목하기 시작했다. 토마토의 놀라운 효능을 '시샘'하고 '경계'하기도 한다. "하루 사과 한 개를 먹으면 의사의 얼굴이 파래진다"는 서양 속담 대신 최근엔 "토마토를 매일 한 개씩 먹으면 의사의 안색이 붉어진다"는 말이 공공연히 나온다.

실제로 토마토는 의사가 수입 감소를 우려할 만큼 건강에 이롭다. 즐겨 먹으면 암·혈관성 질환을 예방하고 피부의 탄력을 오래 유지할 수 있다. 토마토가 농염한 붉은색을 띠는 것은 라이코펜(lycopene) 때문이다.

라이코펜은 베타카로틴·루테인과 함께 '카로티노이드 3총사'로 유명하다. 수박·자몽·살구·구아바 등에도 상당량 들어 있으나 토마토에 가장 많이 함유돼 있다. 유럽 남성 1300명을 대상으로 한 연구 결과에 따르면 라이코펜을 가장 많이 섭취하는 집단의 심장마비 발생 위험은 가장 적게 먹는 집단의 절반 수준에 불과했다. 또 미국 하버드대 연구팀이 40세 이상 미국인 4만 8000명을 5년간 추적 조사한 결과 토마토 요리를 주 10회 이상 먹은 그룹은 주 2회 이하 섭취한 그룹에 비해 전립선암에 걸릴 위험이 45%나 낮은 것으로 드러났다. 전립선암은 서구인에게 흔하나 국내에서도 동물성 지방의 과다 섭취 등 식생활의 서구화로 최근 발병률이 빠르게 높아지는 암이다.

토마토의 라이코펜은 전립선암 예방을 넘어 치료에도 기여하는 것으로 알려졌다. 미국국립암연구소 저널에 따르면 토마토는 전립선암 치료에 유익한 것으로 밝혀졌으나 실험 동물에게 라이코펜만 먹였을 때는 뾰족한 효과를 얻지 못했다. 전립선암에 걸린 쥐에게 토마토 분말이 든 사료를 먹였더니 일반 사료를 먹은 쥐에 비해 사망률이 26%나 낮아졌다. 반면 라이코펜만 사료에 타서 먹인 쥐의 사망률은 일반 사료로 키운 쥐와 다를 바 없었다. 토마토에 함유된 라이코펜 외에 비타민 C·루테인 등 다양한 웰빙 성분이 시너지 효과를 발휘해 암을 예방·치료하는 것으로 풀이됐다. 실험 동물이나 암세포를 이용한 일부 연구에선 라이코펜이 폐암·간암·위암·유방암·자궁경부암·대장암·방광암 등의 예방에도 효과를 보였지만 '효과를 입증할 수 없었다'는 결과도 더러 나왔다.

라이코펜 지지자들은 유해 산소 이론을 내세운다. 항산화 물질인 라이코펜이 몸 곳곳에 쌓인 유해 산소를 제거해 질병을 예방·치료한다는 것이다. 이를 근거로 유해 산소가 혈관·피부·눈에 축적돼 발병하는 동맥경화·피부 노화·황반 변성 등도 라이코펜으로 막을 수 있다고 주장한다. 하지만 아직은 이에 대한 과학적 증거가 부족하다. 미국의 매요클리닉은 "라이코펜이 인체의 면

금단의 열매

신대륙을 발견해 유럽으로 많은 과일을 갖고 돌아왔을 때, 사람들은 관능적이고 붉은 열매를 보고 '사랑의 사과' 혹은 '천국의 사과'라고 불렀다. 이 열매가 바로 토마토였는데 당시 유럽 인들에게 토마토는 금단의 열매라고 불릴 조건을 다 갖추고 있었다. 야한 듯 섬뜩한 붉은 광채에 즙이 줄줄 흘러나오고 먹으면 입안에서 자극적인 맛과 향이 느껴져 급기야 금단의 열매로까지 불리면서 꺼리게 되었다. 또 토마토를 먹으면 이가 빠진다거나 냄새를 맡으면 미친다는 주장을 하는 사람들도 있었다. 지금은 이 모든 것이 우스갯소리로 들리지만, 그 당시에 토마토는 정말로 위험한 열매였던 것이다.

스페인보다 더 FUN하게, 화천 토마토축제

세계적으로 유명한 스페인의 토마토 축제는 매년 어마어마한 관광객이 몰려 그 인기를 더해가고 있다. 하지만 스페인까지 가서 토마토 축제를 즐기기엔 부담스러운 당신을 위한 소식! 매년 화천에서는 스페인의 토마토 축제 못지않은 토마토 축제를 열고 있다. 이미 알고 있는 사람들은 매년 토마토 축제를 기다린다고. 지루한 일상을 토마토 축제로 FUN하게 만들어보는 것은 어떨까?

주요 산지	주요 영양 성분	효능	제철	고르는 법	보관 방법
담양 화천 부여 합천 부산	베타카로틴 비타민 C 비타민 E	암 예방 동맥경화 완화 고혈압·변비 예방 피부 미용 다이어트	7~9월	색이 고르고 꼭지 부위에 녹색이 남아 있지 않는 것을 고른다. 모양이 둥글고 무게감이 있으면서 꼭지가 짙은 녹색을 띠는 게 신선한 토마토다. 또 물에 담갔을 때 가라앉는 것이 당도가 높다.	냉장 보관은 금물. 빛이 통하지 않는 그늘진 곳, 선선한 곳에 보관한다.

역력을 높이지 않는 것은 분명하다"고 밝혔다.

건강에 이로운 라이코펜을 더 많이 섭취하려면 푸른색이 아닌 붉은색 토마토를 고른다. 라이코펜은 토마토의 붉은색을 내는 성분이기 때문이다. 올리브유 등 식용유를 넣어 토마토를 가열 조리하는 것도 라이코펜 섭취를 늘리는 요령이다. 가열·조리하면 토마토 껍질에서 라이코펜이 더 많이 빠져나오며, 지용성(脂溶性)인 라이코펜을 기름과 함께 먹으면 체내에서 더 잘 흡수된다. 라이코펜은 비타민 C와는 달리 가열 조리해도 잘 파괴되지 않는다. 고기·생선 등 기름진 음식이나 견과류 등을 먹을 때 토마토를 곁들이는 것도 방법이다. 이런 식품에는 지방이 풍부해 라이코펜의 체내 흡수율이 높아질 뿐 아니라 소화도 촉진된다. 또 토마토케첩·주스 등 토마토 가공식품엔 라이코펜이 생것의 2~8배나 들어 있다. 중간 크기 토마토 한 개의 라이코펜 함량은 4mg 정도인데 토마토 주스 1컵엔 20mg, 토마토 퓌레 반 컵엔 18mg, 토마토케첩 2순갈엔 5mg이나 함유돼 있다.

토마토는 다이어트용 식품으로도 그만이다. 토마토·방울토마토·흑토마토 등 품종을 불문하고 100g당 열량이 14~17kcal에 불과하다. 토마토 주스·통조림 등 가공식품의 열량도 20kcal를 넘지 않는다. 토마토소스·케첩의 열량이 약간 높지만 각각 44·119kcal 정도다. 하지만 설탕과 함께 먹으면 다이어트 효과는 반감된다. 토마토만 먹기가 심심하다고 설탕을 뿌리거나 설탕에 재우면 열량이 크게 높아진다. 또 설탕과 함께 먹으면 토마토에 든 비타민 B군이 설탕 분해에 사용된다. 설탕 대신 소금 간을 하는 것이 낫다.

토마토를 익혀 먹으면 단맛이 더 강해진다. 또 국·찌개 등에 넣어 먹으면 소금 섭취량을 줄일 수 있다. 스튜나 미트 소스를 만들 때 토마토를 넣고 삶으면 비린내가 없어진다.

토마토는 냉해를 입기 쉬우므로 냉장고에 보관하는 것은 금물이다. 빛이 잘 들지 않는 어둡고 선선한 곳에 두고 먹으면 된다. 덜 익은 토마토를 빨리 익히려면 종이 백에 사과·바나나와 함께 넣어두는 것이 방법이다.

웰빙 식품이라고 해서 만사 OK는 아니다. 예민한 사람에겐 습진이나 알레르기를 일으킬 수 있다. 토마토를 먹은 뒤 자주 입이 헐거나 알레르기로 고생한다면 토마토를 멀리하는 것이 상책이다. 일부 푸른 토마토에 든 솔라닌 성분은 민감한 사람에게 편두통을 일으킨다. 토마토와 케첩 등 토마토로 만든 식품은 산(酸)이 강해 위궤양을 악화시킬 수 있다는 것도 기억할 필요가 있다.

요즘은 앙증맞은 크기의 방울토마토도 대중이 사랑을 많이 받고 있다. 일반 토마토에 비해 당도가 높아 채소를 싫어하는 아이들도 곧잘 먹는다. 영양면에선 일반 토마토에 뒤지지 않는다. 색감이 곱고 샐러드와 요리 등의 부 재료로 쓰기에도 알맞은 크기라 활용도가 높다.

옷에 케첩이 묻었을 때 대처하는 방법!

하나, 얼룩이 묻은 뒷면을 흐르는 찬물로 재빨리 닦아내거나 물수건으로 닦는다. 둘, 얼룩이 묻은 면에 식초를 뿌린 뒤 두드려 닦아준다. 마지막으로 이 응급처치를 끝낸 뒤 깨끗하게 세탁할 것!

방울토마토 vs 토마토

방울토마토는 토마토와 크기 외에는 별 차이가 없지만, 그래도 궁금한 당신을 위한 몇 가지 차이점. 일단 방울토마토는 토마토보다 당분이 더 높다. 하지만 열량은 방울토마토 3~4개가 토마토 한 개의 열량과 엇비슷하다. 그 때문에 토마토보다 맛이 좋고 다이어트에 이롭다는 평가를 받는다. 마지막으로 토마토는 녹색일 때 수확해 숙성 기간을 거치지만 방울토마토는 완전히 익었을 때 수확한다.

이국적인 그리스식 스터프트 토마토

중간 크기 토마토 8개, 밥 200g, 붉은 피망·푸른 피망·오이·양파·올리브 오일·소금·후춧가루 약간씩

만들기

① 토마토 윗부분을 가로로 잘라 숟가락으로 속을 파낸다. 이때 토마토가 찢어지지 않게 주의한다.
② 피망, 오이, 양파는 잘게 다진다.
③ 볼에 밥, 2, 올리브 오일을 넣고 소금, 후춧가루로 간해 빈 토마토 속에 채워 넣는다.
④ 오븐용 팬에 올리브 오일을 바른 후 속을 채운 토마토를 올린다.
⑤ 180℃로 예열한 오븐에 넣어 15분가량 익힌다.

* 이 요리는 아주 뜨겁거나 아주 차갑게 해서 먹어야 맛있다.

별난 요리, 토마토 쇠고기찜

방울토마토 5개, 다진 쇠고기 1큰술, 다진 파·파르메산 치즈 약간씩

만들기

① 방울토마토는 깨끗이 씻어 꼭지를 떼고 윗부분을 잘라낸 후 속을 파낸다.
② 다진 쇠고기와 다진 파를 고루 섞어, 1의 속에 채운다.
③ 찜기에 김이 오르면 2를 넣고 고기가 완전히 익을 때까지 5~10분간 찐 다음, 잘게 썬 파르메산 치즈와 다진 파를 뿌린다.

홈메이드로 만들자, 케첩보다 건강하게 토마토 드레싱

만들기

토마토 2개, 양파 1/4개, 올리브 오일 2큰술, 레몬즙 2큰술, 바질, 소금, 후춧가루를 넣고 핸드 블렌더로 곱게 간다.

환상의 궁합

삶아서 차갑게 식힌 파스타를 다양한 재료와 버무려 만드는 파스타 샐러드, 프레시 모차렐라 치즈를 넣은 샐러드, 샌드위치를 만들 때 빵에 발라도 좋다. 이 드레싱을 응용해 차가운 이탈리아 수프 '가스파초'를 만들 수도 있다. 드레싱 재료에 양파를 더 넣고 셀러리, 파프리카 등 채소를 첨가한 뒤 핸드 블렌더로 곱게 갈아 냉장고에서 몇 시간 숙성시키면 완성된다.

파인애플

Pineapple

생김새는 커다란 잣나무 솔방울(pine) 같지만 먹어보면 사과(apple)처럼 맛이 새콤달콤하면서 향기롭다. 그래서 붙은 이름이 파인애플(pineapple)이다. 열대 과일 중에선 바나나와 함께 국내에서 가장 널리, 오래전부터 즐겨온 과일이다. 칼 모양의 잎(20~50개)과 100개가량의 작은 과일의 집합체로 한 통의 무게는 1~2kg에 달한다. 원산지는 남미로 추정되며 과달루페에 도착한 콜럼버스가 유럽에 가져갔다고 전해진다. 17~18세기 유럽의 귀족은 이 과일로 식탁을 장식해 자신의 신분을 과시했다. 스페인 탐험가들은 파인애플을 깎아 문 입구에 놓아 환대를 표시했다. 재배지는 필리핀·중국·하와이·제주도 등으로 계속 확대됐다. 국내 유통되는 수입산은 거의 필리핀산이며 제주도에서 소량 재배된다. 파인애플은 재배한 지 일 년 6개월이 지나야 수확할 수 있다. 같은 뿌리에서 다시 수확하려면 13개월이 지나야 한다.

파인애플은 여름철 더위로 입맛을 잃었을 때 권할 만한 과일이다. 수분(93%)이 풍부한 데다 특유의 신맛이 입맛을 돋아준다. 신맛은 구연산·사과산 등 유기산의 맛이다. 영양 면에서 보면 수분을 제외하면 대부분 탄수화물로 100g당 6.3g 들어 있다. 파인애플의 탄수화물은 주로 설탕·과당·포도당 등 단순당으로 구성돼 있으며 복합당인 전분은 적다. 단순당은 먹으면 금세 힘이 나지만 혈당을 빠르게 올릴 수 있다.

잎이 달린 윗부분과 아랫부분은 단맛에서 상당한 차이가 난다. 아래쪽이 더 달기 때문에 단맛을 고루 느끼려면 거꾸로 세워놓아야 한다. 맛이 달지만 예상 외로 열량은 낮다. 100g당 열량이 23kcal에 불과하다. 파인 주스(41kcal)와 파인애플 통조림(62kcal)의 열량도 낮은 편이다. 이 때문에 파인애플 약 1kg을 매주 두 번가량 먹는 이른바 '파인애플 다이어트'가 한때 유행했다.

파인애플의 다양한 성분 중 가장 독특한 것은 브로멜라인이란 강력한 단백질 분해 효소다. 이 효소는 분해 능력이 매우 강력해 파인애플 농장에서 일하는 작업자는 단백질로 구성된 피부가 손상되는 것을 막기 위해 방어복을 입어야 할 정도다. 서구에서 브로멜라인은 혈전 해소·소염·요로 감염 예방 등 의료용으로도 쓰인다. 심장병·관절염·기관지염·코감기·요로 감염 환자에게 파인애플을 추천하는 것은 이래서다. 서양의 민간에선 지금도 목 통증을 호소하는 사람에게 파인애플액 가글을 권한다.

고단백 식품인 육류·생선·치즈를 주문한 사람의 식탁에 후식으로 파인애플을 올리는 것도 브로멜라인 때문이다. 서구에선 스테이크와 가장 궁합이

내 입안을 괴롭히는 파인애플 탈출기

파인애플을 먹고 난 후 혀가 아픈 이유는 단백질 분해 요소인 브로멜라인 때문이다. 그럼 내 입안을 괴롭히는 파인애플 어떻게 먹으면 좋을까? 정답은 굽기! 이 따가움을 없애려면 그릴에 살짝 구워 먹으면 되는데 50~60℃ 이상의 온도에서 살짝 구우면 브로멜라인이 크게 줄어들거나 없어진다. 또 고기랑 같이 조리하면 고기도 연해져서 일석이조다. 고기와 파인애플을 같이 먹으면 소화도 잘된다.

주요 산지	주요 영양 성분	효능	제철	궁합 음식
제주도	비타민 C	소화 촉진	3~9월	돼지고기
거제	구연산	피로 해소		
수입	식이섬유	식욕 증진		
	브로멜라인			

잘 맞는 디저트 식품으로 파인애플을 꼽으며 우리나라에선 불고기 등을 재울 때 파인애플을 갈아서 넣는다. 질긴 육류를 조리할 때 파인애플즙을 넣으면 고기가 연해지기 때문이다. 그러나 너무 많이 넣으면 고기가 흐물흐물해져 식감이 떨어질 수 있다. 요구르트나 커티지 치즈와 함께 먹을 때는 섭취하기 직전에 파인애플과 섞는 것이 좋다. 너무 일찍 넣으면 요구르트와 치즈의 맛이 변할 수 있다.

브로멜라인은 단백질 식품에 의한 알레르기를 예방하는 효과가 있다. 또 가래를 삭여 배출하기 쉽게 하고 기관지의 염증도 가라앉힌다. 파인애플을 먹고 입가에 묻은 즙을 바로 닦지 않으면 입가가 트거나 피가 나기도 하는데 이것도 브로멜라인의 작용 때문이다. 특히 껍질 부근엔 수산칼슘 결정이 함유돼 있어 혓바닥을 자극하고 입안을 깔깔하게 한다. 신맛이 나는 과일답게 산도도 꽤 높아서 공복에 너무 많이 먹으면 위나 입안이 헐 수 있다. 높은 산도는 태아에게 해로울 수 있으므로 임신부는 주의가 필요하다. 말레이시아에선 파인애플을 낙태에 이용하기도 한다. 브로멜라인과 유사한 작용을 하는 효소를 함유한 열대 과일이 하나 더 있다. 파파야에 함유된 파파인도 단백질 분해 효소이며 연육제로 널리 쓰인다.

파인애플은 생과로 즐길 수 있지만 잘 상해서 통조림 제품이 많다. 즙을 요리에 사용하면 음식의 맛을 살릴 수 있다. 탕수육·돈가스 소스를 만들 때 설탕 대신 즙을 사용하면 덜 달면서도 파인애플 고유의 풍미가 더해져 음식 맛이 살아난다. 특히 돼지고기와 궁합이 잘 맞는다.

바나나와는 달리 파인애플은 후숙 과일이 아니다. 완숙하는 시점을 잘 알아내는 것이 파인애플 농가의 노하우다. 이때 파인애플의 당도가 가장 높고 즙도 가장 풍부하기 때문이다. 일단 수확된 것은 더 이상 익지 않으며 당도도 그대로다. 너무 늦게 따면 출시되기도 전에 상해버린다. 왕관 모양의 머리 부분인 크라운(crown)의 색깔이 녹색인 것이 신선하고 품질이 좋다. 잎이 시들거나 갈색으로 변한 것, 과육이 멍든 것은 피한다. 파인애플의 보관 온도는 7~10°C가 적당하며 실온에서 1~2일간 보관할 수 있다. 구입한 후 4일 이내에 먹어야 제맛을 느낄 수 있다. 더 오래 두고 먹으려면 껍질을 벗겨내고 자른 뒤 랩을 씌우거나 진공 포장해 냉장고에 넣어둔다.

파인애플은 나무에서 따는 거 아냐?

많은 이들이 파인애플 하면 야자수 같은 거대한 나무에서 따는 과일이라고 생각한다. 하지만 놀라운 사실 하나! 파인애플 나무는 절대로 크지 않다. 또 식물 분류상 여러해살이풀로 구분된다. 파인애플은 줄기 끝에서 열매가 동그랗게 나며, 열매가 열리면 무게를 견디지 못해 줄기와 나무가 기울어지는 일이 많다.

파인애플 갈비구이

돼지갈비 1.5kg, 파인애플·통마늘 1개씩, 대파 1대, 생강 1톨, 청주 약간, 소스(간장 1/4컵, 양파 1/2개, 다진 파·다진 마늘 2큰술씩, 생강즙 참기름 1큰술씩, 후춧가루 약간)

만들기
① 돼지갈비는 찬물에 두 시간 정도 담가 핏물을 뺀다.
② 파인애플 1/2개와 소스 재료를 믹서에 넣고 갈아 소스를 만든다.
③ 냄비에 돼지갈비가 잠길 정도로 물을 붓고 대파, 생강, 통마늘, 청주를 넣고 30분 정도 끓인다.
④ 고기를 건져내어 2의 소스와 나머지 파인애플 1/2개를 슬라이스해 함께 넣고 1시간 정도 재워둔다.
⑤ 고기와 파인애플을 소스를 발라가며 그릴에서 굽는다.

* 파인애플은 육질을 연하게 하므로 고기 요리에 사용하면 좋다. 파인애플 당도에 따라 황설탕을 약간 첨가한다. 파인애플 통조림을 이용할 때는 캔 안에 든 즙을 사용한다.

파인애플 커리 볶음밥

파인애플 1개, 밥 1½공기, 양파 1/4개, 당근 1/4개, 캐슈넛 1/4컵, 셀러리 10cm, 올리브 오일 2큰술, 마늘 1쪽, 카레 가루 2큰술, 파슬리 가루 1작은술, 소금 후춧가루 약간씩, 비빔 양념(스위트 칠리 소스 2큰술, 토마토케첩 3큰술, 파슬리 가루 1작은술, 아몬드 가루 약간)

만들기
① 파인애플은 도마에 눕혀놓고 세로로 칼집을 넣어 반으로 가른다.
② 파인애플의 가장자리 1cm를 남기고 칼집을 넣어 과육을 파내 파인애플 그릇을 만든다.
③ 파낸 파인애플 과육은 심지를 제거한 후 1cm 정도로 깍둑썰어 1컵 준비한다.
④ 양파, 당근은 5mm 굵기로 깍둑썰고, 마늘은 잘게 다지고, 셀러리는 얇게 어슷썬다.
⑤ 프라이팬에 올리브 오일을 두르고 마늘, 셀러리, 캐슈넛을 넣어 볶다 캐슈넛은 건져내고 3의 파인애플을 넣어 수분이 없어지도록 볶는다.
⑥ 5에 밥과 카레 가루를 넣어 잘 볶고 소금, 후춧가루로 간한 뒤 건져둔 캐슈넛을 넣은 다음 잘 섞어 파낸 파인애플 그릇에 담는다.
⑦ 종지에 비빔 양념을 담아 접시에 함께 놓는다.

포도

Grape

무더운 여름을 보내느라 고갈된 체력을 회복시키는 과일이 포도다. 저항 시인 이육사의 시 '청포도'는 '내 고장 7월은 청포도가 익어가는 계절'이란 문장으로 시작한다. 여기서 7월은 음력 7월을 가리키는 것이므로 포도의 제철은 늦여름에서 초가을까지다.

포도의 원산지는 지중해와 서아시아로 알려져 있다. 고대 이집트와 그리스를 거쳐 전체 유럽으로 퍼져나갔다. 우리나라에서 언제부터 포도가 재배됐는지는 불분명하나 고려시대 이전으로 추정된다. 국내에서 재배하는 포도 품종은 캠벨 얼리(Campbell Early)가 가장 많고 그다음이 거봉이다. 델라웨어·머스캣 베일리 품종도 재배된다. 맛과 색이 다양한 외국 품종도 많이 수입되고 있는데 주로 칠레산과 미국산이다.

포도의 주성분은 물(84%)과 100g당 15.1g 들어 있는 탄수화물이다. 포도의 탄수화물은 대부분 포도당과 과당 등 소화·흡수가 빠른 단순당이다. 포도당이란 명칭 자체가 포도에서 얻은 당이란 뜻이다. 포도를 먹으면 금세 피로가 풀리고 에너지가 재충전되는 것은 이 때문이다.

포도가 암 예방을 도울 것으로 기대하는 것은 항산화 효과를 지닌 폴리페놀이 풍부하기 때문이다. 폴리페놀은 우리 몸에 쌓인 녹이라 할 수 있는 유해 산소를 없애준다.

포도가 웰빙 식품인 것은 맞지만 지나치게 많이 먹으면 득보다 실이 크다. 특히 다이어트하는 사람은 포도의 열량이 과일 중에선 상대적으로 높다는 사실을 기억해야 한다. 국내에서 많이 재배되는 캠벨 얼리와 거봉의 100g당 열량은 거의 60kcal에 달한다. 큰 거봉 한 송이(약 700g)를 앉은자리에서 먹는다면 섭취 열량이 400kcal가 넘는다. 탄수화물 덩어리인 건포도의 열량은 100g당 274kcal에 달한다.

일부 예민한 사람에겐 포도에 든 폴리페놀과 타닌이 편두통을 일으킬 수 있다. 또 껍질엔 살충제 성분이 남을 수 있으므로 잘 씻어 먹어야 한다.

《동의보감》엔 "포도는 성질이 편안하고 맛이 달며 독이 없다"라고 기술돼 있다. 또 소변을 잘 통하게 하고 기를 보하며 살을 찌게 한다는 대목도 있다. 중국 당나라 이시진이 쓴 《본초강목》에도 "포도는 소장을 이롭게 하고 이뇨 작용으로 소변을 순조롭게 한다"라고 쓰여 있다. 한방에선 포도를 너무 많이 먹으면 설사하기 쉽고 배가 차며 아랫배가 더부룩해진다고 경고한다. 특히 소화력이 약한 사람은 섭취를 제한할 것을 당부한다.

포도 껍질 멋들어지게 활용하기

포도를 먹고 나면 껍질에 벌레가 끼어 음식물 쓰레기통으로 직행하기 일쑤이다. 좀 더 효과적으로 쓰고 버릴 수 있는 방법! 하나, 프라이팬이나 냄비의 기름기 제거에 사용해보자. 냄비나 프라이팬이 기름으로 얼룩져 있다면 포도 껍질로 골고루 문지른 뒤 씻으면 기름기가 사라진다. 둘, 마늘 냄새가 밴 도마나 그릇을 포도 껍질로 문질러보자. 냄새가 심하다면 포도 껍질로 문지른 뒤 껍질을 그릇에 두고 뚜껑을 덮은 채 하루 동안 방치하면 마늘 냄새가 사라진다.

주요 산지	주요 영양 성분	효능	제철	고르는 법	보관 방법
송산 안성 진천 금성 영동 김천	탄수화물 비타민 A 비타민 B 비타민 B_2 비타민 C 미네랄	충치 예방 암 억제 이뇨 작용 신진대사 촉진	5~10월	포도 껍질에 묻은 하얀 가루는 잔류 농약이 아니라 포도의 당분이 배어 나온 것. 즉 껍질에 흰 가루가 많을수록 달고 맛있다.	씻지 않고 접시에 담아 냉장고에 넣으면 2주까지 보관할 수 있다.

　　　　포도로 만든 포도주(와인)에 대한 대중의 관심도 최근 몇 년 새 부쩍 높아졌다. 유태인의 삶의 지혜를 모은 《탈무드》엔 "약은 포도주가 없는 곳에서나 필요하다"라고 기술돼 있다. 러시아에선 "수프를 먹은 후에 포도주 한 잔을 마시면 치료비 1루블을 번다"라는 속담이 전해진다. 포도주는 적포도주(레드 와인)와 백포도주(화이트 와인)로 분류된다. 적포도주는 포도 껍질을 벗기지 않고 발효시킨 술이고, 껍질을 벗긴 포도나 청포도·백포도를 발효시킨 것이 백포도주다. 일반적으로 백포도주보다 적포도주가 건강에 더 좋은 것으로 알려져 있다. 포도주의 약효의 근원인 폴리페놀이 껍질과 씨에 많기 때문이다.

적포도주가 노인성 치매인 알츠하이머병을 예방한다는 연구 결과도 있다. 미국에서 65세 이상의 노인을 대상으로 조사한 결과 매일 3~4잔의 적포도주를 마시는 사람은 마시지 않는 사람에 비해 치매 발병률이 4분의 1 수준에 그쳤다.

포도주는 가장 오래된 외용약이기도 하다. 고대 그리스에선 싸움터에서 상처 난 곳에 포도주를 부어 살균제로 썼다. 과거엔 포도주의 알코올 성분이 병원균을 살균·소독하는 것으로 여겼으나 요즘은 살균의 주역으로 항산화 성분인 폴리페놀을 꼽고 있다.

곡식을 원료로 만든 술은 산성 식품인 데 반해 포도주는 알칼리성 식품이다. 포도주 외의 술은 음식과 함께 마시면 술맛은 물론 밥맛도 떨어뜨릴 수 있다. 주당들이 술과 식사를 함께 즐기지 않는 이유다. 그러나 포도주를 마시면 음식 맛이 좋아지고 식욕이 높아져 식사를 더 많이 하게 된다. 불고기를 먹을 때 맥주나 소주 대신 포도주를 마시면 먹는 양이 50%쯤 늘어난다는 조사 결과도 있다.

포도주를 마실 때는 기본적인 에티켓이 있다. 따를 때는 잔의 반 정도만 채우는 것이 좋다. 가득 채우면 맛과 향이 빠르게 사라진다. 또 잔에 부은 포도주는 단번에 마시지 말고 네 번 이상 나눠 한 모금씩 마신다. 포도주의 마개를 연 뒤엔 식사의 주빈이 술잔에 조금 부어 먼저 맛을 본다. 이는 과거에 포도주가 암살 도구로 자주 쓰인 데서 유래한 것이다.

생선 요리를 먹을 때는 백포도주, 쇠고기·돼지고기를 먹을 때는 적포도주가 잘 어울린다. 옆으로 눕혀서 보관하되 직사광선을 피하고 어두운 곳에 하는 것이 좋다. 포도주병 입구가 지면을 향해야 코르크 마개가 마르지 않아 향이 오래 남는다. 포도주는 한번 마개를 따면 보존하기 힘들기 때문에 일단 개봉하면 다 마시는 것이 좋다. 포도주는 또 종류에 따라 맛을 내는 온도가 다른데 백포도주는 5~7℃, 적포도주는 15℃가 최적 온도다.

최근엔 포도 씨까지 새로운 웰빙 식품으로 주목을 받고 있다. 엄밀히 말하면 포도의 영양과 건강 성분은 껍질과 씨앗에 거의 다 들어 있다. 껍질엔 레스베라트롤, 씨엔 OPC라는 항산화 성분이 풍부하다. OPC는 또 혈소판이 서로 엉기는 것을 막고 모세혈관을 강화해 심장병을 예방한다.

포도 씨를 그대로 먹는 것은 별 의미가 없다. 대부분 소화되지 않고 변으로 배설되기 때문이다. 대개는 적포도주나 포도씨 추출물의 형태로 섭취한다. 포도 씨 추출물은 이미 건강식품으로 판매 중이다. 그러나 포도 씨 추출물의 효과에 대해 의문을 표시하는 학자도 많다. 포도 씨는 기름의 원료로도 쓰인다. 포도 씨 기름은 포도 열매가 지닌 건강상 효능·영양은 고루 갖춘 데다 발연점이 220℃로 높고 산패 속도가 느리며 향이 강하지 않아서 튀김 요리·샐러드 등에 두루 쓰인다. 100% 지방인 것은 분명하나 혈관 건강엔 유익한 것으로 알려져 있다. 포도 씨 기름 대부분이 혈관 건강에 이로운 불포화 지방이기 때문이다.

포도 씨유, 내 피부의 Dr

포도 씨유는 미용에 효과가 탁월하기로 입소문 나 있다. 피부의 기미를 제거하는 데 도움을 주는 것은 물론 여드름 제거에도 효과적이며 혈액순환에도 좋다. 또 혈색을 맑게 해주니 여성들이 주목할 만하다. 포도 씨유를 클렌징 오일로 활용하면 효과적이다. 포도 씨유엔 비타민 E 성분이 풍부해 보습 효과가 좋고 모공을 씻어낼 만큼 세정 효과가 뛰어나다. 이때 물기가 없는 상태에서 오일을 쓰는 것이 더 효과적이라고 하니 참고할 것!

아이들이 좋아해요, 배포도조림

배 50g, 포도 10알, 물 1컵

만들기
① 배는 껍질을 벗긴 뒤 1cm 크기로 네모나게 썬다.
② 포도는 껍질을 벗기고 씨를 제거한다. 포도 알이 크면 반으로 썬다.
③ 포도 껍질은 물과 함께 믹서에 곱게 갈아 체에 내린다.
④ 준비한 재료를 모두 냄비에 담고 약한 불에서 뭉근히 끓여 국물이 거의 다 졸아들 때까지 조린다.

이색적인 와인빙수

와인 · 설탕 1컵씩, 오렌지 1개, 통계피 1쪽, 정향 또는 올스파이스 · 포도 약간씩

만들기
① 오렌지는 껍질을 깐 뒤 으깬다.
② 냄비에 으깬 오렌지와 와인, 설탕, 통계피, 정향 또는 올스파이스를 넣고 끓인 뒤 식힌다.
③ 통계피와 정향(또는 올스파이스)을 뺀 나머지 재료를 그릇에 부어 냉동실에 얼린 뒤 빙수기에 넣고 간다.
④ 포도송이를 올린다.

포도 껍질 활용법

① 포도는 껍질까지 먹는 것이 영양 면에서 좋다. 껍질은 물과 함께 믹서에 갈아 고운체에 거른다.
② 걸러낸 포도 껍질즙은 미음이나 죽이 끓을 때 넣는다.

* 포도는 비타민 B₁ · B₂ · C뿐 아니라 식이섬유인 펙틴과 칼륨, 철분 등이 풍부한 대표적인 알칼리성 식품이다. 포도당과 과당이 풍부해서 소화 흡수되기 쉽고 피로 해소에 좋다. 껍질까지 먹는 것이 좋으므로 미지근한 물에 20분 정도 담가두거나 식초를 몇 방울 떨어뜨린 물에 씻어 농약을 깨끗하게 제거한다.

채소

Vegetable

채소를 뜻하는 영어 단어 'vegetable'은 라틴 어의 'vegetare'에서 유래한 것이다. 'vegetare'는 '활기 있게 만들다(enliven)' 또는 '생명을 불어넣다(animate)'라는 의미다. 이름대로 채소는 우리에게 생명을 준다. 채소가 심장병·당뇨병·관절염·암 등 퇴행성 질환을 예방하는 데 효과적이라는 사실은 수많은 연구를 통해 증명되었다. 게다가 채소에는 탄수화물·단백질·식이섬유·비타민·미네랄 등 소중한 영양소가 풍부하다.

채소와 과일을 구분하는 방법은 예상외로 쉽지 않다. 미국 대법원은 1893년 식물의 먹을 수 있는 부위 가운데 메인 요리로 먹는 것은 채소, 애피타이저나 디저트로 먹는 것을 과일로 분류하기도 했다.

채소는 흔히 생으로 먹거나 데치거나 익히는 등 가열해 먹는다. 채소를 생식하면 영양소 손실을 최소화할 수 있다. 채소를 가열하면 특히 수용성비타민인 B군과 비타민 C가 다량 소실된다. 미국 캘리포니아대학(데이비스 소재) 자료에 따르면 시금치는 조리 도중 비타민 C의 64%를 잃는다. 완두콩이나 당근은 통조림으로 만드는 과정에서 비타민 C가 85~95% 파괴된다.

생으로 먹는다고 해서 채소의 영양소가 모두 소화·흡수되는 것은 아니다. 생 채소는 세포벽이 단단해 영양소의 20~30%만 체내에 흡수되는 것으로 알려졌다. 채소를 익혀 먹으면 생식할 때에 비해 영양소가 상대적으로 더 잘 소화·흡수된다. 또 채소를 익히면 부피가 줄어들기 때문에 앉은자리에서 더 많이 먹을 수 있다는 것도 장점이다.

채소를 생식했을 때 가장 우려되는 것은 식중독이다. 2011년 5월 유럽에서 대규모 병원성 대장균 오염 사고가 발생했다. 병원성 대장균에 오염된 식품이 처음에는 스페인산 오이에서 나중에는 독일산 콩싹, 이집트에서 수입한 호로피 등으로 바뀌기는 했지만 셋 다 채소였다. 또 2006년 9월 미국 21개 주에서 192명이 병원성 대장균 O-157에 감염되고 이 중 다섯 명이 숨졌는데 원인 식품이 시금치였다. 식중독 균이 가장 두려워하는 것은

채식주의

한국인은 세계에서 가장 채소를 많이 먹는다. 더욱이 최근 건강을 위한 채식 열풍이 불면서 채식주의에 대한 관심이 더 높아졌다.
채식주의에도 등급이 있다. 가장 엄격한 채식주의자를 일컫는 '비건'은 계란·우유·벌꿀 등 모든 동물성 식품을 식단에서 배제한다. '락토'는 우유·치즈 등 유제품은 먹지만 계란은 피하고 '락토오보'는 계란과 우유·치즈·요구르트 등 유제품까지 먹는 채식주의자를 가리킨다. '페스코'는 생선까지도 먹는다. 국내 채식주의자들은 대부분 '락토'이거나 '락토오보'이다. 일부는 동물 애호·종교적(불교의 승려가 되는 등)·경제적(비싼 육류 섭취를 줄이기 위해) 이유로 '불가피한' 채식주의자가 되기도 하지만 그보다는 건강을 위해 자발적으로 채식주의에 합류하는 사람이 훨씬 많다.
채식주의가 건강에 유익하다는 것은 이미 수많은 연구 결과를 통해 입증됐다. 채식 위주의 식단은 콜레스테롤·체중을 낮추고 심장병·암·고혈압·당뇨병 등 성인병의 발병 위험을 줄여준다. 최근 행동주의 철학자 제레미 리프킨은 저서 《육식의 종말》에서 "육류의 과잉섭취로 심장병·암·당뇨병 등 '풍요의 질병'에 걸리고 있다"고 경고했다.
문제는 육류 등 동물성 식품을 배제한 식단은 영양적으로 단백질·철·칼슘·아연·비타민 B_{12}·비타민 D의 공급이 부족해질 수밖에 없다는 것이다. 따라서 채식주의자는 콩·두부·곡류·견과류 등 단백질 함유 식물을 즐겨먹어야 부족한 단백질을 일부 보충할 수 있다. 적혈구를 만들어 빈혈을 예방하는 비타민 B_{12}는 육류 등 동물성 식품에만 존재하므로 채식주의자에게 원천적으로 공급이 불가능하다. 비타민 B_{12}가 첨가된 곡류나 콩 제품을 섭취해야 한다.
적혈구를 만들고 어린이와 청소년의 성장에 꼭 필요한 철분도 채식주의자에게 결핍되기 쉬운 영양소이다. 철분은 육류에 풍부하나 콩·완두·시금치·건포도·살구·견과류 등 채소·과일에도 들어 있다. 또 철분이 잘 흡수되게 하려면 딸기·감귤·토마토·양배추 등 비타민 C 함유 식품을 함께 섭취해야 한다. 어린이의 성장을 돕고 뼈와 이를 튼튼하게 해주는 칼슘은 양배추·브로콜리 등을 즐겨 먹으면 보충할 수 있다.

채식에 대한 오류

'채식 = 웰빙식'으로 인식되면서 채식주의자가 급증하고 있다. 그 반동으로 육식은 완전 천덕꾸러기 신세로 전락했다. 암·심장병·당뇨병 등 성인병의 주범으로 몰린다. 하지만 '채식은 선, 육식은 악'이란 흑백논리는 잘못이다. 식물성 식품과 동물성 식품을 가리지 않고 골고루 먹는 것이 최선의 식생활이다.

채식주의자는 단백질을 충분히 섭취할 수 없다.

X. 채식주의자도 단백질을 충분히 섭취한다. 한국인의 단백질 섭취량은 이미 하루 권장량을 넘어선 상태이며 이는 채식주의자도 예외가 아니다. 육류·계란에 질 좋은 단백질이 풍부한 것은 사실이나 콩·채소·과일·전곡(全穀)·씨앗류·견과류 등 식물성 식품에도 단백질이 상당량 들어 있다. 설탕과 식용유를 제외한 모든

열이다. 따라서 채소를 생식하면 식중독 균을 죽일 방법이 없다. 흐르는 물로 채소를 수차례 열심히 씻어내더라도 세균이나 기생충 감염 위험은 여전히 남는다.

편식하는 어린이의 기피 식품 1호가 채소다. 채소가 식탁에 오르면 얼굴 표정이 일그러지며 손으로 코를 막는 아이도 있다. 채소에 비타민·미네랄·식이섬유 등 웰빙 성분이 풍부하게 들어 있다는 것은 아이들도 어렴풋이 알고 있으나 채소 섭취를 한사코 거부하는 아이가 태반이다. 자녀가 채소를 몇 번 거부한다고 해서 부모가 포기해선 안 된다. 시간을 두고 끈질기게 권하면 대부분의 아이가 그 채소에 익숙해진다. 어린이에게 다양한 채소를 계속 맛보게 하면 채소에 대한 거부감이 확실히 줄어든다. 특히 만 1세 전후의 아이는 아직 특정 식품에 대한 기호가 형성되지 않은 상태이므로 이유식에 다양한 채소를 넣어 맛보게 하면 편식 예방 효과를 볼 수 있다. 이유식을 먹을 때 오이나 당근을 스틱처럼 썰어 아이의 손에 쥐어주면 아기가 채소의 향을 자연스럽게 받아들인다.

다이어트하는 사람이 가장 부담 없이 먹는 식품도 채소다. 그러나 채소도 종류별로 열량의 차이가 상당하다는 사실을 기억할 필요가 있다. 예를 들어 같은 70g(작은 접시 하나 분량)이라 하더라도 오이·양상추·배추·그린파프리카는 열량이 10kcal 미만이지만 당근·단호박·애호박·새송이버섯·콩나물·브로콜리·양파 등은 20kcal를 훌쩍 넘는다.

같은 채소라도 생으로 먹는 것보다 나물로 먹을 때 열량이 높아진다. 나물의 종류와 조리 방법에 따른 열량 차이도 크다. 나물 80g(작은 접시 하나 분량)을 기준으로 했을 때 미나리나물·미역나물·숙주나물 등은 20kcal 미만이나 도라지나물은 120kcal, 더덕무침은 75kcal에 달한다. 고사리·시금치·깻잎 등의 나물도 다른 나물에 비해 열량이 높은 편이다. 체중을 조절하고 있다면 나물을 짜지 않게 간 하고 기름에 볶기보다 데치거나 삶는 조리법을 선택하는 것이 바람직하다.

식품에 단백질이 함유돼 있다고 보는 것이 맞다. 요즘은 채식주의자라도 식물성 단백질을 다양한 식품에서 섭취하면 굳이 동물성 단백질을 함께 먹을 필요가 없다고 보는 학자가 더 많다. 예로 콩밥을 먹으면 콩에 부족한 아미노산(단백질의 구성 성분)과 쌀에 결핍된 아미노산을 보충할 수 있다는 것이다.

채식주의자는 칼슘을 충분히 섭취할 수 없다.
○. 최상의 칼슘 공급 식품은 우유·요구르트·치즈 등 유제품이다. 따라서 '락토'나 '락토오보'라면 칼슘 섭취에 문제가 없다. 그러나 '비건'에게는 칼슘 부족이 심각한 문제가 될 수 있으며 이 경우 칼슘 보충제 복용이 대안이다. 우유를 매일 마신다고 해서 뼈가 튼튼해지는 것은 아니라는 주장도 있다. 우유 섭취량이 우리보다 훨씬 많은 미국인의 골다공증 유병률이 세계 최고 수준이다.
칼슘은 시금치·브로콜리·켈프 등 녹색 채소, 콩·두유·된장·청국장 등에도 들어 있지만 흡수율은 우유 등 동물성 식품에 비해 떨어진다.

채식주의자는 비타민 B₁₂를 반드시 따로 보충해야 한다.
○. '락토'나 '락토오보'라면 비타민 B₁₂의 보충이 불필요하다. 이 비타민이 우유·계란에 들어 있어서이다. '비건'은 비타민 B₁₂ 보충이 필수이다. 종합 비타민이나 비타민 B₁₂가 첨가된 시리얼·두유 제품을 섭취하는 것이 방법이다. 비타민 B₁₂는 엽산과 함께 헤모글로빈 합성을 돕고 정상적인 적혈구를 만드는 비타민이다. 따라서 완고한 채식주의자가 비타민 B₁₂를 따로 섭취하지 않으면 악성 빈혈이 오기 쉽다. 신경계나 소화기관도 손상을 입는다. 비타민 B₁₂와 콜레스테롤과 함께 동물성 식품에만 존재한다. 콜레스테롤은 체내에서 생성되므로 채식주의자라도 결핍되지 않는다.

채식주의자가 되면 살을 쉽게 뺄 수 있다.
X. 보통의 식사와 비교했을 때 채식주의자는 저열량·저지방·고식이섬유 식품을 즐기는 것이 사실이다. 또 다수의 채식주의자는 정기적으로 운동하고 알코올을 적게 섭취하는 등 건강한 생활 습관을 지녀 체중 고민이 상대적으로 적다. 그러나 자신이 채식주의자라는 사실만을 믿고 방심하는 것은 금물이다. 채식주의를 실천해도 얼마든지 고열량·고지방을 섭취할 수 있기 때문이다. 설탕이 많이 든 음식을 선호하고 칩·케이크·초콜릿·비스킷·프렌치프라이 등을 즐겨 먹는다면 오히려 살이 더 찐다. 아몬드·호두·아보카도·올리브·올리브유·씨앗류 등 고지방 식물성 식품도 적지 않다.
순전히 살을 빼기 위해 채식주의자가 됐다면 다음 네 가지 가이드라인을 잘 따라야 한다. 첫째, 포만감을 주는 고식이섬유 음식을 즐긴다. 둘째, 저지방·고단백질 식품인 콩·두부·된장·두유 등 콩 제품을 즐겨 먹는다. 셋째, 하루에 5접시 이상의 채소·과일을 섭취한다. 넷째, 설탕 등 단 맛 음식의 섭취를 최대한 피한다.

가지   Eggplant

가지는 몸을 차게 하는 식품이라 임신부나 젊은 여성이 너무 많이 먹으면 건강에 악영향을 미칠 수 있다. 그래서 냉증 환자에게는 권하지 않는다.

가지에는 안토시아닌이란 항산화·항암 성분이 들어 있다. 이 성분은 주로 꼭지와 껍질에 몰려 있으며 가열해도 잘 파괴되지 않는다. 잎은 독성이 강하므로 절대 먹어서는 안 된다.

《본초강목》에는 "가지는 피를 맑게 하고 통증을 완화하며 부기를 빼준다"라고 기술되어 있다. 중국의 민간에서는 배뇨 장애가 있는 사람에게 가지 섭취를 권장한다. 일본에서는 오래전부터 치통과 잇몸병을 호소하는 사람에게 가지절임을 추천했다. 가지로 치약을 만들어 쓰기도 한다. 가지 꼭지 분말에 소량의 소금을 넣어 치약 대신 사용하거나 시판하는 치약에 가지 분말을 섞어 썼다.

가지의 지방 함량은 여느 채소와 마찬가지로 무시해도 될 수준이나 가지의 지방 흡수율이 높다는 데 주목할 필요가 있다. 호주의 연구에서는 가지에 식용유를 뿌린 뒤 볶으면 70초 만에 지방을 83g이나 빨아들이는 것으로 밝혀졌다. 이렇게 조리한 가지 요리의 열량은 700kcal가 넘는다.

가지는 떫은맛이 강하므로 물에 잘 헹군 뒤 조리해야 한다.

가지는 식물 분류상 오이와 거리가 멀다. 가지는 감자·토마토·후추 '패밀리'에 속하는데, 오이는 호박·수박 '패밀리'의 일원이다.

몸통보다 더 똑똑한 가지 꼭지

우리가 요리할 때 아무 생각 없이 버리고 마는 가지 꼭지는 사실 온갖 약효의 보고다. 가지 꼭지는 진통과 지혈에 도움을 준다. 잇몸에서 피가 날 때나 치통이 있을 때 가지 꼭지 달인 물로 양치를 하면 효과적이다. 꼭지를 말려 가루로 만들어 습진 부위에 바르면 습진이 가라앉고 얼굴에 바르면 각질을 제거해준다. 가지 꼭지는 편도선염에 걸렸을 때 먹으면 좋다. 맹장염, 치질에는 가지 꼭지 달인 즙이나 차를 마시면 상당한 효과를 볼 수 있다.

이색적인 밥 즐기기, 가지밥

가지 2개, 멥쌀·찹쌀 1컵씩, 참기름 약간 양념장(간장 2큰술, 다진 마늘 1/2작은술, 참기름·고춧가루·통깨 1작은술씩)

만들기

① 멥쌀과 찹쌀은 물에 씻은 다음 한 시간 이상 불린다. 가지는 길이로 반 가른 다음 어슷 썬다.
② 냄비에 참기름을 두른 후 가지를 넣어 볶는다.
③ 가지의 숨이 어느 정도 죽으면 1을 넣고 같이 볶는다.
④ 냄비에 물을 자작하게 붓고 밥을 짓는다. 뜸을 충분히 들여 밥이 다 되면 분량의 재료를 고루 섞어 만든 양념장을 곁들여낸다.

주요 영양 성분	효능	제철	고르는 법	보관 방법
안토시아닌 칼륨	안티에이징 항암 효과 시력 저하 예방 간 기능 보호 등	7~9월	가지를 고를 때는 진한 보라색을 띠고 윤기가 나는 것, 탄력이 있는 것으로 고른다. 색이 연하면서 크기가 너무 큰 것은 센 것일 가능성이 높다. 이때 센 가지란 가지를 너무 늦게 딴 것을 가리키는 말로 단단하고 맛이 떨어진다.	가지는 종이에 싸서 물기를 없앤 후 보관한다. 가지는 저온을 싫어하기 때문에 이틀 정도 상온에서 보관하는 것이 가장 좋다. 저온 상태에서 가지를 오래 보관하면 맛이 떨어진다.

보양식으로 즐기는 중국식 가지와 장어찜

가지 2개, 장어 1마리, 소스(식용유 2큰술, 저민 마늘 3쪽 분량, 굵게 썬 대파 1대 분량, 생강 10g, 육수 1/2컵, 청주 2큰술, 간장·굴 소스·두반장 1큰술씩, 채 썬 생강 약간)

만들기

① 가지는 길이로 4~6등분하고, 장어는 가지보다 약간 길게 썬다.
② 찜 냄비에 식용유를 두르고 마늘, 대파, 생강을 넣어 살짝 향을 낸 다음 건진 뒤 가지와 장어를 넣어 표면을 살짝 익힌다. 육수, 청주, 간장, 굴 소스, 두반장을 넣고 뚜껑을 덮어 약한 불에 15분 정도 찐다.
③ 접시에 가지와 장어를 담고 생강을 곁들인다.

추천 레시피

감자

Potato

감자는 과거에는 식품이 궁할 때 허기를 달래기 위한 구황작물이었으나 요즘은 웰빙 식품으로 취급된다. 18세기 무렵 유럽에서는 '악마의 식품'으로 통했다. 먹으면 탈이 나는 일이 많아서였다. '솔라닌'이라는 독성 물질이 있다는 사실을 몰랐던 무지의 결과였다. 지금은 쌀·밀·옥수수에 이어 세계에서 네 번째로 많이 생산되는 농산물이다. 감자는 강원도처럼 서늘한 곳에서 잘 자라나 제철은 여름이다. 7~8월에 나오는 햇감자를 하지감자라고 하는데, 껍질이 얇고 살이 포슬포슬해 그냥 쪄 먹어도 맛이 좋다. 감자는 저장성이 뛰어나 연중 시장에서 살 수 있다.

기본적으로 감자는 당질(탄수화물) 식품이다. 당질(100g당 14.6g)의 대부분은 전분(녹말)이나 펙틴 등 식이섬유도 풍부하다. 영양학자들이 감자를 혈중 콜레스테롤 수치를 낮추고 변비를 예방하는 데 유용한 식품으로 치는 것은 이 때문이다.

주목할 만한 영양소는 비타민 C와 칼륨이다. 유해 산소를 없애는 항산화 비타민인 비타민 C 함량이 100g당 36mg에 달한다. 사과에 비교했을 때 두 배 이상 많다. 프랑스에서 감자를 '라 폼므드테르(땅속의 사과)'라고 부르는 것은 이래서다. 특히 감자의 비타민 C는 열을 받아도 잘 파괴되지 않는다. 전분이라는 보호막 덕분이다. 특히 랩으로 잘 싸서 전자레인지로 가열하면 비타민 C가 96% 이상 보존된다. 체내에서 비타민 C는 스트레스를 심하게 받거나 흡연하면 다량 소모된다. 따라서 정신적으로 힘들어하는 사람이나 애연가라면 감자와 친해질 필요가 있다. 또 고혈압 환자에게도 유익하다. 칼륨(100g당 485mg)이 바나나보다 많이 들어 있어서다. 칼륨은 고혈압의 주범인 나트륨을 체외 배설시켜 혈압 조절을 돕는 미네랄이다. 다이어트 중인 사람도 부담 없이 즐길 수 있다. 생감자 100g의 열량은 66kcal로 고구마(128kcal)의 절반 수준이다. 그러나 감자를 기름에 튀겨 만든 프렌치프라이(319kcal)·감자칩(532kcal)을 즐긴다면 체중 감량은 물 건너간다.

당뇨병 환자나 혈당이 높은 사람과는 궁합이 맞지 않는다. 감자를 먹으면 주성분인 전분이 혈당을 급히 올리는 포도당으로 금세 변환되기 때문이다. 섭취하면 혈당이 얼마나 빠르게 상승하는지를 나타내는 지표인 당지수(GI)·당부하(GL)가 상당히 높은 식품이다. 구운 감자의 GI는 85, GL은 26으로 고구마의 GI(44)·GL(11)보다 훨씬 높다. 특히 으깬 감자의 GI는 통째로 굽거나 튀긴 감자보다 한참 위다. 따라서 당뇨병 환자의 간식거리로는 감자보다 고구

사과랑 같이 보관하세요!

감자를 보관할 때 가장 고민이 되는 것은 감자 싹이 나는 것을 어떻게 방지하느냐는 것이다. 감자를 보관하는 박스나 포대에 사과를 1~2개 정도 넣어 보관해보자. 사과의 에틸렌 성분이 감자의 싹이 나는 것을 막아줘 좀 더 오랫동안 감자를 보관할 수 있다.

감자 껍질, 반짝 반짝 싱크대 닦을 때 쓰자

싱크대를 닦을 때 대부분의 사람들은 수세미를 이용해 벅벅 문지르곤 한다. 하지만 수세미로 싱크대를 닦으면, 싱크대에 흠집이 생기고 벅벅 문질러야 해 힘이 들어간다. 이럴 때는 싱크대를 감자 껍질로 싹싹 닦아보자. 싱크대가 말끔해진다. 만약 심한 물때나 여러 가지 오염으로 싱크대가 너무 더럽다면 일단 세제로 닦은 후에 감자 껍질로 마무리하면 좋다.

주요 산지	주요 영양 성분	효능	제철	고르는 법	보관 방법
평창 철원 정선 양양 등	비타민 C 칼륨 사포닌 탄수화물 지방 등	다이어트 치매 예방 성인병 예방 등	6~10월	감자 표면에 흠집이 적고 매끄러운 것을 선택하되 무거우면서 단단한 것을 고른다. 싹이 있거나 녹색이 도는 것은 피한다.	바람이 잘 통하는 곳에 보관하거나 냉장 보관한다. 껍질을 까놓은 감자는 찬물에 담가 물기를 뺀 후, 비닐봉지나 랩에 싸 보관한다.

가 낫다.

감자는 고구마보다 덜 달며 아린 맛도 느껴진다. 아린 맛은 솔라닌이 내는 맛이다. 조리사에겐 감자가 고구마보다 훨씬 유용한 식재료이다. 맛이 강하지 않아 다양한 음식에 두루 어울리기 때문이다. 음식을 먹는 사람 입장에서 봐도 감자는 고구마보다 덜 질리고 소화가 잘된다.

감자를 살 때는 크기가 적당하고 눈 자국이 얕게 팬 것을 선택한다. 녹색으로 변한 부분이 있거나 껍질에 주름이 있는 것은 오래된 것이기 십상이다. 흙을 털어내지 말고 통풍이 잘되고 어두운 곳에 보관하는 것이 최선이다. 감자 포대에 햇볕이 들지 않도록 하는 것도 중요하다. 볕을 받으면 싹이 트거나 표면이 녹색으로 바뀐다. 여기에는 독성 물질인 솔라닌이 다량 포함돼 있다. 감자는 냉장고에 넣으면 갈변이 일어난다. 녹말이 당으로 바뀌어 맛도 달라진다. 그러나 2~3주 이상 두고 먹을 때는 냉장 보관이 불가피하다.

감자를 조리할 때 껍질은 되도록 벗기지 말고 가능한 한 크게 잘라, 자른 면과 공기가 닿는 면적을 최소화해야 한다. 자른 감자를 물에 씻지 않는 것이 좋은데, 수용성비타민인 비타민 C가 물에 녹는 것을 막기 위해서다. 조리할 때는 튀기기보다 볶는 것이 좋다. 그래야 식용유가 산화되는 것을 막을 수 있다. 솔라닌이 다량 들어 있는 싹이나 녹색으로 변한 부분은 완전히 도려낸다. 솔라닌은 감자 외에 토마토·고추에도 들어 있지만 극소량이므로 안심하고 먹어도 된다. 솔라닌을 과다 섭취하면 아린 맛이 강해진다. 또 구토·현기증·목의 가려움증·호흡곤란 증상이 동반한다.

소문난 장수 식품

감자는 아무리 먹어도 별탈이 없기로 유명해 오래전부터 현대까지 많은 사랑을 받아왔다. 그 이유는 감자가 장수 식품이라는 인식 때문인데, 실제로 감자를 주식으로 하는 민족에서 장수하는 사람들을 쉽게 찾아볼 수 있다고 주장하는 학자들도 있다. 감자를 먹어 장수하고 싶다면 매일 꾸준히 먹는 것이 중요한데 이때 생즙을 먹는 것이 가장 효과적이다. 장수하고 싶다면 꾸준히 감자 생즙을 먹어보자.

인간의 수명을 관장한다는 남극노인성의 그림. 정초의 세화나 장수를 축하하는 시에 인용된다. 국립중앙박물관 소장.

새댁에겐 너무 어려운 당신, 된장찌개

쇠고기(등심) 100g, 붉은 고추 1개, 대파 1대, 불린 표고버섯·풋고추 2개씩, 감자 100g, 애호박·양파·두부 50g씩, 쌀뜨물 3컵, 된장 3큰술, 다진 마늘 1큰술, 고기 밑간(국간장·다진 마늘·참기름 1작은술씩, 후춧가루 약간)

만들기
① 쇠고기는 납작하게 썰어 밑간 재료를 넣고 고루 무친다.
② 불린 표고버섯은 0.8cm로 깍둑썰기 한다.
③ 감자와 애호박, 양파, 두부는 사방 0.8cm로 깍둑썰기 한다.
④ 풋고추와 붉은 고추는 0.5cm 두께로 썰어 씨를 빼고 대파도 송송 썬다.
⑤ 뚝배기에 1의 고기를 넣고 볶다가 쌀뜨물 2컵을 부어 끓인다.
⑥ 남은 쌀뜨물에 된장을 풀어 5에 넣고 마저 끓인다.
⑦ 6이 끓으면 표고버섯과 감자, 애호박, 양파를 넣고 조금 더 끓인다.
⑧ 맛이 잘 어우러지면 두부와 다진 마늘, 고추, 대파를 넣고 한소끔 끓인다.

아이들에게 건강한 간식, 고구마 감자칩

고구마 1/2개, 감자 1/2개, 올리브 오일 또는 포도 씨유 약간

만들기
① 고구마와 감자는 흐르는 물에 깨끗이 씻은 다음 얇게 저민다.
② 1의 표면에 올리브 오일이나 포도 씨유를 발라 100℃로 예열한 오븐에 넣고 20~30분간 굽는다.

고구마

Sweet potato

김이 모락모락 나는 군고구마는 군밤과 더불어 수은주가 떨어지고 찬 바람이 불 때 군침이 돌게 하는 식품이다. 가을부터 초겨울까지가 제철인 고구마의 원산지는 북미이다. 아메리카 대륙에 도착한 콜럼버스가 아메리칸 인디언의 고구마 대접을 받았다는 일화가 전해진다. 당시 인디언이 내민 고구마는 밤고구마였던 듯하다. 콜럼버스는 유럽에 돌아와 "맛은 밤 같고 모양은 감자 같은 것을 먹었다"라고 자랑했다. 한반도에는 조선 영조 때(1783년) 들어왔다. 이후 서민의 구황작물 역할을 톡톡히 했다. 과거 일본 대마도에 고구마로 부모를 잘 봉양한 효자가 살았는데 이를 칭송하기 위해 관청에서 '고코이모'(효행 감자라는 뜻)라고 부른 데서 고구마란 명칭이 유래했다는 설이 유력하다. 또 고구마가 처음 들어왔을 때 전라도 고금도에서 많이 재배해 그런 이름이 붙었다는 설도 있다.

고구마는 영어로 'sweet potato'(단 감자)이다. 별칭은 감저(甘藷)다. 그러나 감자와는 별개의 작물이다. 감자는 줄기를 먹는 데 반해 고구마는 뿌리를 먹는다. 식물 분류학상으로도 둘은 친척 사이가 아니다. 감자는 가지, 고구마는 나팔꽃과 더 가깝다. 속이 노래서 '옐로 푸드'에 속하는 고구마의 대표적인 웰빙 성분은 베타카로틴이다. 100g당 베타카로틴 함량이 113mg에 달한다. 중간 크기 고구마 한 개를 먹으면 베타카로틴의 하루 필요량을 채우고도 남는다. 몸속에 들어가면 비타민 A로 바뀌는 베타카로틴은 항산화·항암 물질이다. 일반적으로 노란색이 짙을수록 베타카로틴이 더 많다. 흡연자나 환경오염이 심한 곳에서 사는 사람에게 고구마를 추천하는 것은 베타카로틴과 비타민 C가 풍부하기 때문이다. 미국 존스홉킨스대학 연구진은 혈중 베타카로틴 수치가 높을수록 폐암에 걸릴 위험이 줄어든다는 사실을 밝혀냈다. 미국 국립암연구소는 고구마·호박·당근을 합쳐 하루에 반 컵 정도만 먹으면 전혀 먹지 않은 사람에 비해 폐암에 걸릴 위험이 절반으로 줄어든다고 했다. 고구마나 귤을 과다 섭취하면 피부가 노래지는 것도 베타카로틴의 작용이다. 그러나 건강에 해가 없고 일시적이며 섭취를 중단하면 피부색이 원상 복귀되므로 걱정할 필요 없다.

호박고구마라고 불리는 노란색 고구마에는 베타카로틴이 풍부한데 비해 자색 고구마에는 보라색 색소인 안토시아닌이 많다. 안토시아닌도 베타카로틴처럼 유해 산소를 없애는 항산화 성분이다. 베타카로틴·비타민 E와 함께 3대 항산화 비타민으로 꼽히는 비타민 C가 고구마 100g당 25mg 들어 있다는 것도 골초들에겐 솔깃한 얘기다. 담배 한 개비를 피우면 비타민 C가 25mg씩 소모되는 것으로 알려졌다. "고구마를 즐겨 먹으면 면역력이 높아지고 감기에 잘 걸리

내 '상황'에 맞게 고구마 먹기

변비에는 찐 고구마 : 찐 고구마를 껍질째 먹으면 변비 해소에 효과가 있다.

허약 체질에는 생고구마 : 허약 체질이라면 생고구마를 갈아서 먹자. 비장과 위가 튼튼해지는 건강 증진 효과가 있다.

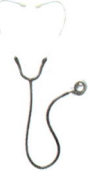

더위를 먹었다면 고구마 녹말 : 심한 더위에 아이들이 더위를 먹고 열이 나거나 심한 설사를 할 때 고구마 녹말은 특효약이다.

주요 산지	주요 영양 성분	효능	고르는 법	보관 방법
원주 해남 강화 익산 여주 무안 충주	베타카로틴 비타민 A 비타민 C 비타민 E 칼륨 등	감기 예방 기미 · 주근깨 완화 변비 완화 피부 미용	모양이 고르고 흠집이 없으면서 표면이 매끄럽고 단단한 것이 좋다. 또 껍질의 색깔이 밝고 선명한 적자색이 좋다.	고구마는 냉장 보관보다 두세 개씩 신문지나 비닐봉지에 잘 싸서 실온에 두는 것이 좋다. 또 채반 또는 양파 망 등에 넣어 어둡고 공기가 잘 통하는 곳에 보관하는 방법도 있다.

지 않으며 기미·주근깨가 사라진다"는 말은 비타민 C 함량이 높다는 데 근거한 것이다. 게다가 고구마의 비타민 C는 전분에 둘러싸여 가열해도 손실량이 적다. 찌거나 구운 고구마·고구마튀김·맛탕의 비타민 C 함량은 생고구마의 60% 이상이다. 식이섬유가 제법 들어 있다(100g당 0.9g)는 것도 고구마의 매력이다. 게다가 식이섬유의 구성도 훌륭하다. 절반은 변비·대장암·비만 예방을 돕는 불용성(不溶性) 식이섬유이고 나머지 절반은 혈중 콜레스테롤을 낮춰주는 펙틴 등 수용성(水溶性) 섬유소이다. 생고구마를 자르면 절단면에서 나오는 유백색 물질(야라핀)이 특히 변비 예방에 효과적이다. 야라핀은 고구마가 자신의 상처를 보호하기 위해 내는 물질이다. 손에 묻으면 끈적거리며 공기와 접촉하면 산화돼 점차 검게 변한다. 미네랄 중에서는 칼륨이 풍부하다(100g당 429mg). 혈압을 높이는 나트륨의 배설을 촉진하는 칼륨은 고혈압 환자에게 이롭다. 그러나 칼륨은 신장에 부담을 주므로 신장 질환이 있다면 고구마 섭취를 제한해야 한다.

고구마는 기본적으로 탄수화물 식품이다. 단맛은 감자보다 강하다. 하지만 혈당을 높이는 정도를 나타내는 지표인 당지수(GI)는 55로, 감자(70~80)보다 낮다. 열량은 100g당 128kcal로 감자(66kcal)보다 높다. 군고구마의 맛이 기막힌 것은 고구마에 열을 가하면 녹말이 당분으로 변해 단맛이 더 살아나기 때문이다. 굽는 온도를 60℃가량으로 유지하면 최고의 단맛을 즐길 수 있다. 반대로 냉장 보관하면 당분이 녹말로 바뀌어 단맛이 줄어든다.

밭에서 바로 캔 고구마는 수분이 많고 숙성이 덜 돼 단맛이 떨어진다. 당도를 높이는 간단한 방법은 열흘가량 두어 숙성시키는 것이다. 고구마는 껍질째 먹는 것이 좋다. 껍질에는 전분을 분해하는 효소가 들어 있어 함께 먹으면 소화가 잘되고 속 쓰림과 가스(방귀) 발생을 줄일 수 있다. 또 껍질에는 혈관을 튼튼하게 하고 암·노화를 억제하는 항산화 성분인 플라보노이드가 풍부하다. 고구마는 크기가 비슷한 것을 사서 함께 찌면 일정한 시간에 골고루 익는다. 궁합이 잘 맞는 식품으로는 김치와 무즙을 꼽을 수 있다. 나트륨이 많이 든 김치의 단점을 고구마에 풍부한 칼륨이 상쇄해주고 고구마를 먹은 뒤 방귀를 자주 뀌는 것을 무즙이 어느 정도 억제해주기 때문이다. 아프리카 나이지리아 사람들은 고구마를 많이 먹으면 쌍둥이를 임신한 가능성이 높아진다고 믿는다. 실제로 고구마에 난포 자극 호르몬(FSH)의 분비를 높이는 물질이 들어 있으니 아주 허황된 얘기는 아니다. 고구마를 주식으로 하는 부족(요루바 족)의 쌍둥이 출산율은 세계 최고이며, 이 부족 임신부의 FSH 수치가 매우 높은 것으로 확인됐다.

고구마는 버릴 게 없어요.

속이 샛노란 고구마를 껍질째 먹는 것이 좋듯이 고구마는 버릴 게 하나 없다. 잎과 줄기 또한 두말하면 잔소리. 필리핀에서는 고구마 잎을 민간요법 약재로 귀히 여긴다. 필리핀 사람들은 고구마 잎을 가지고 다양한 요리를 해 먹는다. 고구마 잎에는 다량의 인슐린 유사 물질이 포함되어 있어 당뇨병 예방에 탁월하다. 당뇨병이 있다면 달여서 꾸준히 복용하는 것이 포인트. 줄기는 예로부터 우리나라 사람들이 요리를 해 먹으면서 많은 사랑을 받아왔는데, 요리 재료 외에도 쓸모가 많다. 뱀이나 벌레, 혹은 모기에 물렸을 때 줄기를 짓이겨 그 즙을 바르면 효과가 있다. 또 줄기를 달여 먹으면 혈변, 자궁 출혈, 설사 억제에 좋다.

달콤함이 두 배! 고구마사과조림

재료 고구마 300g, 사과 150g, 건포도 2큰술, 설탕 3큰술, 소금 약간, 버터 1큰술, 계핏가루 1/2작은술

만들기
① 고구마는 깨끗이 씻어 1.5cm 굵기로 둥글게 썬다.
② 사과는 2cm 두께로 둥글게 썬 후 속을 파낸다.
③ 커다란 냄비에 물 2컵과 버터, 설탕, 소금, 계핏가루를 넣고 끓인다.
④ 건포도, 고구마, 사과를 넣어 약한 불에서 뭉근히 끓인다. 그런 다음 고구마와 사과에 윤기가 흐르도록 국물 없이 조린다.

고구마와 각종 채소를 듬뿍 넣은 닭다리 채소조림

닭다리 4개, 고구마 2개, 당근 1개, 단호박 1/2개, 밤 12알, 물 1½컵, 간장·청주 2큰술씩, 다진 파·꿀·참기름 1큰술씩, 마늘·소금·카레 가루 1/2큰술씩, 후춧가루 약간

만들기
① 닭다리는 뜨거운 팬에 앞뒤로 노릇하게 지져낸다.
② 고구마와 당근은 밤 크기로 잘라 모서리를 다듬는다. 단호박은 껍질을 깨끗이 씻어 씨를 파내고 1cm 두께로 썬다.
③ 찜 냄비에 분량의 물과 양념을 넣고 닭다리가 살짝 익을 정도로 익힌다.
④ 나머지 채소를 모두 넣고 국물을 끼얹어가며 윤기 나게 조린다.

고추

Pepper

'맵다' 하면 먼저 떠오르는 채소인 고추의 원산지는 멕시코이며 콜럼버스가 전 세계에 퍼뜨렸다. 우리 선조가 먹기 시작한 것은 생각보다 오래되지 않았다. 《동의보감》에도 등장하지 않는다. 임진왜란 때 일본을 통해 들어왔다는 설이 유력하다. 우리는 보통 풋고추·붉은 고추 정도만 알고 있지만 품종은 200가지가 넘는다. 톡 쏘는 청양고추, 시원한 맛의 오이고추, 부드러운 꽈리고추, 유질이 두툼한 아삭이고추 등이 있다.

영양·건강상 고추의 대표 성분은 비타민 C와 캡사이신(capsaicin)이다. 비타민 C 함량은 같은 무게 귤의 다섯 배, 사과의 20배에 달한다. 이 비타민은 노화의 주범인 유해 산소를 없애는 항산화 비타민이다. 감기 예방도 돕는다. 고추를 '유대 인의 페니실린(항생제)'이라고 부르는 것은 비타민 C가 풍부해서다. 목이 칼칼하고 기침이 나는 등 감기 증상이 있으면 뜨거운 닭 육수에 고추·마늘을 잘게 썰어 넣고 수시로 마시는 것이 유대 인의 민간요법이다. 고추가 장수식품 후보에 오른 것은 비타민 C(100g당 140mg)·베타카로틴(3.8mg)·비타민 E(0.8mg) 등 3대 항산화 비타민이 모두 들어 있기 때문이다. 100g을 먹으면 비타민 C 하루 섭취 권장량(100mg)을 채우고도 남는다. 게다가 고추의 비타민 C는 조리 도중 거의 파괴되지 않는다. 고추의 매운맛 성분인 캡사이신은 입맛과 소화력을 높여주고 비타민 C처럼 항산화 효과를 낸다. 또 지방을 분해해 다이어트에도 유용하다. 이것이 고추가 든 한국 음식이 일본에서 다이어트 식품으로 인기를 모은 이유다.

캡사이신은 스트레스를 완화해주기도 한다. 입안이 화끈거리고 속이 쓰릴 만큼 매운 음식을 땀 흘리면서 먹고 나면 머리가 맑아지는 것 같고 스트레스가 확 풀린다는 사람이 많다. 고추의 캡사이신을 섭취한 뒤 느끼는 매운맛은 혀에 가해지는 일종의 통증이다. 이 자극이 대뇌에 전달되면 대뇌에선 통증에 대처하기 위해 자연 진통제인 엔도르핀을 분비하도록 명령을 내린다. 이 엔도르핀이 기분을 좋게 해서 스트레스가 풀린다.

캡사이신은 또 혈액순환을 돕는다. 고추를 먹으면 몸에서 열이 나는 것은 캡사이신이 모세혈관의 혈액순환을 촉진하기 때문이다. 따라서 기름진 음식을 먹을 때는 '고추와 함께'가 최선이다. 혈전(피 찌꺼기) 예방에도 유효한 것으로 알려져 있다. 매운 음식을 즐기는 사람 가운데 혈전 환자가 드물다는 것이 간접적인 증거이다.

고추의 캡사이신은 통증과 가려움증 완화에도 효과를 보인다. 작고 매

매운맛도 지구촌 시대! 고추의 종류

① 말린 월남 고추 : 새끼손가락 크기의 말린 월남 고추는 그야말로 "작은 고추가 맵다"라는 말을 실감케 한다. 뜨거운 식용유에 볶아 매운 향을 낸 뒤 식재료를 넣으면 깔끔한 맛이 난다.

② 절인 할라피뇨와 카스카벨 고추 : 이탤리언 레스토랑이나 패밀리 레스토랑에서 오이피클과 함께 나오는 고추 피클. 할라피뇨는 멕시코산으로 가장 흔한 절임용 고추다. 보통 소금, 설탕을 섞어 절인다.

③ 고춧가루 : 일반적으로 매운맛을 내는 데 가장 많이 쓰는 재료다. 찜은 물론, 무침, 양념장 등에 다양하게 이용한다. 요즘에는 시중에 매운맛, 중간 맛, 순한 맛 등 고추 가루도 매운 정도가 다양하게 나와 골라 쓸 수 있다.

④ 절인 쥐똥고추 : 외국 고추 중에는 우리나라 청양고추보다 훨씬 매운 것이 있다. 타이의 쥐똥고추가 대표적인데, '삐까누'라 부르는 이 고추는 타이식 매운 요리에 많이 쓰인다. 매운 소스나 파스타나 닭찜 등을 만들 때 넣으면 귀밑까지 빨개질 정도로 자극적인 맛을 낸다.

⑤ 핫 소스 : 톡 쏘는 향과 매운맛 때문에 눈물이 찔끔 나는 소스, 멕시코 고추와 소금, 식초로 만드는데 대표적으로 타바스코 소스가 있다. 멕시코 타바스코 지방에서 나는 작고 붉은 고추로 만든 이 소스는 발효 과정을 거치며, 피자나 스파게티는 물론 여러 요리에 매운맛을 더할 때 사용한다.

⑥ 청양고추 : 매운맛을 선호하는 사람이 많아지면서 된장이나 국물에 청양고추를 쓰는 사람들이 늘어나고 있다. 하지만 오래 숙성된 된장에는 청양고추를 쓰지 않는 것이 좋다. 알싸하면서 매콤한 맛을 내는 이

주요 산지	주요 영양 성분	효능	제철	고르는 법	보관 방법
영양 의성 청양 음성 등	루테인 베타카로틴 칼슘 미네랄 비타민 A 비타민 B군 비타민 C 캡사이신	식욕 증진 혈액순환 촉진 피로 해소 감기 예방 신경통 완화	6~11월	끝이 뭉뚝하고 통통한 것이 단맛이 난다. 껍질이 두꺼우며 씨가 적은 것을 고른다. 또 눌렀을 때 탄력이 있는 것이 싱싱하고 표면이 매끄러운 것이 좋다.	고추는 공기와 접촉하면 캡사이신 성분이 날아가 효능이 떨어지고 색깔도 변한다. 그러므로 신문지에 싸거나 검은 봉지에 싸 밀폐 용기에 넣어 보관한다.

운 고추일수록 통증 경감 효과가 더 높다. 퇴행성과 류머티스성 관절염·대상포진 환자의 강력한 통증을 덜어주는 캡사이신 연고가 나와 있다. 캡사이신을 통증 치료제로 사용할 때는 처음에는 통증이 더 심해질 수 있으나 참고 꾸준히 복용하거나 바르면 나중에는 통증이 잡힌다.

캡사이신은 고추의 껍질에도 소량 있지만 대부분은 태좌(胎座, 씨가 붙는 부위)에 몰려 있다. "고추를 다듬을 때 태좌를 버리지 마라"라는 말은 이래서 나왔다. 풋고추보다는 빨갛게 익기 직전의 고추에 캡사이신이 더 많다.

캡사이신은 체내에서 거의 흡수되지 않는다. 따라서 고추가 입·식도·위·장을 거쳐 항문으로 배설될 때까지 통과하는 모든 부위에 자극을 주므로 위장 장애·치질이 있는 사람은 과다 섭취해선 안된다. 특히 한꺼번에 고추를 너무 많이 먹으면 위장점막이 헐고 혈관이 수축될 수 있다. 고추의 매운맛을 줄이기 위해 찬 물을 들이키는 사람이 많지만 이는 일시적인 효과에 그친다. 이보다는 우유·요구르트를 입안에 머금으면 매운맛이 가신다. 맥주도 매운맛을 완화하는 데 도움을 준다. 이는 캡사이신이 알코올에 녹기 때문이다.

고추는 색이 선명하고 광택이 있으며, 껍질은 두껍고 연한 것이 상품이다. 이왕이면 씨는 많지 않으면서 꼭지가 단단히 붙어 있는 것을 구입한다.

고추는 우리네들에게 친숙한 고추이다.

⑦ 홍고추 : 신선한 홍고추는 맵기만 한 것이 아니라, 은은한 단맛이 느껴진다. 보통 말려서 볶음 요리를 할 때나 찌개에 넣어 먹는다. 빛깔이 붉고 광택이 나며, 껍질이 두껍고 흔들었을 때 달그락 소리가 나는 것이 좋다.

고추 궁합 보기

고추 + 배추 = 위 운동 촉진, 변비 해소

고추 + 닭고기 = 소화 촉진, 비타민·단백질 증가

화끈한 게 좋아, 매운낙지볶음

낙지 400g, 청양고추·홍고추 2개씩, 대파 1대, 양파 1개, 참기름 1큰술, 다진 마늘 2큰술, 밀가루 약간, 양념장(고춧가루 2큰술, 고추장 2½큰술, 다진 생강 1작은술, 청주·설탕·국간장 1큰술씩)

만들기

① 낙지는 머리를 반으로 갈라 내장을 떼어낸다. 그런 다음 밀가루를 묻혀 바락바락 주물러 헹군 뒤 5cm 길이로 썬다.
② 청양고추와 홍고추, 대파는 어슷하게 썰고 양파는 채 썬다. 고추 씨를 넣으면 더 매운맛이 난다.
③ 분량의 양념장 재료를 골고루 섞는다.
④ 프라이팬을 뜨겁게 달군 뒤 참기름을 두르고 다진 마늘을 넣어 볶는다. 마늘 향이 나면 채 썬 양파를 넣는다. 양파가 투명하게 익으면 고추와 대파, 3의 양념장을 넣는다.
⑤ 채소가 익으면 불을 높여 낙지를 넣고 고루 뒤적이면서 빠른 시간 내에 익힌다.

깻잎

Perilla Leaf

깻잎을 참깨의 잎으로 생각하는 사람이 의외로 많지만 깻잎은 들깨의 잎이다. 차조기(紫蘇)의 잎과 모양이 닮았다. 들깨를 짜면 들깨 기름(들기름)을 얻을 수 있다. 들깨에서 기름을 짜고 남은 것이 깻묵인데 대개 사료나 비료로 이용된다. 깻잎은 양념·장아찌·쌈 채소로 인기가 높다. 불고기·갈비·생선회 먹을 때 대개 깻잎으로 쌈을 한다. 맛과 향이 진하고 고소해서 냄새가 강한 고기와 궁합이 잘 맞는다. 특히 깻잎의 리모넨 등 향기 성분은 생선과 고기의 비릿한 냄새를 없애준다. 중국의 고의서인 《본초강목》에는 "깻잎은 고기와 생선의 온갖 독을 해독한다"라고 쓰여 있다. 깻잎의 해독 성분을 현대 의학·영양학의 관점에서 해석하면 베타카로틴의 효과로 볼 수 있다. 고기와 생선을 태우면 PAH 등 발암물질이 생기는데 깻잎에 풍부한 베타카로틴이 이를 어느 정도 해독해 주기 때문이다. 베타카로틴은 항산화·항노화 성분이자 항암 성분이다. 식물의 노란색을 내는 성분이기도 하다. 그래서 베타카로틴이 풍부한 식품으로 흔히 당근 등 옐로 푸드를 떠올린다. 그런데 깻잎엔 베타카로틴(100g당 9.1mg)이 당근(7.6mg)·단호박(4mg)보다 더 많이 들어 있다. 부산대학 식품영양학과 박건영 교수는 우리 국민이 즐겨 먹는 채소 30여 종의 암 예방 효과를 비교했다. 이 중 깻잎은 가장 강력한 항암 채소 중 하나로 밝혀졌다. 채소로는 드물게 칼슘 함량이 높다는 것도 깻잎의 장점이다. 100g당 칼슘 함량이 211mg으로 '칼슘의 왕'이라는 우유보다 거의 두 배 가까이 많은 양이다. 붉은 상추·청정채 등 다른 쌈 채소에 비해서도 배나 많다. 그런 이유로 칼슘이 부족한 노인에게 깻잎·깨나물(깻잎나물)을 추천한다. 한국과 일본인을 제외한 다른 나라 사람들은 깻잎을 먹는 채소로 치지 않는다. 일본인도 엄밀히 말하면 깻잎과 비슷하게 생긴 자소 잎을 즐겨 먹는데, 사시미 요리를 장식하거나 튀김과 함께 먹는다.

식중독 예방에 좋은 깻잎

깻잎은 회나 육류와 궁합이 잘 맞아 반드시 곁들이는 채소다. 깻잎에 숨겨진 비밀 중 하나는 바로 식중독을 예방한다는 것인데, 깻잎 특유의 향을 내는 정유 성분이 천연 방부제 역할을 해 식중독 예방에 효과적이다. 뿐만 아니라 콜레스테롤의 체내 흡수를 막는다고 하니 여름에 회를 먹을 때는 깻잎을 잊지 말자!

깻잎을 이용한 민간요법

깻잎에 관련된 민간요법 중 도움이 될 만한 팁 두 가지! 하나, 깻잎에 포함되어 있는 비타민 K는 혈액 응고 작용을 한다고 알려져 민간에선 야산에서 상처를 입었을 때 깻잎을 찧어 상처에 붙였다. 둘, 감기에 걸렸을 때 깻잎을 달여 마시면 가래와 기침이 진정되는 효과가 있다.

주요 산지	주요 영양 성분	효능	제철	고르는 법	보관 방법
밀양 금산 원주 옥천 등	비타민 A 비타민 C 비타민 K 칼슘 칼륨 철분	각종 성인병 예방 피부 미용 위장 보호 빈혈 예방 등	1~12월	잎이 너무 크면 질기고, 뻣뻣하면 고소한 맛이 덜하다. 옅은 녹색을 띠면서 어린 것을 고르고 크기는 중간 정도로 일정한 것이 좋다.	깻잎은 쉽게 말라버리므로 수분이 증발하지 않도록 밀봉해 냉장 보관한다.

밥상에 반찬 없을 때, 깻잎완자말이

깻잎 10장, 달걀 1개, 물·소금·밀가루 약간씩, 콩기름 적당량, 완자(간 돼지고기 200g, 다진 양파 1/4컵, 다진 파·간장 1/2큰술씩, 다진 마늘·소금1/2 작은술씩, 설탕·참기름·깨소금 1작은술씩, 후춧가루 약간)

만들기
① 볼에 완자 재료를 넣고 고루 섞는다.
② 깻잎은 씻어 물기를 뺀다.
③ 달걀에 물과 소금을 넣어 잘 섞은 다음 체에 내려 응어리진 것 없이 고루 풀어지도록 한다.
④ 1의 재료에 밀가루를 묻힌 다음 깻잎에 싸서 만든다.
⑤ 4를 풀어둔 달걀에 적셨다가 달궈놓은 팬에 올리고 노릇노릇하게 굽는다.

깻잎 통조림으로 건강하게, 닭가슴살깻잎말이

① 파프리카와 오이 등은 채 썰고 쪽파를 살짝 데쳐 찬물에 헹군다.
② 닭 가슴살은 우유에 1시간 이상 담근 뒤 건져 올리브 오일을 두른 팬에 소금과 후춧가루를 뿌려 구운 다음 잘게 썬다.
③ 깻잎을 깔고 썰어놓은 채소와 닭 가슴살을 올린 뒤 돌돌 말아 데친 쪽파를 돌려서 묶으면 완성.
* 스위트 칠리 소스나 초고추장 등에 찍어 먹으면 맛있다.

냉이

Shepherd's purse

보릿고개를 맞은 선조들에게 그나마 위안을 준 것은 산야에 지천인 봄나물이었다. 봄나물의 대표 격인 냉이는 겨우내 움츠려 있던 우리 몸을 깨어나게 하는 활력 채소다. 버릴 것이 하나도 없는 채소로, 연한 뿌리는 이른 봄에 캐서 겉절이·국·전을 해서 먹는다. 4~5월에 30~40cm가량 자라 줄기 끝에 흰 꽃이 달리면 꽃을 따서 화전을 장식하는 데 쓴다. 다 자란 줄기는 말려서 연두색 가루를 내두었다가 국수 반죽·양념을 만들 때 넣는다. 과거 가난한 선비들은 씨를 씹어 허기를 달랬다.

한방에선 냉이를 눈과 간 건강, 춘곤증 해소에 이로운 채소로 친다. 《본초강목》의 "냉이 죽을 먹으면 혈액순환이 원활해지고 간을 도와서 눈이 밝게 해준다", 《동의보감》의 "냉잇국은 눈을 맑게 한다" 등 고의서에 근거해서다. 민간에선 눈이나 간이 나쁜 사람에게 냉이 가루로 차를 끓여 마시라고 권했다. 지방간 환자는 냉이를 뿌리째 뽑아 말려 달여 마시면 유익하다는 말도 전해진다. 눈의 통증·피로에 시달리는 사람에겐 냉이 달인 물을 마시게 하거나 그 물로 눈을 씻도록 했다. 황사와 봄철의 건조한 날씨로 눈이 피로하고 마를 때(안구건조증 등)도 권할 만하다. 여기에는 영양학적인 근거가 있다. 눈 건강을 돕는 비타민 A, 피로 해소에 이로운 비타민 B₁(부족하면 안절부절못하거나 걸핏하면 화를 낸다)과 C(노화 방지·감기 예방)가 봄나물 가운데 가장 풍부해서다. 냉이는 각종 비타민 외에 단백질·칼슘·칼륨·철분이 풍부한 채소다. 100g당 단백질 함량이 4.7g으로 채소 중에선 최고 수준이다. 뼈와 치아 건강에 요긴한 칼슘은 같은 무게의 우유보다 많다.

아지랑이 피어오르는 봄날엔 입맛이 까칠해지기 쉽다. 된장국과 된장찌개에 잘 어울리는 냉이에는 멀찌감치 달아난 식욕과 활력을 되찾아주는 마술 같은 힘이 있다. 특히 냉잇국은 향이 독특하면서도 잘근잘근 씹히는 맛이 그만이다. 된장국을 끓일 때 시금칫국엔 조갯살, 아욱국엔 마른 새우가 어울리듯이 냉잇국엔 쇠고기를 넣어야 훨씬 맛이 깊어진다. 냉잇국을 끓일 때는 잡티를 깨끗이 골라내고 물에 씻을 때 살살 주물러 풋내를 빼야 한다. 삶아서 물에 담가두면 쓴맛이 빠지고 부드러워진다.

된장도 조선된장을 써야 제 맛이 난다. 쌀뜨물에 끓이면 더 구수하고 날콩가루를 무쳐서 끓이면 더욱 좋다. 냉이에 날콩가루를 무친 뒤 양념장을 찍어 먹거나 데친 뒤 무쳐 먹는 냉이무침도 별식이다. 데쳐서 우려낸 것을 잘게 썰어 끓인 냉이 죽은 환자의 입맛을 되살려준다.

봄에는 냉이를 캐러 가자

봄이 되면 많은 주부들이 가족들과 함께 냉이를 캐러 다니는 모습이 곳곳에서 눈에 띈다. 몇 번 캐다 보면 자연히 알게 되겠지만, 초보 맘들을 위한 냉이 쉽게 캐는 법! 일단 냉이를 캐기 위해서는 냉이 꽃이 어떻게 생겼는지 알아두는 것이 좋다. 냉이 꽃 주위에서 꽃대를 달지 않은 냉이를 쉽게 발견할 수 있기 때문이다. 냉이를 발견했다면 아래의 방법을 따라 해보자.

① 냉이 주변의 흙을 호미나 삽 또는 손으로 판다.
② 냉이의 뿌리를 잡아당긴다. 이때 냉이의 뿌리를 잘 보존하고 싶다면 못 쓰는 국자를 준비해 주변의 흙을 국 푸듯이 뜨면 손쉽게 캘 수 있다. 흙은 잘 털어서 손질하면 된다.

주요 산지	주요 영양 성분	효능	제철	고르는 법	보관 방법
해남 호저 괴산 아산 등	비타민 A 비타민 B 비타민 C 비타민 K 단백질 칼슘 칼륨 철분	노화 방지 지방간 억제 시력 보호	3~4월	냉이는 잎과 줄기가 작은 것이 맛있다. 냉이의 향은 뿌리에서 나오므로 뿌리가 너무 단단하지 않고 심이 박혀 있지 않으며 잔털이 적은 것을 구입한다. 뿌리가 곧고 희면 신선한 것, 누르스름하면 캐낸 지 오래된 것이다.	랩에 싸서 습기를 유지해주면 냉장고에서 2~3일은 견딜 수 있다. 손질하고 남은 것은 살짝 데쳐서 보관한다.

입맛 살려주는 냉이찹쌀수제비

냉이 50g, 애호박 1/3개, 새송이버섯 1개, 통조림 죽순 1쪽, 대파 1/2대, 붉은 고추 1/2개, 찹쌀가루 1컵, 뜨거운 물 2큰술, 다진 마늘 1큰술, 멸치 다시마 국물 5컵, 소금 약간

만들기

① 냉이는 누런 떡잎을 떼고 뿌리 부분의 흙을 칼로 살살 긁어내어 다듬은 후 씻어 건진다.
② 애호박과 새송이버섯은 골패 모양으로 썰고 죽순은 빗살 모양을 살려 납작하게 썬다.
③ 대파와 붉은 고추는 어슷하게 썬다.
④ 뜨거운 물로 찹쌀가루를 익반죽한 후 동글동글하게 새알심을 빚는다.
⑤ 냄비에 멸치 다시마 국물을 붓고 애호박과 버섯, 죽순을 넣고 끓인다.
⑥ 국물이 끓으면 새알심을 넣고, 새알심이 익어 동동 떠오르면 냉이와 다진 마늘, 대파, 붉은 고추를 넣고 소금으로 간한 후 한소끔 더 끓인다.

추천 레시피

당근

Carrot

스티브 잡스 애플 전(前) CEO가 생전에 남긴 10계명 가운데 식품명이 들어가는 것이 하나 있다. 직원들에게 한 "채찍보다는 당근을 많이 줘라(Use more carrot than stick)"라는 말이다. '당근'은 직원의 사기·애사심을 높일 뿐 아니라 건강에도 이로운 채소다. 토끼·말이 좋아하는 당근은 홍당무라고도 부른다. 수확 시기는 일 년에 두 번(여름·가을)이다. 연하고 수분이 많으며 맛이 좋기로 소문난 것은 가을당근이다. 원산지는 중동·아시아다. 한반도엔 13세기쯤 중국을 통해 전래된 것으로 여겨진다. 당나라에서 들어와서 당근(唐根)이라는 이름이 붙었다.

칼슘·비타민 A·비타민 C·식이섬유가 풍부하다는 것이 영양상의 강점이다. 100g당 열량이 34kcal로 다이어트 중인 사람도 부담 없이 즐길 수 있는 채소다.

뭐니 뭐니 해도 당근의 대표적인 웰빙 성분은 오렌지색 색소이자 카로틴의 일종인 베타카로틴이다. 당근의 영어 단어인 'carrot'도 카로틴(carotene)에서 유래했다. 같은 당근이라도 속살이 진할수록 베타카로틴의 함량이 더 높다. 베타카로틴은 몸 안에 들어가 필요한 만큼만 비타민 A로 바뀌고, 나머지는 베타카로틴 상태로 남는다. 당근이나 귤 등을 과다 섭취하면 얼굴과 손 등이 노래지는 것은 베타카로틴이 피부에 쌓인 결과다. 피부의 황변(黃變)은 건강에 해롭지 않고 일시적이므로 걱정할 필요는 없다. 당근 섭취를 줄이면 곧 정상 피부색으로 돌아온다. 베타카로틴은 비타민 C·E와 함께 3대 항산화 비타민으로 체내에서 유해 산소를 없애준다. 적당량 섭취하면 노화를 억제하고 면역력을 높여주며 암 예방도 돕는다. 그 때문에 당근을 항암 식품으로 꼽는다.

당근의 베타카로틴을 많이 섭취하려면 깨끗이 씻은 뒤 껍질을 최대한 얇게 벗겨 먹어야 한다. 베타카로틴이 껍질에 풍부해서다. 생으로 먹거나 주스를 만들어 마시는 대신 익히거나 기름에 살짝 볶아서 먹으면 베타카로틴의 체내 흡수율이 높아진다. 베타카로틴도 비타민 A와 마찬가지로 지용성(脂溶性)이기 때문이다. 또 당근을 미리 잘게 잘라두면 베타카로틴이 산화되므로 요리의 마지막 단계에 당근을 썰어 넣는 것이 좋다.

당근의 효능 가운데 일반인에게 가장 널리 알려진 것은 눈 건강에 이롭다는 것이다. 눈 건강을 돕는 비타민 A·루테인·라이코펜이 풍부하기 때문이다. 특히 야맹증은 비타민 A가 부족하면 발생하는 질환이다. 이와 관련된 재미있는 일화가 있다. 제2차 세계대전 당시 독일 공군은 야간 공중전에서 만큼은 영

당근 남김 없이 발라 먹기

당근의 심 부분과 껍질은 자르거나 벗겨내고 먹는 것이 보통이다. 하지만 당근은 껍질 부분에 카로틴이 많이 들어 있기 때문에 최대한 얇게 자르거나 깨끗이 씻어 껍질째 조리하는 것이 좋다. 껍질에서 가까울수록 부드럽고 단맛이 강하므로 껍질을 벗기지 말고 생으로 먹는 것이 이익이다. 또 당근의 심은 단단하기 때문에 푹 끓이는 요리에 좋으므로 수프를 만들 때 활용하면 안성맞춤이다.

주요 산지

원주
청주
제주
밀양

주요 영양 성분

비타민 A
비타민 C
베타카로틴
루테인
라이코펜 등

효능

시력 회복
혈액순환 촉진
냉증 개선
변비 예방 등

제철

9~11월

고르는 법

전체적으로 밝고 고운 오렌지색에 표면이 매끄러운 것을 고른다. 곧고 매끈하며 머리 부분에 검은 테두리가 없고 잘랐을 때 가운데 심이 없는 것이 좋다.

보관 방법

신문지로 싸 비닐 주머니에 넣은 뒤 냉장고 채소 칸에 보관한다. 사용하고 남은 당근은 자른 단면에 물을 뿌린 후 비닐봉지에 넣어 냉장실에 보관한다.

국 공군의 '밥'이었다. 영국 조종사들이 당근을 많이 먹어 야간 시력이 향상되었기 때문이란 소문이 돌았다. 그러자 독일 공군도 조종사들에게 전투기를 타기 전에 당근을 먹으라고 명령했다. 그러나 당근을 아무리 많이 먹어도 영국 공군에게 번번이 당했다. 야간 공중전의 승패를 가른 것은 당근이 아니라 당시 발명한 레이더였다. 레이더 개발 사실을 숨기기 위해 영국군이 독일 첩보국에 당근을 슬쩍 흘린 것이었다.

제2차 세계대전에서 연합군이 승리한 원인 중 하나로 당근을 거론하는 사람도 있다. 전쟁이 발발하자 안정적인 식량 공급이 전쟁의 승패를 좌우한다는 사실을 깨달은 영국 정부는 국민들에게 텃밭에 당근을 심도록 권장했다. 또 당근을 사용한 각종 음식·조리법을 개발해 보급했다. 이로써 식량난에 빠지지 않은 영국이 우세한 전력을 갖추게 됐다는 얘기다.

당근은 생으로 먹기도 하고 수프와 샐러드에 흔히 넣지만 즙이나 주스를 만들어 마시면 한 번에 다량을 섭취할 수 있다. 특히 당근즙은 암 환자에게 권할 만하다. 꾸준히 마시면 식욕이 좋아지고 변비에도 효과를 볼 수 있기 때문이다. 주의할 점은 당근을 과일·채소와 함께 갈면 당근에 든 아스코르비나아제(비타민 C 분해 효소)가 과일·채소의 비타민 C를 파괴할 수 있다는 것이다. 비타민 C를 보전하려면 식초나 레몬즙을 곁들이거나 살짝 데친다.

구입할 때는 형태가 바르며 표면이 매끄럽고 진한 것을 고른다. 단단하고 머리 쪽에 푸른 부분이 없으며 뿌리 끝이 가늘수록 상품이다. 17세기 네덜란드에서 개발한 단맛 강한 오렌지색 외에도 붉은색(동양종)·노란색·진홍색·보라색 등 다양한 품종이 시장에 나와 있는데 전체적으로 색이 일정한 것이 좋다. 깨끗이 씻어 밀봉하거나 흙이 묻은 채 신문지·비닐 등에 싸서 냉장고에 보관한다.

당근 주스의 짝꿍은 레몬

당근을 주스로 갈아 마시면 베타카로틴을 가장 효율적으로 섭취할 수 있다. 하지만 당근과 함께 다른 과일을 함께 갈아 마시는 것은 바람직하지 않다. 당근에 든 효소 아스코르비나아제가 비타민 C를 파괴하기 때문이다. 그러므로 각각 갈아서 섞어 마시거나, 레몬즙을 당근 주스에 첨가해 마시면서 베타카로틴과 비타민 C를 함께 섭취하는 것이 좋다.

뽀루지 비켜! 당근 팩

당근에 들어 있는 비타민 A는 여드름이나 뽀루지 피부를 진정시키는 작용을 한다. 아주 간단하고 쉽게 할 수 있다. 당근을 깨끗이 씻어 곱게 간 후 꿀과 밀가루, 플레인 요구르트를 섞어 팩을 하면 끝. 깨끗하게 세안한 후 스킨을 바른 상태에서 팩을 하고 15~20분 정도 있다가 팩을 제거한 다음 다시 세안한다.

당근을 싫어해도 맛있게 한잔, 당근 바나나 주스

바나나 1개, 당근 50g, 물 150ml, 레몬 1/6개

만들기
① 바나나는 껍질을 벗기고 적당한 크기로 썬다.
② 당근은 깨끗이 씻어 잘게 썬다.
③ 믹서에 1과 2를 넣고 물을 부은 후 레몬을 짜 넣고 곱게 간다.
④ 물을 부어 농도를 적당히 조절한다.

맛있는 이유식, 당근 핫케이크

핫케이크 믹스 50g, 당근 10g, 달걀노른자 1개, 분유 물 50ml, 식용유 약간

만들기
① 당근은 깨끗이 씻은 다음 삶아서 강판에 간다.
② 볼에 핫케이크 믹스를 넣고 달걀노른자와 분유 물을 붓고 1을 넣어 반죽한다.
③ 팬에 기름을 살짝 두르고 2를 한 숟가락씩 떠 넣어 굽는다.

마

Yam

자메이카의 '번개' 우사인 볼트가 2008년 베이징 올림픽에서 100m 세계 기록을 세운 뒤 그의 아버지는 "아들이 자메이카 트릴로니(북서부 지방)산 얌(yam)을 어릴 때부터 꾸준히 섭취한 것이 폭발적인 스피드의 비결"이라고 말했다. 그러나 자메이카 올림픽팀 총감독인 돈 쿼리는 얌이 볼트의 힘이라는 데 부정적이었다. "우승한 이탈리아 인에게 '뭘 먹고 힘을 냈냐'고 물으면 '파스타 먹고 힘냈다'고 대답하는 것과 같다"라는 것이다. 트릴로니는 자메이카에서 얌이 가장 많이 나는 곳이다. 해마다 얌 페스티발도 열린다. 대부분의 자메이카 인은 트릴로니산 얌에 의학적인 효과가 있다고 믿는다.

얌은 고구마보다 크지만 모양은 고구마와 비슷하다. 대다수 미국인은 얌을 고구마의 일종으로 여긴다. 삶았을 때 물기가 거의 없으면 고구마, 물기가 있으면 얌으로 친다. 그러나 식물 분류학상 얌은 고구마와는 무관한 식물이다.

얌은 전 세계에 약 600종이 있다. 덩굴식물로 아프리카가 원산지이며, 주로 열대·아열대 지방에 분포한다. 야미아모(yamiamo)나 나메 얌(name yam)도 얌의 한 종류다. 야미아모는 일본산이고 나메 얌은 아프리카산이다. 얌의 주산지는 아프리카·남미·캐리비언 지역이다. 영양적으로는 단백질·전분·칼륨·베타카로틴이 풍부하다.

얌의 단백질 함량은 100g당 거의 50g에 달한다. '밭에서 나는 쇠고기'로 통하는 콩(30~40g)보다 많다. 전분 함량은 고구마의 세 배 이상이다. 칼륨은 혈압을 조절하는 미네랄이다. 노란색 과육에 든 베타카로틴은 유해 산소를 없애는 항산화 비타민이다. 이 중 볼트와 같은 운동선수에게 유익한 영양소는 전분과 칼륨이다. 전분은 뛰는 데 필요한 에너지를 준다. 삶은 얌 100g의 열량은 133kcal으로 고구마나 운동선수에게 인기 높은 바나나보다 높다. 또 칼륨은 운동 중 다리에 쥐(근육 경련)가 나는 것을 막고 근육과 신경이 원활하게 작동하도록 한다.

얌과 속(屬)이 같은 우리나라 식물로는 마가 있다. 자메이카의 민간에서 얌을 약재로 쓰듯 마도 한약재로 사용한다. 중국에는 마를 얇게 썰어 말린 산약(山藥)이라는 생약이 있다. 일본에서는 '산에서 나는 장어'로 통한다. 피로 해소에 뛰어난 효과를 보인다는 이유에서다. 마와 얌은 다른 점도 많다. 우선 단백질 함량에서 큰 차이를 보인다. 마 100g당 단백질 함량은 3g 정도에 불과하다.

마는 발기부전 등 남성 성 기능 장애 개선에 유익한 것으로 알려져 있다. 한방에서 성 기능 장애 남성에게 처방하는 팔미지황환에도 마가 들어 있다. 참깨를 넣어 참깨 마죽을 쑤어 먹으면 금상첨화이다. 참깨에 정력 증진, 생식 능

우리나라 역사에 등장하는 마

마는 우리나라에서 전해 내려오는 이야기와 관련이 깊다. 그중 대표적인 것이 서동과 선화공주 이야기다. 또 다른 하나는 사명대사 이야기다. 도대체 이 두 이야기는 어떤 마와 어떤 관련이 있는 걸까?

① 선화공주와 마 장수의 사랑 이야기

'선화 공주님은 남몰래 정을 통하여 맛동방(마를 캐는 아이)을 밤에 몰래 안고 가다.' 위의 구절은 《삼국유사》에 나오는 서동요를 쉽게 풀어 쓴 대목이다. 백제 출신인 서동은 마를 캐서 어머니를 봉양했는데, 신라의 선화공주가 아름답다는 소문을 듣고 아내로 맞이하고자 신라로 간다. 그리고 이 같은 내용의 서동요를 지어 아이들에게 마를 나누어주며 부르게 했다. 결국 서동은 선화공주를 아내로 맞이하게 되고 백제의 30대 왕인 무왕이 된다.

② 사명대사와 마 이야기

사명대사가 임진왜란 때 승군을 이끌고 평양성을 탈환하기 위해 달려가는 길에 병사들이 식량과 무기를 갈취 당해 굶주림에 허덕이게 되었다. 이에 잠을 못 이루던 사명대사가 대동강변 모래밭에서 우연히 발부리에 차이는 덩어리를 발견했는데 이것이 바로 산약으로 불린 마였다. 사명대사는 부하들을 시켜 이것을 캐도록 지시했고, 병사들에게 죽을 쑤어 먹었다고 한다. 이에 원기를 회복한 병사들은 야밤에 왜군을 급습해 크게 이겼다고 전해진다.

주요 산지	주요 영양 성분	효능	제철	고르는 법	보관 방법
안동 안성 진주	단백질 칼륨 사포닌 아미노산 비타민 B군 비타민 C 뮤신	노화 방지 소화 촉진 위벽 보호 동맥경화 · 당뇨병 예방 정력 증진	10~11월	굵기가 균일하고 도톰하며 묵직한 것이 좋다.	깨끗이 씻어 랩에 싼 뒤 냉장 보관한다.

력 향상에 좋은 아연·셀레늄이 들어 있어 두 식품이 시너지 효과를 내기 때문이다. 중·노년 남성에게 흔한 전립선 비대증의 예방과 개선에도 유효하다. 마의 끈적끈적한 성분(뮤신)이 성호르몬을 활성화하기 때문이다. 뮤신은 위 점막을 부드럽게 감싸 위통으로 고통받는 사람에게도 마를 권할 만하다. 소화가 잘 되는 것도 마의 장점이다. 마에는 소화 효소인 아밀라아제가 무보다 더 많이 들어 있어 생으로 먹어도 잘 소화된다. 보리밥 먹을 때 마와 함께 먹으라고 권하는 것은 이래서다.

마를 강판에 갈면 곧 거무스름하게 변한다. 이는 참마에 함유된 폴리페놀이 산화되기 때문이다. 껍질을 벗기거나 강판에 간 뒤 갈색으로 변하는 것을 방지하려면 묽은 식초를 바르거나 넣는다. 마는 갈아서 끈적끈적한 기운이 남아 있을 때 먹는 것이 좋다. 가열하면 소화 효소가 파괴되기 때문이다. 마를 말려서 가루로 만들면 생으로 먹는 것과 같은 효과를 기대할 수 있다. 마는 색깔이 희고 무거우며 큰 것이 상품이다.

마, 이렇게 저렇게 요렇게 먹기

① 마, 갈아서 먹기: 믹서기도 괜찮지만 되도록 강판으로 갈아 마시는 것이 좋다. 믹서기보다 영양소 파괴가 적다.
② 생마, 그대로 먹기: 생마를 깨끗이 씻어 먹기 좋은 크기로 자른 뒤 소금을 넣은 참기름장에 찍어 먹는다.
③ 마, 구워 먹기: 껍질을 깐 마를 적당히 잘라 믹서기에 넣고 간 후에 프라이팬에 넣고 굽는다.
④ 마, 튀겨 먹기: 마를 얇게 잘라 튀김 가루를 묻힌 뒤 튀겨 먹는다.
⑤ 마주스로 마시기: 씻은 마를 요구르트나 과일과 함께 갈아 마신다.
⑥ 마죽: 흰 쌀죽에 믹서로 간 마를 넣은 후 끓여 먹는다.

시원하게 즐기는 건강식, 마소면

산마 400g, 송송 썬 실파 약간, 장국 내장과 대가리 뗀 멸치·말린 표고 버섯·다시마 30g씩, 맛술 3컵, 청주 1컵, 가다랑어포 50g, 진간장 2컵, 설탕 100g, 끓는 물·잘게 부순 얼음 1컵씩, 물 4컵

만들기

① 멸치는 기름을 두르지 않은 팬에 볶아 비린내를 없애고, 말린 표고버섯은 물에 재빨리 씻어 건진다. 다시마는 젖은 면보로 닦는다.
② 냄비에 멸치, 표고버섯, 다시마를 담고 맛술, 청주, 물 3컵을 부어 하룻밤 불린다.
③ 2를 불에 올려 끓으려고 할 때 다시마를 건져내고 5분 정도 끓인 뒤 불을 끈다. 여기에 가다랑어포를 넣고 20분 정도 둔다.
④ 3을 면보 깐 체에 밭친 뒤 건더기에 끓는 물 1컵을 붓는다.
⑤ 4의 국물을 냄비에 붓고 간장과 설탕을 넣어 한소끔 끓인 후 식힌다.
⑥ 국물 1컵에 물 1컵과 잘게 부순 얼음 1컵을 넣어 섞는다.
⑦ 산마는 껍질을 벗겨 5cm 길이로 곱게 채 썬다.
⑧ 그릇에 채 썬 마를 담고 6을 부은 뒤 송송 썬 실파를 얹어낸다.

낫토와 마의 만남, 스태미나 마 낫토

(4인분) 마 800g, 냉동 참치 200g, 낫토 2팩, 쪽파 4대, 메추리알 4개, 간장 약간

만들기

① 마는 색이 변하지 않도록 먹기 직전 껍질을 깎아 강판에 곱게 간다. 플라스틱 강판을 써야 영양소 파괴가 적다.
② 냉동 참치는 1cm 크기의 주사위 모양으로 썬다.
③ 낫토는 간장을 조금 넣고 젓가락으로 20회 이상 저어 끈기를 낸다. 쪽파도 다진다.
④ 마를 넣고 냉동 참치와 낫토, 쪽파, 메추리알 노른자를 올린다. 간장을 뿌려 잘 섞어 먹는다.

마늘

Garlic

마늘은 에너지와 활력을 높여주는 마술 같은 식품이다. 고대 이집트의 피라미드 비문에 '스태미나 식품'으로 기록돼 있다. 피라미드를 쌓기 위해 동원된 노예 등에게 마늘을 먹여 이들의 체력을 극대화했다. 마늘을 자르거나 빻을 때 마늘의 유황 성분(알린)이 자극적으로 변한 것이 마늘의 냄새 성분인 알리신이다. 알리신이 비타민 B₁과 결합하면 알리티아민이 된다. 알리티아민은 탄수화물을 분해해 에너지를 만드는 과정을 촉진하고 신진대사를 활발하게 해 원기회복을 돕는다. 비타민 B₁이 풍부한 돼지고기를 먹을 때 마늘을 곁들이면 비슷한 효과를 얻을 수 있다.

《본초강목》에도 "강정 효과가 있다"라고 기술돼 있다. 호색한 카사노바가 굴과 함께 정력 식품으로 애용한 것으로도 유명하다.

요즘은 항암 식품으로 더 유명하다. 미국 국립암연구소(NCI)가 암 예방을 도울 것으로 예상한 40여 종의 식물성 식품 중에서 최고가 마늘이다. 중국에서 수행한 역학 조사 결과에 따르면 연간 1.5kg씩 마늘을 먹는 사람이 암에 걸릴 위험은 거의 안 먹는 사람에 비해 50%나 낮았다. NCI와 중국 상하이 암연구소가 상하이 거주 전립선암 환자를 대상으로 조사한 연구 결과도 마늘의 항암 효과를 잘 보여준다. 마늘·양파를 즐겨 먹은 사람의 전립선암 발생 위험이 50~70%나 낮았다. 생마늘이나 익힌 마늘을 하루 반쪽 가량만 꾸준히 먹어도 위암·대장암 발생 위험을 각각 50%·30% 줄일 수 있다는 연구 결과(미국 노스캐롤라이나대학)도 발표됐다.

마늘은 동맥경화·심장병·뇌졸중 등 혈관 질환 예방에도 효과가 있다. 이탈리아에는 유난히 심장병의 일종인 협심증 환자가 적은 마을이 있어 이유를 캐기 위해 역학 조사를 해봤다. 조사 결과 이곳 주민들은 어릴 때부터 매일 마늘 한 쪽을 먹는 습관을 지닌 것으로 드러났다. 국내에서도 전남 고흥·경남 남해와 의령·경북 의성 등 마늘 주산지에 사는 주민들의 심장병 발생률이 낮고 장수 비율은 높은 것으로 조사됐다.

혈관 질환 예방에 유익한 마늘 성분은 알리신이다. 알리신은 피가 엉기고 굳지 않게 한다. 혈중 콜레스테롤 수치도 떨어뜨려 기름진 음식을 먹을 때 마늘이나 양파를 함께 섭취하는 것이 좋다는 건 이제 상식이 되었다. 독일에서는 마늘을 주성분으로 한 건강 기능 식품을 콜레스테롤 수치를 낮추는 식품으로 판매하고 있다.

마늘의 약성을 최대한 얻으려면 익히지 말고 생으로 먹는 것이 좋다. 통

눈물 없이 마늘 다듬기
① 전자레인지에 넣고 잠시 돌린 후 머리 쪽을 살짝 돌리면 쉽게 깔 수 있다.
② 물에 담가둔 채 까면 눈물이 나지 않는다.

마늘 먹은 후 고민 입 냄새, 깔끔하게 없앨 수 있는 음식 두 가지

주요 산지	주요 영양 성분	효능	제철	고르는 법	보관 방법
의성 고흥 남해 의령 서산	게르마늄 비타민 B군 비타민 C 알리신 칼륨 나이아신	암 예방 피로 해소 스트레스 완화 불면증 해소 기력 회복 고혈압 예방 노화 방지	3~5월	마늘의 크기와 모양이 균일하고 겉껍질이 단단한 것을 고른다.	통마늘은 망에 넣어 공기가 잘 통하고 서늘한 곳에 보관한다.

째로 먹기보다 자르거나 빻아 먹는 것이 더 유익하다. 빻는 도중 알리신이 더 많이 생겨서다.

건강과 장수를 위해 먹는다면 하루 한 쪽이면 충분하다. 암 발생률을 절반으로 낮췄다는 마늘의 1인당 연간 소비량(1.5kg)은 하루 한 쪽(5g) 분량이다. 어린이나 고혈압 환자는 이의 절반이 적절한 양이다. 수술을 앞둔 환자는 수술하기 일주일 전부터 마늘 섭취량을 줄일 필요가 있다. 마늘이 아스피린처럼 혈액을 묽게 해 수술 후 출혈을 억제하기가 힘들 수 있어서다. 세계보건기구(WHO)는 "와파린(항응고약)을 복용 중인 환자가 마늘이나 마늘 보충제를 함께 먹으면 출혈 위험성을 증가시킬 수 있다"라고 경고했다.

마늘은 감기 예방에 이로운 것으로 알려져 있지만 감기약을 복용할 때는 섭취를 삼가야 한다. 감기약의 일부 해열·진통 성분이 위에 자극을 주는 부작용이 있는데 마늘도 위장 점막을 손상시킬 수 있기 때문이다.

마늘도 과식은 금물이다. 생마늘을 빈속에 다량 섭취하면 위에 부담을 줄 수 있다. 생마늘을 먹은 뒤 속 쓰림을 경험했다면 익혀서 먹는 것이 대안이다. 마늘장아찌를 만들어 먹는 것도 방법이다. 마늘은 냄새가 나는 것 외에는 다른 모든 면이 이로운 채소다. 그래서 별명이 일해백리(一害百利)이다. '일해'는 매운맛 성분인 알리신의 냄새다. 냄새 탓에 마늘 섭취를 꺼린다면 마늘 냄새 제거에 효과적인 파슬리를 요리에 곁들이거나 마늘을 구운 뒤 된장과 함께 먹는다. 마늘에 흠집이 생기지 않도록 껍질을 벗긴 뒤 익혀 먹어도 냄새가 확실히 줄어든다. 우유·치즈·육류·달걀 등 고단백질 식품이나 녹차와 함께 먹어도 마늘 냄새가 덜 난다.

건강식품으로 인기가 높은 흑마늘은 원래 종자가 검은색이 아니라 발효·가열·조리 과정에서 검게 변한 것이다. 생마늘을 보름가량 발효시키면 마늘 자체의 효소 때문에 검게 변하는데 이것이 흑마늘이다. 발효 과정을 거치면서 마늘의 매운맛은 부드러워지고 마늘 고유의 냄새가 제거된다. 흑마늘의 폴리페놀(항산화 성분) 함량은 3%로 생마늘(0.17%)보다 높은 것으로 조사됐다. 그러나 흑마늘을 제조하는 과정에서 식물성 블랙 푸드에 풍부한 안토시아닌이 생성되는 것은 아니다.

마늘이 건강에 유익한 식품이긴 하지만 아쉽게도 정부(식품의약품안전청)에서 기능성과 안전성을 공식 인정받은 건강 기능 식품은 아직 없다. 흑마늘이나 마늘환 등도 건강 기능 식품 리스트에 포함되지 않았다. 흑마늘·마늘환·마늘 파우더·알리신·알린 등은 건강 기능 식품이나 건강 기능 식품의 재료로 유망하다고 여겨진다. 건강 기능 식품으로 인정받으려면 사람을 대상으로 한 연구에서 기능성과 안전성이 확인돼야 한다. 앞으로 마늘은 식품 외에도 다양하게 이용될 것으로 전망된다. 마늘 입욕제는 냉증·아토피 치료에, 마늘 찜질은 허리 통증 완화에 유용할 것으로 보인다.

쌀벌레 퇴치

집 안 쌀독이나 뒤주에 쌀벌레가 생긴다면, 마늘을 양파 망 같은 통기성이 좋은 주머니에 껍질을 까지 않은 채로 넣은 다음 쌀독이나 뒤주 속에 깊숙하게 찔러 넣어보자. 서서히 쌀벌레가 사라지는 것을 확인할 수 있다. 그 이유는 바로 마늘에 들어 있는 알리신 때문인데, 이는 소독약의 1.5배에 달하는 살균 작용을 한다. 몸에 해로울 것 하나 없는 천연 살충제인 셈이다.

마늘 향이 가득 나는 알리오 올리오 페페론치노

(1인분) 물 5컵, 굵은소금 1큰술, 스파게티 100g, 올리브 오일 3큰술, 마늘 3쪽, 페페론치노 3개, 양념(구운 소금 0.4큰술, 후춧가루 0.3큰술, 스파게티 삶은 물 1/4컵, 파르메산치즈 가루 1큰술, 파슬리 가루 1큰술)

만들기

① 끓는 물 5컵에 굵은소금 1큰술, 스파게티 100g을 넣어 8분 정도 삶은 다음 체에 밭쳐 올리브 오일을 뿌려 버무려둔다. 삶은 국물도 버리지 말고 따로 담아둔다.
② 올리브 오일 3큰술을 두른 팬에 마늘 3쪽을 40초 정도 볶다가 페페론치노 3개를 넣어 30초 정도 더 볶는다. 마늘이 타지 않으면서도 황금색이 나게 하는 것이 포인트. 구운 마늘을 건져내 완성된 파스타에 뿌리면 더욱 바삭하다.
③ 삶은 스파게티, 구운 소금, 후춧가루, 스파게티 삶은 물 1/4컵을 넣어 1분 정도 졸이고, 접시에 담아 파르메산 치즈 가루, 파슬리 가루를 뿌려 마무리한다.

스크램블드 에그 달걀마늘볶음밥

(1인분) 밥 1공기, 달걀 1개, 식용유 약간, 마늘 1쪽, 대파(3cm) 1대, 양념(구운 소금 0.4큰술, 후춧가루 0.2큰술)

만들기

① 식용유를 두른 팬에 마늘, 대파를 구워 향을 낸다. 취향에 따라 마늘과 대파는 더 넣어도 좋다.
② 달걀을 풀어 휘저으면서 80%만 익힌다.
③ 밥을 넣어 약한 불에서 섞고, 구운 소금, 후춧가루를 뿌려 간해 마무리한다.

무

Radish

김장용·단무지용 등으로 쓰이는 무는 충청·강원에선 무수, 영·호남에선 무시라고 불린다. 생채는 물론 즙·말랭이·시래기·장아찌·짠지·꼬투리 등 다양하게 만들어 먹는다. 고대 이집트에선 피라미드 건설 노동자에게 먹였다. 양배추·케일·브로콜리·배추 등과 함께 배춧과 채소로 분류된다. 봄무에서 겨울무까지 있으나 가장 많이 재배되는 것은 김장철에 수확하는 가을무다. 우리 선조는 건강에 이로운 무로 겨울무를 쳤다. "겨울에 무, 여름에 생강을 먹으면 의사를 볼 필요가 없다"·"겨울무 먹고 트림을 하지 않으면 인삼 먹은 것보다 효과가 있다" 등 겨울무 예찬 속담도 많다. 겨울엔 무를 과일처럼 깎아 먹으면서 "동삼(冬蔘, 겨울철 삼) 먹는다"며 뿌듯해했다. 겨울무가 다른 계절의 무보다 영양적으로 특별히 더 나은 것은 아니다. 겨울에는 풀이 귀해 비타민·미네랄 섭취가 힘들었던 조상들에게 겨울무는 꽤나 고마운 존재였을 게 분명하다. 원산지에 대해선 여러 설이 있지만 지중해 연안에서 중국에 전해지고 뒤이어 한반도로 건너 왔을 것으로 추정한다.

영양상의 강점은 식이섬유, 비타민 C·엽산 등 비타민, 칼슘·칼륨 등 미네랄이 풍부하다는 것이다. 이런 영양소는 특히 잎(무청)에 많다. 조선무는 무청 100g당 칼슘 함량이 249mg으로 뿌리(26mg)보다 10배 가까이 높다. 칼륨·비타민 C 함량(100g당)에서도 각각 368mg 대 213mg, 75mg 대 15mg으로 잎이 뿌리를 압도한다. 그래서 영양학자들은 잎을 먹는 열무와 알타리무 등의 영양가를 높이 평가한다.

무는 부위에 따라서 맛이 제각각이다. 일반적으로 단맛이 강한 쪽은 중간 부위다. 주로 조림 요리에 사용된다. 뿌리 부위는 매운맛이 강한 데다 식이섬유가 많이 들어 있어 국물 요리의 건더기나 절임 요리에 쓰인다. 잎에 가까운 부위는 매운맛이 약하고 단단해서 무즙이나 샐러드 재료로 적당하다. 무의 생김새에 따라서도 맛과 쓰임새가 달라진다. 대체로 짧고 둥근 것은 매운 맛이 강해 조림용, 긴 것은 약간 싱겁고 수분이 많아 생식용으로 알맞다.

무의 웰빙 효과 가운데 가장 널리 알려진 것은 음식의 소화를 돕는다는 것이다. 무를 많이 먹으면 속병이 없다는 옛말은 이래서 나왔다. 무에는 전분 분해 효소인 아밀라아제 등 다양한 소화 효소가 들어 있다. 우리 선조들이 시루떡에 무를 넣거나 과식한 사람에게 무즙을 먹인 것은 놀라운 생활의 지혜다. 무의 소화 효소는 위 통증과 위궤양을 예방·개선하는 효과도 있다. 식후 더부룩하고 가스가 차는 등 불쾌감을 느낀다면 무를 갈아 먹는 것도 방법이다.

내 여드름과 만난 무

여드름 피부에 무를 바르면 어떻게 될까? 정답은 '여드름이 사라진다'이다. 이렇게 해보자. 무를 간 다음 무즙이 흐르지 않도록 즙을 살짝 짜낸다. 그러고 나서 무즙을 여드름 난 부위에 20분 이상 올려놓은 후 깨끗한 물로 씻는다. 그러면 여드름이 서서히 가라앉는 것을 확인할 수 있다. 이는 무즙에 있는 살균 성분이 여드름 부위의 세균을 소독해 부기를 가라앉히기 때문이다. 여드름 피부라면 지금부터 무를 갈아라!

주요 산지	주요 영양 성분	효능	제철	고르는 법	보관 방법
제주 서산 대구 고창	식이섬유 칼륨 비타민 C 엽산 칼륨	소화 흡수 촉진 해독·이뇨 작용 식중독 예방	10~12월	잎이 푸르고 단단하며 잔뿌리가 많지 않은 것이 좋다. 뿌리 쪽이 통통하며 잎 쪽은 파란 무가 맛있다.	흙이 묻어 있는 채 신문지에 싸서 바람이 잘 통하고 햇볕이 들지 않는 5℃ 정도의 온도인 곳에 두면 오랫동안 보관할 수 있다.

무는 콩나물과 더불어 애주가가 관심을 가져야 할 채소다. 무에 풍부한 비타민 C가 간 기능을 도와 숙취의 주범인 아세트알데히드의 분해를 돕기 때문이다. 음주 뒤 가슴이 답답하고 속이 더부룩한 증상을 완화하는 것은 아밀라아제다.

요즘에는 암 예방 효과도 거론된다. 여느 배춧과 채소와 마찬가지로 무의 항암 성분으로 기대를 모으는 것은 매운맛 성분인 아이소사이오사이아네이트다. 유황이 든 아이소사이오사이아네이트는 무를 썰거나 다지거나 입안에 넣어 깨물 때 발생한다. 무즙을 오래 방치하거나 무생채에 식초를 넣거나 열을 가해 무국을 끓이면 매운맛이 거의 사라진다. 이는 아이소사이오사이아네이트가 덜 생성되거나 파괴되기 때문이다.

좋은 무는 표면이 곱고 단단하며 매끄러운 것이다. 들었을 때 중량감이 느껴지면 양질이다. 진흙에서 자란 무가 달고 맛이 있으며 무청이 달린 것이 상품이다. 잎은 짙은 녹색을 띠고 뿌리는 탄력이 있으면서 희고 매끄러운 것을 고른다. 뿌리가 휘었거나 두세 갈래로 갈라진 것은 뿌리의 생장점에 자갈 등이 박혀 정상적인 생육을 방해했다는 증거일 뿐이지 무의 품질과는 무관하다.

저온에 노출되면 바람이 드는 것도 무의 약점이자 특성이다. 바람은 무 조직의 일부가 죽어 솜처럼 되는 현상이다. 외양만 보고는 바람 여부를 식별하기 힘들다. 무를 잘랐을 때 안에 구멍이 있거나 변색된 것은 바람이 든 것이기 쉬우므로 피한다.

무와 찰떡궁합인 식품은 밥·떡 등 탄수화물 식품이다. 이런 음식을 과식했을 때 무즙을 먹으면 소화가 잘된다. 무에 소화 효소인 아밀라아제가 들어 있기 때문이다. 생선과도 궁합이 잘 맞는다. 생선회나 구이에 간 무나 무채를 곁들이면 비린내가 가시고 식중독 예방에도 유효하다. 무의 매운맛 성분이 살균 작용을 해서다. 오이·당근과는 궁합이 맞지 않는다. 오이와 당근에 무의 대표적 웰빙 성분인 비타민 C를 파괴하는 효소(아스코르비나제)가 들어 있기 때문이다.

내 옷에 묻은 핏자국, 어떻게 하지?

옷에 묻은 핏자국은 세탁을 해도 잘 지워지지 않아 고민하는 사람들이 많다. 이때 무를 사용하면 말끔하게 핏자국을 지워낼 수 있다. 키친타월을 핏자국 묻은 옷 아래에 깔고 무로 피가 묻어 굳은 부분을 톡톡 두드린다. 놀랍게도 키친타월에 핏물이 스며드는데, 이렇게 해서 핏자국을 뺀 옷을 세탁하면 말끔하게 핏자국을 제거할 수 있다.

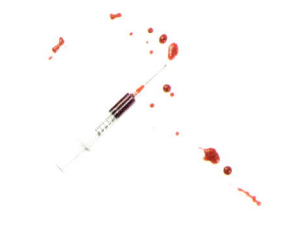

생선 비늘, 무로 벗기세요

날카로운 칼을 이용해 생선 비늘을 벗길 때 이리저리 비늘이 튀는 게 고민이라면 무를 사용해보자. 깨끗이 씻은 무로 비늘을 벗기면 비늘이 튀지 않고 냄새도 줄어든다. 사용한 무도 생선 요리에 함께 넣으면 되니 일석 이조다.

여름엔 차갑게! 시원한 다시마무냉국

다시마 30g, 멸치 우린 물 3컵, 무채(무 50g, 소금 약간, 녹말 1/2큰술, 끓는 물 3컵, 향신 즙 1작은술), 배 20g, 대추 2개, 오이 1/3개, 육수(식초 2½큰술, 향신 즙 1/2큰술, 설탕 2큰술, 향신장 1작은술, 굵은소금 약간), 잣 1/2큰술

만들기
① 뜨거운 물에 다시마를 살짝 데친 다음 멸치 우린 물에 담근다.
② 무를 곱게 채 썰어 소금으로 간하고 녹말을 뿌린다. 끓는 물에 향신즙을 넣고 무를 살짝 데친다.
③ 1의 다시마와 배, 대추를 곱게 채친다. 오이는 어슷하게 썰어 곱게 채 썬다.
④ 볼에 식초, 향신즙, 설탕, 향신장, 굵은 소금을 넣고 잘 섞어 냉장고에 넣어둔다.
⑤ 4를 꺼내 다시마, 배, 대추, 채 썬 오이를 넣고 잣을 올린다.

집 나간 며느리도 돌아오는, 무 넣은 전어조림

(4인분) 전어 5마리, 표고버섯·풋고추 4개씩, 무 100g, 대파 2대, 다시마 국물 2컵, 설탕·진간장 3큰술씩, 청주·조미술 1/2컵씩, 중국 간장 1/2큰술, 꿀 1큰술, 소금물 적당량

만들기
① 전어 비늘을 긁고 배 쪽에 칼집을 넣어 내장을 제거한다.
② 표고버섯은 씻어서 기둥을 떼고 갓에 꽃무늬로 칼집을 넣어 큰 것은 반 자르고 작은 것은 그대로 사용한다.
③ 무는 폭 2cm, 길이 4cm, 두께 1cm 크기로 썰어 소금물에 삶는다.
④ 대파는 4cm 길이로 썰고, 고추는 씻어 꼭지를 1cm 정도 남기고 잘라낸 뒤 반 갈라서 씨를 털어낸다.
⑤ 냄비에 전어를 담고 표고버섯, 무, 대파를 담는다. 여기에 다시마 국물, 설탕, 청주를 넣고 뚜껑을 덮어서 센 불로 조린다.
⑥ 국물이 반 정도 졸면 조미술과 진간장, 중국 간장을 붓고 조린다. 마지막에 고추와 꿀을 넣고 국물이 약간 남을 정도로 조린다.

* 전어 굽는 냄새에 집 나간 며느리가 들어온다는 속담이 있을 정도로 전어는 기름기가 많아 고소한 생선이다. 뼈째로 썰어 먹는 세꼬시로 주로 먹고, 구이나 조림 등도 맛있다. 크기는 한 뼘 정도 되는 것을 고른다. 배 쪽의 비늘은 딱딱하고 위험하므로 긁어낼 때 조심한다.

미나리

Dropwort

석가탄신일(음력 4월 8일, 초파일)의 별칭은 등석(燈夕)이다. 이날 저녁에는 사찰은 물론이고 가정이나 거리에서 연등 행사를 벌인다. 민간에서는 손님을 초대해 미나리강회·느티떡·콩조림 등 소찬을 대접하는 것은 오랜 풍습이다. 아이들은 등우 밑에 철쭉 잎을 넣어 만든 시루떡과 볶은 검정콩, 삶은 미나리나물을 가져다 놓았다. 이 무렵 느티나무에는 새싹이 돋아난다. 연한 느티 잎을 따 잘 씻은 뒤 멥쌀가루에 섞어 찐 백설기가 느티떡이다. 느티떡이 등석의 간식거리라면 이날 밥상에 자주 오른 것은 미나리나물·미나리강회 등 미나리 반찬이다. 끓는 물에 데친 미나리에 파를 섞고 초고추장에 무친 것이 미나리나물이다. 달걀지단·편육·쇠고기볶음·버섯·고추 등을 가늘게 채 썰어서 데친 미나리에 끼운 뒤 예쁘게 말아 초고추장에 찍어 먹는 것이 미나리강회이다. 이 음식은 미나리의 향과 씹는 맛을 최고로 살린 별미다. 강회는 숙회의 일종으로 미나리 대신 파를 사용하면 파강회가 된다.

미나리는 봄을 상징하는 향채로, 물과 연(緣)이 깊다. 물이 있는 곳이면 어디서나 잘 자란다. 영어 명칭도 water dropwort(또는 water celery)다. 중국에선 수영(水英)·수근(水芹)으로 불린다. 주성분도 수분(95%)이다. 미나리는 돌·밭·논 미나리 등이 있다. 돌미나리는 자연산이다. 향이 강하고 칼슘·비타민 C가 풍부하나 맛이 떫고 질긴 것이 특징이다. 혈압을 떨어뜨리는 약성이 있어 고혈압 환자에게 좋다. 인공 재배하는 논·밭미나리는 돌미나리보다 향은 약하지만 씹히는 맛이 부드럽다. 밭미나리는 밭에서 재배한 것으로 줄기 안쪽이 꽉 차 있다. 논 미나리는 땅이 걸고 물이 많이 괸 논(미나리꽝)에서 나오는데 줄기가 길고 안쪽이 비어 있다. 독미나리는 먹어서는 절대 안 된다. 시쿠톡신이란 독 성분이 있어 식중독을 일으키기 때문이다. 독미나리는 향이 없고 악취가 나며 뿌리가 녹색이다. 키는 식용 미나리의 세 배쯤 크다.

우리 민족은 세계에서 미나리를 가장 즐겨 먹는 민족이다. 강회·잎쌈·생채·김치·볶음·전골·매운탕 등 미나리를 주재료로 한 음식이 수두룩하다. 음력 3월의 절식인 탕평채에도 청포묵·돼지고기·김과 함께 들어간다. 경기도 동두천에선 단옷날(음력 5월 5일)을 '미나리 환갑날'이라고 부른다. 단오 무렵엔 미나리가 억세지기 때문에 이날 미나리를 넣은 조깃국을 마지막으로 끓여 먹은 데서 유래했다. 예로부터 미나리는 삼덕(三德) 채소로 예찬됐다. 때 묻지 않고 파랗게 자라나는 심지, 음지의 악조건을 이겨내는 생명력, 가뭄에도 푸름을 잃지 않는 강인함이 미나리의 삼덕이다.

환상의 궁합 + 미나리

많은 음식에 궁합이 있지만 특히 미나리는 궁합 좋은 것과 함께 먹으면 웰빙 효과가 배로 커진다. 미나리와 쿵짝이 잘 맞는 환상의 궁합 No.5

① 미나리 + 차조기 = 정신성 무월경증에 효과가 있다. 미나리 줄기를 바짝 말려 가루를 낸 뒤 1회 6g씩, 1일 3회 차조기 달인 물과 함께 복용한다.

② 미나리 + 쑥갓 = 초기 고혈압에 좋다. 미나리에는 혈압 강하 작용을 하는 성분이, 쑥갓에는 모세혈관을 튼튼하게 해주는 마그네슘이 풍부하게 들어 있어 같이 먹으면 좋다.

③ 미나리 + 생선 = 미나리는 생선에 있는 중금속 등의 독성을 중화해준다. 미나리와 멥쌀로 죽을 쑤어 뜨겁게 먹으면 독을 제거할 수 있다.

주요 산지	주요 영양 성분	효능	제철	고르는 법	보관 방법
부산 전주 의령 대구 영천	식이섬유 칼슘 칼륨 비타민 A 비타민 B군 철분 등	고혈압 예방 갱년기 장애 · 류머티스성 관절염 · 신경통 완화	3~12월	녹색이 선명하고 줄기가 굵지 않으며 잎 길이가 비슷한 것을 고른다.	신문지에 싸 비닐봉지에 넣은 뒤 세워서 냉장 보관한다.

복어의 독을 중화한다고 알려져 있어 복어탕엔 반드시 미나리를 넣는다. 그러나 미나리의 해독 효과는 과학적으로 입증되지 않았다. 다만 복국을 먹을 때 미나리를 곁들이면 향긋한 봄의 정취와 함께 식이섬유·칼슘·칼륨·비타민 A·비타민 B군 등 미나리의 영양 성분을 섭취할 수 있는 것은 분명하다. 한방에선 주로 가을에 채취한 잎과 줄기를 햇볕에 말려 잘 썬 뒤 약재로 쓴다. 생미나리즙도 권장한다. 《동의보감》에는 미나리의 효능을 "갈증을 풀어주고 머리를 맑게 하며 주독(酒毒)을 풀어준다"라고 기술되어 있다. 술 마시기 전에 생즙을 마시면 숙취가 가벼워진다는 말은 이래서 나왔다. 민간에선 발한·보온·해열 효과가 있다고 봐서 감기·독감·수족 냉증의 예방·치료에 이로운 채소로 알려져 있다. 식이섬유가 풍부해서 변비로 고생하는 사람에게도 유용하다.

다이어트 식품으로도 추천할 만하다. 열량이 생것은 100g당 16kcal, 데친 것은 28kcal에 불과하기 때문이다. 생으로 먹으면 떫은맛이 강하므로 뜨거운 물에 살짝 데친 뒤 물로 잘 헹군 다음 먹는 것이 좋다. 너무 오래 삶으면 색이 나빠지고 풍미가 사라지며 비타민 C 등 영양 성분이 파괴된다. 논·개천·습지에서 자라서 거머리나 불순물이 남아 있을 수 있기 때문에 잘 씻는 것도 중요하다. 씻을 때 놋수저를 담가두면 눈에 보이지 않던 거머리까지 빠져나온다. 복어·녹두묵·김이 미나리와 찰떡궁합이다.

④ 미나리 + 복어 = 독 성분이 있는 복어에 미나리를 듬뿍 넣어 먹으면 맛의 궁합도 좋을 뿐 아니라 해독 효과로 식중독을 예방할 수 있다.

⑤ 미나리 + 겨자 = 미나리를 무칠 때 겨자나 참깨를 넣으면 미나리만의 산뜻한 맛과 향이 살아난다.

미나리와 해물의 만남, 해물 샤부샤부

미나리 · 단호박 · 팽이버섯 · 표고버섯 · 대파 · 새우 · 오징어 · 모시조개 적당량, 국물(물 1L, 멸치 · 다시마 · 건표고 100g씩)

만들기

① 준비한 물에 다시마를 한 시간 정도 불린 뒤 불에 올려 끓기 시작하면 다시마는 건진다.
② 멸치와 건표고를 넣고 다시 끓기 시작하면 중간 불로 줄여 30분 끓인다.
③ 채소는 모두 한입 크기로 손질하고 1인분씩 담는다.

비가 올 땐, 부추전 대신 미나리조개전

미나리 200g, 쪽파 50g, 모시조갯살 · 동죽조갯살 50g씩, 주꾸미 2마리, 밀가루 · 물 1/2컵씩, 달걀 1개, 홍고추 1/2개, 식용유 적당량, 초간장(간장 · 물 2큰술씩, 식초 1/2큰술, 설탕 1/2큰술, 쪽파 · 양파 · 홍고추 · 청양고추 · 마늘 적당량, 깨소금 약간씩)

만들기

① 미나리와 쪽파는 적당한 크기로 잘라 준비한다. 조갯살은 내장을 제거하고 주꾸미는 먹기 좋은 크기로 썬다. 홍고추는 어슷 썬다.
② 미나리와 쪽파에 밀가루를 고루 묻히고 털어낸다. 여기에 분량의 물을 붓고 소금을 조금 넣어 밀가루 풀을 만든다.
③ 밀가루를 입힌 미나리와 쪽파는 반으로 나누어 밀가루 풀에 담갔다가 털어내고 달군 팬에 올린다. 그 위에 조갯살과 주꾸미를 올리고 나머지 미나리와 쪽파를 올린다. 남은 조갯살과 주꾸미를 다시 위에 얹은 다음 밀가루 풀을 한 번 살짝 끼얹고 앞뒤로 고루 익힌다. 거의 다 익으면 달걀을 끼얹고 홍고추를 올린다. 초간장을 만들어 전과 함께 낸다.

배추

Korean cabbage

배추는 김장철의 '귀한 손님'이다. 국의 재료로도 사용되지만 배추의 주된 용처는 김치다. 우리 선조들은 채소와 소금물로만 김치를 만들었다. 요즘 우리가 흔히 먹는 고춧가루로 양념한 배추김치가 선보인 것은 18세기 이후다. 한반도에 고추가 유입된 시기가 16세기 초이고, 배추는 17세기부터 재배되었다. 배추김치의 맛은 배추가 좌우한다. 배추김치를 담글 때 식재료의 배합 비율은 지역·사람마다 다른데 배추를 100으로 할 때, 무 10, 파 1, 고춧가루 2~3, 마늘 1~1.5, 생강 0.5, 젓국 2, 소금 2 정도가 일반적이다.

배추는 무·고추와 함께 우리 국민이 즐겨 먹는 '3대 채소'로 꼽힌다. 원산지가 중국이어서 영문명이 'Chinese cabbage'다. 한국배추에는 서울배추와 개성배추가 있다. 서울배추는 키가 작고 색깔이 연한 데 반해 개성배추는 키가 크고 색깔이 짙다. 배추의 품종은 잎이 포탄처럼 단단하게 뭉친 결구(結球) 배추, 밑동 부분만 뭉친 반결구 배추, 잎이 모아지지 않은 불결구(不結球) 배추로 분류된다. 요즘은 결구 배추(그대로 배추)와 반결구 배추가 대세를 이룬다. 잘 자라고 수확량이 많으며 저장하거나 다루기 쉽다는 장점 때문이다.

무·양배추·브로콜리·꽃양배추(콜리플라워)·케일 등과 함께 배추는 배춧과(십자화과) 식물에 속한다. 이 중 서양인의 식탁에 자주 오르는 양배추·브로콜리·콜리플라워·케일 등은 이미 웰빙 식품의 지위를 굳혔다. 이에 비해 배추·무는 평가 절하돼 있다. 둘 다 주로 동양에서 인기 있는 채소여서 효능을 밝히는 연구가 아직 부족한 탓이다.

영양상의 장점은 저열량·고칼륨·고식이섬유 식품이라는 것이다. 배추(생것)의 열량은 100g당 10kcal로 양배추·적양배추의 절반 수준이다. 삶거나 소금에 절인 배추도 열량이 14kcal여서 전혀 부담이 없다. 혈압을 조절해주는 미네랄인 칼륨은 100g당 239mg 들어 있다. 비타민 C(17mg)·칼슘(37mg) 함량은 무 수준이다. 항산화 비타민이자 황색 색소 성분인 베타카로틴은 거의 들어 있지 않다. 배추의 식이섬유는 다른 채소보다 부드럽고 열을 가하면 부피가 크게 줄어든다. 또 다른 채소의 식이섬유처럼 장에서 발효하면서 가스를 방출하는 일이 적다.

건강 측면에서도 샤론 스톤·케이트 윈즐릿 등 할리우드 스타들이 즐긴다는 양배추 못지않다. 양배추가 유방암 등의 예방에 도움을 주듯이 배추가 암 억제 효과를 지녔다는 연구 결과가 여럿 있다. 미국 하버드대 의대 연구팀은 1986~1996년 4만 7000여 명의 식습관을 조사한 결과 배추와 브로콜리를 많

가벼운 화상엔 배추

배추는 열을 뺏는 성질이 있다. 그 때문에 뜨거운 것에 데어 화상을 입었을 때 재빨리 배추를 찧어 손 위에 얹으면 화기를 없애는 효과가 있다. 가벼운 화상에 의한 부기를 가라앉히는 데도 도움을 준다.

배추꽃이 피었습니다

사람들이 그냥 건강에 좋다고 생각해 무심코 먹는 배추에도 노랗고 예쁜 꽃이 핀다. 배추꽃의 꽃말은 '쾌활'이다.

주요 산지

괴산
태백
해남
영월
평창
청원 등

주요 영양 성분

비타민 A
비타민 B_1
비타민 B_2
비타민 C
칼슘
식이섬유

효능

위궤양
소화 촉진
변비 예방 등

제철

11~12월

고르는 법

배추는 너무 크면 수분이 많아 잘 무르고 고소한 맛이 덜하므로 중간 크기로 고른다. 속이 빽빽하게 찬 것보다 80% 정도 찬 것이 좋다. 겉잎은 파랗고 안으로 갈수록 노란빛을 띠어야 달고 고소하다.

보관 방법

통째로 보관할 때는 신문지로 싸서 밑동이 아래로 가도록 세워서 서늘한 곳에 보관한다. 씻은 것이나 쓰고 남은 것은 비닐 팩에 넣어 냉장 보관한다.

이 섭취할수록 방광암 발생 위험이 낮은 것으로 나타났다. 또 중국 북동부에서 1993~1995년에 뇌종양에 걸린 환자(129명)를 조사한 연구에서도 배추·양파 등 신선한 채소와 싱싱한 생선을 먹은 사람의 뇌종양 발생률이 눈에 띄게 낮았다. 한국식품연구원이 간암에 걸린 실험 쥐에게 배추 등 다양한 채소를 먹여보았다. 그 결과 배추·무를 먹인 쥐는 일반 사료로 키운 쥐에 비해 간암의 크기가 절반 정도로 줄었다. 이 연구에서 간암 억제 효과는 배추와 양배추가 가장 높고 다음은 무청·무·알타리무청 순서였다. 배추는 수분이 많은 채소(95.6%)여서 소화도 잘된다. 육류를 섭취할 때 무를 함께 먹는 사람이 많지만 엄밀히 말하면 무보다는 배추가 고기와 궁합이 더 잘 맞는다.

배추는 속이 꽉 차고 묵직(2~3kg)한 것이 상품이다. 잎은 얇고 부드러우며, 밑부분은 잘 뭉쳐 있어야 한다. 잎에 검은 반점이 있으면 속까지 '점박이'일 가능성이 있다. 검은 반점은 붕소가 부족하다는 증거다. 너무 크지도 너무 작지도 않은 배추를 고르고 잎 끝이 잘 여며져 있는 것이 좋다. 겉잎이 신선하며 짙은 것이 양질이고 잎이 두껍지 않은 것을 고른다.

보관은 10~24°C의 상온에서 하는 것이 원칙이다. 하지만 씻은 상태이거나 남은 배추는 비닐봉지에 담아 냉장고의 채소 칸에 보관하는 것이 좋다. 이때 배추를 세워두면 물러지는 것이 다소 억제된다.

과거엔 김장철에 맞춰 배추는 가을에 주로 수확됐으나 요즘은 비닐하우스와 김치 냉장고 덕분에 연중 출하된다. 그래도 늦가을 서리가 내릴 때 나온 것이 가장 맛있다. 기온이 떨어지면 잎이 단단하게 뭉쳐(결구) 당분이 빠져나가지 않기 때문이다.

약으로 쓰이는 못난이 배추, 곰보배추

'배추' 하면 김장을 하는 배추를 떠올리기 마련인데, 이와 다르게 생긴 배추가 바로 곰보배추이다. '문둥배추' 혹은 '동생초'라고도 불리는 이 배추는 감기와 천식 예방에 효과가 있다. 이외에도 여러 가지 병에 효과가 있어서 '만병통치약'으로 인정받는다. 많은 이들이 음식으로 섭취하기보다는 차로 달여 마시는 방법을 쓴다.

입에서 살살 녹는 배춧잎으로 감싼 떡갈비

배춧잎 10장, 도라지 50g, 갈빗살 400g, 간장 4큰술, 다진 마늘 · 꿀 · 설탕 · 찹쌀가루 1큰술씩, 참기름 · 다진 마늘 · 굵은 소금 · 후춧가루 약간씩

만들기

① 배춧잎은 끓는 소금물에 데치고 도라지는 채 썬 후 찬물에 담가 쓴맛을 뺀다.
② 프라이팬에 참기름을 두르고 도라지, 다진 마늘을 볶은 후 소금과 깨소금을 넣는다.
③ 잘게 다진 갈빗살에 간장, 다진 마늘, 꿀, 설탕을 넣고 조물조물 무친다.
④ 3에 간 양파, 간 배, 참기름, 찹쌀가루, 소금, 후춧가루를 넣고 차지게 반죽한다.
⑤ 4의 반죽을 적당량 떼어내 도마 위에 얇고 평평하게 깐 후 2를 넣고 돌돌 만다.
⑥ 5를 180℃로 예열한 오븐에 넣고 10분간 굽는다.
⑦ 구운 떡갈비를 1의 배춧잎 위에 올려 돌돌 만다.

가족들과 함께 반찬으로 좋아요, 주꾸미 배추볶음

배춧잎 4장, 주꾸미 250g, 바지락 100g, 표고버섯 2장, 홍고추 · 풋고추 1개씩, 대파 1대, 굴 소스 2큰술, 간장 1큰술, 마늘 · 다진 생강 · 설탕 · 올리브 오일 · 참기름 약간씩

만들기

① 배추는 넓적하게 편으로 썰고 바지락과 주꾸미는 손질한 뒤 씻어 물기를 뺀다.
② 표고버섯은 채 썰고, 풋고추 · 홍고추 · 대파는 어슷 썬다. 마늘은 편으로 썬다.
③ 프라이팬에 올리브 오일을 두르고 마늘과 다진 생강을 볶다가 바지락과 주꾸미, 표고버섯, 굴 소스 간장, 설탕을 넣어 함께 볶는다.
④ 마지막으로 배춧잎과 풋고추, 홍고추, 대파를 넣어 함께 볶다가 참기름을 넣어 완성한다.

버섯

Mushroom

고대 이집트에선 파라오만이 먹을 수 있었다. 고대 로마에선 전사들에게 싸울 힘을 주는 것으로 믿었다. '대지의 음식' 버섯 이야기다. 영조 대왕·네로 황제·진시황·나폴레옹이 즐긴 음식으로도 유명하다. 폭군으로 유명한 네로는 버섯을 따오는 사람에게 버섯 무게만큼 황금을 줬다. 그래서 폭정과는 어울리지 않게 '버섯 황제'라는 애칭까지 얻었다. 진시황은 영지를 불로초로 여겼다. 영지의 다른 이름이 '신선 불로초'인 것은 이래서다. 나폴레옹은 서너 시간만 자고도 활력이 넘치는 인물이었다. 그의 넘치는 스태미나의 비결은 버섯이었을지도 모른다. 조선의 최장수 왕인 영조는 송이의 '광(狂) 팬'이었다. 버섯은 동서양 어디에서나 음식 재료로 인기가 높다.

최근 버섯은 콜레스테롤을 낮춰주고 비만·변비를 막아주며 암을 예방하는 웰빙·장수 식품으로 각광받고 있다. 이 같은 효능의 중심엔 베타글루칸이 있다. 다당류(단당류인 포도당 등이 수십 개 이상 연결된 것)이자 수용성(물에 녹는) 식이섬유인 베타글루칸을 빼놓고는 버섯을 논할 수 없을 정도다. 베타글루칸이 콜레스테롤을 낮추는 효과는 실험적으로 증명되었다. 일본 학자들은 생표고 100g(마른 것은 50g)을 일주일간 먹으면 혈중 콜레스테롤 수치가 10% 줄어든다는 연구 결과를 발표했다.

버섯은 열량이 100g당 30kcal 안팎이라 다이어트에도 좋다. 녹색 채소와 별 차이가 나지 않는다. 대부분의 버섯은 수분이 90% 이상이다. 식이섬유가 풍부해 먹으면 포만감이 금세 느껴진다. 버섯이 '만병의 근원'이라는 변비 예방·치료에 유효한 것도 식이섬유 때문이다.

암에 대해서도 효과가 있느냐에 대해선 양론이 있다. 영지·운지·상황·아가리쿠스·차가버섯 등 수많은 버섯이 암 예방을 표방한다. 이 버섯들의 항암 성분으로 기대되는 것도 베타글루칸이다. 베타글루칸이 대식세포(암세포 등을 잡아먹는 면역 세포)를 활성화한다는 연구 결과는 여럿 있다. 일본에선 30년 전부터 버섯에서 베타글루칸을 추출한 뒤 이를 항암제로 사용해왔다. 베타글루칸이 주성분인 '버섯 항암제'는 암세포를 직접 죽이지는 못한다. 암 환자의 면역력을 높여 암세포의 활성을 억제하는 역할을 한다. 자연살해(NK)세포·T세포 등 면역 기능과 관련된 세포의 수와 활성을 높여주는 일종의 면역요법제다. 그러나 사람을 대상으로 버섯의 항암 효과를 분명하게 증명한 연구는 아직 없다. 그래서 고가의 약용 버섯을 굳이 사 먹어야 하는지에 대해 의문을 표시하는 전문가도 많다.

능이

한방에선 흔히 '일능이송삼표'라고 한다. 약성으로만 보면 능이가 1위, 송이가 2위, 표고가 3위라는 뜻이다. 능이는 위에서 내려다보면 두꺼비같이 생겼다. 식감이나 맛도 괜찮다. 베타글루칸과 콜레스테롤 저하를 돕는 테르펜 성분이 주된 약효 성분이다. 인공 재배를 할 수 없어 시판되는 것은 자연산이다. 갓은 절반 이하만 펴 있고 고유의 다갈색 외엔 검은 얼룩이 없는 것이 상품이다. 대는 탄력 있고 부드러운 것을 선택한다.

영지

석이(石耳)버섯의 일종으로 높은 산의 벼랑에서 발견된다. 활엽수의 그루터기에서 자라는 영지는 '진시황의 불로초'로 유명하다. 《본초강목》에선 인삼과 함께 상약(上藥)으로 분류했다. 《동의보감》엔 "장수하게 하고, 얼굴빛을 좋게 하는 버섯"이라고 소개했다. 영지는 혈압과 콜레스테롤 수치를 떨어뜨려 고혈압·심장병·동맥경화·고지혈증에 효과가 있는 것으로 알려졌다. 인체의 면역력을 높여 항암 효과도 나타낸다. 기침·기관지염·천식 등 호흡기 질환에도 이롭다. 평소 기관지에 문제가 있거나 날씨가 건조할 때는 영지를 넣고 끓인 물을 하루 세 번 식전 공복에 마시면 효과적이다. 피로·어지럼증·불면증이 있으면 영지 12g을 물 100ml에 달여 하루 두 번에 나눠 마신다.

운지

운지(구름)는 상황·영지보다 채취하기 쉽다는 이유로 가격이 훨씬 싸다. 약효는 영지 못지않다. 우리 몸의 면역 시스템을 강화해 암을 억제한다. 특히 간(肝) 건강에 유익한 것으로 알려져 간염·만성 간 질환자에게 권장된다. 약으로 복용할 때는 물 1L에 운지 20개가량을 함께 넣어 달이는 것이 좋다. 단, 성질이 차서 몸이 냉한 사람과는 궁합이 맞지 않는다.

동충하초

주요 산지	주요 영양 성분	효능	제철	보관 방법
천안	비타민 D	비만 예방	연중	종이나 키친타월에 싸서 서늘한 곳이나 냉장고에 보관한다.
화성	철분	당뇨병 예방		
청흥	식이섬유	항암 효과		
창녕	단백질	성장 촉진		
울진	탄수화물	골격 · 치아 강화		
안동	에르고스테롤			
경주				
양양				
봉화				
보령				

중국의 덩샤오핑과 1993년 세계육상 선수권대회에서 세계를 놀라게 한 마(馬) 군단이 애용한 버섯이다. 중국에선 주나라 때부터 약선 요리로 만들어 먹었고 황실에선 동충하초 오리 수프를 즐겼다는 기록이 남아 있다. 동충하초(冬蟲夏草)는 겨울엔 벌레 상태로 있다가 여름이 되면 버섯이 된다는 뜻이다. 겨울엔 벌레에 기생하다 벌레가 죽으면 여름에 그 자리에 생기는 색다른 버섯이다.

이 버섯은 노화의 주범으로 알려진 유해산소를 없애는 데 효과적이다. 피로를 푸는 데도 유익하다. 항암 효과(특히 폐암)도 기대된다. 버섯에 든 코디세핀이 면역력을 높여주기 때문이다. 당뇨병·백혈병·기관지염·간염·성기능 강화에 도움이 된다는 주장이 있으나 아직 과학적 근거가 부족하다. 감기 초기나 몸에 열기가 많은 사람은 함부로 먹어선 안 된다.

국내에선 눈꽃 동충하초와 밀리타리스 동충하초만 식품 원료로 사용된다(식품공전). 둘 다 인공 재배가 가능하다. 이 중 마 군단과 덩샤오핑이 애용한 것은 밀리타리스다.

상황

상이(桑耳, 뽕나무)라고도 불린다. 신체의 면역력을 높여 항암 작용을 할 것으로 기대되는 여러 버섯 중 하나이다. 원래는 버섯 중 가장 고가였지만 요즘은 인공 재배가 가능해져 가격이 많이 떨어졌다.

《동의보감》·《신농본초경》·《향약집성방》에선 "신과 같은 효험이 있다"며 예찬했다. 《본초강목》엔 "여성의 자궁 출혈, 생리 불순에 도움이 된다"고 기술돼 있다. 이런 증상으로 고생하는 여성은 볶은 상황 가루를 공복에 1회 8g씩 술과 함께 복용하면 좋다.

스트레스·숙취가 심하면 물 1L에 상황 10g을 넣고 달인 물을 마시는 것도 괜찮다. 달일 때는 약한 불로 물이 반쯤 줄 때까지 달여 식후 3번 복용하는 것이 좋다. 위를 튼튼하게 하는 효험도 있지만 약간의 독이 있어 복용 시 주의를 요한다.

국내에서 공식 허가된 것은 '펠리누스 린테우스'와 '펠리누스 바우미' 두 종뿐이다. 다른 것은 아직 안전성이 입증되지 않았으므로 살 때 어떤 종인지 확인하는 것이 좋다. 갓의 색깔은 황갈색이거나 담황갈색이다. 검은빛이 돌면 질이 떨어지는 것일 수 있다.

아가리쿠스

브라질 피아다테 지방에서 자생하는 버섯이다. 요즘은 한국·일본·중국 등에서 인공 재배된다. 주성분은 암 예방 효과가 기대되는 베타글루칸·알파글루칸·갈락토글루칸 등 다당류와 뼈를 튼튼히 하는 에르고스테롤(햇볕을 받으면 비타민 D로 전환)이다. 살 때는 갓이 펴지지 않고 둥근 것을 고른다. 건조 제품은 손으로 만졌을 때 물기가 느껴지지 않는 것이 좋다.

차가

북위 45도 이상인 시베리아·북미·북유럽의 자작나무·오리나무·단풍나무·버드나무에서 발견되는 버섯이다. 이중 자작나무에 기생하는 것만 약성이 있는 것으로 알려져 있다. 러시아·동유럽에선 오래전부터 난치병 치료제로 이용했다. 러시아 정부가 이 버섯의 추출물을 암과 당뇨병 치료 성분으로 허가했다. 대부분의 버섯이 죽은 나무에서 기생하는 것과는 달리 살아 있는 나무에서 발견되는 것이 특징이다. 유해 산소를 없애는 효소인 SOD의 활성이 높다는 것이 이 버섯의 장점이다. 자연살해세포와 면역세포인 T세포의 활성을 높여(베타글루칸의 효과) 신체의 면역력을 강화하고 암 예방을 도울 것으로 기대되고 있다.

목이

잡채·우동·탕수육에 많이 이용한다. 이런 음식을 먹다 보면 검은색을 띠면서 고기처럼 쫀득쫀득하게 씹히는 것이 목이다. 중국 요리의 '감초'라 할 수 있는데 향이 강하지 않고 맛이 담백해서 어느 요리에나 잘 어울린다. 봄부터 가을까지 오래된 활엽수(뽕나무·참나무·수유나무 등)나 마른 가지에서 자라는데 흰 것과 검은 것이 있다. 가격은 흰 것이 훨씬 비싸지만 철분 함량은 검은 것이 열 배나 많다. 두툼한 검은 목이(말린 것) 아홉 개면 철분의 하루 섭취 권장량이 채워진다. 따라서 철분 부족에 의한 빈혈 예방에 유효하다.

칼슘 함량도 버섯·채소 가운데 최고 수준이다. 체내에서 칼슘의 흡수를 돕는 비타민 D도 풍부하다. 장의 활동을 돕고 변비 예방에 유효한 젤라틴도 많이 들어 있다.

한방에선 목이를 딴 나무 종류에 따라 용처를 달리한다. 뽕나무에서 얻은 것은 갱년기 장애, 참나무·수유나무에서 채취한 것은 변비 치료에 쓴다.

살이 두툼하고 색이 짙은 것이 상품이고 두께와 크기가 일정한 것이 좋다. 물에 불려 볶음 요리나 수프에 넣으면 음식 맛이 좋아진다. 이때 말린 것을 물에 불리면 열 배나 늘어난다.

한방에선 과다 섭취하면 피부 질환을 일으킬 수 있는 식품으로 친다. 습(濕)과 열(熱)이 많다는 이유에서다.

석이

자연식품 가운데 드물게 검은색을 띠어 오색 고명을 만들 때 꼭 필요하다. 마른 석이를 더운물에 불렸다가 양손으로 비벼서 씻으면 검정 물이 나오므로 여러 번 헹구어 건진다. 고명으로 쓸 때는 한꺼번에 손질하여 바싹 말려두었다가 필요할 때마다 더운물에 불려서 사용한다. 잣가루를 묻힌 석이단자는 잣과 석이 향이 잘 어울리는 별미 떡이다.

싸리

갓이 여러 갈래로 갈라져 산호초와 비슷하게 생겼으며 육질이 부드러워 쉽게 부서진다. 조금만 상해도 배탈이 나기 쉬우므로 싱싱한 것을 먹어야 한다.

새콤하고 아린 맛이 있어 소금물에 삶아 물에 담가두었다가 건져 볶거나 전골·찌개 등에 넣는다.

꽃송이

중국·일본·호주·북미 등의 고산 지역에서 자생한다. 수확량이 적어 주로 상류층을 위한 호사 요리 재료로 활용돼왔다. 이름 때문에 송이버섯과 연관이 있는 것으로 착각하기 쉽지만 별 관련이 없다. 베타글루칸 외에도 단백질과 비타민 B_1·B_2·D가 풍부하고 칼슘·철분 등 미네랄 성분도 상대적으로 많이 들어 있다. 팽이·느타리버섯이 활엽수 톱밥 배지를 선호하는 것과 달리 꽃송이버섯은 소나무 등 침엽수 톱밥으로 만든 배지에서 잘 자란다.

송이

"냄새는 송이버섯, 맛은 자연 송이"란 옛말이 있다. 산중고송(山中古松) 밑에서 자라 향기로운 솔 냄새가 난다. 특히 20~30년생 소나무의 실뿌리에서 자라는 송이는 향과 맛이 뛰어나다. '버섯의 왕자'로 통한다.
소나무 중에서도 붉은 적송(赤松)의 잔뿌리에서 자란다. 송이는 생김새 때문인지 "암소나무 밑에서 잘 자란다"라는 말이 있는데, 이는 과학적으로 타당하지 않다. 소나무는 자웅동체이기 때문이다. 일본인은 흑송(黑松)을 수컷, 적송을 암컷으로 본다.
송이가 귀한 것은 인공 재배가 불가능하고 9~10월 추석 무렵에 잠깐 나와서다. 값이 비싸 서민들은 좀처럼 밥상에 올리기 힘든 '귀족 버섯'이다. 국내에선 소나무가 많이 자라는 경북 봉화·영주·울진·문경·상주, 강원 양양·인제·명주·삼척, 충북 보은 등이 주산지이며 특히 양양 송이가 유명하다.
열량이 낮고(100g당 36kcal) 비타민 B_2(지방·탄수화물을 에너지화)가 들어 있어 다이어트하는 사람에게도 좋다.
칼슘의 체내 흡수를 돕는 비타민 D와 식이섬유가 상당량 들어 있다는 것도 영양상 장점이다. 식이섬유는 변비 예방은 물론 장 노폐물의 배설을 도와 대장암 예방에도 유효하다. 식이섬유는 또 혈중 콜레스테롤 수치를 낮춰 동맥경화·심장병·고지혈증·당뇨병·담석 환자에게도 유익한 성분이다. 다른 버섯류와 마찬가지로 에르고스테롤도 많이 들어 있다. 에르고스테롤은 햇볕을 받으면 체내에서 칼슘 흡수를 돕는 비타민 D로 변환된다.
건강과 장수에 이로운 식품으로 알려져 있다. 조선의 왕 27명 가운데 최장수 왕(82세까지 생존)인 영조는 식성이 소탈했지만 "송이·생전복·새끼 꿩·고추장 등 네 가지만 있으면 밥을 잘 먹는다"라는 말이 전해진다. 《동의보감》엔 "솔 향이 짙고 무독하며 버섯 중 가장 맛이 좋으며 기운을 돋게 하는 효능이 있다"고 기술돼 있다.
민간에선 편도에 염증이 있으면 숟가락으로 혀를 누르고, 말린 송이 가루를 양쪽 편도 부위에 골고루 뿌려준 뒤 30분 쯤 뒤 물을 마시도록 했다.
갓이 도톰하면서 펴지지 않을수록 양질이다. 대는 짧고 굵은 것이 좋다. 육질이 은백색이고 반점이나 벌레 먹은 자국이 없어야 한다.
송이는 특유의 은은한 향이 일품이므로 물로 씻지 않고 특별히 조미하지 않는 것이 원칙이다. 조리할 때는 흙이 묻어 있는 대 끝 부분을 칼로 도려낸 뒤 젖은 행주를 꼭 짜서 조심스럽게 닦는다. 세로로 찢어서 소금 간을 해 먹는 것이 가장 맛있다. 일본인은 송이를 다룰 때 칼을 사용하지 않는다. 귀한 송이에 쇠 냄새라도 밸까 싶어서다. 대나무 칼로 썰어 소금에 찍어 먹는다. 구워 먹고 싶다면 소금으로 간을 한 뒤 은박지에 싸서 화로에 살짝 구워 그 자리에서 먹는 것이 좋다. 참기름을 발라 프라이팬에 구우면 향이 사라진다. 참기름 냄새에 송이 향이 묻히기 때문이다. 불고기전골에 송이를 넣어 끓여도 향이 달아난다.
오래 두고 먹으려면 랩으로 밀봉한 뒤 냉동실에 넣어두거나 쪼개서 건조한 상태로 보관한다.

팽이

팽나무버섯이라고도 한다. 자연산은 늦가을에서 이듬해 봄까지 각종 활엽수의 고목이나 그루터기에서 흔히 발견된다. 담백하면서도 매끄럽고 향이 은은하며 씹히는 맛이 쫄깃해 된장찌개·우동 등에 넣는다. 자연산은 색깔이 갈색이고 갓도 큼직한 데 반해 인공산은 갓이 작고 흰색이다.
일본인의 식탁에선 우리의 콩나물 같은 존재다. 다이어트와 항암 효과가 있는 것으로 알려져서다. 팽이의 항암 성분으로 추정되는 것은 베타글루칸 등 다당체다. 일본 나가노 현민의 인구 10만 명당 평균 암 사망률은 160명인 데 비해 이 지역 팽이 재배농가 가족은 97명으로 40%가량 낮다. 나가노 현은 팽이를 지역 특산물로 개발 중이다. 팽이가 함유된 '항암 드링크'가 단적인 예다. 팽이는 버섯 중 가장 찬 곳에서 자란다.

표고

우리 국민이 가장 즐겨 먹는 버섯 중 하나다. 중국·동남아의 풀버섯, 유럽·미국의 양송이버섯과 함께 세계 3대 재배 버섯으로 꼽힌다. 봄에서 가을까지 밤나무·참나무 등 활엽수 주변에서 발견된다.
반구형의 갓이 달린 표고는 동양 요리에서 '약방의 감초' 격인 식재료이다. 영양적으론 칼슘 흡수를 돕는 비타민 D의 보고(寶庫)라 한창 자라는 어린이와 임신부에게 좋다.
웰빙 성분은 렌티난(다당류의 일종)이다. 렌티난은 암 예방을 돕고 신체의 면역력을 높이며 항(抗)바이러스 효과를 나타내는 물질로 알려져 있다.
또 에리타데닌이란 성분이 들어 있어 혈관 건강에 유익하다. 일본에선 생 것 100g(마른 것은 50g)을 일주일간 먹으면 혈중 콜레스테롤 수치가 10% 떨어진다는 연구 결과가 나왔다.

양송이

유럽에선 오래전부터 양송이 요리가 발달했다. 특히 크림·수프·볶음 요리엔 거의 빠짐없이 들어간다. 피자·샐러드·그라탱 등에도 들어가며 어떤 음식 재료와도 잘 어울린다. 우리나라에선 대개 고기를 구울 때 곁들여 구워 먹는다. 양송이의 갓 속에 고이는 국물엔 양송이의 각종 영양 성분이 고스란히 들어 있다. 인공 배양으로 대량생산되고 연중 출하되기 때문에 값이 싸다는 것이 장점이다. 가격이 저렴한 만큼 맛과 영양이 보잘것없을 것이라고 생각한다면 오산이다. 우리 몸의 살과 피가 되는 단백질과 혈압을 조절하는 칼륨이 풍부하다. 또 열량(100g당 23kcal)이 낮은 데다 금세 포만감을 느끼게 하는 식이섬유가 풍부하다.

느타리

갓은 짙은 회색, 대는 흰색인 식용 버섯이다. 느타리·여름느타리·사철느타리 등 세 종류가 있다. 모양이 길쭉하게 생겨 산적에 고기와 함께 끼우는 식재료로 유용하다. 잡채에 넣거나 나물로도 먹는다. 살짝 데친 뒤 물기를 짜고 쭉쭉 결대로 찢어 찌개·전골 등에 넣어 먹기도 한다. 영문명은 묘하게도 '굴 버섯'(oyster mushroom)이다. 맛·향기가 뛰어난 다이어트 식품이기도 하다. 100g당 열량이 생것은 25kcal, 삶은 것은 41kcal에 불과하다. 여느 버섯들과 마찬가지로 비타민 D 의 전구체인 에르고스테롤이 풍부하다. 에르고스테롤은 햇볕을 받으면 비타민 D로 바뀐다. 비타민 D의 충분한 섭취는 암 예방에도 유용한 것으로 알려져 있다. 그 덕분인지 느타리 추출액을 섭취한 암 환자가 효과를 보았다는 연구 결과도 나왔다. 칼륨도 꽤 많이 (100g당 260mg) 들어 있다. 칼륨은 혈압을 높이는 나트륨을 배출시켜 혈압을 낮춰주는 미네랄이다.

급할 때는 마른 표고버섯을 전자레인지로 부드럽게 불리자

마른 표고버섯은 보통 뜨거운 물에 10분 이상 담가 불려서 쓰는 것이 정석이다. 하지만 요리하기 전 급하게 마른 표고버섯을 불려야 한다면 전자레인지를 이용한다. 마른 표고버섯이 푹 잠길 정도로 물에 담근 뒤에 작은 접시로 눌러 덮고 2~3분 동안 가열하면 간편하게 불릴 수 있다.

독버섯에 대한 우리들의 잘못된 이해

① 색깔이 화려하면 무조건 독버섯이다?
- No. 색깔만 가지고는 독버섯 여부를 가릴 수 없다. 달걀버섯은 식용이지만 색이 매우 화려하다. 독버섯을 구분하는 기준은 하나하나 공부해 알아두는 수밖에 없다.

② 가지를 독버섯과 함께 먹으면 괜찮다?
- 역시 거짓이면서 과학적으로 전혀 근거가 없다. 그저 떠도는 말일 뿐이다.

③ 버섯에 닿은 은수저가 검게 변하면 독버섯이다?
- 이것 역시 정답이라고 할 수 없다. 일광대버섯처럼 유황을 함유한 독버섯은 가능성이 있지만 다른 독버섯에는 해당되지 않는다.

④ 술을 잘 마시고 술이 센 사람은 독버섯을 먹어도 괜찮다?
- 역시 틀린 말. 실수로 독버섯을 섭취한 후, 자신은 술에 세기 때문에 괜찮다고 하는 사람들이 있지만 절대 그렇지 않다. 특히 먹물버섯이나 배불뚝이깔때기버섯은 술과 함께 먹으면 더욱 쉽게 중독된다.

⑤ 독버섯은 세로로 안 찢어지니까, 찢어보면 된다?
- 천만의 말씀이다. 독버섯 중에도 세로로 쉽게 찢어지는 버섯이 많다.

버섯 향이 솔솔, 버섯 스테이크

설로인 스테이크 2개(170g), 소금·후춧가루 약간씩, 올리브 오일 1큰술, 말린 타임 1/4큰술, 으깬 마늘 1통분, 닭고기 육수 1/4컵, 얇게 썬 새송이버섯 1/2개

만들기

① 프라이팬을 중간 불로 달군다. 프라이팬에 스테이크를 넣고 소금과 후춧가루를 뿌린 후 5~6분간 골고루 굽는다.
② 스테이크를 빼고 불을 중간 불로 조절한다. 그런 다음 올리브 오일을 두른 뒤 다진 마늘을 넣고 저으면서 볶다가 노릇해지면 닭고기 육수와 버섯을 넣는다.
③ 버섯이 부드러워질 때까지 3분간 젓다가 스테이크 위에 얹어내면 완성. 두 번에 나눠 먹을 양이다.

하얀 보양식, 흰 살 생선 버섯전골

무 200g, 북어 머리 3개, 다시마 10×10cm, 물 5컵, 흰 살 생선 400g, 새송이버섯 2개, 팽이버섯 1봉지, 백만송이버섯 50g, 대파 1대, 양배추 80g, 연두부 100g, 은행·붉은 고추·소금·후춧가루 약간씩

만들기

① 물에 무와 북어 머리를 넣고 끓인 다음 불을 끄고 다시마를 넣어 5분 정도 두었다가 면보에 밭친다.
② 흰 살 생선은 3×5cm로 자르고 새송이버섯은 도톰하게 썬다. 팽이버섯과 백만송이버섯은 적당히 떼어놓는다. 대파는 어슷 썰고 양배추와 연두부는 한입 크기로 썬다.
③ 냄비에 모든 재료를 담은 뒤 1의 육수를 부어 끓인다. 그런 다음 소금과 후춧가루를 넣고 은행과 붉은 고추로 장식한다.

부추

Leek

"봄 부추는 인삼·녹용과도 바꾸지 않는다"라는 옛말이 있다. 부추는 잘라내고 잘라내도 또 자라서 평균 30일 간격으로 수확할 수 있다. 한 해에 열 번까지도 채취 가능하지만 제철은 3~5월이다. 이때 나오는 것이 가장 부드럽고 약성이 최고이며 맛과 영양도 절정을 이룬다. 녹황색 채소인 부추는 독특한 향, 매콤한 맛이 있어 봄볕에 사라져버린 입맛을 되찾아주는 고마운 봄나물이다.

원산지는 중국이다. 한국·중국·일본인만 즐겨 먹는다. 서양에서는 재배하지 않는다. 민간에서는 '오색·오덕'을 두루 갖춘 채소로 친다. 흰 줄기·노란 싹·파란 잎·붉은 뿌리·검은 씨 등 오방색을 띤다고 해서 오색(五色) 채소다. 또 날로 먹고, 데쳐 먹고, 절여 먹고, 오래 두고 먹고, 매운맛이 변하지 않는다고 해서 오덕(五德) 채소다. 실제로 부추는 다양하게 요리해 먹을 수 있다. 생으로 먹거나 즙을 내어 먹어도 좋다. 특유의 냄새가 싫은 사람은 익히거나 끓여 먹어도 괜찮다.

부추는 별명이 유난히 많다. '초종유'라는 별칭은 '풀에서 나는 젖'이란 뜻이다. 《동의보감》에서는 구채라 불렀다. 전라도에서는 '솔', 경상도에서는 '정구지'라 부른다. 실부추·한라부추·세모부추·두메부추·산부추·좀부추·돌부추 등 종류도 오만가지다.

부추의 정력 증진 효과는 오래전부터 정평이 나 있다. "부추 씻은 첫 물은 아들 안 주고 신랑만 준다"라는 옛말이 있을 정도이다. 불교와 도교에선 음심(淫心)을 발동시켜 수행을 방해하는 오신채 중 하나로 꼽는다. '게으름뱅이풀'이라고도 불리는데, 즐겨 먹으면 부부 사이가 좋아져 안방에서 나가지 않는다는 의미에서다. 중국의 서태후는 남성의 양기를 높여준다고 해서 '기양초(起陽草)'라고 명명했다. 《본초강목》에는 "온신고정(溫腎固精)의 효과가 있다"라고 쓰여 있다. 한방에서 신(腎)은 신장뿐 아니라 비뇨·생식기 전체를 가리킨다. 따라서 온신고정 효과는 정력 증진 효과라고 볼 수 있다. 강정 효과의 비결은 매운맛 성분인 황화아릴이다. 마늘과 양파에도 들어 있는 황화아릴의 주된 작용은 비타민 B_1과 결합해 알리티아민이 되는 것이다. 알리티아민은 요즘 일부 의료기관에서 '피로 해소제'로 처방되는 마늘 주사의 성분이다. 알리티아민이 피로를 풀어주고 활력을 높이면 정력은 자연스레 증강될 것이다. 황화아릴은 공기 중에 잘 날아가고 물에 녹는다. 부추의 정력 증진 효과를 극대화하려면 부추를 다듬고 씻는 시간을 가급적 짧게 하라고 하는 것은 이래서다.

체력이 떨어져 밤에 식은땀을 많이 흘리며 자거나 정력이 부족한 사람

야생에서 볼 수 있는 부추도 있어요

① 산부추 : 야생 부추 중 하나로 잎이 빳빳하며 크기는 약 30~60cm이다. 어린잎은 식용으로 쓰고 한방에서는 약재로 쓰기도 한다.

② 두메부추 : 야생 부추이면서 화초로 키우기도 한다. 일반 부추보다 잎이 더 두꺼우며 매운맛도 강한데 먹기보다는 약으로 쓰는 약용식물에 더 가깝다.

③ 솔부추 : 조선부추라고 불리며 잎이 가늘고 짧아 상품성이 떨어진다고 알려져 있지만 부드럽고 맛이 좋으며 감칠맛이 난다.

주요 산지	주요 영양 성분	효능	제철	고르는 법	보관 방법
포항 울산 하남 대구	단백질 탄수화물 칼슘 비타민 A 비타민 B 칼륨	체력·정력 증진 빈혈 예방 혈액순환 개선 항산화 작용	3~9월	싱싱하며 줄기가 너무 크거나 두껍지 않은 것을 고른다. 꽃봉오리가 핀 부추는 맛이 떨어진다.	잘린 단면 주위의 이물질을 손으로 골라내고 흐르는 물에 흔들어 깨끗이 씻는다.

에겐 부추즙·부추죽을 권한다. 부추즙은 썬 부추를 강판에 간 뒤 거즈를 이용해 즙을 낸 것이다. 이 즙은 매일 두 번(한 컵씩)가량 마시면 적당하다. 이때 따뜻한 물과 섞어 마시는 것이 좋다. 부추죽은 쌀죽을 쑨 뒤 잘게 썬 부추를 적당량 넣어 다시 뜸을 들이고 소금으로 간한 음식이다. 돼지고기와 함께 볶아낸 부추잡채도 권할 만하다. 돼지고기에 풍부한 비타민 B_1과 부추의 황화아릴이 결합해 알리티아민이 다량 생성된다.

    부추 씨(구자)는 잎보다 보양 효과가 월등하다. 한방에선 정력 부족을 호소하는 사람에게 한 번에 열 개씩 하루 세 번 꾸준히 섭취하라고 추천한다. 신(腎)을 따뜻하게 해서 양기를 보충하기 때문이란다. 부추는 몸을 따뜻하게 하는 보온 채소로도 유명하다. 《동의보감》에는 "성질이 따뜻하고 맛이 매우면서 약간 시고 독이 없다. 오장을 편안하게 하고 위의 열기를 없애며 허약한 것을 보하고 허리·무릎을 덥게 한다"라고 기술돼 있다. 평소 몸이 찬 사람(특히 여성)과 찰떡궁합이다. 한방에선 냉·대하, 아랫배가 찬 증상, 몸이 차서 생기는 요통, 손발 저림, 불임증 등의 개선을 위한 약재로 이용한다. 부추는 심혈관 질환 예방 효과도 있을 것으로 기대된다. 부추 잎에 든 아데노신이 혈전을 억제하는 효과가 있기 때문이다.

    영양적으로는 비타민 B_1·B_2·C·베타카로틴 등 비타민, 칼슘·칼륨·철분 등 미네랄, 엽록소, 식이섬유가 풍부하다. 시금치에 버금가는 비타민과 미네랄의 '보물 창고'다. 섭취할 때 주의할 점도 있다. 위장이 약하거나 알레르기 체질인 사람이 너무 많이 먹으면 증상이 악화될 수 있다. 또 온성·열성 식품이니만큼 평소 몸에 열이 많고 얼굴이 붉은 사람과는 궁합이 맞지 않는다. 과다 섭취하면 설사를 일으킨다.

민간요법에서 사용하는 부추

① 심근경색엔 부추즙을 마신다. 《상한론(傷寒論)》이라는 옛 의서에는 통증이 등까지 퍼져가는 증상인 심통철배(心痛徹背)를 완화한다고 적혀 있다.

② 부추는 위장을 튼튼하게 해주고 설사를 멎게 한다. 아기가 설사를 자주 한다면 부추죽을 쑤어 먹이면 좋다.

③ 목이 부어서 아프고 음식이 넘어가지 않을 때 날 부추를 찧어 약간 볶아 목 주위에 붙이면 좋다.

명절에 딱 좋은 고기 반찬, 돼지고기 허브
고추장 양념구이

돼지목살 500g, 영양부추 60g, 사과 1/3개, 양파 1/4개, 설탕·식초·고춧가루 1큰술씩, 간장 1/2큰술, 통깨 1작은술, 참기름·다진 마늘 1/2 작은술씩, 고추장 소스(다진 바질 10g, 고추장·청주 1/2컵씩, 설탕·물엿 3큰술씩, 고춧가루·다진 마늘·생강즙 2큰술씩, 후춧가루 1/2작은술)

만들기
① 0.5cm 두께로 썬 돼지 목살을 프라이팬에 구워 기름을 뺀다.
② 분량의 소스 재료를 섞어 고추장 소스를 만든다.
③ 1의 앞뒤에 고추장 소스를 바르면서 굽는다.
④ 영양부추는 4cm 길이로 썰고 사과와 양파는 채 썬다.
⑤ 설탕, 식초, 고춧가루, 간장, 통깨, 참기름, 다진 마늘을 섞어 양념장을 만든 뒤 4에 넣고 살짝 무친다.
⑥ 접시에 구운 고기와 무친 영양부추를 함께 담는다.

브로콜리 / Broccoli

케일에서 유래한 브로콜리의 원산지는 지중해 동부 연안이다. 고대 로마 인들은 2세기부터 브로콜리를 재배해 먹었다. 우리나라에는 1960년대에 처음 소개됐다. 요즘은 웰빙 바람 덕분에 국내에서도 흔한 채소가 되었다. 브로콜리는 라틴 어로 '가지(branchium)'라는 뜻이다. 요즘은 사철 먹을 수 있지만 엄밀히 말하면 겨울 채소로 11월에서 3월이 제철이다.

서양에선 마늘·시금치·블루베리 등과 함께 대표적인 웰빙 식품으로 꼽힌다. 10대 건강식품을 선발할 때 늘 한 자리는 비워져야 하는 '단골손님'이다. 미국의 영양 전문가 스티븐 프랫 박사가 선정한 14가지 슈퍼 푸드에도 포함돼 있다. 미국 국립 암연구소(NCI)는 최고의 항암 식품으로 평가했다. 미디어의 찬사와 입소문에 힘입어 미국에서 브로콜리의 소비량은 1990년 이후 두 배로 늘어났다.

배춧과 채소인 브로콜리는 비타민 C·베타카로틴 등 항산화 비타민과 철분·칼륨이 풍부하다. 특히 비타민 C(100g당 98mg)가 많이 들어 있다. 이는 레몬의 두 배, 감자의 일곱 배에 달하는 양이다. 그래서 전문가들은 스트레스를 심하게 받거나 담배를 많이 피우거나 감기 기운이 있는 사람에게 브로콜리를 권장한다. 혈압을 조절하는 미네랄인 칼륨도 100g당 307mg이나 들어 있다. 변비와 대장암을 예방하는 식이섬유 함량(1.4g)도 높은 편이다. 열량은 100g당 28kcal로 다이어트하는 사람에게도 전혀 부담이 없다.

브로콜리는 암 예방을 돕는 항암 식품이다. 인돌-3-카비놀·설포라판·식이섬유 등이 항암 효과를 발휘한다. 브로콜리가 전립선암·유방암 예방을 돕는다는 연구 결과는 여럿 나왔다. 파이토케미컬의 일종인 인돌-3-카비놀은 유방암 발병의 요인인 여성호르몬(에스트로겐)을 억제하고 자궁경부암의 원인으로 지목되는 인유두종 바이러스도 억제한다. 폐암과 대장암 예방에도 효과적이어서 담배를 피우거나 육식을 즐기는 사람에게 좋다.

일본 농림수산성은 음식의 탄 부분에 함유된 발암물질에 대해 각종 채소와 과일(16종)이 어느 정도 억제력을 지니고 있는지 조사했다. 이 조사에서 브로콜리는 가지에 이어 두 번째로 발암 억제력이 큰 것으로 밝혀졌다.

심장을 보호하고 혈압을 낮춰주는 효과도 있다. 혈관 건강에 해로운 지방이 거의 없고 혈압을 조절해주는 칼륨이 풍부해서다. 미국에서 10만 명을 대상으로 실시한 조사 결과에 따르면 브로콜리·차·양파·사과 등 플라보노이드가 풍부한 식품을 즐겨 먹으면 심장병 발생 위험이 20%나 감소했다. 플라보노

브로콜리, 이렇게 먹어요

① 브로콜리는 생으로 먹을 때 가장 효율적인데, 생으로 먹기 부담스러워 데칠 때는 5분 이내에 살짝 데쳐 먹는다. 먹기도 편하고 항암 효과도 높일 수 있다.
② 브로콜리의 잎과 줄기는 버리지 말고 같이 먹자. 브로콜리의 잎에는 비타민 C와 비타민 E가 함유돼 있고 줄기에는 식이섬유와 비타민 A, 베타카로틴이 풍부하다.
③ 암을 이기고 싶으면 브로콜리를 쪄 먹자. 브로콜리를 찌면 암에 대항하는 항산화 물질의 농도가 30% 이상 높아지는 것으로 밝혀졌다.

새집증후군 처방약 브로콜리

새집증후군은 클로로포름 등 각종 화학물질 때문에 오는데, 이런 화학물질과 오염 물질을 해독하기 위해서는 인돌 화합물이 필요하다. 브로콜리에 이 인돌 화합물이 함유되어 있으므로, 새집으로 이사한 뒤 브로콜리를 꾸준히 섭취하면 새집증후군을 완화하는 데 효과적이다.

주요 산지	주요 영양 성분	효능	제철	고르는 법	보관법
홍천 제주 괴산 등	단백질 칼륨 비타민 A 비타민 C 철분 베타카로틴 아연 셀레늄	위암 · 위궤양 예방 노화 방지 피로 해소 항암 작용 해독 작용	11~3월	좋은 브로콜리는 꽃봉오리(머리) 부분이 짙은 녹색이거나 약간 보라색 기운이 도는 것이다. 꽃봉오리가 노란색이거나 회색이면 신선도가 떨어진다. 되도록 봉오리가 작고 단단하며 싱싱하고 가운데가 불룩 솟아올라 있는 것을 고른다.	브로콜리는 숙성되면서 향이나 단맛이 증가하므로 냉장고가 아닌 실온에 보관하는 것이 원칙이다. 너무 차면 맛이 떨어지므로 섭취하기 1~2시간 전에 냉장고에 넣어 시원하게 먹는다. 일주일 이상 보관하기 힘들므로 먹을 만큼만 사는 것이 현명하다.

이드는 유해 산소를 없애는 항산화 성분이다.

백내장 예방에도 유용하다. 눈 주위에 유해 산소가 쌓이면 백내장이 생길 수 있는데 브로콜리의 항산화 성분인 루테인·제아잔틴(눈의 수정체·망막에도 풍부)이 유해 산소를 없애준다. 미국에서 3만 6000여 명의 남성을 대상으로 한 조사에서 매주 두 번 이상 브로콜리를 먹는 사람은 매달 한 번 이하 섭취하는 사람에 비해 백내장 발생 위험이 23%나 낮은 것으로 드러났다.

뿐만 아니라 골다공증을 예방하고 뼈를 튼튼하게 한다. 뼈의 건강을 좌우하는 칼슘이 브로콜리 100g당 64mg이나 들어 있다. 위궤양 예방 효과도 기대되고 있다. 위궤양과 위암을 일으키는 헬리코박터 균을 제거하는 것으로 알려졌기 때문이다. 브로콜리에 함유된 설포라판은 최신의 항생제보다 더 효과적으로 헬리코박터 균을 죽인다고 한다. 선천성 기형 예방을 도와 임신부라면 반드시 섭취해야 할 식품으로 꼽힌다. 브로콜리 한 컵엔 엽산이 94mg 들어 있다. 임신 중 엽산이 부족하면 태아의 신경세포가 적절하게 분화하지 못해 척추이분증 등 치명적인 기형을 유발할 수 있다.

브로콜리를 손질할 때는 물에 넣고 잘 씻은 뒤 줄기는 잘라내고 송이와 송이 사이에 칼끝을 넣어 작은 송이를 떼어낸다. 얼음물에 담가두면 색이 선명해지고 싱싱한 상태가 오래 유지된다. 조리할 때는 먼저 브로콜리를 소금물에 30분가량 담가 송이 속의 오염 물질을 제거한다. 끓는 물에 소금·식초를 넣고 살짝 데치면 색이 선명해지고 씹는 맛도 좋아진다. 줄기와 송이를 함께 데치거나 볶는 것은 피한다. 고르게 익지 않기 때문이다. 데치거나 볶을 때는 브로콜리의 줄기를 먼저 넣고 송이를 나중에 넣는 것이 바른 순서이다. 브로콜리를 끓는 물에 넣거나 가열·조리하면 비타민 C·엽산·일부 항암 성분이 파괴될 수 있다. 그러므로 이보다는 찌거나 전자레인지를 이용해 조리하는 것이 좋다. 조리할 때 양파를 곁들이거나 참깨를 뿌리거나 참기름을 넣어 볶으면 브로콜리의 항암 효과가 더 커진다. 브로콜리의 항암 성분이 대부분 지방에 녹는 지용성 물질이기 때문이다.

브로콜리를 생으로 먹으면 배에 가스가 찰 수 있다. 이 문제는 살짝 데쳐서 먹으면 해결된다. 브로콜리의 쓴맛이 싫은 사람은 소금을 약간 넣거나 간장에 찍어 먹는 것이 방법이다.

'과함은 모자람만 못한 것'이란 말은 브로콜리에도 적용된다. 너무 많이 먹으면 브로콜리에 든 고이트로젠이란 물질이 갑상선의 기능을 방해한다. 그렇지만 하루 한두 컵 정도 먹는 것은 아무 문제가 안 된다.

브로콜리랑 잘 맞는 궁합보기

① 양파
브로콜리는 바이러스에 대한 저항력을 높이는 인터페론 분비를 촉진하는데, 양파를 함께 섭취하면 효능이 배가된다.

② 아몬드
브로콜리의 비타민 C와 아몬드의 비타민 E가 뇌의 활성화를 촉진한다.

③ 당근
당근과 브로콜리에는 비타민 A가 풍부한데 둘을 같이 섭취하면 비타민 A가 유해 산소를 억제해 면역력을 높이며 눈 건강에도 도움을 준다.

내 아이에게 딱 좋은 영양 간식, 브로콜리 치킨 볼

브로콜리 1/2개, 감자 1개, 닭 가슴살 2조각, 밀가루 1/2컵, 빵가루 1컵, 달걀 1개, 소금 1/2 작은술, 후춧가루·돈가스 소스 약간씩

만들기
① 브로콜리는 한입 크기로 썰어 데치고 감자는 소금을 조금 넣어 삶아서 으깬다.
② 닭 가슴살은 소금과 후춧가루로 밑간해 곱게 다진다.
③ 으깬 감자와 브로콜리를 동그랗게 빚고 다진 닭고기로 감싸 치킨 볼을 만든다.
④ 치킨 볼에 밀가루와 달걀 물, 빵가루를 입혀 180℃의 기름에 두 번 튀겨낸다.
⑤ 먹기 좋게 자른 후 돈가스 소스를 뿌린다.

다이어트용으로 한 끼, 가래떡 브로콜리 샐러드

(4인분) 가래떡 4개(15cm 길이), 브로콜리 300g, 옥수수 1컵, 완두콩 4큰술, 블랙 올리브 20개, 드레싱(사워 크림 200g, 설탕 4큰술, 우유 8큰술, 소금 1/2 큰술)

만들기
① 가래떡은 2~3cm 길이로 썬다.
② 브로콜리는 줄기의 억센 부분을 떼고 작은 송이로 나눈 뒤 끓는 물에 살짝 데쳐 찬물에 헹구고 물기를 뺀다.
③ 블랙 올리브는 둥근 모양을 살려 편으로 썬다.
④ 분량의 드레싱 재료를 한데 섞어 모든 채소와 함께 곁들인다.

상추 · 양상추

Lettuce

"가을 상추는 문 걸어놓고 먹는다"라는 속담이 있다. 상추 맛은 가을이 절정이라는 뜻인데 실제로 상추는 서늘한 날씨를 좋아한다. 상추는 동서고금을 막론하고 사랑받아온 채소로 BC 4500년께 고대 이집트의 피라미드에 최초의 기록이 남아 있다. 서양인은 샐러드의 기본 재료로 여기며 미국의 동서 간 운송 트럭의 적재함에 가장 많이 싣는 것이 상추다.

우리 조상들은 고려시대부터 상추쌈을 즐겼다. 한방에선 요긴한 약재로 써왔다. 입병과 목이 붓고 아픈 증상을 호소하는 환자에게 토기에 넣어 태운 상추잎(한방명 와거)을 처방한다. 또 모유가 부족한 산모에게는 상추를 찧어 만든 즙을 물에 타서 먹도록 권한다. 타박상이나 담 결린 환자에게는 즙을 직접 발라준다.

그뿐 아니라 잎과 뿌리를 함께 말려 가루 낸 것을 칫솔질할 때 치약과 함께 사용하면 치아가 하얘지기 때문에 치약 대용품으로도 쓰인다.

불면증 치유를 돕는 채소로도 유명하다. 이는 상추를 먹으면 꾸벅꾸벅 조는 것을 역이용한 지략이다. 우리 조상은 부녀자는 상추를 먹지 말라고 했다. 여성이 상추 먹고 조는 모습이 보기 흉하다고 여겨서다. 우리 속담에 "눈칫밥 먹는 주제에 상추쌈까지 싸 먹는다"는 말이 있다. 쌈을 크게 싸 먹을 때 눈을 크게 뜨게 되는 것에서 유래한 속담으로 여겨진다. 쌈이라는 음식이 양반이 먹기에는 품위가 없어 보였던지 예절 책에는 상추쌈 품위 있게 먹는 법이 자주 등장한다. 요즘은 수험생의 금기 식품으로 통하는데 저녁에 먹으면 잠이 와서 야간 자율학습에 집중하기 힘들어진다는 이유에서다. 상추에 든 수면 · 진정 · 최면 성분은 락튜카리움으로, 줄기를 자르면 나오는 우유 같은 흰 즙에 많이 든 쓴맛 성분이다.

상추는 크게 잎상추(치마상추)와 포기상추로 나뉜다. 치마상추는 한 잎씩 따내는 잎 따기로 수확하는 불결구(不結球) 종이다. 물기가 많고 맛이 시원해 식당용 쌈 채소로 주로 이용되는데 우리나라 재래종은 거의가 여기 속한다. 요즘은 속이 찬 포기상추가 대세이다. 맛도 치마상추보다 뛰어난 것으로 평가된다. 상추는 또 잎의 색깔에 따라 청상추와 적상추(꽃상추)로 분류된다. 맛은 청상추보다 적상추가 낫다. 양상추는 쉽게 바스라져 샐러드 · 마요네즈 등 서양 음식과는 잘 어울리지만 쌈엔 잘 맞지 않는다.

상추의 쓴맛 뒤엔 달콤한 맛이 숨어 있다. 그래서 식욕이 떨어져 밥을 잘 못 먹는 사람에게 곧잘 상추쌈을 추천한다. 영양적으로는 여느 녹색 채소와

베란다 텃밭의 첫걸음, 상추 심기

① 베란다 텃밭에서 채소를 키울 때는 반드시 흙을 구입해 사용한다. 외부 흙에는 벌레가 묻어 올 수 있다.

② 씨앗으로 키울 경우, 초기에 웃자라지(웃자람: 성장 시기에 비해 식물의 키가 지나치게 크는 것) 않도록 베란다 텃밭 난간이나 창틀에서 햇빛을 충분하게 쬐게 한다.

③ 물이 부족하지 않은지 자주 점검해, 화분에 물이 마르면 흠뻑 스며들도록 물을 준다.

④ 상추는 비를 맞으면 잎이 녹아버리므로 비가 올 때에는 화분을 실내로 옮기거나 베란다 창을 닫는다.

주요 산지	주요 영양 성분	효능	제철	고르는 법
논산 정읍 대전 이천 포천 등	철분 구리 비타민 A 비타민 C 칼슘 식이섬유 등	콜레스테롤 수치 저하 두통 완화 다이어트 신경 안정 불면증 치료	7~8월	잎의 색이 짙고 윤기가 나며 크기는 어린이 손바닥만 한 것이 제일 고소하다. 잎에 힘이 있어 신선하게 느껴지면서도 조직이 거칠지 않은 것을 고른다.

마찬가지로 탄수화물 · 지방 · 단백질은 적다. 대신 비타민 · 미네랄 · 엽록소 · 식이섬유가 풍부하다. 베타카로틴(체내에 들어가 비타민 A로 변환, 항산화 효과, 100g당 298㎍) · 비타민 C(항산화 효과, 10mg) · 칼슘(뼈 · 치아 건강 유지, 29mg) · 칼륨(혈압 조절, 306mg) · 철분(빈혈 예방, 1.1mg)이 제법 들어 있다. 특히 로얄채(상추의 한 품종)에는 베타카로틴이 4864mg, 비타민 C가 76mg이나 들어 있다. 비타민 C 함량만 놓고 보면 딸기 · 레몬 수준이다. 양상추는 비타민 · 미네랄 함량이 전반적으로 상추보다 적다.

상추쌈을 해서 고기를 먹으면 세 가지 이익을 얻는다. 상추의 항산화 성분은 고기를 태울 때 생기는 벤조피렌 등 발암물질의 생성을 억제한다. 또 상추의 식이섬유는 육식을 주로 하는 사람이 걸리기 쉬운 비만 · 고혈압 · 고지혈증 등 성인병 예방에 도움을 준다. 식물성과 동물성 식품의 영양소를 고루 섭취할 수 있다는 것도 상추쌈의 장점이다. 우리 조상은 상추쌈을 먹은 뒤에는 계지차(계수나무의 삭정이 가지)를 마셨다. 상추는 성질이 차고 계지는 따뜻해서 상호 보완적이다.

햇빛을 잘 받고 자란 맛있는 상추는 잎의 색이 짙고 윤기가 난다. 크기는 어린이 손바닥만 한 것이 제일 고소하다. 잎에 힘이 있어 신선하게 느껴지면서도 조직이 거칠지 않은 것이 상품이다. 잎상추는 구입한 후 바로 섭취하는 것이 원칙이다. 포기 상추는 냉장고에 보관하면 20일까지 두고 먹을 수 있다.

걱정되는 농약 깨끗하게 씻어내기

양상추나 양배추를 씻을 때 농약을 깨끗하게 제거하기 위해 그저 박박 닦는 것이 전부였다면 이렇게 해보자. 양상추나 양배추는 바깥 부분에 이물질이나 농약이 묻어 있으므로 겉잎을 2~3장 떼어내고 씻는다. 농약이 직접 닿는 바깥쪽 잎을 벗긴 다음 얇게 채를 쳐서 찬물에 3분 정도 담가두면 남아 있던 농약까지 녹아 나온다.

치아 미백에 효과적인 상추 가루

치아 미인이 주목받으면서 당연 관심이 쏠리는 것 중 하나는 바로 치아 미백. 상추가 치아 미백에 도움을 준다는 사실! 상추를 전자레인지에 돌리거나 햇빛에 바짝 말려 가루로 만든 후 일반 치약 위에 뿌려 1~2개월 정도 지속적으로 쓰면 치아가 한층 더 밝아진다.

출출할 때 먹어요, 상추쌈밥

상추 100g, 밥 2공기, 깨소금 2큰술, 참기름 1큰술,
소금·붉은 고추 약간씩

만들기
① 상추는 깨끗이 씻어 물기를 빼고, 붉은
　고추는 채 썰어 찬물에 담가둔다.
② 밥에 참기름, 깨소금, 소금을 넣어 골고루
　섞은 후 경단 모양으로 빚는다.
③ 상추의 줄기 부분을 제거하고 한입 크기로
　뭉친 밥을 올린 후 예쁘게 싼다.
④ 접시에 둘러 담고 쌈밥 위에 채 썬 붉은
　고추를 얹어 장식한다.

다이어트할 땐, 양상추 넣은 멸치김밥

김 4장, 더운 밥 3공기, 무장아찌 60g, 멸치조림 50g,
양상추 적당량, 송송 썬 실파·소금·통깨 약간씩

만들기
① 무장아찌는 얇게 채 썬 다음 송송 썬 실파와
　통깨를 넣고 고루 버무린다.
② 밥에 멸치조림과 양념한 무장아찌를 넣어
　잘 섞는다.
③ 양상추는 얇게 채 썬다.
④ 밥에 멸치조림과 무장아찌를 넣어 고루
　섞는다.
⑤ 김발에 김을 펴고 양념한 밥을 넓게 펼친다.
　채 썬 양상추를 듬뿍 올리고, 돌돌 말아
　알맞은 두께로 썬다.
＊ 양상추는 물기를 완전히 말린 뒤에 써야 김이
　눅눅해지지 않는다.

생강

Ginger

생강은 날씨가 추울 때 먹으면 더없이 좋은 식품이다. 정약용의《다산방》에는 "생강을 달여 먹으면 땀이 나고 감기가 낫는다"라고 기술되어 있다. 한방에서는 생강을 열을 내려주고 기침을 멎게 하며 가래를 삭이는 약재로 친다. 외부에서 침입한 사기(邪氣, 나쁜 기운)를 몸 밖으로 내보내는 효과가 있다는 것이다. 감기 기운이 있으면 생강을 얇게 저며 설탕이나 꿀에 재웠다가 뜨거운 물에 띄워내는 생강차를 권하는 것은 이런 이유에서다. 민간에서는 생강을 썰어서 설탕에 절였다가 80~90℃에서 말린 편강을 기침·가래 약으로 흔히 쓴다. 생강은 겨울에 꽁꽁 얼어붙은 몸을 따뜻하게 풀어준다. 보온 효과는 진저롤·진저론 등 생강의 매운맛 성분이 신진대사를 활발하게 한 덕분이다. 멀미 예방에도 효과적이다. 효능이 약국에서 판매하는 멀미약 못지않다. 게다가 생강은 뇌가 아닌 장에 작용하므로 일부 멀미약처럼 졸음을 부르지도 않는다. 그래서 배를 오래 타는 사람들은 생강을 즐겨 먹는다.

생강은 영양 면에서는 그리 신통하지 않지만 음식의 감칠맛을 살리는 향신료로 오래전부터 사용돼왔다. 먹으면 식욕이 되살아나고 소화가 잘된다.《동의보감》에는 건강(생강 말린 것)을 한방 소화제로 소개했다. 생선회·장어를 먹을 때 생강을 곁들이라고 권하는 것은 이래서다. 생강의 매운맛 성분은 소화 효소의 활성을 높여 위액이 잘 돌게 한다.

해로운 병원균을 죽이는 살균 효과도 뛰어나다. 그래서 생선회나 초밥에 흔히 곁들인다. 생강의 매운맛 성분이 날 음식에 오염돼 있을지 모르는 살모넬라 균 등 각종 식중독 균을 죽이기 때문이다. 한방에서는 감초나 다를 바 없이 널리 사용되는 약재다. 한방약의 절반 이상에 생강이 들어간다. 생강이 한약재로 유용한 것은 다른 약재를 잘 흩어지게 하는 성질 때문이다. 각종 한방약에 생강을 약간 넣으면 약의 전달 효과가 빨라진다. 또 해독 효과가 커서 한약에 든 여러 생약 성분의 독성을 완화·조절해준다.

그러나 혈관을 확장시키는 작용이 있으므로 치질이나 위·십이지장궤양 등 출혈성 질환이 있는 사람은 섭취를 제한해야 한다. 생강차를 마신 뒤 찬 바람을 쐬면 냉기가 더 쉽게 들어와 감기가 도리어 악화될 수 있다. 새끼를 밴 쥐에 생강을 다량 먹였더니 유산 위험이 높아졌다는 동물실험 결과도 있는 만큼(사람에게선 확인되지 않았다) 임신부가 하루 한 잔 이상 생강차를 마시는 것은 곤란하다.《본초강목》에는 "생강을 장기간 다량 섭취하면 열이 쌓여 눈병을 앓게 된다"라고 기술되어 있다.

율곡 이이는 생강차를 즐겼다

율곡 이이는 제자들에게 "세상에 나가면 생강처럼 매서운 개성을 지니고, 생강처럼 맛을 맞추어야 한다"라고 가르쳤다. 생강은 어떤 음식에 넣어도 본래의 맛을 손상시키지 않으면서 맛을 더 좋게 만든다. 이이는 실제 생강차를 즐겨 마셨는데, 생강차는 냉증을 없애고 혈중 콜레스테롤 수치를 낮추기도 한다. 하지만 뭐든지 지나치면 넘치는 법! 생강을 장기간 다량 섭취하면 오히려 열이 쌓여 좋지 않으니, 적당량을 지키자.

생강은 용도에 따라 손질법이 다르다는 사실!

고기를 삶을 때나 양념장을 만들 때는 주로 저민 생강을 사용한다. 돼지고기 요리나 생선 요리에는 채 썬 생강이 어울리는데, 요리 위에 장식으로 얹으면 모양도 예쁘고 향도 좋다. 고기를 잴 때는 건더기가 없는 생강즙을 사용해야 깔끔하게 향을 낼 수 있다.

주요 산지	주요 영양 성분	효능	제철	고르는 법	보관 방법
태안 서산 완도	단백질 탄수화물 비타민 C 엽산 식이섬유 칼륨 칼슘 등	감기 치료 콜레스테롤 억제 식욕 증강 입덧 진정 천식 예방	8~11월	좋은 생강은 향미가 강하면서 매운맛이 적당한 것이다. 크기와 모양이 일정하고 육질이 단단하며 굴곡이 적고 껍질이 얇은 것이 양질이다. 색이 어둡고 가늘며 어린뿌리가 나 있는 것은 질이 떨어진다.	2~3일 내에 먹을 것은 다듬어 비닐이나 젖은 행주에 싼 후 냉장고에 넣었다가 꺼내 먹으면 된다. 오랫동안 두고 먹어야 한다면 흙이 붙어 있는 상태로 신문지에 싸서 온도의 변화가 없는 흙이나 모래에 두거나 냉장 보관한다.

생강을 메인으로 즐기자, 알싸하게 톡 쏘는 생강 아이스크림

초생강 20g, 생크림 300ml, 달걀흰자 4개분, 우유 180ml, 설탕 100g, 생강 가루 20g, 쿠앵트로(술의 일종) 1큰술

만들기
① 초생강은 얇게 편으로 썰거나 잘게 다진다.
② 생크림과 달걀흰자는 거품기로 각각 휘핑해 단단한 거품을 만든다.
③ 볼에 우유와 설탕, 생강 가루, 쿠앵트로를 넣고 거품기를 이용해서 고루 섞는다.
④ 준비한 모든 재료를 조심스럽게 섞은 뒤 냉동 보관한다. 2시간이 지나면 꺼내서 위아래로 고루 섞이도록 뒤적인 뒤 다시 냉동 보관한다. 또다시 2시간이 지나 같은 방법으로 위아래를 뒤섞으면 더 고르게 굳힐 수 있다. 2시간 정도 더 냉동 보관한 뒤 꺼내 먹는다.

* 쿠앵트로는 오렌지 리큐어로 주류 전문점에서 판매한다. 요리할 때 넣으면 음식에 상큼한 맛을 더한다.

추천 레시피

셀러리

Celery

병명이 다소 생뚱맞은 통풍(痛風)은 관절염의 일종으로 술과 고기를 즐기는 중년의 뚱보들에게 흔히 나타난다. 주로 남성을 노리며 걸리면 엄지발가락 첫 번째 관절 부위가 심하게 욱신거리고, 갑자기 늙어버린 듯한 느낌이 들게 한다. 신장과 소변을 통한 요산의 배설이 원활하지 않아 요산이 몸에 쌓이는 것이 원인이다. 단단하고 비늘 같은 요산의 침전물이 관절을 꼭꼭 찌르면 말로 형언하기 힘든 통증이 전해진다. 통풍 환자 중에는 제왕·귀족·부자가 많아 서양에선 한때 제왕 병으로 통했다. 정작 치료를 돕고 증상을 완화하는 것은 하찮아 보이는 셀러리다. 통풍 치료를 위한 서양의 오래된 민간요법은 환자에게 셀러리를 권하는 것이다. 셀러리를 충분히 섭취하면 통증이 경감되고 염증이 가라앉는다고 믿었다. 그래서 역시 염증성 질환인 류머티스성 관절염 환자에게도 셀러리나 셀러리 씨앗을 추천한다. 셀러리나 셀러리 씨앗에는 염증을 없애는 리모넨 등 파이토케미컬이 들어 있다. 또 아직 과학적으로 분명히 밝혀지진 않았지만 셀러리가 직접 체내 요산 농도를 낮추는 효과도 기대된다. '셀러리엔 뭔가가 있다'고 믿는 일부 서양의 통풍 환자는 셀러리를 단독 또는 셀러리 씨앗·체리(검은색, 약 200g)와 함께 거의 매일 먹는다. 체리 대신 딸기·블루베리·라즈베리를 섭취하기도 한다. 체리·딸기 등도 요산 농도를 낮추는 것으로 알려져 있다.

셀러리는 향이 강하고 잎이 푸르며 싱싱한 것이 상품이다. 줄기가 굵고 둥글며 안쪽에 홈이 좁은 것을 고른다. 뿌리가 갈라졌거나 잎이 누렇게 변한 것은 질이 떨어진다.

톡톡 셀러리 잎 활용 백서

셀러리는 주로 줄기를 마요네즈에 찍어 먹기 때문에 잎을 버리곤 한다. 버리긴 아까운 셀러리 잎을 활용할 수 있는 방법 세 가지!

① 셀러리 잎을 목욕 입욕제로 활용한다. 셀러리 잎은 줄기보다 비타민과 미네랄이 풍부해 입욕제로 쓰면 몸속까지 따뜻해져 목욕을 끝낸 후 한기가 들지 않는다.

② 한 방울까지 건강하게 갈아 마시자! 하지만 위가 약한 사람은 셀러리의 식이섬유가 위에 부담을 줄 수 있으니 주의하자.

③ 셀러리의 잎을 잘게 잘라 카레나 스튜, 수프 등의 향미제로 사용하거나 장식용으로 쓰면 보기에도 좋고 향긋해진다.

최고의 궁합, 셀러리와 돼지고기

셀러리를 생으로 먹기 힘들다면 여러 가지 재료와 함께 볶아 먹으면 되는데 최고의 궁합을 자랑하는 것은 바로 돼지고기. 셀러리가 돼지고기의 누린내나 잡냄새를 잡아주고 영양학적으로도 잘 맞는다. 고기를 삶을 때 셀러리를 첨가하는 것도 좋은 방법!

주요 영양 성분

비타민 A
비타민 B₁
칼슘
철분
칼륨
마그네슘

효능

피로 해소
스트레스 완화
고혈압 예방
콜레스테롤 저하

제철

연중

고르는 법

향이 강하고 잎이 푸르며 싱싱한 것을 고른다. 또 줄기가 굵고 둥글며 안쪽 홈이 좁은 것을 고르는 것이 좋다.

보관 방법

꽃처럼 컵에 물을 붓고 다발로 꽂아둔다. 셀러리 줄기는 상하기 쉬워 바로 먹는 것이 좋은데 그러지 못한다면 셀러리의 잎과 줄기를 다듬어 용기에 넣어 냉장 보관한다.

아삭하고 짭조름하게, 여러 가지 스틱과 소금 딥

메추리 알 5개, 당근 2개, 파프리카 1/2개, 셀러리 2줄기, 콜리플라워 1/2통, 엔다이브 3장, 아스파라거스 3개, 식용 꽃 약간, 소금 딥(페퍼 소금[굵은소금 1/2컵, 통후추 굵게 다진 것 3큰술, 오레가노·파슬리 가루 1작은술씩], 칠리 소금[굵은 소금 1/2컵, 말린 고추 2큰술, 칠리 파우더 1작은술]

만들기

① 메추리알은 삶아서 껍질을 벗긴다.
② 콜리플라워, 아스파라거스를 끓는 소금물에 살짝 데쳐 냉수에 담근다.
③ 나머지 채소는 먹기 좋은 크기로 자른다.
④ 각각의 재료를 잘 섞어서 소금 딥을 만들어 식용 꽃, 채소와 함께 담아낸다.

숙주나물

Mungbean sprouts

2011년 6월 독일에서 시작된 병원성 대장균 사건의 원인 식품으로 초기에는 스페인산 오이, 나중에는 독일산 콩싹(bean sprout)이 지목됐다. 콩싹이라고 하면 강낭콩(kidney bean)·녹두(mungbean)·대두(soybean)의 싹을 말한다. 서양인은 우리만큼 콩나물을 즐기지 않으므로 녹두나물에 혐의를 두었던 것 같다. 녹두는 따뜻한 날씨를 좋아하는 아열대성 식물이다. 그래서인지 전남이 국내 생산량의 절반 이상을 차지한다. "(음력) 오뉴월 녹두 깝대기 같다"라는 속담도 있다. 신경질적이어서 건드리기만 하면 톡 쏘는 것을 가리킨다. 여름에 잘 익은 녹두 꼬투리를 건드리면 껍질이 터지고 알이 튀어나오는 것을 빗댄 것이다.

녹두는 이름처럼 고운 초록색 곡류다. 콩과에 속하며 다 자란 키가 65~80cm로 벼보다 작다. 동학운동의 선봉장이던 전봉준의 키가 유난히 작아 '녹두 장군'으로 불렸다는 얘기도 전해진다. 탄수화물(마른 것 100g당 62g)·단백질(22.3g)·칼슘(100mg)이 풍부하며 영양소의 구성이 팥과 비슷하다. 녹두로 만든 대표 음식은 녹두죽·녹두지짐·녹두묵·탕평채·녹두나물이다.

우리 조상들은 독감에 걸려 입맛이 떨어지고 열이 심하거나 과음(특히 소주)한 뒤 술독을 풀기 위해 녹두죽을 쑤어 먹었다. 한방에서는 녹두에 노폐물과 술을 해독하고 열을 내리며 식욕을 북돋아주는 약성이 있다고 본다. 녹두죽을 만들 때 껍질을 벗긴 녹두를 사용하면 손해이다. 항산화 성분인 플라보노이드가 껍질에 50% 이상 들어 있기 때문이다.

대개 돼지고기와 함께 지지는 녹두지짐은 신분의 상하를 막론하고 입에 침이 돌게 하는 음식이다. 귀한 사람을 대접하는 음식이라 하여 빈대떡, 가난한 사람이 먹는다 하여 빈자떡이라고 불렀다. 녹두에 부족한 메티오닌·트립토판(아미노산) 등을 돼지고기가 보충해주니 '환상의 콤비'가 따로 없.

녹두묵(청포묵)은 요즘 마트에서 쉽게 살 수 있지만 과거엔 집에서 직접 만들었다. 녹두를 물에 하룻밤 동안 불려둔다. → 야들야들해진 껍질을 벗긴 뒤 물을 조금 붓고 곱게 간다. → 간 녹두를 고운체에 거른 뒤 가라앉혀 녹말(전분) 앙금을 얻는다. → 녹말에 물을 자작하게 붓고 솥에서 끓인다(주걱으로 저어 굳지 않게 한다). → 끓인 녹말을 그릇에 펴 굳힌다.
위의 5단계를 거치면 녹두묵이 완성된다.

탕평채는 늦봄에서 여름에 즐길 만한 음식이다. 채 썬 녹두묵·돼지고기(소고기)·미나리·녹두싹·물쑥 등을 그릇에 담은 뒤 간장·참기름·식초로 버무리고 그 위에 황백지단·김·고추를 가늘게 채 썬 고명을 얹어낸 음식이

숙주? 나는 길러 먹는다

어릴 때 어머니가 손수 숙주와 콩나물을 기르시곤 했다. 간단하고 잘 기를 수 있는 방법을 소개한다.

① 녹두를 24시간 정도 물에 푹 담가 불린다.
② 물에서 건져 따뜻한 곳에 하룻밤 두면 녹두 껍질이 톡톡 터지면서 싹이 나온다.
③ 밑에 구멍이 뚫린 시루에 물이 잘 통하는 천을 깔고 싹이 난 녹두를 담는다. 그런 다음 검은 천으로 씌워 빛을 차단하고 하루 5~6회 정도 물을 흠뻑 준다.

* 숙주는 손으로 씻으면 손의 온도 때문에 숙주의 힘이 없어지므로 젓가락으로 씻고 젓가락으로 무친다.

주요 산지

전남
제주

주요 영양 성분

탄수화물
단백질
칼슘
비타민 B_6 등

효능

납 중독 치료
화상 치료
당뇨병 예방

제철

3~9월

보관 방법

숙주는 금방 변하게 쉬워 최대한 빨리 섭취한다. 숙주를 보관할 때는 물에 담가 냉장 보관하면 식감이 아삭해진다. 비닐봉투에 넣어 보관하는 것은 좋지 않다.

다. 조선의 영조가 사색당파의 인재를 고루 등용하는 탕평책을 논할 때 첫선을 보였다고 해서 붙은 이름이다.

시루에 녹두를 담고 물을 부어 콩나물처럼 싹이 나게 한 것이 녹두나물이다. 아삭아삭한 식감이 기막히다. 대중에겐 숙주나물이 더 익숙하다. 숙주라는 이름은 조선 초기의 학자 신숙주에서 유래했다. 그가 세조(수양대군) 편에 서자 숙주나물로 개명됐다는 설이 있다. 변절을 여름에 잘 쉬는 녹두나물에 빗댄 것이다. 세조의 총애를 받던 그가 평소 녹두나물을 즐겼고 이를 안 세조가 녹두나물을 숙주나물이라 부르라고 지시해 오늘에 이르렀다는 상반된 얘기도 전해진다.

여름에 녹두나물이 콩나물보다 빨리 상하는 것은 사실이다. 냉장 보관하되 먹을 만큼만 조리해 빨리 먹는 것이 상책이다. 숙취 해소를 돕는 성분인 아스파라긴산이 콩나물 못지않게 들어 있어 술 마신 뒤 해장 음식으로도 좋다. 가정용 재배기를 사면 집에서도 녹두나물을 쉽게 길러 먹을 수 있다. 마트에선 두 개의 떡잎이 마주 보지 않고 약간 틀어져 있는 것은 피한다.

한방에선 녹두는 몸을 차게 하는 힘이 강하므로 혈압이 낮거나 냉증이 있는 사람은 과다 섭취하지 말라고 충고한다. 또 해독 작용이 너무 강해 한약을 복용할 때 녹두를 먹으면 약효가 줄어든다고 본다. 《동의보감》엔 "녹두로 베개를 만들어 베면 눈이 밝아지고 두통이 사라진다"라고 쓰여 있다.

녹두와 숙주는 임신부 금기 음식

녹두는 성질이 찬 식품이다. 물론 여기엔 녹두를 싹 틔워 먹는 숙주나물도 해당된다. 녹두는 소화 기능을 저하시키고 소염 작용이 강해 태아의 성장을 방해하므로, 임신부는 녹두로 만든 음식이나 숙주가 첨가된 음식은 피하는 것이 좋다.

숙주가 들어가 더 맛있는, 베트남 쌀국수 포

쌀국수 100g, 포 소스 30g, 물 600ml, 샤부샤부용 쇠고기 70g, 숙주 1컵 분량, 양파 채 1/2컵 분량, 고수 1뿌리, 해선장 1큰술, 칠리 소스 1큰술, 라임 1/2개, 청양고추 1개

만들기
① 쌀국수는 찬물에 1시간 동안 불린다.
② 불린 쌀국수를 끓는 물에 데쳐 그릇에 담는다.
③ 포 소스에 물을 넣고 끓여 국물을 만든다.
④ 국물에 쇠고기와 숙주를 넣고 살짝 데쳐 쌀국수 위에 얹는다.
⑤ 국물을 국수 그릇에 붓는다.
⑥ 양파 채와 고수를 얹는다.
⑦ 해선장과 칠리 소스, 라임, 청양고추를 곁들여 낸다.

시금치

Spinach

"살려줘요. 뽀빠이!" 올리브가 외치면 뽀빠이는 시금치 통조림 한 통을 입에 털어 넣는다. 팔뚝에 알통이 불끈불끈 생기면서 부루투스 등 악당을 때려 눕힌다. 이런 장면 때문에 미국 정부가 시금치를 싫어하는 어린이에게 시금치를 먹이기 위해 뽀빠이 캐릭터를 만들었다는 이야기도 전해진다. 시금치가 성장기 어린이에게만 유익한 채소라면 '슈퍼 푸드'·'채소의 왕'으로 꼽히기 힘들었을 것이다. 임신부·노인 등 모든 연령대에 두루 권할 만큼 유익한 식품이다.

시금치의 웰빙 효과 가운데 두드러지는 것은 눈 건강에 이롭다는 사실이다. 특히 '눈의 주름'으로 통하는 백내장, 노인 실명(失明)의 첫 번째 원인인 황반변성을 막는 데 효과적이다. 백내장은 피부 주름과 닮은 구석이 많다. 나이가 들면 깊어지고 태양의 자외선을 오래 쬐면 생기며 눈(백내장)이나 피부(주름)에 유해 산소가 장기간 축적되면 발생한다는 것이 공통된다. 가는 세월은 붙잡을 수 없고 햇볕을 일체 받지 않고 그늘에서만 지낼 수도 없다. 가능한 대처 방법은 항산화 성분을 충분히 섭취해 유해 산소를 최대한 억제하는 것이다. 루테인·제아잔틴·베타카로틴은 눈을 보호하는 항산화 성분으로 알려져 있다. 미국 하버드대학 연구진이 45세 이상 간호사 7만여 명을 대상으로 12년간 추적 조사한 결과 루테인·제아잔틴을 충분히 섭취한 사람은 적게 먹은 사람에 비해 백내장 수술을 받을 확률이 22%나 낮았다. 시금치에는 이 세 가지 성분이 모두 들어 있다. 루테인은 하루 12mg가량 섭취하면 적당한데 익힌 시금치(한 컵)엔 20mg, 생 시금치(한 컵)엔 4mg가 들어 있다. 100g당 베타카로틴 함량은 36mg으로 당근(14mg)보다도 높다. 게다가 야맹증을 예방하는 비타민으로 알려진 비타민 A가 채소 중 가장 풍부하다. 비타민 A는 시금치의 줄기보다 잎에 많다. 시금치에 함유된 눈 건강 성분 '4인방'은 모두 지용성이다. 그러므로 시금치를 기름에 살짝 볶거나 참깨를 뿌려 먹는 것이 좋다.

시금치는 빈혈 예방과 치료에도 이롭다. 빈혈은 생리를 하거나 임신한 젊은 여성만 걸리는 병이 아니다. 노인에게도 흔한 병이며 빈혈로 쓰러지면 골절 등 큰 화를 당할 수 있다. 빈혈 예방을 돕는 철분 함량이 100g당 2.5~3.7mg으로 당근(0.7mg)·고추(0.9mg)·피망(0.5mg)의 약 세 배에 달한다. 항암 식품으로도 기대를 모으고 있다. 시금치와 같은 잎채소는 베타카로틴·비타민 C·비타민 E 등 항산화 비타민과 식이섬유가 풍부해 암 예방에 기여하는 것으로 알려졌다. 시금치를 매일 꾸준히 섭취한 사람은 그렇지 않은 사람보다 위암은 35%, 대장암은 40% 정도 발병률이 낮다는 연구 결과도 나왔다. 시금치에 함유된 식이섬

시금치 맛있게 데치기

시금치는 식품 자체에 있는 수분만으로, 또는 최소한의 수분을 첨가해 조리하는 저수분 요리 재료이다. 그래서 많은 사람들이 시금치를 살짝 데쳐 먹는데, 이때 올바른 방법으로 시금치를 데치면 맛이 더 좋아진다.

냄비를 이용해 데치는 법
① 냄비에 씻은 재료를 담고 뚜껑을 덮는다.
② 중간 불에 올려 뚜껑이 뜨거워지면 약한 불로 줄인 다음 1~2분 후 불을 끄고 재료를 꺼낸다.

전자레인지를 이용해 데치는 법
① 시금치를 깨끗이 씻어 물기가 남아 있는 상태에서 접시에 담아 잎과 줄기를 번갈아 가며 놓는다.
② 적당량을 랩에 싸 전자레인지에 넣어 가열한 뒤 찬물에 식힌다.

두부는 시금치를 싫어한다

시금치와 두부는 그 자체만으로 최고의 식품인데, 시금치와 두부가 만나면 결석을 유발할 수 있다. 시금치의 수산과 두부의 칼슘이 만나면 수산칼슘이 생성되는데, 이는 불용성이기 때문에 몸에서 배출되지 않고 결석을 유발한다니, 주의하자.

주요 산지	주요 영양 성분	효능	제철	고르는 법
포항 신안 남해 등	철분 구리 비타민 A 비타민 C 칼슘 식이섬유 등	냉증 예방 · **치료** 거친 피부 개선 백내장 · 빈혈 예방 등	7~10월	잎이 싱싱하고 선명한 녹색을 띤 것을 고른다. 어린잎이 너무 많지 않고 뿌리를 잘랐을 때 단면이 싱싱하고 윤기가 나는 것이 좋다. 한 뿌리에 잎이 많이 달려 있으면서 잎이 두껍고 길이가 짧은 것을 선택한다. 뿌리는 붉고 굵을수록 좋다.

유는 변비 예방과 콜레스테롤 수치를 낮추는 데 효과적이다. 시금치의 성분으로 최근 새롭게 주목받고 있는 것은 엽산(비타민 B군의 일종)이다. 엽산은 악성 빈혈 예방을 돕는다. 혈액에서 '호모시스테인'이라는 물질이 증가하면 동맥경화가 생기기 쉬운데 엽산이 호모시스테인의 생성을 억제하는 것으로 알려졌다. 엽산은 폐암 예방에도 기여한다. 특히 엽산과 비타민 B_{12}를 함께 섭취하면 항암 · 동맥경화 예방 효과가 더 커진다. 그래서 전문가들은 시금치를 먹을 때 비타민 B_{12}가 풍부한 쇠간 · 굴 · 조개 · 등 푸른 생선 등을 함께 섭취하라고 권한다.

    시금치를 구입할 때는 잎이 싱싱하고 선명한 녹색을 띠는 것을 고른다.

어린잎이 너무 많지 않고 뿌리를 잘랐을 때 단면이 싱싱하고 윤기가 나는 것이 상품이다. 한 뿌리에 잎이 많이 달려 있으면서 잎이 두껍고 길이가 짧은 것을 선택한다. 뿌리는 붉고 굵을수록 양질이다. 섭취할 때는 가능한 한 생채를 먹는다. 가열 조리하면 비타민 C의 30% 이상이 손실되기 때문이다. 시금치의 떫은 맛 성분인 수산은 데치는 과정에서 제거된다. 단, 데칠 때 시금치의 서너 배에 달하는 물에 소금을 넣은 뒤 뚜껑을 열고 데쳐야 고유의 초록색(엽록소)이 유지된다. 보관할 때는 젖은 신문지 등에 싸서 비닐봉지에 밀봉해 냉장고에 넣어둔다. 잎 표면의 수분 증발을 최소화하기 위해서다.

아프가니스탄 주변의 중앙아시아가 원산지인 시금치는 한반도엔 고려 말이나 조선 초에 전해진 것으로 추정된다. 시금치는 채소로서는 드물게 겨울에서 이른 봄까지가 제철이다. 사철 재배되나 내한성(耐寒性)이 강해 대표적인 겨울 채소로 분류된다. 특히 겨울 시금치는 추위와 눈보라를 맞고 자라 향이 강하고 당도가 높다. 중국의 고의서인 《본초강목》에서는 시금치에 대해 "혈맥(血脈)을 통하게 하고 속이 막힌 것을 열어준다. 내장을 강화해 위장의 열을 없애고 주독(酒毒)을 풀어준다"라고 기술돼 있다. 《동의보감》에선 "혈액을 생성하고 출혈을 막으며 눈을 맑게 하고 변비를 없애는 효능이 있어서 노인성 변비·빈혈·눈 질환·코피 예방에 유용한 채소"라고 언급했다.

시금치에도 약점이 있다. 특히 주의해야 하는 것은 떫은맛 성분인 수산이다. 체내에서 칼슘과 결합해 칼슘의 체내 흡수율을 낮출 뿐 아니라 장기간 과량 섭취하면 결석이 생길 수 있다. 한때 시금치를 많이 먹으면 결석을 유발한다고 해서 시금치 섭취를 꺼리는 사람이 있었다. 이는 하루에 시금치를 매일 500~1000g 이상 섭취하는 경우에만 해당한다. 한국인이 나물이나 국을 통해 한 끼에 섭취하는 시금치의 양은 30~40g에 불과하므로 크게 걱정하지 않아도 된다. 시금치와 '찰떡궁합'인 식품으로 흔히 참깨와 참기름을 꼽는다. 참깨에 풍부한 아미노산인 라이신이 결석 방지 효과가 있어서다. 시금치나물을 무칠 때 참깨·참기름을 넣으면 시금치에 부족한 영양소인 단백질·지방까지 보충할 수 있다. 어쨌든 결석 환자는 시금치를 과량 섭취하는 것을 삼간다. 수산은 또 칼슘 흡수를 방해하므로 칼슘 보충제를 먹는 골다공증 환자는 시금치를 과다 섭취하지 않도록 주의한다. 매우 드물지만 일부 예민한 사람에게 알레르기를 일으킬 수 있다. 칼륨 함량이 높은 편이어서 고혈압 환자에겐 유익하지만 신부전증 환자에겐 부담이 될 수 있다. 유럽에선 시금치가 치아 사이에 끼는 것을 꺼려 데이트할 때 시금치 요리를 주문하지 않는다. 우리나라에서 치아에 낀 고춧가루와 같은 역할을 시금치가 대신하는 셈이다.

시금치 중 으뜸으로 치는 것이 바로 포항초다. 포항초는 일반 개량종에 비해 작지만 향과 맛이 훨씬 뛰어나다. 많은 이들이 비싼 가격을 감수하고 포항초를 사기 위해 백화점을 찾는다.

까다롭지 않아요, 시금치된장국

시금치 100g, 된장 1큰술, 양파 1/4개, 대파 1/2대, 소금 약간, 국물(국물용 멸치 10마리, 무 1/5개, 다시마 5cm 1장, 물 3컵)

만들기
① 냄비에 분량의 국물 재료를 넣고 끓이다가 끓어오르면 멸치와 무, 다시마를 건진다.
② 시금치는 뿌리 부분을 4등분한 뒤 먹기 좋은 크기로 나눈다.
③ 양파는 2cm 크기로 깍둑썰기 하고 대파는 2.5cm 크기로 썬다.
④ 냄비에 1의 우려낸 국물을 담고 된장을 체에 걸러 푼다.
⑤ 4에 양파, 대파를 넣고 끓이다가 끓어오르면 시금치를 넣고 끓인다.
⑥ 거품을 걷어내고 소금을 넣어 간을 맞춘 뒤 10분 정도 끓인다.

뽀빠이가 좋아하는 그린 샐러드

시금치 1/2단, 양송이 5개, 샐러드 채소 적당량, 드레싱 (올리브 오일, 간장·레몬즙 2큰술씩, 설탕 1/2큰술, 머스터드 1/2작은술, 후춧가루 약간)

만들기
① 시금치는 분홍빛이 도는 뿌리 부분까지 먹을 수 있도록 손질한다.
② 양송이는 껍질을 벗기고 슬라이스한다.
③ 샐러드 채소는 세 가지 색상으로 준비해 한입 크기로 썬다.
④ 드레싱을 잘 섞어 먹기 직전에 뿌린다.

쑥

Mugwort

봄나물 중 시장에 가장 늦게 나오는 쑥은 음력 5월 단오에 채취한 것이 약성이 가장 뛰어난 것으로 알려져 있다. 한방명이 애엽(艾葉)인 쑥은 옛날부터 한방이나 민간요법의 약재로 널리 쓰였다. 맹자는 "7년 묵은 지병에 3년 묵은 쑥을 구하라"라는 말을 남겼다. 한방에서 쑥은 성질이 따뜻해 양기를 보충하는 약재로 친다. 먹으면 손발이나 복부가 따뜻해진다고 본다. 그래서 손발이나 아랫배가 찬 냉증 환자에게 쑥 섭취와 함께 쑥뜸 치료를 권한다. 《본초강목》에도 "속을 덥게 하고 냉을 쫓으며 습(濕)을 없애주는 효과가 있다"라고 기술돼 있다. 몸이 데워지면 혈액순환이 잘된다는 이유로 한방에서 쑥은 혈액순환 개선제로 여긴다.

민간에서는 코피 등을 막는 지혈제나 설사약으로 썼다. 코피가 멎지 않으면 쑥을 태운 재를 콧구멍에 붙였다. 설사가 오래 지속되면 쑥 우린 물을 마시라고 권했다. 말린 쑥 한줌과 생강 한 뿌리를 물(600ml)에 넣고 물의 양이 반으로 줄어들 때까지 푹 달인 쑥물을 하루 세 번 마시라고 했다.

쑥은 간 건강에도 이로운 것으로 알려져 있다. 간을 일부러 망가뜨린 실험 동물에게 쑥 추출물을 투여한 결과 간의 손상이 줄어들었다는 국내 연구 결과가 있다. 우리 조상이 한식에 청명주를 즐기면서 쑥떡·쑥국을 함께 먹은 것은 오랜 경험에서 우러나온 생활의 지혜라 볼 수 있다.

영양적으로는 칼슘·철분·비타민 A·비타민 C·식이섬유가 풍부한 것이 장점이다. 특히 변비를 예방하고 혈중 콜레스테롤 수치를 낮춰주는 식이섬유가 많이 들어 있다. '환절기 감기 예방과 봄철 피부 보호에 쑥이 이롭다'고 보는 근거는 비타민 A와 C가 풍부해서다. 특히 면역력을 강화하고 눈 건강을 돕는 비타민 A는 쑥 80g만 섭취해도 하루 필요량을 거의 충당할 수 있다. 게다가 비타민 A는 열에 강한 편이어서 쑥을 조리하는 도중에도 거의 파괴되지 않는다.

쑥이 파란 것은 엽록소가 풍부하기 때문이다. 이런 쑥 고유의 색깔을 오래 유지하도록 하려면 데치기 전에 소금물에 살짝 담그는 것이 요령이다. 우리 선조에게 쑥은 삶의 애환이 깃든 채소다. 봄에 먹을 게 떨어지는 춘궁기엔 쑥국·쑥떡·쑥죽 등을 식사 대신 먹었다. 춘곤증에 입맛이 달아났을 때는 쑥인절미·쑥떡·쑥굴리·쑥전·쑥단자·쑥버무리·쑥된장국 등이 훌륭한 식욕 촉진제 역할을 했다. 맛이 쓰고 향이 강한 쑥은 음식의 단독 재료로 쓰기에는 부적합한 측면이 있다. 쑥을 주재료로 하는 음식은 쑥튀김이 거의 유일하다.

여자들의 쑥 활용기

여자들에게 특히 좋은 쑥은 성질이 따뜻해 생리통과 생리불순에 큰 효험이 있다. 생리통이 있거나 평소에 생리불순으로 고민하고 있다면 쑥을 달여 쑥 차를 만들어 마시거나 쑥을 약한 불에 진하게 달여 농축시킨 후 꿀을 넣어 하루 두 번 2회 한 숟가락씩 떠먹으면 효과를 볼 수 있다. 쑥 달인 물을 욕조의 따뜻한 물에 부어 반신욕을 하거나 엉덩이만 담그는 좌욕을 해도 자궁 건강에 큰 도움이 된다.

쑥, 색깔을 지켜주세요

쑥을 데칠 때 색이 바래기 십상인데, 쑥의 색깔을 잃지 않고 향긋하게 데치고 싶다면 데치기 전에 소금물에 살짝 담가보자. 색도 잃지 않고 영양 면에서도 안전하다. 일부에서는 소다를 쓰기도 하는데, 소다를 첨가하면 쑥에 함유된 비타민 B군이 다량 파괴될 뿐만 아니라 쑥이 물러져 질감이 떨어지니 되도록 소금물을 사용한다.

주요 영양 성분	효능	제철	고르는 법	보관 방법
칼슘 철분 비타민 A 비타민 C 식이섬유 등	부인병 예방 해열 진통 해독 구충 혈압 강화 소염 작용	3~4월	쑥은 앞뒤나 줄기에 흰색 털이 있고 크기는 30cm 정도 되는 것이 좋다. 손으로 비볐을 때 향이 너무 진하지 않은 것을 고른다.	쑥을 잘 씻어 손질한 뒤 살짝 데쳐 밀봉한 후에 얼려 보관한다.

간편하고 맛있는 온 가족의 간식, 쑥설기

멥쌀가루 5컵, 물 6큰술, 소금 2작은술, 설탕 5큰술, 쑥 100g

만들기

① 쌀은 깨끗이 씻어 일어 물에 다섯 시간 이상 불린 후 체에 밭쳐 30분 정도 물기를 빼고 소금을 넣어 곱게 빻는다.
② 1에 물을 넣고 손으로 비벼 고루 섞은 후 중간 체에 내려 설탕을 넣고 고루 섞는다.
③ 어리고 연한 쑥을 깨끗이 다듬어 씻은 뒤 물기를 뺀다.
④ 쌀가루에 쑥을 넣어 골고루 버무린 뒤 찜통에 시루 밑이나 한지를 깔고 평평히 안친다. 가루 위로 김이 오르면 20분 동안 찐 뒤 불을 줄여 5분간 뜸을 들인다.
⑤ 한 김 나간 뒤 도마에 쏟아 썬다.

추천 레시피

아스파라거스

Asparagus

남유럽이 원산지인 아스파라거스(asparagus)는 브로콜리와 함께 우리에게 친숙해진 외래 채소이다. 아주 오래전부터 먹기 시작했는데, 고대 이집트의 벽화에도 그려져 있을 정도다. 유럽의 미식가들은 구운 고기와 함께 즐겼다. 프랑스의 태양왕 루이 14세는 궁내에 전용 온실을 만들고 '식품의 왕'이란 작위까지 하사했다. 우리나라엔 일본을 거쳐 1960년대에 들어왔다. 제주·전북 남원·강원 홍천 등에서 주로 재배한다. 마트에선 수입산도 함께 유통된다.

우리가 먹는 부위는 싹이 아니라 줄기다. 봄이 되면 마치 죽순처럼 줄기가 올라온다. 대개 30cm가량 자라면 베어내 먹는다. 그대로 두면 키가 2m가 넘는다. 3월 초엔 30cm 자라는데 보통 10일가량 걸리지만 5월엔 2, 3일 정도로 단축된다. 줄기는 11월 초까지도 자라지만 우리가 먹는 것은 대부분 봄·여름에 출하된 것이다.

색깔은 녹색·보라색·흰색이 있다. 녹색이나 보라색을 재배할 때 햇볕을 가리면 흰색이 된다. 흰색은 서양에서 녹색·보라색보다 고가에 팔리지만 영양은 가장 떨어진다. 비타민 C·비타민 B군·베타카로틴 함량이 상대적으로 낮다. 특히 엽록소 생성에 필수적인 빛을 차단했기 때문에 흰색엔 웰빙 성분인 엽록소가 없다.

식용·화훼용으로도 분류하는데, 화훼용은 줄기가 가늘어서 식용으로 내다 팔기에 상품성이 떨어질 뿐이니 먹어도 상관없다.

영양적으로는 저열량·저지방·고식이섬유·고칼륨 식품이다. 따라서 다이어트와 변비·고혈압 예방에 유익하다. 철분·비타민 C·엽산의 훌륭한 공급 식품이기도 하다.

아스파라거스의 가장 유명한 성분은 아미노산의 일종인 아스파라긴산이다. 1800년대 초 프랑스의 화학자가 아스파라거스에서 처음 발견했다 하여 아스파라긴산이란 이름이 붙었다. 아스파라긴산은 숙취 해소를 돕는 성분으로 알려져 있다. 술 마신 다음 날 콩나물국을 식탁에 올리는 것은 콩나물에 아스파라긴산이 들어 있기 때문이다. 아스파라거스에는 콩나물의 1000배가량 되는 아스파라긴산이 들어 있다. 따라서 콩나물국보다 아스파라거스를 넣어 끓인 된장국이 술 깨는 데 더 효과적이다.

아스파라긴산은 신장의 기능을 돕고 요산의 체외 배설을 촉진하는 데도 유효해 요산의 과다 축적이 원인인 통풍 환자에게 좋다.

피로·스트레스·짜증이 잦은 사람에게도 유용한 성분이다. 에너지대

초록색 혹은 하얀색 아스파라거스

아스파라거스는 초록색이라고 일반적으로 생각하는데, 하얀색 아스파라거스도 있다. 영양소가 풍부한 데다 보는 즐거움을 더하는 아스파라거스를 즐겨보자.

오이 피클 대신 아스파라거스 피클

서양에서는 아스파라거스를 다양하게 즐기지만 우리나라에서는 그렇지 못하다. 하지만 이웃나라 일본만 해도 브로콜리 다음으로 아스파라거스를 채소 중에서 가장 많이 먹는다. 영양도 영양이지만 다른 채소에 비해 향이 약해 어떤 음식과 함께 조리해도 무난히 어울리기 때문이다. 가장 인기 있는 음식 중 하나가 바로 아스파라거스 피클. 요새는 우리나라에서도 심심찮게 찾아볼 수 있다. 식상한 오이 피클 대신 아스파라거스 피클에 도전해보자.

주요 산지	주요 영양 성분	효능	제철	고르는 법	보관 방법
홍천 남원 제주 영암	비타민 B₁ 비타민 B₂ 비타민 C 칼슘 칼륨 아스파라긴산	암 억제 당뇨 예방 효과 숙취 해소 정력 증강 콜레스테롤 감소	4~5월	줄기가 연하고 굵은 것, 절단 부위가 길지 않은 것, 잎의 녹색이 진하고 싱싱한 것, 줄기에 수염뿌리가 없는 것이 좋다.	아스파라거스는 눕혀서 보관하면 쉽게 휘므로 지퍼백에 넣어 세워서 냉장 보관한다.

사를 촉진하고 신경을 안정시키는 작용을 한다.

아스파라긴산 다음으로 주목할 만한 성분은 루틴이다. 사람들은 루틴 하면 먼저 메밀을 떠올리지만 아스파라거스·감자·버찌·감귤류·팥 등에도 풍부하다. 루틴은 모세혈관을 튼튼히 하고 혈압을 낮춰준다. 수용성이므로 아스파라거스 수프나 메밀국수를 먹을 때는 국물까지 모두 마시는 것이 좋다. 루틴은 아스파라거스의 뾰족한 끝 부분에 많이 들어 있다.

아스파라거스를 먹은 뒤 소변에서 이상한 냄새가 나는 것을 '아스파라거스 신드롬(증상)'이라 한다. 열 명 중 네 명꼴로 아스파라거스를 먹은 지 5분가량 지난 뒤부터 이런 증상을 보인다. 일시적이며 건강에 해가 없는 것으로 밝혀졌으니 걱정할 필요는 없다. 양파·마늘·부추 등과 '사촌 간'인 아스파라거스엔 황(黃) 성분이 들어 있다. 이것이 기이한 냄새의 원인이다.

구입할 때는 색이 선명하고 밑동까지 탄력이 있는 것을 고른다. 꽃이 보이는 것은 피한다. 밑동을 손가락으로 눌렀을 때 즙이 살짝 나오는 것이 신선하다. 날로 먹거나 살짝 데쳐 나물처럼 먹기도 한다. 초장이나 마요네즈 등에 찍어 먹어도 좋다. 김밥 속에 넣어도 되고, 구이·볶음 요리와도 잘 어울린다. 서양인은 샐러드와 수프에 넣거나 스테이크 요리 옆에 데친 것을 놓아둔다. 베어낸 아스파라거스를 상온에 두면 금세 상한다. 한창 자라는 도중 수확하기 때문이다. 보관은 지퍼 백에 담아 냉장고에 넣어두는 것이 최선이다. 눕히면 휘는 성질(굴광성)이 있으므로 세워서 보관하는 것이 원칙이다.

아스파라거스 정복기

우리에게 친근하고도 멀게만 느껴지는 아스파라거스. 아스파라거스를 즐기는 노하우를 지금부터 소개한다.

① 아스파라거스에는 굵은 아스파라거스와 어린 아스파라거스가 있다. 어린 아스파라거스는 길이 10cm 이하의 아스파라거스인데, 이것은 그냥 요리해도 연하게 즐길 수 있다. 반면 굵은 아스파라거스는 딱딱하고 질기기 쉬워 필러로 한 번 벗긴 후 요리하면 어린 아스파라거스처럼 연하게 즐길 수 있다.

② 아스파라거스를 잘라 요리할 때 무턱대고 채 써는 사람이 있는데 이는 올바른 아스파라거스 손질법이 아니다. 아스파라거스 줄기를 살짝 구부리다 보면 줄기 부분에서 뚝 하고 부러뜨릴 수 있는 부분을 쉽게 찾을 수 있다. 그 부분을 잡고 아스파라거스를 부러뜨린 후, 밑부분은 버리고 남은 아스파라거스만을 요리하는 것이 좋다.

③ 아스파라거스를 데칠 때에 나물 데치듯이 데친다? 답은 No다. 아스파라거스 아랫부분은 무척 단단해 데칠 때 세심한 주의를 기울여야 한다. 일단 끓는 물이 든 냄비에 아스파라거스를 세워 10초간 아랫부분을 데친 후에 전체를 넣어 1분간 데쳐 꺼낸다. 이때 아스파라거스를 물로 씻는 것은 금물. 아스파라거스의 영양소가 파괴되기 쉬우니 반드시 상온에서 천천히 식힌 후에 요리하는 것이 좋다.

프랑스 사람처럼 즐겨요, 아스파라거스 모닝 수프

아스파라거스 400g, 양파 1/4개, 버터 · 쌀 2큰술씩, 육수 4컵, 생크림 1/2컵, 소금 2/3작은술, 후춧가루 약간

만들기

① 아스파라거스는 필러로 껍질을 벗겨 대충 썰고 양파는 껍질을 벗겨 채 썬다.
② 냄비에 버터를 녹여 쌀과 1의 양파를 넣고 볶다가 양파가 투명하게 익으면 아스파라거스를 넣어 고루 볶는다.
③ 2에 육수를 부어 쌀이 퍼질 때까지 끓인다. 불을 끄고 그대로 식힌 다음 믹서에 곱게 간다. 다시 냄비에 부어 끓이면서 생크림을 넣고 소금과 후춧가루로 간한다.
④ 수프를 볼에 부어 남은 아스파라거스로 장식한다.

아욱

Mallow

"가을 아욱국은 마누라 내쫓고 먹는다"·"가을 아욱국은 사립문 닫고 먹는다"라는 속담이 있다. 얼마나 맛이 좋았으면 며느리가 아니라 마누라 주기도 아까웠을까? 아욱은 대개 5월 하순에서 7월에 수확하는 채소이다. 하지만 아욱의 맛은 가을에 서리가 내리기 전이 가장 뛰어난 것으로 알려졌다. 아욱(mallow)의 학명 중 'malva'는 라틴 어의 'malache'(부드럽다)에서 유래됐다. 잎이 유연하고 먹으면 장운동이 부드러워진다는 뜻이 담겨 있다. 아욱 씨(동규자)를 하루에 10g가량 달여 먹으면 변비 해소에 좋다고 하니 장운동을 돕는 데는 내력이 있는 셈이다.

원산지는 중국으로 추정된다. 주나라 때 편찬된 중국 최초의 시가집 《시경(詩經)》에는 으뜸 채소로 기록돼 있다. 한반도에는 고려시대 이전에 들어온 것으로 여겨진다. 이규보의 《동국이상국집》(고려 중기)에는 자신의 채마밭에 심은 여섯 가지 채소가 등장하는데 이 중 하나가 아욱이다. 일본 이름은 아오인데 우리말 아욱의 변형이라고 한다. 한·중·일 등 동양인이 주로 먹으며 서양인에게는 생소한 채소이다.

아욱과 상추는 둘 다 녹색 채소이면서 가을 채소의 라이벌이다. 이 중 아욱의 별명은 파루초(破樓草), 상추는 월강초(越江草)이다. 살림이 궁핍해 미역을 구할 형편이 안 되는 산모가 대신 아욱과 상추로 국을 끓여 먹었는데, 아욱은 산모·아기에게 이로웠고 상추는 해로웠다는 데서 유래한 별명이다. 요즘 식으로 말하면 '웰빙 채소'인 아욱을 더 심기 위해 다락(樓) 한 채를 허물었고, '기피 식품'인 상추는 강 건너 멀리 심었다는 이야기나 과학적인 근거는 없다.

아욱은 파옥초(破屋草)라는 별명도 갖고 있다. 여기서는 정력이 딸리고 조루 증상까지 있는 남자가 등장한다. 이 남자가 아욱국을 먹은 뒤 다시 힘을 쓰자 다음 날 아침 아내가 집(屋)을 허물고(破) 아욱을 심었다는 옛이야기이다. 그러나 아욱에서 정력 증강·조루 치료 성분은 아직 발견되지 않았다. 영양이 고루 들어 있어 몸을 튼실하게 하는 것은 맞다.

영양적으로는 칼슘(뼈 건강)·칼륨(혈압 조절)·베타카로틴(항산화 효과)·비타민 C(항산화 효과)·식이섬유(변비 예방) 등이 풍부하다. 서양인이 슈퍼 푸드로 추앙하는 시금치보다 영양 면에서 절대 뒤지지 않는다. 특히 칼슘 함량이 시금치의 거의 두 배여서 성장기 어린이에게 권할 만하다. 또 노화를 억제하는 채소로도 유명하다. 항산화 성분인 폴리페놀과 플라보노이드가 시금치 못지않게 풍부하기 때문이다.

아욱은 특히나 출산한 산모에게 좋다

그 이유는 아욱에는 젖 분비를 촉진하는 기능이 있기 때문이다. 아욱은 산후 모유 수유에 도움이 되는 동시에, 해산 후 산모들의 몸이 붓는 증상을 가라앉히는 효과도 있다. 매끼 미역국 먹는 것이 지겹다면 오늘은 아욱국을 곁들인 밥상을 차리자.

주요 산지	주요 영양 성분	효능	제철	고르는 법	보관 방법
여주 나주 청주	단백질 지방 칼륨 식이섬유 칼륨 철분	피로 해소 원기 회복 산모 모유 촉진 변비 성장 발육 촉진 신경통 예방·치료 이뇨 작용	5~7월	잎이 넓고 부드러우며 통통하고 연하면서 짙은 연두색을 띠는 것을 고른다.	신문지에 싸서 냉장 보관한다.

아욱은 성질이 서늘해서 평소 땀을 많이 흘리거나 갈증을 자주 느끼는 사람에게도 좋다.

아욱은 연한 잎과 줄기를 먹는다. 된장을 풀어 넣어서 끓인 아욱국이 아욱 음식의 대표 격이다. 된장국(토장국)에는 철마다 다른 식재료를 써야 제맛이다. 봄에는 냉이나 달래 등 봄나물과 조개, 여름에는 근대·시금치·솎음배추, 가을에는 아욱·배추속대, 겨울에는 시래기가 가장 잘 어울린다.

새우와 아욱을 함께 넣은 새우아욱국은 별미이면서 찰떡궁합인 음식이다. 강장식품으로 여겨져온 새우에 부족한 비타민 C·베타카로틴·식이섬유는 아욱이, 아욱에 적은 단백질은 새우가 보충해주기 때문이다. 게다가 새우는 산성, 아욱은 알칼리성 식품이다.

아욱국을 끓일 때 맹물 대신 쌀뜨물을 쓰면 맛이 훨씬 구수해진다. 이때 쌀뜨물은 두세 번째 헹구어낸 물이 적당하다. 아욱국을 끓이다가 불린 쌀을 넣으면 아욱죽이 된다. 이 음식은 소화력이 떨어진 사람에게 추천할 만하다. 아욱국에 반죽한 밀가루를 떼어 넣으면 아욱수제비가 된다.

아욱은 잎이 넓고 부드러우며 대가 통통하고 연한 것이 상품이며 색깔이 짙은 연두색인 것을 고른다.

아욱 생즙으로 건강하게

아욱은 피로 해소에 좋고 원기를 북돋는다. 또 신경통 예방에 효과가 있으면서 위장을 보호해준다. 이때 아욱을 주서기나 녹즙기를 이용해 생즙으로 만들어 마시면 효과가 더 좋은데, 아욱 생즙에 사과 즙을 타서 아침 공복에 한 잔씩 마시면 좋다. 변비에도 특효약이기 때문에 장기간 복용하면 몸이 가뿐해지면서 대소변이 잘 나오는 효과도 누릴 수 있다.

더위에 지친 입맛에, 아욱된장죽

불린 쌀 20g, 아욱 20g, 맛국물(다시마 · 멸치 · 양파 · 무 적당량), 참기름 · 된장 약간씩

만들기
① 불린 쌀은 믹서에 간다.
② 아욱은 부드러운 잎 부분만 골라 다지듯이 썬다.
③ 냄비에 물을 붓고 말린 다시마와 멸치, 양파, 무를 넣어 맛국물을 끓인다.
④ 3의 국물이 충분히 우러나면 체에 밭쳐 국물만 거른다.
⑤ 4에 된장을 풀고 1을 넣은 다음 쌀알이 퍼지도록 끓인다.
⑥ 5에 2를 넣고 한소끔 끓인다.

양배추　　　　　　　　　　　　　　　　　Cabbage

양배추는 할리우드 스타들이 열광하는 식품으로 유명하다. 우리나라에서는 떡볶이에 가장 많이 들어간다. 브로콜리·배추·케일·콜리플라워·케일·무 등 배춧과(십자화과) 식물의 '왕'이라고 불리는 채소다. 과거에 십자화과 채소라고 불린 것은 꽃잎이 네 장이기 때문이다. 배추가 무·고추와 함께 한국인의 3대 채소라고 한다면 양배추는 서양에서 올리브·요구르트와 더불어 3대 장수 식품으로 꼽힌다. 알렉산더 대왕을 훈계한 그리스의 거지 철학자 디오게네스는 비위생적인 환경 속에서도 90세까지 장수했는데 양배추를 즐겨 먹은 것이 비결이라는 얘기도 전해진다.

국내에서는 제주도에서 절반 이상이 생산된다. 영양상의 장점은 저열량·고칼슘·고칼륨·고비타민 C 식품이라는 것이다. 100g당 열량이 19kcal에 불과해 체중 걱정 없이 먹을 수 있다. 그러나 네덜란드에서 유래한 코올슬로(coleslaw, 샐러드)는 열량이 100g당 78kcal, 지방 함량이 2.6g이나 된다는 사실을 기억할 필요가 있다.

영양학자들이 양배추를 높이 평가하는 것은 비타민 U 때문이다. 1949년 미국 스탠퍼드대학 과학자들은 양배추즙이 위궤양 치료에 효과가 있다고 발표했다. 양배추즙을 일주일 정도만 섭취해도 궤양이 빠르게 치유된다면서 이런 효과를 내는 물질, 즉 궤양(ulcer)을 억제하는 물질을 비타민 U라고 명명했다. 비타민 U는 나중에 단백질을 구성하는 아미노산의 일종인 글루타민으로 밝혀졌다. 조미료의 주원료이기도 한 글루타민은 위장관 내 세포의 재생을 돕는다. 요즘도 많은 소비자들이 궤양 하면 먼저 양배추를 떠올리지만 다른 채소 즙을 섭취해도 비슷한 효과를 얻을 수 있다.

최근 들어서는 항암 식품으로 기대를 모으고 있다. 배추과 채소는 다른 어떤 채소보다 다양한 항암 성분을 함유하고 있기 때문이다. 미국 암학회는 암을 예방하려면 양배추를 비롯한 배춧과 채소를 즐겨 먹을 것을 권장한다. 양배추에 풍부한 항암 성분은 인돌-3-카비놀·설포라판·아이소사이오사이아네이트 등이다. 양배추 등 배춧과 채소를 즐겨 먹는 가정의 대장암·전립선암·폐암·유방암 등 발병률이 상대적으로 낮다는 것은 이미 증명됐다. 한 예로 과거 동독 여성의 유방암 발생률이 서독 여성에 비해 현저히 낮았지만 통일 후 그 차이가 거의 사라졌다. 전문가들은 통일 전 동독 여성이 양배추를 훨씬 많이 먹은 데서 그 원인을 찾고 있다. 또 미국 일리노이대학 연구진은 미국에서 사는 폴란드 여성 이민자의 유방암 발병률이 폴란드 거주 여성의 발병률보다 크게 높다고 발표

알고 먹으면 효과 두 배, 양배추 더하기

양배추와 당근을 함께 먹으면 피부 미용에 효과적이고 혈액의 흐름이 좋아진다.

양배추는 식이섬유가 풍부한 저칼로리 식품, 오징어는 타우린이 풍부한 고단백질 식품이기 때문에 둘을 함께 먹으면 다이어트에 효과적이다.

양배추의 식이섬유가 장 활동을 돕고 파인애플의 브로멜라인이 장내 부패물을 분해하기 때문에 같이 먹으면 장 정화 작용이 활발해져 장을 튼튼하게 할 수 있다.

주요 산지
제주
태백
서산 등

주요 영양 성분
비타민 C
비타민 K
비타민 U
단백질
칼륨
칼슘
베타카로틴 등

효능
위장 장애 예방
위염 · 위궤양 치료

제철
3~6월

고르는 법
모양이 균일하고 묵직하며 벌레 먹은 부위가 없고 잘 뭉친 것을 선택한다.

했다. 연구팀은 폴란드 인은 양배추를 우리가 김치 먹듯이 섭취하는 데 반해 폴란드계 미국인은 이보다 훨씬 적게 먹는 사실에 주목했다. 양배추 등 배춧과 채소의 항암 성분은 암세포를 공격하는 백혈구를 지원하고 종양 괴사 인자(TNF)의 분비를 돕는 것으로 알려져 있다. 뼈를 튼튼히 하는 칼슘 · 비타민 K가 풍부해서 골절 예방에도 효과적이다.

우리나라에서는 다산(多産)의 상징이 대추이지만 유럽에서는 양배추다. 프랑스에서 첫날밤을 치른 신혼부부의 아침 식탁에 양배추가 오른다. 양배추를 자르면 나오는 흰 액체가 정액과 흡사하다고 여겨서다. 양배추는 생채로도 즐기지만 김치 · 피클 · 초밥 · 볶음 · 쌈 등 다양한 음식의 재료로도 사용한다. 보통 두 번(봄가을) 파종하지만 요즘은 하우스에서 재배해 사철 출시된다. 제철은 늦가을부터 겨울이다.

소화에 자신 있다면 양배추를 생으로 먹는 것이 좋다. 삶으면 비타민 · 미네랄 · 엽록소 등 열에 약한 성분이 다량 소실되기 때문이다. 또 오래 끓이면 독특한 냄새의 유황 화합물이 생긴다. 그러나 위가 약하다면 생채 섭취를 삼가는 것이 현명하다. 식이섬유가 많은 데다 생으로 먹으면 위가 차가워져서 소화 · 흡수가 잘 안 되기 때문이다. 이런 사람은 생 주스를 차지 않게 만들어 조금씩 마시거나 수프를 끓여 먹는 것이 낫다. 삶으면 부피가 줄어들어 생으로 먹을 때보다 세 배 이상 많이 먹을 수 있다는 것도 장점이다.

마트에선 모양이 균일하고 묵직하며 벌레 먹은 부위가 없고 잘 뭉친 것을 선택한다. 벌레가 의심되면 소금물이나 식초 물에 15~20분 담가둔다. 씻지 않은 것은 냉장고에서 2주까지 보관할 수 있다. 양배추를 썰어 구멍이 뚫린 용기에 담아 냉장고에 넣으면 일주일가량 보관할 수 있다.

여드름 피부를 탈출기, 양배추즙

양배추즙이 여드름 개선에 탁월한 효과를 내는 것은 알 만한 사람들은 다 알고 있는 사실이다. 그 이유는 여드름 개선에 중요한 비타민 A와 비타민 C가 풍부하게 함유되어 있기 때문이다. 양배추즙의 흡수율을 높이기 위해 공복에 먹는 것이 좋다는 사실도 함께 기억하자.

건강에도 좋고 입맛에 딱! 캐비지 롤

양배추 잎 8장, 고기소(다진 돼지고기 200g, 다진 파 2큰술, 다진 마늘 1작은술, 청주 1큰술, 방울토마토 4개, 간장·소금·후춧가루·다진 생강 약간씩), 두부소(부침용 두부 200g, 다진 돼지고기 50g, 다진 파 2큰술, 다진 마늘 1작은술, 청주 1큰술, 방울토마토 4개, 간장·소금·후춧가루, 다진 생강 약간씩), 장국용 다시마 1장, 가다랑어 포 한 줌

만들기
① 양배추의 넓은 겉잎을 한 장씩 떼어 찜통에서 숨이 죽을 정도로만 찐다. 찬물에 넣어 식혔다가 물기를 빼서 준비한다.
② 냄비에 물과 다시마를 넣어 약한 불에서 끓인다. 팔팔 끓으면 가다랑어 포를 넣고 바로 불에서 내려 거르면 육수가 완성된다.
③ 잘게 썬 방울토마토에 돼지고기, 두부 등 나머지 재료를 섞어 고기소를 만든다.
④ 물기를 꼭 짜고 으깬 두부에 나머지 재료를 섞어 두부소를 만든다.
⑤ 양배추 잎 4장에는 고기소를, 나머지 4장에는 두부소를 둥글넓적하게 빚어 올려두고 양배추 잎의 양 가장자리를 안쪽으로 접어서 돌돌 만다.
⑥ 냄비에 5와 육수를 넣고 15분 정도 중간 불에서 조리고 간장과 소금으로 살짝 간을 한다.

맛있고 간편하게, 양배추닭살볶음밥

밥 50g, 닭살 20g, 양배춧잎 1장, 다진 양파·다진 당근 1큰술씩, 통깨 1작은술, 올리브 오일·통깨 약간씩

만들기
① 닭살은 곱게 다진다.
② 양배추는 끓는 물에 데쳐 물기를 꼭 짠 뒤 다진다.
③ 프라이팬에 올리브 오일을 두르고 1의 닭살을 넣어 볶는다.
④ 3의 닭살이 반 이상 익으면 다진 양파와 당근을 넣어 볶는다.
⑤ 4에 밥과 양배추를 넣어 한 번 더 볶은 뒤 불을 끈다.
⑥ 접시에 5의 볶음밥을 담고 통깨를 솔솔 뿌린다.

양파

Onion

서양에선 5000년 전부터 양파를 먹어왔다. 고대 이집트에서는 피라미드를 만드는 데 동원된 노동자에게 마늘과 양파를 제공했다. 섭취하면 힘이 생긴다고 여겨서다. 한반도에는 1890년께 들어왔다. 화교촌이 있는 인천에 짜장면과 함께 상륙했다는 설도 있다. 삼국시대부터 먹기 시작한 파에 비하면 국내에서 식용의 역사는 길지 않다. 양파는 단골 향신료(양념) 역할을 한다. 특히 생선과 육류의 비린내를 없애는 데 그만이다. 마늘과는 달리 가열하면 냄새가 사라지는 것도 향신료로서의 장점이다. 양파는 건강상 효능이 다양하다. 강정·피로해소·체력 향상에 유익하다. 서양에서 권투나 사이클 등 체력 소모가 심한 스포츠를 하는 사람들이 애호하는 것은 그 때문이다.

천연 항생제 역할도 한다. 살균 효과가 마늘만큼 강력하진 않지만 마늘보다 훨씬 많이 먹을 수 있으므로 식중독 균 등 유해 세균에는 마늘 이상으로 위협적인 존재다. 음식이 쉽게 상하고 식중독 사고가 잦은 여름에는 마늘과 양파가 예방약이 될 수 있다. 이런 살균 작용 때문에 유럽에선 감기 환자의 방에 양파를 가져다 놓는다.

동맥경화·심장병·뇌졸중 등 혈관 질환 예방도 돕는다. 양파를 자르면 눈물이 쏙 나온다. 양파의 자극성 물질인 황화아릴 때문이다. 황화아릴은 체내에서 알리신으로 변한다. 마늘의 냄새 성분으로도 유명한 알리신은 콜레스테롤이 혈관 벽에 달라붙지 않게 해 각종 혈관 질환을 예방한다. 양파 껍질에는 쿼세틴이라는 강력한 항산화 성분이 들어 있다. 폴리페놀의 일종인 쿼세틴은 혈전을 녹이고 뭉친 혈액을 풀어준다. 또 분자량이 작아 체내에 쉽게 흡수된다.

항암 효과도 기대할 수 있다. 알리신·비타민 C·E·셀레늄·쿼세틴·식이섬유 등 항암·항산화 물질이 풍부하기 때문이다. 동물 실험에서는 양파 추출물이 다양한 암세포를 죽이는 것을 확인했다. 사람을 대상으로 한 역학조사에선 붉은 양파 등 쿼세틴이 풍부한 식품을 즐겨 먹으면 폐암 발생 위험이 현저히 감소하는 것으로 밝혀졌다. 쿼세틴은 다른 어떤 식품보다 양파를 통해 효율적으로 체내에 흡수된다.

신경을 안정시키는 효과도 있다. 신경이 예민해져 잠을 잘 이루지 못하거나 불면증으로 고생하는 사람의 머리맡에 썬 양파나 잘게 다진 파를 그릇에 담아두는 것은 이래서다. 고혈압·당뇨병·천식·비만 환자에게도 권할 만하다. 고혈압 환자는 염분이 있는 음식을 피해야 하는데 소금 대신 양파로 음식의 맛을 조절해 소금(나트륨) 섭취량을 크게 줄일 수 있다. 아울러 혈압 조절을 돕는

양파, 이렇게 활용해보세요

① **사용한 기름에 양파를 튀겨 기름을 재활용한다** 튀김 요리 후 남은 기름은 그냥 찌꺼기만 걸러두는 것이 보통인데 이때 양파를 넣어 튀기면 튀김 기름이 맑아지고 냄새도 사라져 다시 사용하기 용이하다.

② **고기 국물을 만들 때 넣는다** 고기를 삶거나 육수를 만들 때 양파를 넣고 끓이면 잡냄새도 없어지고 고기의 맛을 살릴 수 있다. 2~4등분한 양파를 고기와 함께 넣고 끓인다.

③ **단맛 낼 때는 설탕 대신 양파를 넣는다** 양파는 단맛이 많이 나므로 요리에 양파즙을 넣으면 설탕 사용량을 줄일 수 있고 소스나 쌈장에도 양파즙을 넣으면 맛이 좋다.

주요 산지	주요 영양 성분	효능	제철	고르는 법	보관 방법
무안 제주와 남해 지역 대전 김제 등	황화아릴 비타민 A 비타민 B군 비타민 C 이눌린 등	신진대사 원활 피로 해소 노화 방지 암 예방 고혈압 예방 동맥경화 예방	5~6월	껍질이 잘 마르고 광택이 있으며 단단하고 무게감이 있는 것을 고른다. 붉은 빛이 도는 것이 신선하고 눌러보아 물렁물렁한 것은 심이 썩은 것이므로 피한다.	종이봉투나 망사 자루에 넣어 서늘하고 바람이 잘 통하는 곳에 둔다. 오래 저장할 때는 종이봉투에 담아 서늘한 곳에 두어 건조한 상태를 유지하는 것이 중요하다.

미네랄인 칼륨이 풍부하다(100g당 144mg).

    중국요리엔 양파가 거의 빠지지 않는다. 기름진 음식을 선호하는 중국인이 살찌지 않는 이유가 양파를 많이 먹기 때문이라는 견해도 있다. 양파의 열량은 100g당 34kcal에 불과하다. 그러나 패스트푸드점 등에서 판매되는 양파링의 100g당 열량은 332kcal에 달한다.

    양파를 조리할 때는 웰빙 성분인 황화아릴과 쿼세틴이 손실되지 않도록 주의한다. 열에 강한 쿼세틴은 별문제가 안 된다. 반면 황화아릴은 열은 물론 칼질에도 약하다. 혈당을 낮추기 위해 양파를 먹는다면 가능한 한 날로 먹는 것이 좋다. 혈당 강하 성분인 황화아릴이 생양파에 많이 들어 있기 때문이다. 칼질이 불가피하다면 세로로 큼직하게 써는 것이 황화아릴의 손실을 최소화하는 방법이다.

    콜레스테롤·혈압을 낮추려면 양파를 가열해서 먹는 것이 낫다. 양파를 기름에 볶으면 황화아릴이 트리슬피드·세파엔이란 성분으로 변하는데 이들이 콜레스테롤·혈압을 낮춰준다. 가열하기 15분 전쯤에 미리 양파를 썰어두면 트리슬피드가 더 많이 생긴다는 사실도 함께 기억할 필요가 있다. 양파의 하루 적정 섭취량은 50g가량이다. 중간 크기의 양파 4분의 1개 분량이다.

    양파는 맛에 따라 단 것(mild onion)와 매운 것(strong onion)으로 분류된다. 색은 흰색·노란색·붉은색이 있다. 붉은색은 매운맛이 강하고 노란색은 단맛이 난다. 흰색은 조생종으로 연하기는 하지만 부패하기 쉽다는 것이 약점이다.

    양파를 살 때는 굵고 껍질이 잘 벗겨지며 고유의 매운맛과 향기가 강한 것을 골라야 한다. 또 쥐었을 때 단단하고 껍질에 윤기가 있으며 잘 마른 것이 상품이다. 싹과 뿌리가 난 것은 수분이 적어 맛이 떨어진다. 통풍이 잘되는 어두운 곳에 보관해야 오래간다.

눈물 뚝, 양파 껍질 벗기기 노하우

양파를 벗길 때 흐르는 눈물을 멈출 수 없다면, 다음 네 가지 방법을 따라 해보자.
① 뿌리는 놓아두고 양파 껍질부터 벗긴다.
② 차가운 물에 담가둔 채 양파 껍질을 벗긴다.
③ 전자레인지에 30초 정도 돌린 후 양파 껍질을 벗긴다.
④ 촛불을 켠 다음 양파 껍질을 벗긴다.

물처럼 마시는 양파차

양파 껍질에는 항산화 작용을 하는 성분이 들어 있다. 양파 껍질을 버리지 말고 물과 함께 달여 만든 차를 물처럼 마시면 혈관이 튼튼해지고 혈압이 낮아지며 항암 효과도 기대할 수 있다.

아이들과 함께 간식으로 먹으면 좋아요, 양파링

양파 2개, 허브 크럼블(다진 이탤리언 파슬리 3~4
큰술, 다진 로즈메리 1~2큰술, 빵가루 2컵), 튀김옷
(박력분 1/2컵, 달걀 푼 것 2큰술, 맥주 5~6큰술,
밀가루 적당량), 스파이시 칠리 소스(토마토케첩 4
큰술, 스위트 칠리 소스 2큰술, 매운 칠리 소스 1
큰술, 레몬즙 1~2큰술), 갈릭 마요네즈(찐 마늘 5쪽,
마요네즈 1/2컵, 화이트 와인 식초 1/2큰술, 설탕·
소금·후춧가루 약간씩

만들기

① 양파는 링 모양으로 하나씩 떼어놓는다.
② 분량대로 섞어 허브 크럼블을 만든 후 물을
뿌려 촉촉하게 한다.
③ 튀김옷을 분량대로 섞는다.
④ 양파링에 밀가루 → 튀김옷 → 크럼블의
순으로 튀김옷을 입힌 후 160~180℃의
기름에서 튀겨낸다.
⑤ 분량의 재료로 갈릭 마요네즈와 스파이스
칠리 소스를 만들고 갈릭 마요네즈는
분량대로 섞어 블렌더에 갈아 완성한다.

집에서 즐기는 일식, 양파참치회

냉동 참치 150g, 굵게 간 통후추 3~4큰술, 양파 1개,
무순 약간, 구운 김 1장, 물 1L, 소금 1/2큰술, 간장 소스
(다시마 물 2컵, 가다랑어포 20g, 간장 4큰술,
설탕·맛술 2큰술씩, 생강즙 1작은술, 생강 약간)

만들기

① 물에 소금을 녹인 뒤 냉동 참치를 넣고 10분
동안 그대로 둔다. 꺼내어 물기를 없앤 뒤 면
보자기에 싸 냉장실에 넣어 해동한다.
② 해동한 참치 표면에 굵게 간 통후추를 고루
바른다.
③ 프라이팬을 뜨겁게 달구어 2의 참치를
표면만 익힌 다음 0.5~1cm 두께로 썬다.
④ 양파는 링 모양으로 곱게 채 썰어 찬물에
잠깐 담가 매운맛을 뺀다. 그런 다음 체에
밭쳐 물기를 뺀다.
⑤ 무순은 끝을 다듬어 찬물에 잠시 담갔다
건지고 김은 곱게 자른다.
⑥ 다시마 우린 물을 끓여 가다랑어포를 넣고
5분 동안 우린다. 나머지 간장 소스 재료를
넣어 약한 불로 끓인 다음 체에 걸러 식힌다.
⑦ 접시에 4의 양파를 깔고 3의 참치와 무순,
김 채를 올린다. 마지막으로 간장 소스를
곁들인다.

연근

Lotus root

연(蓮)은 버릴 것이 하나도 없는 식물이다. 봄에 싹이 올라오기 시작하는 연잎, 7월 중순께 활짝 피는 연꽃, 10~11월에 나오는 연 씨, 12월에서 이듬해 3월에 수확되는 연근이 모두 한방 약재로 쓰인다. 연과 수련은 엄연히 다른 식물이다. 수련은 잎 크기가 손바닥만 하며 관상용이다. 연은 다시 홍련(紅蓮)과 백련(白蓮)으로 나뉜다. 이 중 꽃이 분홍색인 홍련은 잎의 지름이 40cm 가량이며 뿌리만 먹는다. 식용·약용으로 주로 쓰이는 것은 흰 꽃이 피는 백련이다. 잎의 지름이 약 60cm로 홍련보다 크고 부드러운 것이 특징이다. 주산지는 전남 무안·함평·보성, 전북 김제, 충남 아산 등이다.

연잎의 약성은 혈중 콜레스테롤 수치를 낮추고 지방 분해를 돕는 것이다. 연잎 추출물을 섭취한 실험용 쥐의 혈중 콜레스테롤과 중성지방 수치가 떨어진 것은 국내 학자의 연구에 의해 증명됐다. 연잎을 차로 만들어 마시면 연잎의 약효 성분을 충분히 섭취할 수 있다. 채취한 연잎을 자르면 젖처럼 하얀 수액이 계속 흘러나오는데, 비릿한 냄새가 나는 것이 특징이다. 이 냄새를 없애려면 그늘에서 오래 말려야 한다. 물 500ml에 말린 연잎 5g을 넣고 끓인 뒤 약한 불로 15분가량 천천히 우러내면 연잎차가 완성된다. 연잎차는 입 냄새를 없애고 변비를 예방하며 소변이 잘 나오게 한다. 또 연잎 삶은 물로 몸을 씻으면 피부가 부드러워지고 피부병 치료에도 이롭다.

연꽃은 불교를 상징하는 꽃이다. "속세에 물들지 않으니, 연못 속에 핀 연꽃 같다"라는 부처님의 가르침도 있다. 물속에서 피어나지만 절대 물에 잠기는 일이 없고 진흙에서 피어나지만 결코 진흙에 물들지 않는 이제염오(離諸染汚)의 꽃이다. 연꽃도 차로 만들어 마실 수 있다. 연꽃차의 주된 효능은 피부 미용을 돕고 피를 맑게 하며 술독을 풀어주는 것이다. 신경과민·스트레스 등에 의한 불면증·우울증을 가라앉히는 효과도 있다.

연씨는 연꽃의 열매로 연자·연실·연밥이라고도 불린다. 한방에선 양기를 올리는 약재로 쓴다. 《동의보감》에는 '금쇄사선단'이라는 약이 나온다. 연꽃의 꽃술과 연 씨를 섞어 만든 약이다. 정력을 지나치게 소모해 음낭이 습하거나 정액이 부족하거나 발기부전을 호소하는 환자에게 주로 처방한다.

식용으로 주로 쓰는 부위는 뿌리인 연근이다. 연근의 주성분은 탄수화물(대부분 녹말)이며 비타민 C·칼륨·식이섬유가 상당량 들어 있다. 연근은 맛이 달면서 떫다. 떫은 것은 떫은맛 성분인 타닌(항산화 성분인 폴리페놀의 일종)이 들어 있어서다. 타닌은 소염·지혈 작용을 해 점막 부위의 염증을 가라앉히

비뇨기 질환, 연근으로 극복!

생각보다 비뇨기 질환을 앓는 사람이 많다. 다른 질환보다 성가시고 신경이 많이 쓰이기 때문에 예민해지기 마련이다. 따라서 예방하는 것이 가장 중요한데 예방약 역할을 하는 것이 바로 연근이다. 한방에서는 연근을 비뇨기 질환 치료에 쓴다. 연근을 통째로 잘 보관해 두었다가 밥을 먹을 때마다 조금씩 썰어 기름을 발라 구워 먹어보자. 꾸준히 연근을 섭취하면 방광이 몰라보게 건강해지면서 비뇨기 질환도 예방할 수 있다.

술, 담배를 즐기는 사람에게 연근을

연근은 술, 담배를 즐기는 사람들에게 아주 좋은 채소이다. 담배의 니코틴과 술을 해독해주는 성분이 들어 있기 때문이다. 연근을 꾸준히 섭취하면 간과 폐가 건강해진다.

주요 산지	주요 영양 성분	효능	제철	고르는 법	보관 방법
무안 함평 보성 김제 아산 등	탄수화물 비타민 C 칼륨 식이섬유 타닌	지혈 위 질환 예방 기관지염 예방 방광염 완화 천식 예방 감기 치료 만성 빈혈 예방	12~3월	모양이 길고 굵은 것이 양질이다. 잘랐을 때 속이 희고 부드러운 것이 좋은 것이다.	변색하기 쉬우므로 썰자마자 식초물에 담가 냉장 보관한다.

고 피를 멎게 한다. 위염·위궤양·십이지장궤양 등 소화기에 염증이 있거나 코피가 잦은 사람에게 연근 반찬을 추천하는 것은 이래서다.

기관지염으로 고생하는 사람에게도 연근은 유용하다. 껍질을 벗긴 흰색 연근을 강판에 간 뒤 거즈 등을 이용해 짜낸 연근즙을 먹으면 입이 잘 마르지 않고 위가 튼튼해진다. 연근즙의 독특한 향 때문에 마시기 힘들다면 꿀을 넣어 마셔도 괜찮다. 기침이 잘 멈추지 않거나 목이 많이 아프거나 가래가 계속될 때 연근즙을 마시면 어느 정도 효과를 볼 수 있다.

연근을 자르면 절단 부위가 검어지는 것은 타닌이 산화되기 때문이다. 식초 물에 담가두면 변색을 막을 수 있다. 또 식감이 아삭아삭해지고 떫은맛이 사라져 맛이 좋아진다. 연근은 색깔이 희고 부드러우며, 무겁고 구멍이 적을수록 상품이다. 남은 연근은 랩으로 싸서 냉장고에 넣어두면 일주일은 보관할 수 있다. 조리할 때 철제 냄비에 넣어 삶으면 색이 검어지므로 피한다. 섭취할 때 특별히 주의할 점은 없지만 만성 설사가 있는 사람은 과다 섭취하지 않는 것이 좋다.

연근, 언제부터 먹었어?

연근은 오랜 세월 동안 훌륭한 약재로 쓰였다. 그런데 연근이 언제부터 이렇게 널리 쓰였을까? 때는 중국 송나라 시절로 거슬러 올라간다. 송나라의 어느 대관집 참모가 선짓국을 끓이다가 실수로 연의 뿌리를 빠뜨렸다. 그런데 끓고 있던 선지가 아무리 끓여도 엉기지 않고 흩어졌다. 이후 연근은 뭉친 어혈을 풀어주는 치료제로 널리 쓰이기 시작했다는 황당하지만 재미있는 이야기가 전해져온다.

내 아이 영양 간식, 연근 칩

연근 1개, 설탕 3큰술, 식초 약간, 나무 꼬치 여러 개

만들기
① 껍질을 벗긴 연근은 얇게 슬라이스한 뒤 식초를 약간 떨어뜨린 물에 담가 갈변을 막는다.
② 마른 면보나 행주로 1의 연근을 건져 물기를 잘 닦는다.
③ 긴 꼬치에 약간의 간격을 두며 연근을 일렬로 걸고 큰 볼에 연근을 건 꼬치 2~3개를 걸쳐 넣은 뒤 전자레인지에서 3분 정도 가열한다.
④ 3이 꾸덕꾸덕 마르면 꼬치에서 뺀 뒤 오븐에 넣고 연한 갈색이 돌 때까지 바삭하게 구워낸다.
⑤ 연근이 뜨거울 때 설탕을 살짝 뿌린다.

우리 집 밑반찬 하나 더! 연근조림

껍질 벗긴 연근 200g, 식초 1큰술, 녹말 2큰술, 식용유 적당량, 조림장(진간장 3큰술, 조미술·설탕 2큰술씩, 청주·꿀·통깨 1큰술씩)

만들기
① 껍질을 벗긴 연근은 5mm 두께로 썰어 찬물에 담가 녹말기를 뺀 다음 냄비에 담고 잠길 정도로 물을 붓는다. 여기에 식초를 넣고 5분 정도 삶아 물에 헹군 뒤 물기를 없앤다.
② 삶은 연근에 녹말을 묻히고 여분을 털어낸다. 팬에 식용유를 넉넉히 두른 다음 노릇하게 앞뒤로 튀긴 후 기름기를 뺀다.
③ 팬에 진간장, 조미술, 설탕, 술을 넣고 보글보글 끓이다가 튀긴 연근을 넣고 팬을 흔들어가며 조린다. 거의 졸아들면 꿀을 넣고 계속 조려서 넓은 접시에 쏟는다. 식힌 뒤 통깨를 뿌린다.

오이

Cucumber

무더위가 심할 때 오이를 먹으면 금세 시원한 느낌이 들고 갈증이 사라진다. 오이는 성질이 찬 채소이다. 'as cool as cucumber(오이처럼 찬)'란 영어 관용어가 있을 정도다. 실제로 오이 속살(과육)의 온도가 겉보다 낮다. 한방에서는 몸이 차가워지면 혈액순환이 나빠지고 신진대사가 떨어져 각종 질병에 걸리기 쉬워진다고 본다. 중국인이 여름철 외에는 오이를 삶거나 볶는 등 주로 가열해 먹는 것은 오이의 찬 성질이 몸을 더 차게 하는 것을 막기 위해서다. 우리 국민에게 오이는 주렁주렁 잘 열리는 친근한 채소다. 하지만 유럽인은 오이 하면 '차가움' · '고독'(오이 밭의 원두막을 연상해) 등 부정적인 이미지를 떠올린다.

영양적으론 수분 · 칼륨 · 비타민 C가 풍부하다. 수분 함량은 수박보다 높다. 더위를 먹었을 때 오이를 먹으면 칼륨이 체내의 나트륨을, 수분이 노폐물을 배출시킨다. 이뇨 효과도 뛰어나다. 먹으면 몸 안의 수분이 빠져나가 얼굴이나 몸의 부기가 빠진다. 민간요법에선 부종이 잦은 사람에게 "오이(가능하면 삶은 오이) 한 개씩을 매일 먹을 것"을 권한다.

숙취 해소에도 유익하다. 푸시킨의 《대위의 딸》에는 "주독(酒毒)을 푸는 데는 오이만 한 것이 없다", 카뮈의 《이방인》엔 "주당들의 뒷골목에는 오이 냄새가 가득하다"라는 대목이 나온다. 숙취로 아침에 일어나기 힘들 때 오이즙 한 컵에 식초 3~4스푼을 넣어 마시면 도움이 된다.

피부 미용에도 이롭다. 햇볕에 얼굴이 검게 타거나 땀띠가 났을 때 오이 팩을 하거나 오이즙을 바르는 것이 효과적이다. 비타민 C가 피부 건강을 도와서다. 오이 덩굴을 잘랐을 때 나오는 물도 보습제나 화장수 역할을 한다.

생으로 먹을 때는 가능한 한 껍질째 먹는 것이 좋다. 껍질엔 혈당 · 콜레스테롤을 낮추고 암을 예방하는 카로티노이드와 눈 건강을 돕는 루테인이 풍부하다. 오이소박이 · 오이선 · 오이나물 · 오이지 등 다양한 오이 음식을 만들 때는 굵은소금으로 오돌토돌한 가시가 돋은 겉을 문질러 잘 씻은 뒤 조리에 사용한다. 이때 쓴맛이 나는 꼭지 부분은 잘라낸다. 종이에 잘 싼 뒤 비닐봉지에 담아 냉장고에 넣어두면 일주일가량 보관할 수 있다.

오이는 당근 · 무와는 함께 먹지 않는 것이 좋다. 당근 · 무에 비타민 C 분해 효소인 아스코비나제가 들어 있기 때문이다. 오이를 너무 잘게 써는 것도 피한다. 써는 도중 아스코비나제가 생성되기 때문이다. 다행히도 오이에 식초나 소금을 뿌리면 아스코비나제가 파괴된다. 오이 음식을 조리할 때 먼저 식초 · 소금을 약간 첨가하라고 권하는 것은 이래서다.

소주는 오이를 좋아해

'국민 술'이라는 애칭답게 소주는 너도나도 즐기는 우리나라 술이다. 소주를 좋아한다면 주목! 소주와 오이가 찰떡궁합이라는 사실. 소주를 먹을 때 오이를 채 썰어 넣어 마시면 소주의 독한 냄새가 없어지고 맛이 순하게 느껴져 평소 소주를 먹기 힘들어하는 사람도 어느 정도 마실 수 있다. 오이는 특히나 칼륨 함유량이 높은 알칼리성 식품이다. 술을 많이 마시면 몸속에 있던 칼륨이 빠지는데, 오이는 칼륨을 공급해주니 찰떡궁합이라고 할 수 있다.

주요 산지	주요 영양 성분	효능	제철	고르는 법	보관 방법
평택 부여 천안 공주 아산	칼륨 비타민 B군 비타민 C 단백질 수분 등	화상·땀띠 치료 감기 예방 피로 해소 노폐물 배출 갈증 해소	4~7월	녹색이 짙고 가시가 있으며 탄력과 광택이 있는 것을 고른다. 또 굵기가 고르고 꼭지의 단면이 싱싱한 것이 좋다.	오이를 냉장실에 두면 저온 장애를 일으키기 쉬우므로 가급적 당일 구입해 먹는 것이 가장 좋다. 냉장고에 보관할 때는 하나씩 신문지에 싸서 비닐봉지에 담은 뒤 채소 칸에 둔다.

오이는 성질이 차서 평소 위가 약한 사람이 먹으면 설사를 할 수 있다. 한방에선 냉한 식품을 섭취해 몸이 차가워지면 혈액순환이 나빠지고 신진대사가 떨어져 각종 질병에 걸리기 쉬워진다고 본다.

오이에 농약이 남아 있을까 걱정된다면 물에 여러 번 씻거나 식초 물에 담갔다가 사용한다. 오이는 수박·호박 등과 사촌 간이며 원산지는 태국이다. 일본 오키나와·규슈 등에서 웰빙 채소로 인기 높은 고야와 혼동하는 사람이 많은데, 고야의 우리말 명칭은 '쓴오이'다.

백팀 오이, 청팀 오이

오이에도 종류가 많은데, 그중 가장 구분하기 쉬운 것은 엷은 푸른색을 띠는 백오이와 아주 파란색을 띠는 청오이로 분류하는 것이다. 다다기 오이라고도 불리는 백오이는 수분이 많아 생채나 겉절이, 샐러드, 오이소박이용으로 쓰이며 저장성이 뛰어나 오이지나 오이피클 등에도 이용된다. 반면에 취청 오이라고도 불리는 청오이는 오래 두면 물러지기 때문에 바로 먹을 수 있는 생채나 무침에 사용한다. 또 식이섬유가 단단해 소금에 절여도 물러지지 않아 김치를 담거나 볶고 튀기는 요리에 알맞다.

여름엔 시원하게, 오이냉면

냉면 400g, 백오이 6개, 토마토 1개, 각얼음 30개, 겨자 약간, 절임 양념(국간장 5큰술, 고춧가루·식초 3큰술씩, 설탕 2큰술, 소금 약간)

만들기

① 백오이는 소금으로 깨끗하게 문질러 씻은 다음 가늘게 채 썬다.
② 볼에 분량의 절임 양념 재료를 넣고 고루 섞은 후 1의 채 썬 오이를 넣어 절인다. 토마토는 4조각으로 자른다.
③ 냉면은 삶아 찬물에 헹궈 사리를 지은 다음 물기를 뺀다.
④ 삶은 냉면을 면기에 담고 절인 오이를 올린 후, 토마토를 곁들이고 오이 절인 국물을 붓는다. 겨자는 따로 곁들여 취향대로 넣어 먹는다.

타이 오이와 치킨 샐러드

닭 가슴살 100g, 소금 약간, 코코넛 밀크 2큰술, 오이 1개, 파파야 1/2개, 당근 1/4개, 타이 칠리 드레싱(타이 고추 3개, 다진 캐슈너트 2큰술, 피시 소스 1/2작은술, 플럼 식초 2큰술, 발사믹 식초 1큰술, 참기름 1큰술, 꿀 1큰술, 올리브 오일 2큰술, 다진 생강 1/2작은술, 다진 셜롯 1작은술, 다진 실란트로 1큰술, 다진 마늘 1쪽분, 후춧가루 약간)

만들기

① 끓는 소금물에 닭 가슴살을 넣어 익힌 후 코코넛 밀크에 버무린다.
② 오이, 당근, 파파야는 껍질을 벗긴 후 곱게 채 썬다.
③ 타이 칠리 드레싱에 1과 2를 넣어 버무린다.

우엉

Burdock

독특한 향기와 아작아작 씹히는 맛이 기막힌 우엉은 버릴 게 하나도 없는 채소이다. 주로 뿌리를 먹지만 어린 순은 삶아서 무쳐 먹고 심장 모양인 잎은 기름에 튀겨 먹으며 뿌리는 조려서 반찬으로 쓴다. 우엉의 대표적인 웰빙 성분은 식이섬유이다. 식이섬유는 열량이 거의 없고 빠르게 포만감을 주기 때문에 비만 해소에 유용하다. 또 혈액에 엉켜 붙은 콜레스테롤을 흡착한 뒤 체외로 배출시켜 혈중 콜레스테롤 수치를 낮추고 동맥경화 예방을 돕는다. 장을 깨끗하게 하고 변비를 예방하는 것도 식이섬유의 '착한 면'이다. 우엉을 잘랐을 때 나오는 끈적거리는 성분인 리그닌도 식이섬유의 일종인데 요즘 항암 성분으로 주목받고 있다. 돼지감자(뚱딴지)·치커리·야콘 등에 풍부한 다당류인 이눌린(inulin)이 많이 들어 있다는 것도 우엉의 특징이다. 우엉은 전체 탄수화물의 절반가량이 이눌린이다. 이눌린은 천연 인슐린(혈당을 낮추는 호르몬)이라 불릴 만큼 혈당 조절력이 뛰어나 당뇨병 환자가 관심을 가질 만하다. 또 가슴앓이·위장 장애·피부 트러블 등에도 유익한 것으로 알려져 있다. 우엉의 떫은맛 성분은 녹차의 떫은맛 성분과 같은 타닌이다. 타닌은 소염 효과가 있어 피부 건강에 이롭다. 여드름·땀띠·피부 소양증(가려움증)으로 고민이라면 우엉 뿌리나 잎을 물에 넣고 삶은 뒤 염증 부위에 바르면 효과를 볼 수 있다. 한방에서는 우엉의 씨를 악실(惡實)이라고 하여 소염 약으로 사용한다. 우엉에는 아르기닌이라는 아미노산도 많이 들어 있다. 아르기닌은 강정 효과로 유명하다.

대개 우엉은 볶음·조림·튀김·무침·샐러드·김밥 등에 쓰인다. 기름에 볶으면 단맛이 강해진다. 육류·생선 요리에 조금만 넣어도 잡냄새를 없애 음식의 풍미를 높여준다. 아삭아삭한 맛을 살리려면 미리 데친 뒤 천천히 조리는 것이 요령이다. 추어탕의 재료로도 쓰이는데 미꾸라지 특유의 미끈미끈한 물질을 우엉이 흡수해주기 때문이다. 반찬으로 먹을 때는 쌀뜨물에 삶아 껍질째 조리해야 진정한 맛을 만끽할 수 있다. 우엉의 감칠맛은 껍질에서 나기 때문이다. 따라서 우엉 뿌리의 껍질은 표면을 씻거나 칼등으로 살짝 긁어내는 정도로 가볍게 손질하는 것이 바람직하다. 우엉 껍질을 벗긴 뒤 썰어두면 금세 검게 변색된다. 식초 물에 담가두면 변색을 막을 수 있고 떫은맛도 제거된다. 우릴 때는 물을 두세 번 가량 갈면서 충분히 우려내야 한다. 우엉을 삶으면 파랗게 변할 수 있다. 우엉에 든 칼륨·칼슘·마그네슘 등 미네랄이 우엉의 안토시아닌 색소와 반응하기 때문이다. 건강에 해로운 것은 아니니 안심해도 된다. 또 우엉은 성질이 찬 채소이므로 평소 몸이 냉하거나 설사가 있으면 섭취를 제한하는 것이 현명하다.

내 젊음의 묘약, 우엉차

우엉에 포함되어 있는 '사포닌'은 항산화 작용을 해 노화를 방지하는 성분으로 알려져 있다. 그래서 우엉을 먹으면 피부의 재생력이 향상되는 것은 물론이고 피붓결이 고와지고 노화 방지 효과를 볼 수 있다. 우엉을 차로 마시면 효과가 더욱 좋은데, 만드는 방법은 다음과 같다.
우엉을 흐르는 물에 잘 씻어 가늘게 채 썬 후 볕이 드는 곳에서 한나절 말린다. 말린 우엉을 기름을 두르지 않은 프라이팬에 넣어 볶은 다음 뜨거운 물에 우려내서 마시면 된다.

우엉 음식 궁합 풀이

우엉에는 식물성 섬유질이 많은데 이는 바지락의 철분 흡수율을 떨어뜨리므로 궁합이 맞지 않다.

우엉에는 식이섬유와 타닌 성분이 풍부해 돼지고기와 함께 먹으면 신장 기능을 향상시키고 우엉에 없는 영양 성분을 보충해줘 궁합이 잘 맞는다.

주요 산지	주요 영양 성분	효능	제철	고르는 법	보관 방법
안동 이천 진주	칼륨 탄수화물 비타민 A 비타민 B군 비타민 C 단백질 타닌 이눌린 사포닌	빈혈 예방 당뇨병 예방 변비 예방 다이어트 생리통 예방	5~6월	지나치게 굵거나 가는 것은 피한다. 또 바람이 들지 않고 건조하지 않은 것, 껍질에 흠이 없고 매끈한 것이 좋다. 수염뿌리나 혹이 없고 잘랐을 때 부드러워야 좋은 우엉이다.	흙이 묻은 우엉은 젖은 신문지에 싸 냉장고에 보관한다. 씻은 것은 밀폐 용기에 담아 냉장고에 넣어둔다.

내 아이 반찬으로 그만, 우엉쇠고기장조림

쇠고기(홍두깨살) 200g, 우엉 1/4개, 올리고당 2큰술, 장조림 소스(물 5컵, 유기농 간장 3큰술, 유기농 설탕 1큰술, 통마늘 2통, 유기농 깨소금·참기름 약간씩)

만들기
① 쇠고기는 끓는 물에 넣어 살짝 익히고, 우엉은 손질해 채 썬다.
② 냄비에 장조림 소스 재료를 넣고 끓이다 1의 쇠고기를 넣고 양념이 고루 배도록 20~30분간 끓인다.
③ 2에 채 썬 우엉을 넣어 한소끔 더 끓인 뒤 올리고당을 넣고 섞는다.
④ 완성된 장조림의 쇠고기는 아이가 먹기 좋게 찢는다.

추천 레시피

인삼

Korean ginseng

인삼은 두릅나뭇과 인삼속 식물의 뿌리를 가리킨다. 재배지에 따라 고려인삼(한반도)·미국삼(미국·캐나다)·전칠삼(중국)·죽절삼(일본) 등으로 다르게 불린다. 인삼의 학명인 Panax ginseng은 그리스 어로 '모든 것을 낫게 한다'는 뜻이다. 서양에서는 인삼의 효과를 'ergogenic'이란 단어로 표현한다. 그리스 어로 '일'(ergo)과 '생산'(gen)의 합성어다. 일할 수 있도록 육체의 피로를 풀어준다는 의미다.

홍삼은 인삼(대개 말리지 않은 수삼)을 증기 등의 방법으로 쪄서 말린 것이다. 인삼을 찌면 인삼의 전분이 풀처럼 돼서 벌레가 덜 먹는다. 중국 황실에 상하지 않은 인삼을 선물하고 중국에 인삼을 수출하기 위해 홍삼을 고안했다는 이야기가 전해진다.

인삼의 건강 성분은 뿌리에 함유된 진세노사이드(사포닌의 일종)이다. 5년근 이상의 뿌리엔 이 성분이 1~2%가량 들어 있다. 인삼은 늘 피곤해하는 사람에게 흔히 권장된다. 인삼이 원기·활력을 높여주기 때문이다. 이는 인삼 칠효설(七效說) 중 대중에게 가장 널리 알려진 효능이다. 운동 능력 개선에도 도움을 준다. 하루 2g이상씩 8주 이상 인삼을 섭취하면 신체적 운동 기능이 향상된다는 연구 결과가 외국에서 나왔다. 이 효과는 특히 평소 운동과 담을 쌓고 지냈던 40대 이상에게 두드러졌다.

인삼은 최근 비뇨기과 의사에게도 관심의 대상이다. 남성 성 기능 장애 치료 보조제로 유용할 것으로 예상되기 때문이다. 중국에선 예로부터 인삼을 최음제로 써왔다. 발기부전 환자 90명에게 인삼(홍삼)을 3개월간(하루 1.8g씩) 먹여본 국내 연구에서 성교 횟수·조루 등은 나아지지 않았지만 발기의 강도·음경 내 혈류 흐름·성욕·만족도는 호전된 것으로 밝혀졌다. 이는 인삼이 비아그라처럼 음경 내 질소산화물(NO)의 생성을 증가시켜 발기력을 높인 것으로 추정된다. 그러나 인삼을 먹었다고 해서 비아그라 같이 효과가 바로 나타나는 것은 아니다.

인삼은 당뇨병 환자에게도 추천된다. 갈증·권태감·어깨 결림·가슴 답답함 등 당뇨병 환자들이 흔히 겪는 증상이 개선된다는 이유에서다. 그러나 혈당을 떨어뜨리는 효과는 그리 신통치 않다.

최근에는 항암 효과도 거론된다. 사포닌과 폴리페놀 때문이다. 이 성분은 암세포의 증식을 막고, 암과 노화의 원인인 유해 산소를 없애며, 질병에 대한 면역력을 높여준다. 암 환자가 인삼을 복용하면 방사선·항암제의 부작용을

'딸'이라고 불리는 인삼의 열매. 그런데 사실은 인삼의 열매가 아니라 씨다.

수삼이 홍삼이 되기 위해서는 찌고 말리는 과정을 여러 번 반복해야 한다.

주요 산지	주요 영양 성분	효능	제철	고르는 법	보관 방법
금산 파주 풍기 진안 마주	진세노사이드 비타민 B군 비타민 C 폴리페놀 엽산 등	항스트레스 성 기능 개선 피로 해소 간 기능 회복 항암 면역 고혈압·저혈압 예방 신경세포재생 촉진	9월	예로부터 사람의 형태를 닮은 것을 최고 등급으로 쳤다. 몸통에 2~3개의 굵은 뿌리가 있고 모양이 잘 잡힌 것이 좋다. 몸통 색이 뽀얗고 빨간 반점이나 검은 반점이 없으며 잔뿌리가 원형을 유지하고 많이 붙어 있는 것이 좋다.	비닐에 싸면 냉장실에서 2주 동안 보관할 수 있다. 2~3일 내에 사용한다면 신문지에 싸서 서늘한 곳에 둔다. 남은 것은 비닐이나 랩으로 싸서 냉장 보관한다.

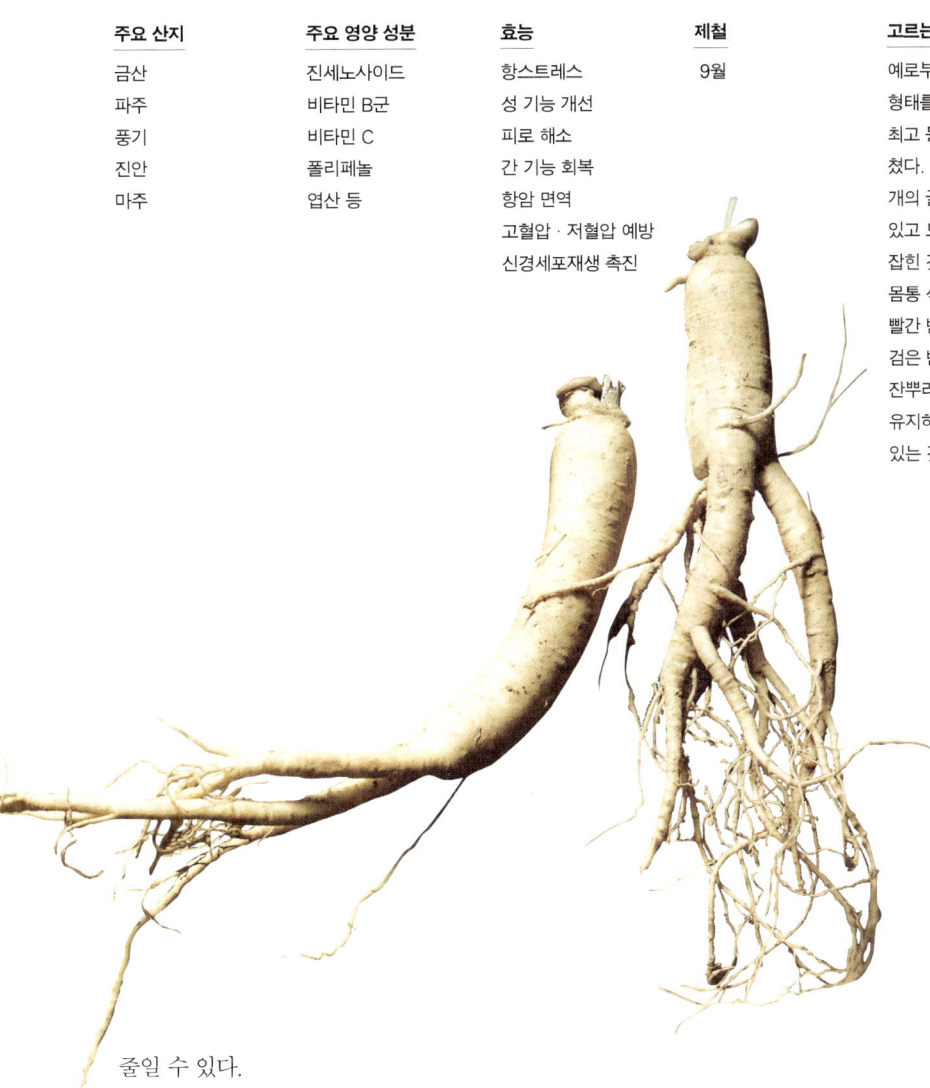

줄일 수 있다.

인삼은 식전에 먹는 것이 원칙이다. 빈속에 먹으면 소화가 잘 안 되는 사람은 식후에 먹어도 괜찮다.

몸에 열이 많은 사람과는 궁합이 잘 맞지 않는다. 피부 발진·두통·복통·설사 등 부작용을 일으킬 수 있다. 한국·중국 등 아시아의 인삼은 발열·흥분 등 양(陽)의 성질을 갖고 있기 때문이다. 고혈압 환자도 섭취를 제한하는 것이 좋다. 인삼이 카페인·정신병 치료제·스테로이드제·혈압약·당뇨병약·에스트로겐 등의 약효를 지나치게 높일 수 있다는 점도 유념해야 한다. 커피 등 카페인 음료나 혈압약을 인삼과 함께 먹는 것은 되도록 피한다.

인삼은 닭고기와 궁합이 잘 맞는다. 닭고기에 인삼을 넣으면 누린내도 사라진다. 해삼과도 잘 어울린다. 양삼탕(불로소양삼)은 인삼과 해삼을 함께 사용한 음식이다. 벌꿀과도 찰떡궁합이어서 인삼을 꿀과 함께 먹으면 피로 해소에 그만이다. 오미자차와 함께 먹으면 인삼의 약효가 더 좋아진다.

'심마니'가 캐는 산삼은 산이나 밭에서 재배되는 인삼의 원종(原種)이다. 인삼이 산삼의 씨를 받아 인가 주변에서 재배한 인공삼이라면 산삼은 심산의 수목 그늘에서 자란 야생삼이다. 산삼이나 인삼 모두 햇볕을 싫어하는 음지성 식물이어서 인삼을 재배할 때는 해가림을 한다.

산삼도 인삼처럼 진세노사이드를 함유하고 있다. 산삼은 생김새·자라는 속도 등에서 인삼과 분명한 차이를 보인다. 뇌두(머리)의 모양부터 다르다. 산삼의 뇌두는 마디가 여러 개이며 기린 목처럼 길다. 반면 인삼은 뇌두 마디가 두세 개 정도이고 짧다. 뇌두는 줄기가 붙었던 자리로, 줄기가 말라 죽은 흔적이다. 산삼은 뇌두의 숫자가 많을수록 오래 묵은 것이다. 해마다 하나씩 추가되기 때문이다. 그러나 뇌두가 40개가 있다고 해서 산삼의 나이가 40년인 것은 아니다. 그 이상이기 십상이다. 산삼이 휴면을 취하는 기간(10년이 넘을 수도 있다)에는 뇌두가 생기지 않기 때문이다. 뇌두의 크기도 산삼이 인삼보다 훨씬 작다. 산삼이 햇볕을 덜 쬐고 자란 탓이다.

몸통도 산삼이 인삼보다 작다. 산삼의 몸통은 색이 진하고 작은 가락지(횡취)를 온몸에 끼고 있는 것이 특징이다. 횡취는 산삼의 티(흠결)로, 휴면 동안엔 생기지 않는다. 인삼은 몸통이 크고 굵은 것이 상품이다. 좋은 인삼은 표면이 매끈하고 유백색의 윤기가 난다. 잔뿌리의 모양만으로도 산삼과 인삼을 식별할 수 있다. 산삼의 잔뿌리는 억세고 힘차며 옥주(玉珠)가 있다. 옥주는 산삼 뿌리에 좁쌀처럼 붙어 있는 것으로, 수가 많을수록 고가에 팔린다. 인삼의 잔뿌리는 힘이 없고 약해서 잘 끊어진다. 옥주도 없다. 산삼의 잎은 작고 연하며 연두색이다. 반면 인삼의 잎은 억세고 길며 진한 녹색이다. 인삼에 엽록소가 더 많이 들어 있어서다.

자라는 속도는 산삼이 훨씬 느리다. 6년근 인삼의 무게는 80g가량이다. 개중 큰 것은 150g이나 된다. 해마다 25g씩 무게가 늘어난 셈이다. 산삼은 47년근이 58g 밖에 안 되는 것도 있다. 인삼 무게는 연평균 14g씩 늘어나는 데 비해 산삼은 매년 1g가량씩 증가한다. 인삼이 산삼보다 14배 빨리 자란다는 의미다.

혈압이 높거나 몸에 열이 많은 사람에겐 권장하지 않는 인삼과는 달리 산삼은 고혈압 환자나 평소 몸에 열이 많은 사람도 섭취 가능하다. 산삼엔 열을 내리는 사포닌과 열을 올리는 사포닌이 함께 들어 있어서다. 산삼은 생으로 먹는 것이 원칙이다. 대개 잔뿌리까지 먹는다. 산삼은 순수한 자연산 산삼과 심마니가 산삼 씨를 산에 뿌려뒀다가 수십 년 뒤 거두는 산양 산삼(장뇌삼)이 있다. 서양에도 산삼을 닮은 만드라고라라는 식물이 있다. '힘센 남자'라는 뜻이다.

인삼 씹고 뜯고 맛보고 즐기고 '금산인삼축제'

인삼 하면 떠오르는 곳 금산, 고려인삼의 종주지로 알려지면서 우리나라 인삼 유통의 80%를 담당하는 금산에서는 매년 '금산인삼축제'가 열린다. 모르는 사람도 많지만 사실, 매년 많은 인파들이 몰려 인산인해를 이루는 우리나라 대표 축제 중 하나로 꼽힌다. 매년 10월에 일주일가량 진행되며 다양한 무료 시식 행사와 관광객을 위한 인삼 약초 시장, 인삼 농가 방문 체험, 공연, 금산에서만 먹을 수 있는 먹을거리 등이 준비되어 있다. 특히 인삼 약초 시장에선 시중보다 20~50%가량 싸게 인삼을 구입할 수 있고 3000L에 달하는 대용량 인삼주는 축제 기간 동안 '무한 리필'된다고 하니 이보다 즐거울 수 없다.

온 가족이 다 함께 여름엔 삼계탕

(4인분) 삼계탕용 영계 4마리, 수삼이나 건삼 4뿌리, 마늘 · 대추 한 줌씩, 불린 찹쌀 1컵, 물 적당량, 소금 · 후춧가루 약간씩

만들기
① 영계는 꼬리를 잘라 소금으로 문지른 다음 껍질은 물론 배 속까지 깨끗하게 씻어 엎어 놓는다.
② 닭 배 속에 불린 찹쌀을 채워 넣고 꼬치로 꽂아 아물린 다음 다리를 꼬아 실로 묶거나 고정한다.
③ 냄비나 솥에 2를 담은 뒤 마늘과 대추 수삼이나 건삼을 넣고 물을 잠길 정도로 충분히 부어 센 불에서 끓인다. 물이 끓어오르면 거품을 걷어낸 뒤 불을 약간 줄여 한 시간 이상 푹 끓인다. 다 익으면 다리에 묶은 실을 풀어 소금과 후춧가루로 간한다.

손님 초대용 럭셔리 코스 인삼즙 대구 살 스테이크

대구 1마리, 소금 약간, 흰 후춧가루 약간, 인삼즙 2큰술, 마늘 가루 1/2작은술, 생강 가루 약간, 올리브 오일 3큰술, 버터 1작은술, 통마늘 3개, 어린 잎 채소 150g, 파파야 1개, 허니 간장 소스(꿀 1큰술, 간장 2큰술, 올리브 오일 1큰술)

만들기
① 대구는 비늘을 긁어내고 머리와 꼬리를 자른 후 내장을 빼내 씻어 2cm 두께로 토막 낸다.
② 1에 소금과 흰 후춧가루 약간을 골고루 뿌리고 인삼즙과 마늘 가루, 생강 가루를 뿌려 생선의 비린 맛을 없앤다.
③ 통마늘은 겉껍질만 벗겨서 반으로 갈라 마늘의 단면이 보이게 잘라놓는다. 파파야는 반을 갈라 씨를 긁어낸 뒤 껍질을 벗겨 도톰하게 슬라이스한다.
④ 팬에 올리브 오일과 버터를 넣어 버터가 녹기 시작하면 준비된 통마늘과 파파야를 노릇하게 구워낸다.
⑤ 오븐 그릇에 2를 놓고 200℃의 온도에서 30분 정도 노릇하게 구워낸다.
⑥ 준비한 재료를 분량대로 섞어 허니 간장 소스를 만들어놓고 어린 잎 채소는 씻어서 물기를 턴다.
⑦ 인삼 향이 짙게 밴 대구 스테이크를 접시에 담고 어린 잎 채소를 소복하게 올린다. 구운 통마늘과 파파야를 곁들인 후 허니 간장 소스를 뿌린다.

죽순   Bamboo sprout

대나무와 비는 인연이 깊다. 우후죽순(雨後竹筍)은 놀랄 만큼 생장이 빠른 것을 가리킨다. 대나무의 어린 순인 죽순은 40~50일이면 대나무로 자란다. 죽순은 4~6월에 땅에서 솟아 나오는데 대개 15~20cm(발순 4~5일 후) 자란 것을 채취해 껍질을 벗긴 뒤 하얀 알맹이만 먹는다.

음식으로 먹는 것은 왕대 · 솜대 · 죽순대(맹종죽)의 순(筍)이다. 대 마디 사이에 고리가 한 개면 맹종죽, 두 개면 왕대나 솜대이다.

영양적으로 죽순은 저(低)열량 · 고(高)칼륨 · 고(高)식이섬유 식품이다. 100g당 열량이 생것은 13kcal(삶은 것 35kcal, 마른 것 190kcal, 통조림 13kcal)에 불과하다. 칼륨이 마른 것 100g에 2595mg이나 들어 있으면서 혈압을 높이는 나트륨은 거의 없다. 칼륨은 체내 여분의 나트륨을 배출시키므로 고혈압 환자에게 권할 만하다.

식이섬유도 풍부해(100g당 생것 1.6g, 마른 것 7.4g) 변비 · 대장암 예방과 콜레스테롤 억제에 유효하다. 죽순의 독특한 식감의 비밀은 식이섬유에 있다. 맛이 밋밋하다고 평하는 사람이 많지만 씹다 보면 감칠맛이 난다. 죽순 맛을 알 정도면 미식가라고 자부해도 괜찮다.

'우후죽순'이란 말에서 느껴지듯이 죽순은 기(氣)가 왕성한 채소다. 한방에서는 화(火)와 열(熱)을 내려주고 갈증을 없애주며 가래를 삭이고 소변이 잘 나오게 하는 약재로 친다. 따라서 평소 몸에 열이 많은 사람이 가슴이 답답할 때 먹으면 유익하다. 조선시대 왕족들은 두뇌 발달을 위한 보양식으로 죽순죽을 즐겼다.

죽순은 생것을 삶아 초장에 찍어 먹거나 탕 · 무침으로 조리해 먹는다. 미역과 함께 끓인 것도 별미이다. 죽순은 시간이 지날수록 아린 맛이 강해진다. 삶아서 하루 정도 물에 담가두면 아린 맛이 거의 사라진다. 삶을 때 고추를 넣으면 감칠맛이 난다. 죽순의 제 맛을 살리기 위해선 되도록 간을 아끼는 것이 좋다.

대나무는 잎과 수액(水液)도 먹는다. 잎에는 항염 · 항균 작용을 하는 퀴논 성분이 들어 있다. 그래서 떡을 댓잎에 싸서 찌면 잘 상하지 않는다. 대나무 잎차의 원료는 대부분 산죽(山竹)의 잎이다. 다 자란 대에서 나오는 수액도 마실 만하나 고로쇠 수액만큼 대중화되진 않았다.

판다가 좋아하는 죽순 손질하고 삶기

① 죽순은 뿌리를 잘라내고 껍질을 벗긴다. 이 때 삶기 위해 껍질을 너무 많이 벗기지 않는 것이 좋다.
② 죽순 중간 부분의 껍질에는 칼집을 내 수분이 골고루 스며들고 빨리 익을 수 있도록 한다.
③ 죽순을 깨끗이 씻어 냄비에 쌀뜨물과 마른 홍고추를 넣고 40분 이상 중간 불로 삶는다. 옥수수 삶는 듯한 냄새가 많이 나면 다 삶아진 것이다.

* 죽순을 삶을 때는 쌀뜨물로 삶아야 죽순의 떫은맛을 없앨 수 있다.

신경질이 날 때는 마음을 비우고 죽순차 한잔

우리나라 사람들은 예로부터 죽순 껍질을 이용해 '죽순차'를 만들어 마셨는데 '최고의 차'라고 할 정도로 아름다운 차로 전해져왔다. 죽순은 성질이 차가워 이유 없이 열이 나거나 신경이 날카로울 때 마시면 아주 좋다. 또 입덧을 내리는 효과도 있어 입덧이 심할 때 죽순차를 권장한다.

주요 산지	주요 영양 성분	효능	제철	고르는 법	보관 방법
담양 진주 거제 안동 강릉 태안	식이섬유 칼륨 단백질 마그네슘 타우린	변비 해소 숙변 제거 동맥경화 예방 이뇨 작용	5~6월	껍질이 단단히 붙어 있고 굵직한 것이 좋다. 죽순 껍질은 처음에는 짙은 녹색이었다가 갈색으로 변하므로 녹색을 띠는 것을 고른다. 또 껍질 부분에 짙은 고동색 잔털이 많이 붙어 있는 것이 좋다.	2~3일 안에 먹을 죽순은 모양을 살려 썬 뒤 엷은 설탕물에 담가놓아야 변색을 막을 수 있다. 냉장 보관할 때 설탕물을 하루에 한 번씩 새로 갈아준다.

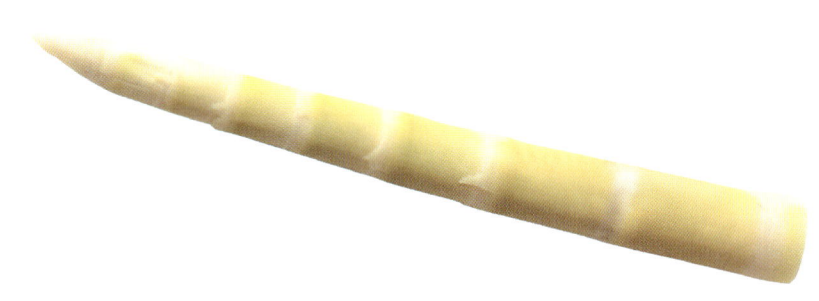

죽순의 고장 담양에서 먹는 그대로, 죽순탕

죽순(봄에 막 난 첫 순) 400g, 대파채 · 소금 · 후춧가루 약간씩, 닭 육수(닭[날개 · 다리 · 가슴 부위] 300g, 양파 20g, 월계수 잎 1장, 파뿌리 1대, 마늘 40g, 물 2L)

만들기
① 냄비에 물을 붓고 닭과 양파, 월계수 잎, 파뿌리, 마늘을 넣어 끓인다.
② 한소끔 끓으면 중간 불로 낮추어 2시간 정도 더 끓인다. 그런 다음 체에 밭쳐 맑은 닭 육수만 걸러낸다. 닭은 따로 식혀서 살을 발라놓는다.
③ 죽순은 껍질을 벗겨 쌀뜨물에 넣은 뒤 20분 동안 삶은 다음 미지근한 물에 10분 동안 담가 쓴맛을 우린다.
④ 냄비에 2의 발라놓은 닭과 죽순을 넣고 닭 육수를 부어 끓인다. 소금과 후춧가루를 넣고 대파채를 곁들인다.

콜리플라워

Cauliflower

이름에 꽃을 뜻하는 영어 단어 플라워(flower)가 포함된 채소가 있다. 브로콜리·양배추·배추·케일 등과 함께 배춧과에 속한 콜리플라워(cauliflower)다.

브로콜리와 자주 비교되는 것은 '이란성쌍둥이' 같은 관계이기 때문이다. 맛은 브로콜리보다 낫다. 단맛이 나서 채소의 쓴맛을 싫어하는 아이에게 권할 만하다. 브로콜리는 수많은 꽃의 집합인 데 반해 콜리플라워는 꽃이 뭉쳐 하나의 덩어리를 이루는데, 이것이 우리가 주로 먹는 부위다.

콜리플라워의 원산지는 아시아와 지중해 연안으로 추정된다. 서양의 민간에선 목소리를 맑게 하고 기침을 멈추게 하는 채소라고 해서 '하늘이 내린 명의'·'빈자(貧者)의 의사'라고 예찬했다.

흰색 콜리플라워는 다른 배춧과 채소에 비해 비타민 A와 베타카로틴이 덜 들어 있다. 그래서 비타민 A의 과다 섭취를 피해야 하는 임신부 등에게 흰 것을 권한다. 녹색·진홍색 품종은 흰 것에 비해 비타민 A·베타카로틴이 상대적으로 많이 들어 있다. 진홍색은 가열하면 녹색으로 변한다.

여느 배춧과 식물과 마찬가지로 콜리플라워도 암 예방을 돕는 채소로 꼽힌다. 인돌·설포라판 등 항산화·항암 효과가 뛰어난 파이토케미컬이 풍부하기 때문이다.

비타민 C·비타민 B군 등 콜리플라워의 소중한 영양소를 잃지 않으려면 조리 시간을 최대한 단축하고 물 사용을 줄인다. 가열 시간이 길어지면 비타민 C가 파괴되고 물을 많이 넣고 조리하면 수용성비타민인 비타민 B군이 빠져나가기 때문이다. 찔 때는 5분 이내, 끓인 물에 담글 때는 최대한 빨리 꺼내는 것이 원칙이다. 탕 음식 등에 콜리플라워를 넣고 너무 오래 끓이면 흐느적거리므로 마지막에 넣는 것이 좋다. 볶을 때는 끓는 물에 먼저 살짝 데친 뒤 냄비에 넣고 볶는다. 가열 시간이 줄어들어 영양소가 덜 파괴되고 아삭거리는 식감도 유지된다. 가열·조리할 때 이상한 냄새가 나기도 하지만 걱정할 필요는 없다. 콜리플라워의 파이토케미컬에 든 유황 냄새이기 때문이다. 일부 파이토케미컬은 주방 기구의 철 성분과 반응해 콜리플라워의 색깔을 갈색으로 바꿔놓지만 물에 레몬주스 몇 방울을 떨어뜨리면 예방할 수 있다.

콜리플라워를 비롯한 배춧과 채소엔 갑상선 기능을 저해하는 성분(goitrogen)이 들어 있다. 그러나 워낙 소량이어서 그리 걱정할 필요는 없다. 한꺼번에 과도한 양을 섭취하거나 요오드가 결핍되면 문제를 일으킬 수 있다. 갑상선 기능 저해 물질은 가열·조리 도중 대부분 활성을 잃는다.

콜리플라워 다듬자!

콜리플라워는 외국에서 식재료로 많이 사용되지만, 사실 우리나라 요리에서는 찾기가 힘들어 손질법을 모르는 이들이 많다. 콜리플라워를 손질하기 위해서는 우선 꽃봉오리를 감싸고 있는 잎 부분을 제거한다. 이어서 작은 칼로 송이를 잇는 큰 줄기(밑동) 부분을 칼로 떼어낸 후에 원하는 크기로 적당히 잘라 쓰면 된다. 이때, 콜리플라워를 잘라 씻으면 영양소가 파괴되기 쉬우니 반드시 통째로 씻은 후에 다듬는다.

콜리플라워, 너 신선한 거야?

콜리플라워는 다른 채소에 비해 보관 기간이 짧은 편이기 때문에 신선도가 걱정될 수 있다. 콜리플라워의 신선도를 알 수 있는 작은 팁! 콜리플라워를 반으로 잘랐을 때 콜리플라워의 줄기를 잘 살펴보자. 여기저기서 회색 반점이 보인다면, 신선도가 떨어졌다는 신호다. 신선한 콜리플라워를 즐기고 싶다면 되도록 먹을 만큼 사서 될 수 있는 한 빨리 섭취하는 것이 가장 좋은 방법이다.

주요 산지	주요 영양 성분	효능	제철	고르는 법	보관 방법
강원도 고랭지 제천	비타민 A 비타민 B군 비타민 C 카로틴 칼슘 철분 아미노산 등	스트레스 해소 다이어트 위암 예방 담배 유해 물질 해독 등	10~12월	콜리플라워를 감싸고 있는 밑부분을 만졌을 때 빡빡하고 단단하며 무게감이 있는 것을 고른다. 색이 희고 봉오리가 동그랗게 올라온 것이 싱싱하다.	요리하지 않은 생것은 구멍 난 플라스틱 백에 담거나 랩에 싸 냉장고에 넣어 보관한다. (2~4일까지 보관 가능)

내 아이 두뇌 발달을 돕는 콜리플라워 미니 오므라이스

밥 2/3공기, 콜리플라워 15g, 다진 쇠고기 40g, 당근·피망·양파 10g씩, 달걀 2개, 소금·포도 씨유 약간씩
쇠고기 밑간 : 다진 마늘·간장·설탕·참기름·청주 1/2작은술씩

만들기
① 다진 쇠고기는 분량의 재료로 밑간해 달군 팬에 포도 씨유를 약간 두르고 고슬고슬하게 볶는다.
② 콜리플라워는 끓는 물에 살짝 데친 뒤 당근, 피망, 양파와 함께 잘게 다져 달군 팬에 포도 씨유를 약간 두르고 소금으로 간해 볶는다.
③ 따뜻한 밥에 1과 2를 넣어 버무려 길쭉한 모양으로 주먹밥을 빚는다.
④ 달걀을 잘 풀어 식용유를 두른 팬에 한 숟가락 떠서 길쭉한 모양으로 부친다.
⑤ 달걀이 익기 전에 3을 한쪽에 얹고 돌돌 말아 노릇노릇하게 익힌다.

추천 레시피

콩나물

Bean sprouts

콩나물은 엿기름·고추장·식혜·녹두나물과 더불어 대표적인 전통 발아 식품이다. 발아(發芽)란 살아 있는 씨앗을 물에 불린 다음 어두운 곳에서 싹을 틔우는 것을 말한다. 콩이 발아 과정을 거쳐 콩나물이 되면 향과 영양가가 높아지고 소화율이 증진된다. 장내 가스 발생 인자·트립신 저해제 등 콩의 단점은 줄어들고 피틴산이 감소되어 미네랄 이용성이 커진다. "발아 식품에는 생명력이 있다"라는 말은 발아 과정에서 비타민이나 각종 생리 활성 물질이 많이 생기는 데서 비롯된 것이다. 현미·보리·밀·메밀·콩·녹두 등 거의 모든 씨앗은 생명력이 있기 때문에 싹이 튼다. 반면 백미처럼 도정을 해 씨눈이 제거됐거나 너무 오래된 것은 생명력을 잃어버려 싹이 트지 않는다.

발아 도중 곡물에 들어 있는 피틴산을 분해할 수 있는 효소가 생성되어 피틴산이 이노시톨로 변한다. 이노시톨은 비타민 B군의 일종으로 지방의 분해와 연소를 촉진하는 성질이 있어 동맥경화·지방간 치료에 이용되며 비만 해소에도 유용하다. 콩엔 비타민 C가 전혀 없으나 발아시켜 콩나물이 되면 비타민 C가 생성된다. 콩나물 100g에 든 비타민 C의 양은 13mg으로 같은 무게 사과의 세 배이다. 다만 비타민 C는 가열 조리 중에 파괴되기 쉬우므로 콩나물을 조리할 때는 소금물에 익히고 가열 시간은 2~3분 정도로 짧게 하는 것이 바람직하다.

콩나물은 속도다

대부분의 나물은 생으로 조리해 향을 살리거나 찬물에 헹군 뒤 1분간 소금물에 데치면 된다. 하지만 콩나물은 비린내를 잡아야 하기 때문에 데칠 때 시간에 신경 써야 한다. 콩나물의 아삭함을 살리고 비린내를 없애려면 소금을 넣은 끓는 물에 재빨리 삶아내야 한다. 그리고 미리 얼음물을 준비해두었다가 콩나물을 바로 담그는 것도 잊지 말 것.

콩나물은 국밥·해물탕·복국·매운탕의 맛을 내기 위해서는 없어서는 안 될 재료이다. 특히 콩나물이 듬뿍 든 콩나물국밥·복국 등은 애주가의 사랑을 듬뿍 받는다. 콩나물에는 숙취 해소를 돕는 아스파라긴산이 100g당 약 800mg이나 들어 있다. 아미노산의 일종인 아스파라긴산은 우리 몸에서 알코올을 빠르게 해독할 수 있도록 도와준다. 아스파라긴산은 춘곤증 예방에도 효과적이다. 아스파라긴산이 신진대사를 활발하게 하는 작용을 하기 때문이다. 간의 피로를 푸는 효과도 있다. 아스파라긴산은 콩나물의 잔뿌리에 많이 들어 있기 때문에 숙취 효과를 기대한다면 잔뿌리는 다듬지 않고 요리하는 것이 좋다.

콩나물은 뼈 건강에도 이롭다. 콩나물 재배 과정에서 콩에는 없는 비타민 등이 생성될 뿐 아니라 뼈에서 칼슘이 소실되는 것을 막는 아이소플라본 함량도 콩보다 높다. 칼슘이 뼈에서 혈액으로 재흡수되는 것을 억제하는 다이드제인(daidzein)도 풍부하다. 콩나물은 나물처럼 보이지만 단백질도 많다. 콩 100g당 단백질 함량은 약 35g이다. 쇠고기(약 16g)의 두 배 이상이다. 콩나물에도 단백질이 풍부하다. 영양소는 높지만 열량은 낮아 다이어트에 좋으며 포만감을 느끼게 해 과식을 막아준다.

주요 산지	주요 영양 성분	효능	제철	고르는 법	보관 방법
완주 제주 보령	비타민 C 칼륨 칼슘 철	피로 해소 빈혈 예방 다이어트 변비 개선 숙취 해소	연중	줄기가 통통하고 잔뿌리가 적으면서 무르지 않은 것을 선택한다. 검은 반점이 있거나 떡잎이 물렁물렁하고 이상한 냄새가 나는 것은 변질이 된 것이므로 좋지 않다.	콩나물은 씻지 않고 냉장 보관해 빠른 시일 내에 먹는다. 손질할 때는 꼬리를 떼낸다.

콩나물은 무침·찜·국·볶음 등 다양한 음식에 활용된다. 떡볶이·장조림·잡채 등에 넣으면 콩나물의 아삭아삭함과 시원함을 동시에 느낄 수 있다. 콩나물을 고를 때는 줄기가 통통하고 잔뿌리가 적으면서 무르지 않은 것으로 선택한다.

서민의 웰빙 식품이기도 한 콩나물은 엄동설한에도 일주일이면 얻을 수 있는 신선 채소이다. 한반도에서 재배되기 시작한 시기는 삼국시대 말이나 고려시대 초기로 추정된다. 콩나물에 관한 최초의 기록은 고려 고종 때로 거슬러 올라간다. 이 시기에 출간된 《향약구급방》에는 "콩을 싹 틔워 햇볕에 말린 대두황(大豆黃)이 약으로 이용된다"라는 구절이 나온다. 또 "콩나물은 감기를 낫게 하고 속을 시원하게 가라앉히는 효과가 있다"라고 쓰여 있다.

콩나물국보단 콩나물밥

콩나물의 영양 손실을 최소화하려면 물에 삶아 국으로 먹는 것보다는 밥과 함께 쪄서 콩나물밥으로 먹거나 기름에 살짝 볶아 먹는 것이 좋다.

똑똑한 콩나물

콩나물에는 뇌세포의 손상을 막고 산소 공급을 원활하게 해주는 성분이 들어 있어 뇌세포의 손상을 막아 기억력을 증진시키며 머리를 맑게 해준다.

콩나물 팍팍! 친구들과 함께 해물모둠전골

꽃게 1마리, 새우 3마리, 낙지 2마리, 모시조개 1봉, 미더덕 10개, 애호박 1/3개, 무 1/8개, 콩나물 150g(1/2봉지), 미나리 200g, 청고추·홍고추 1개씩, 멸치 다시마 육수 6컵, 양념장(고춧가루 5큰술, 다진 마늘, 청주 1/2큰술, 된장·국간장 2작은술씩, 생강 가루 1/4작은술, 소금·후춧가루 약간씩)

만들기

① 꽃게는 솔로 껍질을 깨끗이 씻고 딱지를 연 다음 아가미를 떼어낸다. 가위로 다리 끝 부분을 자른 뒤 먹기 좋게 1/4등분한다. 낙지를 1/3등분하고 나머지 해물을 맑은 물에 헹궈 건진다.
② 애호박과 무는 먹기 좋은 크기로 썰고 콩나물은 꼬리를 떼어낸다. 미나리는 10cm 길이로 썬다. 청·홍고추는 어슷하게 썬다.
③ 전골냄비에 1, 2의 재료를 둘러 담고 양념장과 멸치 다시마 육수를 넣어 끓인다.

엘로 이유식, 콩나물연두부죽

불린 쌀 30g, 콩나물 10g, 연두부 15g, 양파 5g, 멸치 국물 210ml

만들기

① 불린 쌀은 블렌더에 갈아 멸치 국물과 함께 끓인다.
② 콩나물은 뜨거운 물에 살짝 데쳐 곱게 갈거나 다진다.
③ 연두부는 체에 내려 곱게 으깨고, 양파도 곱게 다져 기름을 두르지 않은 팬에 볶는다.
④ 1이 끓으면 2와 3의 재료를 모두 넣고 쌀알이 푹 퍼질 때까지 끓인다.

토란

Taro

"알토란 같다"는 말은 매끈하고 올찬 것에 대한 예찬이다. 알찬 토란(土卵)은 추석부터 초겨울까지가 제철이다. 생김새가 계란과 비슷해 토란, 잎이 연잎처럼 퍼졌다 해서 토련(土蓮)이라고도 불린다. 가을철의 토란국은 한가위의 대표 국물 음식으로 쇠고기 양지머리 육수에 토란을 넣고 끓인 국이다. 토란탕·토란곰국이라고도 한다. 조리법이 간단하다. 소금이 든 쌀뜨물에 껍질 벗긴 토란을 살짝 삶은 뒤 찬 물에 헹궈둔다. 이어서 그릇에 골패 모양으로 썬 다시마를 담은 뒤 쇠고기 양지머리 국물을 붓고 끓이다가 방금 헹궈둔 토란을 넣고 끓이면 완성된다. 토란의 녹말(전분)은 크기가 작아 소화가 잘된다. 따라서 송편·고기·기름진 음식 등을 과식해 배탈 나기 쉬운 한가위에 토란국을 먹는 것은 현명한 일이다.

요즘 아이들은 대부분 토란의 알뿌리 정도만을 먹는 것으로 알지만 실상은 버릴 게 없는 채소이다. 잎은 말려서 나물을 해 먹는다. 토란대는 말려서 탕에 넣거나 삶아서 나물로 먹으며 육개장에는 단골로 들어간다. 알뿌리는 가을철 별미인 토란탕을 비롯한 조림·구이·죽·장아찌·찜·산적·튀김 등 다양한 요리의 재료로 쓰인다.

수분(83.2%)을 뺀 토란의 주성분은 탄수화물(100g당 13.1g)과 단백질(2.5g)이다. 감자·고구마가 한반도에 들어오기 전까지 토란은 우리 조상에게 거의 유일한 녹말 공급원 역할을 했다. 100g당 열량은 58kcal로 사과·귤·감자(66kcal)와 비슷하다. 그러나 고구마(128kcal)보다는 훨씬 낮다. 이 정도의 열량이라면 다이어트 식품으로도 손색이 없다. 토란의 영양소 중 두드러지는 것은 칼륨이다. 칼륨 함량이 100g당 365mg으로 다른 뿌리채소에 비해 확실히 많이 들어 있다. 칼륨은 혈압 조절을 돕는 미네랄이므로 토란은 고혈압 환자에게 권할 만하다.

토란이 유럽·북미 등 서구에서 널리 사랑받는 채소는 아니었다. 그러나 동양에선 예부터 즐겨온 채소다. 한약재로도 쓰였다. 한방에서는 토란을 보기익신(補氣益腎, 기를 보하고 신장을 이롭게 한다)·소염진통·파혈산어(破血散瘀, 피를 통하게 하고 어혈을 없앤다)에 유익한 약재로 친다. 민간요법에서는 주로 소화제와 변비약으로 썼다. 독충에 쏘인 사람에겐 토란 줄기에서 짠 즙을 발라 주었다. 치통으로 볼이 퉁퉁 부은 사람에겐 생강과 함께 간 토란을 통증 부위에 바르게 했다. 여름에 기운이 떨어지고 자주 피곤을 호소하는 사람에겐 토란과 붕어를 넣어 삶은 죽을 권했다. 가슴이 심하게 두근거리고 잘 때 식은땀이

사마귀, 토란으로 물리치기

토란은 염증을 가라 앉히고 없애는 효과가 있다. 특히 토란에 포함되어 있는 수산칼슘은 어깨 결림이나 타박상 치료에 그만인데, 사마귀 제거에도 효과가 탁월하다. 토란을 썰면 즙이 나오는데 이 즙으로 사마귀를 문질러보자. 사마귀가 자연스럽게 떨어진다. 하지만 너무 심한 사마귀는 피부과에 가서 치료받는 것이 현명하다.

토란으로 부모님 찜질해드리기

신경통, 관절염, 피부암, 치통에 효과가 있다는 토란 찜질 비법을 따라 해보자. 일단 토란을 껍질째 구워 껍질을 벗긴 다음 강판에 간다. 간 토란에 밀가루나 볶은 소금, 묵은 생강을 조금씩 넣어 반죽한다. 그 후 반죽을 면으로 된 천에 두께가 6mm 정도 되게 바른 뒤 결리는 곳이나 염증이 난 곳에 붙인다. 만약 피부가 가렵다면 토란을 덜 구웠거나 피부가 약하다는 증거다. 이때 가려운 부위에는 올리브 오일을 바르면 진정된다. 토란 찜질을 한 부위가 전체적으로 벌겋게 부어오면 효과가 나타나는 것이다.

주요 산지

광주
봉화
진도

주요 영양 성분

뮤신
칼륨
비타민 B군
비타민 C
탄수화물

효능

위
장 보호
노화 방지
불면증 해소
콜레스테롤 저하

제철

10~11월

고르는 법

토란을 살 때는 흙이 묻어 있고 껍질에 물기가 있으며 껍질을 벗기면 흰색을 띠는 것을 고른다. 눌렀을 때 속이 단단하고 갈라지지 않는 것이 상품이다. 물에 담가둔 토란은 찜찜하다. 토란대는 표면이 깨끗한 것이 좋다. 너무 굵거나 단단한 것은 질이 떨어진다.

보관 방법

토란은 인도가 원산지인 열대성 채소이다. 5°C 이하인 냉장고에 보관하면 냉해를 입어 금세 썩는다. 신문지에 싸 서늘한 곳에 두면 된다. 하지만 토란대는 밀봉해 냉동실에 보관했다가 필요할 때마다 꺼내 먹는 것이 좋다.

나는 사람에겐 토란 줄기를 가루로 만들어 수시로 먹였다.

　　의학·영양학적 관점에서 본 토란의 약효 성분은 갈락탄·식이섬유·멜라토닌이다. 다당류의 일종인 갈락탄은 토란 껍질을 벗겼을 때 전체를 덮고 있는 미끈미끈한 점액성 물질이다. "언청이 아가리에 토란 비어지듯"이라는 속담은 입을 잘 다물기 힘든 언청이의 입에 든 것이 자꾸 빠져나온다는 뜻이다. 어떤 일을 숨기려 해도 결국은 드러난다고 할 때나 남이 이야기하는 데 불쑥불쑥 참견하는 사람을 핀잔 줄 때 이르는 말이다. 토란의 갈락탄·뮤신 등 점액은 통증 완화 효능이 있어 외용약으로도 쓰인다. 어깨 결림·타박상·골절·염좌 등이 있을 때 강판에 간 토란을 밀가루·식초와 함께 이긴 뒤 아픈 부위에 바르면 효과적이다. 그러나 점액은 자극성이 강해 피부염을 일으킬 수 있으므로 주의한다. 점액은 또 조미료 등이 토란에 스며드는 것을 방해한다. 토란으로 음식을 만들 때 먼저 토란에 소금을 뿌려 숨을 죽이거나 소금물로 데치는 것은 이 때문이다. 토란에 함유된 식이섬유는 변비·대장암을 예방하고 혈중 콜레스테롤 수치를 낮춰준다. 멜라토닌은 우유·호두 등에도 들어 있는 천연 수면 물질이다. 밤이 짧아지는 가을에 토란 음식을 즐긴 것은 우리 조상의 생활의 지혜이다.

　　토란은 단맛과 아린 맛을 함께 지녔다. 단맛은 덱스트린과 설탕의 맛이다. 아린 맛은 주로 껍질에 함유된 수산칼슘의 맛이다. 토란을 생식하지 않는 것은 이 아린 맛 때문이다. 수산칼슘은 체내에 쌓이면 신장결석·담석을 일으킬 수 있는 '요주의' 성분으로 토란 껍질은 물론 토란대에도 들어 있다. 다행히 이 성분은 수용성이어서 토란을 쌀뜨물에 담가두거나 소금·생강즙을 넣고 약간 삶은 뒤 찬 물로 헹구면 대부분 사라진다. 토란죽을 끓일 때 참기름을 두르거나 토란구이를 할 때 미리 한 달가량 땅에 묻어두었다가 꺼내는 것은 사찰의 오래된 아린 맛 제거법이다. 또 토란탕에 다시마를 함께 넣고 끓이면 다시마의 알긴산(미끈미끈한 성분, 식이섬유의 일종)이 토란의 아린 맛을 빼주고 시원한 맛을 더해준다. 수산칼슘이 침(針)처럼 생겼기 때문에 고무장갑을 끼지 않고 토란 껍질을 벗기거나 토란대를 손질하면 손이 따갑고 가렵다. 토란 껍질은 약간 두껍게 벗기되 손이 따가우면 비누나 소금물로 씻어내는 것이 좋다.

　　토란은 다시마와, 토란대는 들깨가루와 찰떡궁합이다. 토란국을 끓일 때 다시마를 넣으면 다시마에 든 알긴산과 요오드가 토란의 독성 물질(수산칼슘)이 몸에 흡수되는 것을 억제한다. 다시마의 감칠맛은 토란의 맛을 부드럽게 해준다. 토란으로 요리를 할 때 들깨 가루를 넣으면 맛이 구수해질 뿐 아니라 들깨가루에 풍부한 오메가-3 지방(불포화지방의 일종, 혈관 건강에 유익)까지 덤으로 섭취할 수 있다. 토란나물을 무칠 때도 들깨 가루를 넣어 볶으면 맛이 한결 좋아진다.

내 위를 보호하는 토란탕

물 4L, 양파 1개, 통후추 1작은술, 마늘 6쪽, 파 1대, 무 1쪽, 쇠고기(양지머리) 600g, 토란 400g, 편육 150g, 새송이버섯 100g, 국간장·마늘 1큰술, 참기름 1작은술

① 물 4L, 양파 1개, 통후추 1작은술, 마늘 6쪽, 파 1대, 무 1쪽을 불에 올려 끓으면 찬물에 담가 핏물과 기름을 제거한 쇠고기 양지머리를 넣고 90분 동안 끓인다. 고기와 무는 건져두고 나머지를 면보에 밭쳐 맑은 육수를 만든다.
② 토란은 깨끗이 씻어 끓는 물에 살짝 데쳐 깐다. 알레르기를 잘 일으키는 재료이므로 꼭 장갑을 낄 것. 한입 크기로 잘라 삶는다.
③ 편육과 새송이버섯은 납작 썰기 해서 국간장, 다진 마늘, 참기름으로 밑간해 볶는다.
④ 3에 1의 육수를 부어 끓인다.

특별하게 지키는 토란, 날치알 소스를 올린 토란

토란 10개, 연어알 4큰술, 녹말 3큰술, 실파 4줄기, 참나물 3줄기, 소금 1작은술, 장식용 당근 4개, 양념장(맛국물 2컵, 날치 알 4큰술, 편으로 썬 생강 3장, 녹말 푼 물 2큰술, 간장 1큰술, 조미술 1/2큰술, 소금 1/2 작은술)

만들기
① 토란은 껍질을 벗긴다. 끓는 물에 토란을 푹 삶아서 건져낸 뒤 뜨거울 때 으깨 체에 곱게 내린다.
② 체에 내린 토란에 녹말과 소금을 넣어 반죽한다. 반죽을 네 덩이로 나눈 뒤 한 개씩 비닐 랩에 싸서 돌돌 말아 전자레인지에 2분 동안 넣어 익힌다. 비닐 랩을 벗긴 다음 모양이 흐트러지지 않게 둔다.
③ 냄비에 녹말 푼 물을 제외한 양념장 재료를 넣고 끓이다가 녹말 푼 물을 넣어 농도를 맞춘다.
④ 실파와 참나물은 송송 썬다.
⑤ 그릇에 2의 토란을 담고 3의 소스를 끼얹는다. 송송 썬 실파와 참나물, 연어알, 당근 장식을 올린다.

파 — Spring onion

"검은 머리가 파뿌리 되도록 살아라"라는 말은 결혼식장에서 흔히 들을 수 있는 덕담이다. 부부가 파뿌리처럼 흰머리(노인)가 될 때까지 화목하게 지내면서 건강하게 살라는 의미가 담겨 있다. 파는 장수를 돕는 채소이다. '만병의 근원'이라는 감기에 파뿌리가 효과적이라는 것만 보아도 이를 짐작할 수가 있다. 감기 초기에 으슬으슬 몸이 춥거나 열이 날 때 파를 먹으면 증세가 호전된다. 또 파의 매운맛은 몸을 따뜻하게 하고 소화액의 분비를 돕는다. 밥맛이 없고 나른할 때 파를 먹으면 식욕이 되살아난다. 기름진 음식을 즐기는 중국인이 심장병·동맥경화 등 성인병에 잘 걸리지 않는 것은 파 덕분이라는 주장도 있다. 불가(佛家)에서는 오신채(五辛菜) 중 하나로 꼽는다. 오신채란 먹으면 음욕(淫慾)을 일으키고 화를 내게 하여 승려의 수행을 방해한다는 마늘·파·부추·달래·흥거 등 다섯 가지 식품을 가리킨다. 우리 선조들은 봄의 미각을 북돋는 식품으로 여겨 파를 산갓·당귀싹·미나리싹·무와 더불어 입춘오신반(立春五辛盤)에 포함시켰다.

파의 대표적인 웰빙 성분은 자극적인 냄새 성분인 황화아릴이다. 마늘에도 들어 있는 황화아릴은 파를 잘랐을 때 미끈거리는 부분에 많다. 황화아릴은 에너지 생성을 돕는 비타민 B_1을 활성화한다. 파와 돼지고기를 '환상의 커플'이라고 여기는 것은 파에는 황화아릴이, 돼지고기에는 비타민 B_1이 풍부해서다. 황화아릴은 진정 작용도 한다. 신경이 예민해 쉽게 흥분하거나 일시적인 불면증이 있는 사람이 파를 차로 끓여 마시면 마음이 편안해지고 숙면을 취할 수 있다.

황화아릴은 살균 효과도 있어 식중독 균 등 유해 세균을 죽인다. 고기·생선의 누린내·비린내 등을 없애주기도 한다. 중국의 유교 경전인 《예기(禮記)》에는 "고기를 먹을 때 봄에는 파와 함께, 가을에는 갓과 더불어 먹는다"라는 대목이 나온다. 생선회나 생선찌개 등에 파를 곁들이는 것은 파가 생선 비린내를 없애주기 때문이다.

파의 영양상 강점은 비타민 C가 풍부하다는 것이다. 대파 100g당 비타민 C 함량이 21mg(실파 24mg, 쪽파 18mg)으로 양파(8mg)에 비해 훨씬 많다. 다만 파에 함유된 비타민 C는 열에 약하므로 완전히 익히기보다는 생으로 먹거나 살짝 데쳐서 먹는 것이 비타민 C를 더 많이 섭취하는 방법이다.

크게 대파와 쪽파로 분류할 수 있다. 20세기 초에 들어온 양파까지 더해 세 가지로 나누기도 한다. 대파와 쪽파는 잎줄기를 먹지만 양파는 뿌리를 먹는다는 것이 차이점이다.

대파, 비싸면 베란다에 꽂아라!

농수산물 가격이 언제 오를지 몰라 주부들의 마음은 항상 조마조마하다. 특히 대파는 가격이 오르면 걷잡을 수 없이 오르기 때문에 더 사기가 망설여지지만 우리의 양념 재료로 많이 쓰이기 때문에 포기하기가 쉽지 않다. 여기서 마음 졸이는 당신에게 드리는 팁 한 가지! 만약 큰 마음 먹고 대파를 샀다면 흔히 댕강 잘라버리는 뿌리를 버리지 말고 이용한다. 흰 대가 조금 보이도록 여유 있게 잘라 베란다 화분이나 개인용 화분에 꽂아보자. 별다른 신경을 쓰지 않고 3일에 한 번씩 물을 주면 금세 무럭무럭 자라 키우는 재미와 함께 경제적으로도 부담을 덜 수 있다.

주요 산지	주요 영양 성분	효능	제철	고르는 법	보관 방법
진도 제주 여주 부산	비타민 C 칼슘 칼륨 철분 마그네슘	피로 해소 다이어트 살균·해열 작용 고혈압 예방	11~12월	흰 부분이 길고 단단하며 광택이 있고 어느 정도 무게감이 느껴지는 것이 좋다.	5℃ 전후에 냉장 보관하는 것이 좋으며 밑동을 조금 남기고 잘라 보관한다. 물에 씻으면 물러질 수 있으므로 대강 손질한 후 밀폐 용기에 넣어 보관한다.

대파는 단맛이 나는 흰 대를 주로 먹는다. 10월에서 다음 해 4월에 출하되는 가을종과 4~5월에 출하되는 봄종, 5~6월과 9월 중에 출하되는 하우스 재배종이 있다. 물이 많고 끈적거리는 대파는 김장할 때는 거의 사용하지 않는다. 요리의 감칠맛을 살려주므로 국·찌개·무침에 주로 넣는다. 곰탕·설렁탕에는 고명으로 쓰인다. 대파 흰 대를 송송 썰어 고기 요리에 넣으면 알싸한 맛이나 누린내를 없애준다. 생선 요리에 넣으면 생선의 비린내가 가신다. 대파의 녹색 부분에는 점액질이 있으므로 국물에 넣을 때는 점액질을 떼는 것이 좋다.

쪽파는 김장철인 11~12월에 출하하는 가을종이 주류를 이룬다. 파와 양파의 교잡종으로 오래 끓이는 국물 요리 외에 거의 모든 요리에 사용한다. 파김치 등 김치나 파전·파산적의 재료로도 적당하다. 통으로 살짝 데쳐 된장이나 고추장에 무쳐 먹어도 맛있다. 맑은 국이나 우동 등의 고명으로도 이용되는데 이때는 잘게 썰어 넣는다. 열무·총각김치에 썰어 넣으면 알싸한 맛이 우러나 쓴맛이 없어지고 감칠맛이 난다.

실파는 쪽파와 함께 주로 가정에서 김장용으로 사용한다. 백실파와 녹실파가 있는데 서울·대구 근교에서 많이 재배된다. 생채·샐러드·한식 양념으로 쓸 때는 대개 실파를 통으로 넣는다. 생채·샐러드의 고명이나 강회·유부초밥의 매듭용으로도 이용한다. 생채무침에는 실파를 잘게 썰어 넣는다. 무침용으로 이용할 때는 살짝 데쳐 들기름과 들깨 가루를 뿌려 먹으면 단맛이 돈다. 실파의 뿌리 부분은 식초·간장·설탕을 끓인 물에 담가 장아찌로도 먹는다. 물김치·파김치·파전과도 잘 어울리며 송송 썰어서 장국에 뿌려 먹어도 괜찮다.

섭취할 때 주의할 점은 생파를 너무 많이 먹으면 파의 매운 성분 때문에 위가 자극을 받을 수도 있다는 사실이다. 또 파는 땀을 나게 하므로 평소에 땀이 많이 나는 사람은 섭취를 제한할 필요가 있다. 파와 궁합이 맞지 않는 식품은 미역이다. 파에 든 인과 유황 성분이 미역에 풍부한 칼슘의 흡수를 방해하는 데다 파의 미끈거리는 성분으로 미역 고유의 맛이 사라지기 때문이다.

감기 예방에, 파뿌리차 한잔

파 뿌리는 감기 예방에 효과가 있다. 파 뿌리에 항균 작용을 하는 성분이 들어 있기 때문인데, 차로 만들어 자주 마시면 감기를 예방할 수 있다. 만드는 법도 정말 간단하다. 우선 파뿌리 9개, 물 8컵, 꿀 적당량, 생강 1~3개를 준비한다. 그런 다음 파뿌리를 흙이 없어질 때까지 깨끗이 씻은 후 냄비에 파뿌리와 물, 생강을 넣고 처음보다 반 정도의 양이 될 정도로 달이면 완성. 다 달인 물에 꿀을 곁들여 마신다.

나만의 술안주, 골뱅이대파무침

골뱅이 250g, 오이·배 100g씩, 대파·적양파·미나리·새싹채소 50g씩, 풋고추 2개, 홍고추 1/2개, 양념장(간장·설탕·매실청·식초·참기름·다진 마늘 2큰술씩, 고추장 1큰술, 깨소금·고운 고춧가루·굵은 고춧가루·레몬즙 1큰술씩, 생강즙 1작은술)

만들기
① 골뱅이는 익힌 다음 얄팍하고 길게 편으로 썬다.
② 대파, 적양파, 배는 모두 채 썰고 풋고추와 홍고추는 씨를 털어내고 채 썬다.
③ 오이는 5cm 길이로 토막 내 돌려 깎기 한 후 채 썰고 미나리도 5cm 길이로 썬다. 새싹채소는 깨끗이 씻어 물기를 빼둔다.
④ 2와 3의 모든 재료를 찬물에 담갔다 건져 물기를 뺀다.
⑤ 분량의 양념장 재료를 한데 섞어 1을 무친다.
⑥ 접시에 4를 풍성하게 깔고 위에 5를 얹어 먹음직스럽게 담아낸다.

오늘의 중식 코스 메뉴, 대파 가득 올린 우럭찜

우럭(1.2kg짜리) 1마리, 대파 1대, 마늘 6톨, 포도 씨유 1/2컵, 채친 대파 3대 분량, 생강·맛술 약간씩, 간장 소스(간장 1/2컵, 닭고기 육수 1/4컵, 청주 3큰술, 설탕 1큰술, 굴 소스 1/2큰술)

만들기
① 우럭은 배를 갈라 내장을 제거하고 비늘을 긁어 흐르는 물에 깨끗이 씻는다. 키친타월로 우럭의 물기를 닦은 뒤 양쪽 몸통에 칼집을 길게 낸다.
② 대파는 4cm 길이로 토막 내어 길이로 반을 자르고 마늘과 생강은 얇게 저민다. 속이 깊은 그릇에 대파와 마늘, 생강을 깔고 그 위에 1의 우럭을 얹은 뒤 맛술을 뿌려 10분간 재운다.
③ 찜통에 김이 오르면 2의 우럭을 올려 20분간 익힌다. 이때 살이 완전히 익어야 뼈에서 잘 떨어진다.
④ 냄비에 분량의 간장 소스 재료를 넣고 한 번 끓여 그릇에 덜어놓는다.
⑤ 냄비에 포도 씨유를 넣어 끓인다.
⑥ 접시에 3의 우럭을 담고 대파 채친 것을 듬뿍 올려 5의 포도 씨유를 끼얹은 다음 간장 소스를 뿌린다.

* 채친 대파에 뜨거운 포도 씨유를 끼얹으면 대파 향이 생선 살에 밴다.

파슬리

Parsley

장식용으로만 쓰기엔 너무 아까운 파슬리는 요즘 한국인의 식탁에도 간혹 등장한다. 그러나 장식용으로 오인해 먹지 않고 그대로 두는 사람도 허다하다. 파슬리는 서양 요리의 장식용·향신료로 널리 이용돼왔다. 독특한 향과 선명한 색이 서양인을 매료시킨 것이다. 이탈리아에서는 여기저기 얼굴을 자주 내미는 사람을 '파슬리 같은 사람'이라고 할 정도다.

파슬리는 채소라기보다는 약초에 가깝다. 셀러리·오이·마늘·양파·레몬 등과 더불어 훌륭한 천연 이뇨제이다. 25g만 먹어도 화장실을 찾게 된다. 그래서 통풍 환자나 신장 기능이 떨어진 사람에게 파슬리를 권한다. 심장병·당뇨병·전립선비대증·생리전 증후군(PMS)·식품 알레르기로 몸이 심하게 부은 사람에게도 추천할 만하다. 요도에 세균이 감염되면 크랜베리·블루베리(타닌 성분이 있어 세균이 요도에 달라붙는 것을 막아준다)와 파슬리를 먹는 것이 서양의 민간요법이다. 파슬리가 이뇨 작용을 해 소변이 잘 나오도록 하는 것이다.

파슬리는 입 냄새도 없애준다. 담배를 피운 뒤, 음주 뒤, 마늘을 먹은 뒤 파슬리 한 줄기를 먹으면 냄새가 싹 가신다. 파슬리의 향은 식욕을 북돋아주고 소화를 돕는다. 끓는 물 1L에 파슬리 잎 50g을 넣어 우려낸 뒤 매일 식후 두 잔씩 마시면 소화가 잘된다.

영양상의 강점은 항산화 비타민인 베타카로틴과 비타민 C가 풍부하게 들어 있다는 것이다. 그래서 암·심장병·뇌졸중·백내장 발생 위험을 낮춰주는 채소로 통한다.

빈혈 예방을 돕는 철분도 풍부하다. 파슬리 25g의 철분 함량이 돼지고기 200g의 철분 함량보다 더 많다. 게다가 적혈구를 만들 때 꼭 필요한 비타민인 엽산이 풍부하다. 파슬리에 든 비타민 C는 철분의 체내 흡수를 돕는다.

뼈 건강을 좌우하는 칼슘도 많이 들어 있다. 우유 등 낙농 제품을 싫어하는 사람에게는 파슬리가 훌륭한 칼슘 공급원이 된다. 신선한 파슬리 100g에는 칼슘이 200mg이나 들어 있다. '칼슘의 왕'으로 불리는 우유보다 오히려 칼슘 함량이 많다. 파슬리를 먹으면 신경이 안정되고 초조·불안·걱정이 줄어드는 것은 칼슘의 효과 덕분이다.

파슬리의 열량은 100g당 34kcal로 다이어트 중인 사람도 부담 없이 즐길 수 있다. 단, 임신부는 하루 15g 이상 먹어선 안 된다.

나만의 애완 화초, 파슬리

사실 파슬리를 비롯한 허브는 하루 4~5시간 정도 햇빛이 닿는 곳이면 언제든지 키울 수 있다. 파슬리는 햇빛과 습기와 더위를 싫어하고 건조한 흙에서 잘 자란다. 그래서 베란다에서 키우기 쉬워 많은 이들에게 이른바 애완 화초로 각광받았다. 베란다에서 작은 화분으로 시작해 단계적으로 점차 큰 화분으로 옮겨 심는 것이 좋다. 파슬리는 비를 싫어하므로 되도록 비가 오는 날에는 문을 닫아놓아야 한다.

정성이 가득한, 파슬리 가루 만들기

① 파슬리 잎 부분만 따서 흐르는 물에 깨끗이 씻은 후 체에 받쳐 물기를 뺀다.
② 손으로 물기를 꼭 짠 후, 믹서에 곱게 간다.
③ 곱게 간 파슬리 가루를 쟁반에 키친타월을 깔고 넓게 펴 건조한 실내에서 말린다.
④ 하루 정도 지난 후 충분히 바삭해진 파슬리를 프라이팬에 넣고 약한 불에서 아주 살짝 볶는다.

주요 영양 성분	효능	제철	고르는 법	보관 방법
비타민 C 철분 구리 아연 등	심장병 · 뇌졸 중 · 각종 성인병 예방 이뇨 작용	5월	선명한 초록빛이 나고 윤기가 있는 것을 고른다. 색깔이 누렇게 변했거나 꽃이 핀 것은 신선도가 떨어진다.	시들지 않게 컵이나 그릇에 물을 담아 꽂아두거나 뿌리 쪽에 물을 뿌린 뒤 냉장 보관한다. 다진 것은 밀폐 용기에 담아 냉장 또는 냉동 보관한다.

파슬리를 뿌린 밀라노식 홍합찜

홍합 1kg, 화이트 와인 1컵, 다진 마늘 2작은술, 양파 1/2개, 레몬 1개, 올리브 오일 · 소금 · 후춧가루 · 파슬리 약간씩

만들기
① 홍합은 수염을 떼어내고 껍질을 깨끗이 씻어 준비하고 양파는 다진다.
② 냄비에 올리브 오일을 두르고 다진 마늘을 볶아 향을 낸 후, 양파를 넣어 함께 볶는다.
③ 화이트 와인 1컵과 레몬 즙, 홍합을 넣고 볶다가 홍합이 입을 벌리면 냄비 뚜껑을 덮어 잠시 더 익힌다. 그동안 파슬리를 잘게 다져 준비해둔다.
④ 홍합찜을 그릇에 옮겨 담고 레몬으로 장식한다.

올레! 스페인풍 달걀 팬케이크

달걀 5개, 감자(큰 것) · 양파 1개씩, 베이컨 40g, 강낭콩(통조림) 4큰술, 파르메산 치즈 · 다진 파슬리 1큰술씩 · 소금 · 후춧가루 · 토마토케첩 약간씩, 올리브 오일 적당량

만들기
① 감자는 0.3~0.4cm 두께로 둥글게 썬다. 프라이팬에 올리브 오일을 두르고 감자를 볶는다.
② 양파는 껍질을 벗겨 채 썰고 베이컨은 잘게 자른다. 프라이팬에 올리브 오일을 두르고 양파와 베이컨을 볶은 뒤 후춧가루와 소금으로 간한다.
③ 볼에 달걀을 풀고 볶은 감자와 양파, 베이컨, 강낭콩, 파르메산 치즈, 다진 파슬리를 섞는다. 그런 다음 후춧가루를 뿌리고 소금으로 간한다.
④ 프라이팬에 올리브 오일을 두르고 3을 부어 뚜껑을 덮는다. 은근한 불에 구워 밑면이 노릇해지면 팬 뚜껑을 이용해 뒤집은 뒤 다시 뚜껑을 덮고 굽는다.
⑤ 속까지 익으면 불을 끄고 먹기 좋은 크기로 잘라 토마토케첩을 곁들인다.

* 감자 대신 고구마를 썰어 넣거나 베이컨 대신 햄, 삶은 완두콩 등을 넣어도 좋다.

파프리카

Paprika

파프리카의 우리말 명칭은 '착색(着色) 단 고추'이다. 피망보다 껍질이 두껍고 약간 크다. '컬러 피망'이란 별명답게 붉은색·녹색·주황색·노란색·보라색·회색·갈색 등 모두 12가지 색의 파프리카가 나와 있다. 여러 색이 얼룩덜룩 섞인 네덜란드 파프리카도 있다. 피망보다 단맛이 강해 채소보다는 오히려 과일 쪽에 가까운 맛이다. 아삭아삭하게 씹히며 맵지도 않다. 고추의 매운맛 성분인 캡사이신이 거의 들어 있지 않기 때문이다. 최근에는 다이어트 식품으로도 인기가 높다. 맛이 달지만 100g당 열량은 11(녹색 파프리카)~34kcal(주황색 파프리카)에 불과하다.

영양상의 강점은 비타민 C와 베타카로틴이 풍부하다는 것이다. 베타카로틴과 비타민 C는 발암물질을 억제하고 노화의 원인인 유해 산소를 없애는 대표적인 항산화 비타민이다. 비타민 C는 또 감기를 예방하고, 피부 트러블 억제에 효과적이며, 세포를 튼튼하게 한다. 전문가들은 파프리카를 하루 6분의 1개(또는 피망 한 개)쯤 먹으면 항산화 비타민을 충분히 섭취할 수 있다고 조언한다. 베타카로틴은 지방과 함께 먹으면 흡수가 잘되므로 파프리카를 샐러드로 먹거나 기름에 살짝 볶아 먹는 것이 좋다. 삶거나 끓이면 베타카로틴이 대부분 파괴된다. 보라색·갈색 파프리카에는 암을 예방하는 안토시아닌 색소가 들어 있으나 이 역시 열에 약해 가열하면 효력을 거의 상실한다.

파프리카는 육류·생선·샐러드 등 거의 모든 요리와 잘 어울린다. 서양에서는 대개 그냥 썰어서 샐러드로 먹지만 일본에서는 주로 샐러드·피자·도시락 반찬의 장식용으로 사용된다. 일본에서 특히 인기가 높은데, 이는 음식을 '눈으로 먹는' 일본인의 식습관과 잘 맞아떨어지기 때문이다. 중국에서는 맵지 않은 라유를 만들 때 이용한다. 국내에서 파프리카를 처음 재배한 것은 1994년부터다. 칼국수·잡채·주스·샐러드 등에 넣어 음식의 시각적 효과를 높이고 있다.

가장 알차게 먹는 방법은 생으로 먹되 가능한 한 여러 색깔의 파프리카를 골고루 섞어 먹는 것이다. 녹색에는 엽록소(클로로필), 보라색·갈색에는 안토시아닌, 노란색·주황색에는 베타카로틴 등 색깔에 따라 웰빙 성분이 다르기 때문이다.

쉽게 짜증 부리는 아이에게

패스트푸드에 길든 아이는 스트레스가 쌓이면 과격해지고 짜증을 잘 낸다. 이럴 때 비타민을 섭취하면 짜증을 다스리는 데 도움이 된다. 파프리카에는 비타민 A와 비타민 C 그리고 철분과 칼륨이 많이 함유되어 스트레스 해소에 효과가 좋다. 파프리카 1개의 비타민 C 함량은 귤의 30배 정도. 생으로 먹어도 소화 흡수가 잘되지만 기름에 살짝 볶아 먹으면 비타민 A의 흡수율이 더욱 높아진다.

족욕으로 발 관리

요리하고 남은 파프리카 심을 밀폐 용기에 3~4개 모아두었다가 끓는 물에 넣고 팔팔 끓인 후 식혀 족욕할 때 사용하면 보습 효과와 더불어 발 냄새를 줄이는 효과를 볼 수 있다.

주요 산지	주요 영양 성분	효능	제철	고르는 법	보관 방법
진주 고성 밀양 강진 장흥 장수 남원 화천 철원	비타민 A 비타민 C 비타민 E 철분 칼륨 식이섬유 베타카로틴 등	다이어트 피부 트러블 노화 방지 항암 효과 기미 억제	연중	고유의 색상이 선명하고 너무 휘거나 변형되지 않은 것이 양질이다. 약간 통통하면서 꼭지 부분이 마르지 않고 겉에 흠집이 없으면서 윤기가 나는 것을 고른다.	물기가 있으면 변하기 쉬우므로 물기를 말린 후 비닐 팩에 담아 냉장고에 보관한다.

효과도 색깔별로 즐겨요

- 🔴 비타민 A가 가장 많이 포함되어 있다. 항암 효과, 동맥경화 예방, 성장 촉진, 면역력 증가 효과.
- 🟠 비타민 C가 가장 많이 포함되어 있다. 감기 예방, 피부 미용, 성장 촉진, 노화 방지 효과.

→ 빨간색 파프리카와 주황색 파프리카는 비타민의 황제다. 그러므로 팬에 기름을 넣어 볶아 먹는 것이 좋다. 비타민이 조금 파괴되지만 과일 소스를 곁들이면 문제 될 것이 없다.

- 🟡 단맛이 강하고 매운맛이 없다. 스트레스 해소, 생체 리듬 유지.
- 🟢 철분과 칼륨 함량이 높다. 빈혈 예방.

→ 비타민은 빨간색과 주황색 파프리카보다 적지만 철분과 칼륨의 함량이 많다. 따라서 생으로 섭취하거나 주스를 만들어 먹는 것이 좋다.

그릇까지 싹싹, 파프리카 볶음밥

파프리카 2개, 관자 1개, 밥 1공기, 굴 소스 1작은술, 소금 · 후춧가루 · 참기름 · 식용유 약간씩

만들기
① 파프리카는 반으로 잘라 씨를 털어내고 적당한 크기로 다진다.
② 관자는 옆에 붙은 내장을 제거하고 겉에 있는 얇은 막을 벗겨낸 다음 잘게 다진다.
③ 팬에 기름을 두르고 관자를 넣고 볶다가 반 이상 익으면 밥을 넣고 고루 볶는다.
④ 3에 굴 소스를 넣고 살짝 버무린다.
⑤ 밥알에 소스가 배어 들면 1을 넣고 소금과 후추로 간한다.
⑥ 5에 참기름을 넣고 섞는다.

추천 레시피

피망

Sweet pepper

입안이 얼얼할 정도로 매운 고추와는 달리 피망은 맛이 달아 '단 고추(sweet pepper)'로 통한다. 독일 등 유럽의 일부 국가에서는 피망과 파프리카를 따로 분류하지 않는다. 피망과 파프리카는 원래 같은 채소이다. 원산지는 중남미이며, 15세기 말 콜럼버스가 유럽으로 가져간 뒤 전 세계에 퍼졌다. 피망(pimientos)은 프랑스 어이고 미국에서는 'sweet pepper', 'bell pepper'라고 부른다. 파프리카(paprika)는 네덜란드 어로 피망을 가리킨다. 우리나라에는 개량된 피망이 10년 전 '파프리카'라는 이름으로 들어와 피망과 파프리카를 완전히 다른 채소로 여기는 사람이 많다.

피망에는 변비 예방에 효과적인 식이섬유, 혈압 조절을 돕는 칼륨이 상당량 들어 있다. 또 유해 산소를 없애는 항산화 비타민인 베타카로틴, 비타민 C 등이 풍부하다. 베타카로틴은 지방에 녹는 지용성(脂溶性)이므로 피망은 기름에 살짝 볶아 먹는 것이 좋다. 샐러드로 즐길 때도 식용유를 살짝 뿌려 먹는 것이 이들 비타민을 더 많이 섭취하는 방법이다.

피망은 녹색 아니면 붉은색이다. 숙성된 붉은색 피망에는 덜 익은 녹색에 비해 베타카로틴이 10~20배 더 많이 들어 있다. 피망을 삶거나 끓이면 베타카로틴은 대부분 파괴되나 비타민 C는 꽤 많이 남아 있다. 붉은색 피망 100g당 비타민 C 함량은 191mg으로 녹색 피망(53mg)이나 노란색 파프리카(108mg)에 비해 2~4배 많다. 피망에는 비타민 C가 산화되는 것을 막아주는 비타민 P도 들어 있어 비타민 C를 더 효율적으로 섭취할 수 있다.

피망을 사과·레몬·토마토 등과 함께 주스로 만들어 마시는 것도 추천할 만하다. 마늘·올리브유·치즈·소금과 함께 믹서에 간 뒤 잼 대신 빵에 발라 먹는 것도 방법이다. 곱게 채 썰어 샐러드·잡채·냉채·피자·칼국수·도시락 반찬 등에 넣으면 입뿐만 아니라 눈도 즐거워진다. 피망은 열매의 크기가 작은 것이 더 맛있다. 랩으로 싸서 냉장고에 두면 열흘가량 보관할 수 있다. 요리할 때는 꼭지 부분을 잘라내고 꼭지에 붙어 있던 흰 부분을 자른 뒤 씨를 털어낸다.

피망과 파프리카? 똑똑하게 구분하세요

피망과 파프리카는 생김새가 매우 흡사해 구분하기 여간 어려운 게 아니다. 피망은 파프리카보다 두께가 얇고 길쭉한 게 특징이며 파프리카는 두께가 두껍고 동글동글하며 피망에 비해 당도가 1.5~2배가량 높다. 또 피망은 녹색과 빨간색이 전부이지만 파프리카는 빨간색, 노란색, 주황색, 초록색, 흰색, 보라색 등 색이 다양하다. 피망은 매운맛과 단맛이 공존하지만 매운맛이 더 강하다. 그래서 음식의 맛을 낼 때 많이 쓰인다. 반면 파프리카는 달짝지근한 맛이 더 강해 여러 요리에 사용된다.

주요 산지	주요 영양 성분	효능	제철	고르는 법	보관 방법
고성 함양 정읍 진주	비타민 A 비타민 B군 비타민 P 철분 칼륨 등	기미 예방 주근깨 예방 피부 미용 변비 예방 관절염 치료	4~12월	짙은 녹색을 띠고 윤기가 나며 꼭지가 신선하고 기형이 아닌 것이 좋다. 표피가 두껍고 씨가 적은 것이 좋다.	물기가 있으면 변하기 쉬우므로 물기를 잘 말린 후 비닐 팩에 담아 냉장고에 보관한다. 반을 갈라 씨를 털어내면 좀 더 오래 보관할 수 있다.

오색 빛깔, 오징어 피망 파스타

오징어 몸통 1마리 분량, 오징어 먹물 파스타 말린 것 (170g), 양파 1/4개, 청·붉은 피망 1/2개씩, 화이트 와인·파르메산 치즈 가루 1큰술씩, 생크림 2컵, 우유 1/2컵, 올리브 오일·다진 파슬리 1큰술씩, 소금·후춧가루 약간씩

만들기

① 오징어는 껍질을 벗기고 윗면에 잘게 칼집을 낸 뒤 한입 크기로 자른다.
② 양파, 청피망, 붉은 피망은 4~5cm 길이로 채 썬다.
③ 뜨겁게 달군 프라이팬에 올리브 오일을 두르고 오징어를 살짝 볶는다. 화이트 와인과 다진 파슬리 잎을 넣고 노릇하게 볶는다.
④ 끓는 물에 오징어 먹물 파스타를 삶은 뒤 체에 밭쳐 물기를 뺀다.
⑤ 뜨겁게 달군 팬에 2의 양파를 볶아 향을 낸 뒤 청 피망과 붉은 피망을 마저 넣는다.
⑥ 소금으로 간하고 후춧가루, 생크림과 우유를 넣어 5분 동안 끓인다.
⑦ 6의 크림소스에 파르메산 치즈 가루를 넣고 고루 섞는다. 오징어와 먹물 파스타를 넣고 고루 버무린 후 소금으로 간한 뒤 후춧가루와 다진 파슬리를 뿌린다.

호박

Pumpkin

가을에 노랗게 익는 호박은 우리에게 꽤나 친숙한 채소이다. '호박이 넝쿨째 들어온다'·'호박 씨 깐다'·'호박 씨 까서 한입에 털어 넣는다'·'호박에 줄 긋는다고 수박 되나'·'호박에 말뚝 박기' 등 관련 속담이 많은 것만 봐도 짐작할 수 있다. 서양인도 정겹게 느낀다. 신데렐라가 파티에 타고 간 것이 호박 마차이다. 핼러윈 날에는 호박을 들고 다니거나 호박 가면을 쓴다.

호박의 원래 의미는 오랑캐가 전해준 박과 비슷하다는 것이다. 한방에서는 남과(南瓜)라 한다. 영어로는 펌킨(pumpkin)·서머 스쿼시(summer squash)·윈터 스쿼시(winter squash)가 모두 호박을 가리킨다. 미국인에게 인기 높은 주키니(zucchini)도 호박(summer squash)의 일종이다.

호박의 종류는 애호박(어린호박)·단호박(당호박·밤호박, sweet pumpkin)·늙은호박(청둥호박·맷돌호박)·화초호박(약호박)·국수호박(spaghetti squash) 등 다양하다. 품종에 따른 영양소의 차이는 크지 않다. 일반적으로 단호박·늙은호박 등 속이 노란 호박의 베타카로틴·비타민 E·식이섬유 함량이 다른 품종보다 높다.

여름에 따지 않고 밭에서 그대로 익혀 늦가을에 수확하는 것이 늙은호박이다. 청둥호박·맷돌호박이라고도 불리는 늙은호박은 '가을 보약'이다.

늙은호박은 호박떡·호박죽·호박범벅에, 애호박은 전·찌개·나물 등에 주로 사용한다. 속이 노랗고 겉은 초록빛이 나는 단호박은 밤보다 달고 고구마보다 속이 알차다. 다른 호박에 비해 단맛이 많고 수분이 적어 볶음·찜·수프·샐러드 등 서양 요리에 이용된다. 화초호박은 빛깔이 고와 관상용·약용으로 사용된다.

호박 입장에서 보면 너무 억울한 속담이 "호박에 줄 긋는다고 수박 되나"이다. 이 속담은 호박이 수박보다 열등하다는 의미를 담고 있는데 겉은 몰라도 속(영양)은 호박이 낫다는 것이 영양학자들의 공통된 평가이다.

호박은 속살이 노란 대표적인 옐로 푸드다. 노란색의 정체는 베타카로틴으로 이것이 체내에 들어오면 비타민 A로 바뀐다. 베타카로틴은 유해 산소를 없애는 항산화 성분으로 노화를 억제하고 암·심장병·뇌졸중 등 성인병을 예방한다.

미국 국립암연구소는 "장기 흡연자가 많은 뉴저지 주 남성에게 최고의 폐암 예방제는 호박·당근·고구마 등 베카카로틴이 풍부한 세 가지 노란색 식품"이라고 발표한 바 있다. 세 채소를 가장 많이 먹은 집단의 폐암 발생률은 가

출산 후 부기, 호박 먹으면 해결?

인터넷에서 '호박'을 검색하면 출산 후 부기 빼는 데 최고라는 댓글을 종종 볼 수 있다. 과연 출산 후 부기 빼는 데 호박이 정답일까? 답은 No. 출산 후나 임신 중 부기를 제대로 치료하지 않으면 살이 되어 비만이나 성인병의 원인이 될 수 있다. 호박은 레티놀이 풍부해 신장의 이뇨 작용을 돕기 때문에 임신 중 부기를 빼는 데는 효과가 있다. 하지만 출산 후 부기는 일반적인 부기와 달라 인위적으로 소변량을 늘려서도 안 되고 땀을 지나치게 내서도 안 되므로 호박즙이 큰 효과가 없다.

주요 산지	주요 영양 성분	효능	제철	고르는 법	보관 방법
해남 의령 안동 영월 서산	식이섬유 탄수화물 단백질 비타민 A 비타민 C 미네랄 아스파라긴산 레시틴	암 예방 노화 억제 고혈압 예방 눈의 피로 감소 냉한 체질 개선	3~10월	단단하고 무거우면서 전체적으로 짙은 녹색을 띠며 밑동이 노르스름한 것을 고른다. 또 표면에 골이 깊게 파이고 하얀 가루가 많이 묻어 있으면 잘 익었다는 증거. 상처가 난 것은 사지 않는다.	상온에서 보관하되 그늘지고 통풍이 잘되는 곳에 둔다.

장 적게 섭취한 집단의 절반에 그쳤다. "동짓날 늙은 호박을 먹으면 일 년 내내 무병하고 특히 중풍(뇌졸중)에 걸리지 않는다"라는 옛말도 이래서 나오지 않았을까 싶다. 베타카로틴은 열에 강한 편이며 기름에 녹는 지용성비타민이다. 따라서 호박에 식용유를 소량 뿌려 조리하면 베타카로틴을 더 많이 섭취할 수 있다.

못생긴 여성을 '호박'에 비유하는 것도 잘못이다. 호박만큼 다이어트와 피부 미용에 유익한 채소는 드물기 때문이다. 늙은호박(생것)의 열량은 100g당 27kcal에 불과하다. 쌀의 열량의 10분의 1에도 못 미친다. 단호박(생것)의 열량은 늙은호박보다 높은 66kcal지만 삶으면 25kcal로 낮아진다. 게다가 노화를 막는 비타민 E가 풍부하고 이뇨 작용을 해 몸의 부기를 빼준다. 과거에 민간에서는 출산한 후 산모의 부기를 빼는 음식으로 늙은 호박을 권했다. 산모에게 늙은 호박 속에 꿀을 넣은 뒤 쪄 먹거나 늙은 호박 삶은 물을 마시게 했다. 이뇨 효과가 있는 데다 영양소가 풍부해 산모의 영양 공급에 유익하다고 여겼기 때문이다. 산후에 젖이 잘 나오지 않는 산모에게는 호박 씨를 30알가량 볶아 먹거나 호박 씨 달인 물을 마시라고 했다.

호박은 당뇨병·위장 질환으로 고생하는 사람에게도 추천할 만하다. 혈당을 급격히 올리지 않고 위 점막을 보호하는 기능이 있다.

호박 씨는 수험생의 간식거리로 그만이다. 스트레스를 풀어주는 미네랄인 마그네슘과 두뇌 활동을 돕는 불포화지방·레시틴이 풍부해서다. "호박 씨 깐다"라는 말은 이래서 나오지 않았을까?

호박은 잘 익을수록 단맛이 강하다. 호박을 음식 재료로 써서 조리할 때는 설탕을 약간만 넣어도 괜찮다. 호박은 상온에 보관하는 것이 원칙이다. 냉장고에 넣어두면 오히려 잘 상한다. 햇볕은 피하되 바람이 잘 통하는 시원한 곳에 통째로 놓아두면 장기간 보관할 수 있다. 구입할 때는 바위처럼 단단하고 무거우며 전체적으로 짙은 녹색을 띠면서 밑동 쪽만 노르스름한 것을 고른다. 또 표면에 골이 깊게 파이고 하얀 가루가 많이 묻어 있을수록 잘 익어 맛이 좋다. 꼭지가 함몰되고 반으로 잘랐을 때 씨가 촘촘한 것이 양질이다. 상처가 난 것은 오래 두고 먹을 수 없으므로 피한다.

늙은 놈, 어린 놈, 달짝지근한 놈

흔히 호박이라고 하면 핼러윈데이에 쓰는 호박을 생각하지만, 호박은 늙은호박, 애호박, 단호박으로 크게 분류한다.

늙은호박은 이뇨 작용과 해독 작용이 탁월하다. 호박 씨는 혈액 내의 콜레스테롤을 낮추는 기능을 하기 때문에 육류 섭취와 술, 담배를 많이 하는 잦은 직장인들에게 좋다. 술 마신 다음 날 먹으면 확실한 숙취 해소 효과를 볼 수 있다.

애호박은 다른 호박에 비해 수분 함량이 높고 소화, 흡수가 잘되어 위염이나 위궤양 등 위장 질환이 있는 남성들에게 좋다. 살짝 익혔을 때 아삭한 식감과 함께 은은한 단맛이 나 각종 볶음, 찜 요리나 국, 찌개 등 다양한 요리로 즐길 수 있다.

단호박은 베타카로틴이 풍부해 노화 방지와 항암 효과가 기대된다. 또 체내 신경 조직을 강화해주어 각종 업무로 쌓인 스트레스와 불면증을 해소하는 데 효과적이다. 조금만 먹어도 포만감이 느껴지는데 찐 다음 마요네즈나 요구르트에 함께 섞어 샐러드를 만들어 먹거나 빵과 함께 곁들이면 든든한 한 끼 식사가 된다.

비범한 호박 팬케이크

팬케이크 가루 2컵, 흑설탕 3큰술, 파이를 만들 때 쓰는 호박가루 3작은술, 우유 1½컵, 호박을 갈아서 농축시킨 호박 퓌레 1캔, 휘저어 거품을 낸 달걀 1개분, 바닐라 액 1작은술, 올리브 오일 1큰술, 메이플 시럽 1큰술

만들기

① 커다란 볼에 팬케이크 가루와 흑설탕, 호박 가루를 넣고 섞는다. 또 다른 볼에는 우유, 호박 퓌레, 달걀, 바닐라 액, 올리브 오일을 넣고 잘 섞는다. 그런 다음 각각의 볼에 담긴 재료를 한데 모아 다시 잘 섞는다.

② 커다란 팬이나 그릴에 오일을 살짝 뿌리고 중간 불로 가열한다. 그릴 위에 반죽을 부어 팬케이크를 만든다. 이때 팬케이크 하나 당 반죽 1/4컵 정도의 양이 적당하다. 팬케이크 반죽에서 공기 방울이 적당히 올라오면서 반죽 가장자리가 갈색이 되면 뒤집는다. 뒤집은 반대쪽 면이 연한 갈색이 되면 팬케이크가 적당히 익었다는 신호다.

③ 잘 구운 팬케이크 위에 메이플 시럽을 먹기 좋게 뿌리면 완성.

호박죽보다 색다르게, 단호박 수프

단호박 600g, 양파 100g, 버터 2큰술, 물 2컵, 우유 2컵, 소금 1작은술, 후춧가루 약간, 생크림 1/4컵

만들기

① 단호박은 길이로 반 잘라서 씨를 긁어낸 다음 5cm 폭으로 썬다. 도마 위에 뉘어 칼날을 눕혀 저미듯이 껍질을 벗긴 후 얇게 썬다.
② 양파는 채 썬다.
③ 냄비에 버터를 두르고 단호박과 양파를 볶다가 양파가 투명해지면 물을 부어서 끓인다.
④ 단호박이 푹 익으면 체에 내려서 으깨거나 한 김 식혀 믹서에 간다.
⑤ 4를 다시 냄비에 담아 우유를 부어서 끓이다가 소금과 후춧가루로 간을 맞추고 생크림을 넣어 섞은 후 그릇에 담는다.

견과

Nut

도토리

Acorn

우리 선조는 도토리로 풍흉(豊凶)을 점쳤다. 도토리 수확이 적으면 풍년이 들고, 반대로 많으면 흉년이 든다고 믿었다. 도토리 점은 워낙 용해서 "도토리는 산에서 들을 내다보면서 열매를 맺는다"라는 말까지 회자됐다. 도토리가 들판을 내려다보고 있다가 흉년이 들 것 같으면 열매를 많이 맺어 배고픈 사람들에게 자신이라도 먹게 한다는 것이다. 이처럼 과거엔 구황(救荒)작물로 요긴하게 쓰였다. 고려 충선왕은 흉년이 들자 반찬 수를 줄이고 수라상에 도토리를 올리게 했다는 애기가 전해진다. 조선 숙종은 흉년에 굶주린 백성에게 도토리 스무 말을 보내면서 "흉년엔 도토리만 한 것이 없다"라고 했다. 그러나 풍년이 들면 여지없이 '개밥의 도토리'이다. 개조차 거들떠보지 않는 신세로 전락한다는 뜻이다. 《동의보감》에는 "도토리는 성질이 따뜻하고 맛이 떫으며 독이 없다"라고 기술돼 있다. 또 "설사·이질 등을 낫게 하고 장과 위를 든든하게 해 몸에 살이 오르게 한다"라고 했다. 또 《본초강목》에는 "곡식과 과실의 좋은 점을 두루 갖추고 있다. 도토리만 먹어도 보신이 필요 없다"라고 적혀 있다.

요즘 젊은 사람들은 도토리라 하면 '싸이월드'의 '사이버 머니'를 먼저 떠올린다. 정작 자연의 도토리는 상수리·굴참·졸참·떡갈·신갈·갈참나무 등 참나무의 열매다. 겉이 단단한 견과류의 일종으로 속에 커다란 씨가 들어 있다. '고만고만하다'는 의미인 '도토리 키 재기'에서 짐작할 수 있듯이 크기는 엇비슷하나 모양은 타원형·구형·난형 등 다양하다. 흔히 다람쥐의 음식으로 알려져 있지만 멧돼지도 좋아한다.

요즘은 굶주린 배를 채우기 위해서가 아니라 다이어트·웰빙 식품으로 찾는 귀하신 '몸'이 되었다. 탄수화물(100g당 46.7g)·지방(3g)·단백질(4.4g)이 고루 들어 있는 데다 대표 음식인 도토리묵의 열량이 낮기 때문이다. 열량이 도토리 생것은 100g당 221kcal, 녹말은 327~336kcal에 달하지만 도토리묵은 43kcal에 불과하다. 게다가 도토리에 든 탄수화물과 지방의 대부분이 녹말(전분, 복합당)과 불포화지방(혈관 건강에 유익)이다. 도토리 가루는 녹말 덩어리나 다름없다. 웰빙 성분으로 기대를 모으는 것은 아콘산(酸)이다. 국내 학자의 연구를 통해 체내에 쌓인 중금속을 제거하는 효과가 있는 것으로 밝혀져서다.

생 도토리를 먹기 힘든 것은 떫은맛 성분인 타닌 때문이다. 타닌은 유해 산소를 없애는 항산화 성분이다. 감과 녹차에도 다량 함유돼 있는데 변을 단단하게 하여 설사를 멎게 한다. 그러나 과다 섭취하면 장내 수분을 빨아들여 변비를 유발한다. 변비·빈혈 환자에게 도토리를 너무 많이 먹지 말라고 조언하

NO!

감은 비타민이 풍부하지만 동서양을 막론하고 조심해야 할 과일로 지목된다. 감에 함유된 타닌 때문이다. 타닌 성분이 지방과 반응해 변을 단단하게 만들어, 변비를 유발하기 때문이다. 그런데 도토리 또한 타닌을 함유해 도토리묵과 감을 함께 먹으면 변비가 심해질 뿐만 아니라 철분이 타닌과 결합해 소화도 잘되지 않으니 이 조합은 꼭 피하는 것이 좋다.

아이와 함께 놀아요, 도토리 팽이

가을이 되어 가족들이 산으로 놀러 가면 쉽게 볼 수 있는 것이 바로 도토리다. 주운 도토리 몇 알을 요리해 먹을 수는 없으니 그냥 장식품 삼아 소지하는 사람들이 많은데, 아이들과 함께라면 이제부터 도토리로 팽이를 만들어보자. 만드는 방법은 간단하다. 도토리에 구멍을 뚫어 이쑤시개를 꽂아주면 완성. 옛 추억에도 잠길 수 있고 아이들은 자연에서 얻은 것으로 재미있게 놀 수 있으니 일석이조다.

주요 산지	주요 영양 성분	효능	제철	고르는 법	보관 방법
양산 산청 남원 구례 운봉	타닌 아콘산 녹말 단백질 탄수화물 지방	입병·감기 완화 설사 완화 다이어트 고혈압 예방	9~12월	겉은 단단하고 껍질이 매끄러우면서 알이 충실한 것을 고른다. 물에 넣었을 때 뜨는 도토리는 벌레 먹은 것이다.	2주 이상 두면 벌레가 생기기 쉬우므로 껍질을 벗긴 뒤 말려서 냉장 보관한다.

는 것은 이 때문이다.

도토리의 껍질을 까서 잘 말린 뒤 절구로 빻은 것을 물에 오래 담가두면 떫은맛을 우려낼 수 있다(타닌 제거). 앙금과 물이 분리되면 웃물만 따라내는 과정을 여러 번 거친 뒤 가라앉은 앙금을 잘 말리면 하얀 가루를 얻을 수 있다. 이것이 도토리 전분(녹말가루)이다. 이 가루를 물에 풀어 풀을 쑤듯이 끓이다가 끈적끈적하게 엉길 때 그릇에 부어 식힌 것이 도토리묵이다. 메밀묵이 겨울철 간식거리라면 도토리묵은 사철용이다. 도토리 가루를 밀가루와 함께 반죽하면 국수·수제비·부침개 등 다양한 도토리 음식을 만들 수 있다. 한가위엔 맵쌀가루에 도토리 가루를 넣어 반죽한 도토리 송편도 즐겨 먹는다. 도토리를 우려서 그 앙금으로 만든 도토리다식(상실다식)은 기침을 멎게 하는 효과가 있어 '기침막이 떡'이라 했다.

살 때는 알이 충실한 것을 고른다. 물에 담갔을 때 무거워서 가라앉는 것이 양질이다. 물에 뜨면 벌레 먹은 것이기 쉽다. 도토리는 2주 이상 방치하면 벌레가 생기기 쉬우므로 껍질을 벗긴 뒤 말려서 보관하는 것이 좋다. 냉장고에 넣어두면 6개월에서 2년까지 보관할 수 있다. 국내 유통되는 도토리의 약 5%만 국산이다. 대부분(85%가량)은 중국에서 수입하고 일부 북한·아프리카산도 있다.

다람쥐만 도토리를 좋아해?

'도토리=다람쥐'다. 오래전부터 많은 이들의 생각 속에 이 공식은 이어져왔다. '도토리'라는 말만 들어도 모두 입안에 도토리를 한 움큼 물고 있는 다람쥐를 생각하기 일쑤다. 하지만 도토리의 한자를 보면 도토리가 다람쥐의 먹이라는 생각이 달라질 것이다. 도토리에 대한 기록은 1417년 《향약구급방》이라는 책에 처음 등장하는데 여기에 도토리는 저의율(猪矣栗)로 기록되어 있다. 이 뜻을 풀이하면 돼지 저(猪), '~의'를 뜻하는 의(矣), 밤을 뜻하는 율(栗)이다. 다시 말해 '돼지의 밤' 즉 돼지가 즐겨 먹는 밤이라는 뜻이다. 실제로 멧돼지는 다람쥐만큼 도토리를 즐겨 먹는다. 결국 우리 선조들의 눈에 도토리는 돼지 밥이었던 셈이다.

이렇게 간단할 줄 몰랐죠? 도토리묵밥

묵, 묵은 김치 적당량, 김 가루, 팽이버섯 쑥갓 약간씩, 육수(다시마·멸치·무·대파·양파 적당량, 가다랑어포, 국간장 약간씩) 김치 양념(참깨·소금·설탕·참기름 약간씩)

만들기
① 냄비에 물을 붓고 멸치와 다시마를 넣어 끓인다. 물이 끓으면 다시마는 건져내고 멸치는 20~30분 더 끓인 다음 건진다.
② 무와 대파, 양파, 가다랑어포, 국간장을 넣고 40분 동안 더 끓인다.
③ 김치는 국물을 살짝 짠 뒤 송송 썰어 분량의 양념 재료를 넣고 버무린다.
④ 도토리묵을 먹기 좋은 크기로 썬다.
⑤ 그릇에 묵을 담고 2의 육수를 부은 뒤 양념한 김치와 김 가루, 팽이버섯, 쑥갓을 올린다.

* 묵밥에는 채소를 적게 넣어야 묵 특유의 맛이 제대로 살아난다.

핸드메이드 도토리묵

도토리 1.5kg, 생수 650ml, 소금·식용유 약간씩

만들기
① 도토리는 뚜껑과 껍질을 벗겨내 12시간 동안 찬물에 담갔다가 꺼낸 다음 물은 버린다.
② 맷돌에 도토리를 간다.
③ 볼에 2의 도토리 가루를 넣고 물을 붓는다. 앙금이 가라앉으면 윗물을 조심스럽게 따라 버린다.
④ 3의 앙금을 믹서에 간 뒤 면 보자기에 싸서 힘껏 짜 건더기와 물을 분리한다.
⑤ 냄비에 생수를 붓고 건더기와 소금, 식용유를 넣어 센 불에서 끓인다. 이때 한 방향으로 계속 저어야 한다.
⑥ 기포가 조금씩 올라오면 약한 불로 낮춰 20~30분 동안 충분히 익힌다.

땅콩

Peanut

간식거리로 인기가 높은 땅콩은 뿌리가 아니라 열매를 먹는다. 껍질을 깐 것, 껍질이 있는 것, 구운 것, 땅콩버터, 땅콩기름 등 다양한 형태로 판매되고 있다.

원산지는 남미이며 중국을 거쳐 한반도에 들어왔다. 땅콩(唐豆)이나 호콩(胡豆)이라고 불리는 것은 중국을 경유했기 때문이다. 중국은 현재 세계 최대의 땅콩 생산국이다. 낙화생(落花生)이라는 별칭은 꽃이 진 뒤(落花) 씨방이 땅속으로 들어가 콩깍지가 커지면서 맺은 열매라는 뜻이다. 영문명인 피넛(peanut) 때문에 땅콩을 견과류(nut)의 일종이라고 오인하는 사람이 많지만 실제로는 콩류에 속한다. 'peanut' 중 'nut'(견과류)보다 'pea'(콩)에 더 가까운 셈이다. 영양 성분 등 여러 면에서 콩(대두)과 닮은 데가 많다. 하지만 우리나라에서는 땅콩을 아직 견과류로 분류한다.

땅콩은 여느 콩과 마찬가지로 단백질과 식이섬유가 풍부하다. 100g당 단백질 함량이 20g 이상이다. 단백질을 구성하는 아미노산 가운데 시스테인·메티오닌이 부족하고 라이신이 풍부한 것이 땅콩의 특징이다. 일반적으로 쌀과 밀 등 곡류는 라이신이 부족하고 메티오닌이 풍부하므로 땅콩과 곡류를 함께 먹는 것이 현명하다.

지방이 100g당 50g 가까이 들어 있다는 것이 일반 콩과 다른 점이다. 땅콩버터나 땅콩기름이 있는 것은 이래서다. 다행히 땅콩에 든 지방의 87%가 올레산·리놀레산 등 혈관 건강에 이로운 불포화지방이다. 혈관 건강에 해로운 포화지방의 비율은 나머지 13% 정도이다. 불포화지방은 혈중 콜레스테롤 수치를 낮춰주고 혈관 벽에 붙은 콜레스테롤을 씻어내는 효과가 있어 피를 맑게 한다. 땅콩이나 땅콩버터를 하루 2~3번씩 한 달간 섭취한 사람들의 혈중 LDL 콜레스테롤(나쁜 콜레스테롤)과 중성지방(심장병 위험 요인) 수치가 떨어졌다는 미국의 연구 결과가 이를 뒷받침한다.

땅콩의 웰빙 성분으로는 단백질·불포화지방 외에 항산화 물질인 레스베라트롤이 있다. 레스베라트롤은 포도주의 웰빙 성분으로 널리 알려진 물질이다. 땅콩이 사람의 심장을 보호하고 혈관을 튼튼히 하는 데 이롭다고 보는 것은 이래서다.

약점도 있다. 쇼크 등 생명을 위협할 만큼 심각한 알레르기를 유발할 수 있다는 것이다. 땅콩을 고열에 굽는 과정에서 알레르기 유발 물질의 활성이 더 강해진다는 주장도 나왔다. 대부분의 땅콩버터는 굽는 과정을 거친 제품이다. 어

껍질 벗기지 마세요

땅콩의 항산화 물질 중에는 폴리페놀이라는 성분이 있다. 이 폴리페놀은 알갱이보다 붉은색 속껍질에 무려 네 배 이상 들어 있다는 사실! 속껍질은 까지 않고 그냥 먹는 것이 최선이다. 속껍질째로 먹기가 불편하다면 삶거나 튀기면 훨씬 쉽게 먹을 수 있다.

골라, 골라! 국산 땅콩 고르는 법

국산 땅콩엔 낱알이 길쭉한 것이 섞여 있어 낱알이 고르지가 않다. 또 껍질이 잘 부서지지 않고 껍질이 갈라진 것이 적다. 또 진한 갈색을 띠는 껍질이 적고 껍질 안쪽 면에 흰색이 없다.

주요 산지	주요 영양 성분	효능	제철	고르는 법	보관 방법
여주 안동 신안 우도	불포화지방산 비타민 B군 비타민 E 단백질 아미노산 나이아신 레스베라트롤	심장병 예방 노화 방지 피부 미용 콜레스테롤 수치 저하 두뇌 발달	9~11월	껍질이 붙어 있는 국산을 구입하고 곰팡이 냄새가 나는 것을 피한다.	공기 속에 포함된 습기를 흡수하기 때문에 눅눅해지기 쉬우므로 밀봉해 서늘한 곳에 보관한다.

릴 때 땅콩을 먹이면 자란 뒤 땅콩 알레르기에 대한 내성이 생길 수 있다는 연구 결과도 있지만 논란의 여지가 있다.

생 땅콩은 드물지만 아스페르질러스라는 곰팡이에 오염되기도 한다. 곰팡이가 핀 땅콩에서는 아플라톡신이라는 강력한 간암 유발 물질이 생길 수 있다. 영국에서는 곰팡이가 핀 땅콩을 사료로 주었다가 칠면조 수십만 마리가 떼죽음을 당한 일도 있다. 따라서 땅콩에 작은 곰팡이 흔적이라도 보이면 구입하지 않는 것이 상책이다.

신장결석 환자라면 땅콩에 수산염(oxalate)이 많이 들어 있다는 사실을 유념한다. 신장결석은 대부분 불완전한 대사로 인산칼슘·수산칼슘·요산 등이 몸 밖으로 배출되지 못하고 신장 내부에 쌓여 생기는 병이기 때문이다.

다이어트하는 사람이라면 땅콩에는 지방이 많이 든 만큼 땅콩의 100g당 열량이 550kcal 이상이라는 사실도 함께 기억해야 한다.

땅콩은 무침·볶음 요리 등 대부분의 요리와 잘 어울린다.

껍질을 깐 땅콩은 냉장실에서 3개월, 냉동실에서 6개월까지 보관할 수 있다. 껍질을 벗기지 않은 땅콩을 시원하고 어두운 장소나 냉장고에 두면 6개월까지 보관할 수 있다. 일단 개봉한 땅콩버터는 2개월 내에 섭취한다. 땅콩기름은 소량을 구입한 뒤 어두운 병이나 플라스틱 용기에 담아 차고 건조한 곳에 보관하면 3개월까지 품질이 유지된다.

맥주는 땅콩과 환상의 원수

맥주를 마실 때 어김없이 손이 가는 마른안주. 대표적인 것이 오징어와 땅콩이다. 하지만 이 궁합은 최악의 궁합이라는 사실! 맥주의 찬 성분이 땅콩의 기름과 만나면 배탈을 일으키는 주원인이 된다. 또 마른안주를 먹을 때 땅콩의 껍질을 벗겨두면 땅콩의 지방이 산화되어 과산화지질이 생성된다. 그러면 자칫 간암을 유발하는 곰팡이 독소인 아플라톡신이 생겨날 수 있으므로 같이 먹는 것은 되도록 피한다.

머리가 똑똑해지는 땅콩멸치조림

땅콩 1/2컵, 잔멸치·당근 30g씩, 다진 파 2큰술, 다진 마늘 1작은술, 밀가루 1/2컵, 물·소금·식용유 약간씩

만들기
① 땅콩은 껍질을 벗겨 굵게 다지고, 잔멸치는 달군 팬에 볶는다.
② 당근은 깨끗이 씻어 사방 0.5cm 크기로 썬다.
③ 볼에 1, 2와 다진 파, 다진 마늘, 밀가루, 물을 섞어 걸쭉한 튀김 반죽을 만든 다음 소금으로 간한다.
④ 160℃로 달군 기름에 반죽을 한 숟갈씩 떠 넣어 노릇하게 튀긴다.

호호 불어 먹어요, 으깬 감자 땅콩호떡

감자 1개, 땅콩 3큰술, 통깨 2큰술, 흑설탕 1큰술, 황설탕 3큰술, 밀가루(강력분) 2컵, 찹쌀가루 2큰술, 베이킹파우더 1/2작은술, 물 1/2컵, 식용유 1큰술, 올리브 오일 약간

만들기
① 감자는 껍질을 벗겨 찜기에 찐 뒤 뜨거울 때 으깬다.
② 볼에 적당히 으깬 땅콩을 담고 통깨, 흑설탕, 황설탕을 넣고 섞어 버무린 후 1의 감자를 넣어 소를 만든다.
③ 볼에 밀가루와 찹쌀가루, 베이킹파우더, 식용유를 넣고 물을 부어 반죽한 뒤 비닐에 싸서 잠시 두었다가 반나절 정도 발효시켜 처음 반죽의 두 배가 되도록 한다.
④ 손에 올리브 오일을 살짝 바르고 3의 반죽을 약간 떼어내 소를 넣을 정도의 동그란 홈을 만든다. 2의 소를 적당히 담고 반죽을 오므린 뒤 동그랗게 말아놓는다.
⑤ 팬에 기름을 넉넉히 두르고 4를 올린 뒤 뒤집개로 꾹꾹 눌러가며 앞뒤로 노릇하게 익힌다.

밤

Chestnut

견과류 가운데 우리 국민에게 가장 친숙한 밤은 훌륭한 겨울철 간식거리이다. 우리 선조는 9월 초순에서 10월까지 햇밤을 따서 다양한 음식에 사용하고 겨울이면 밤송이를 모아 아궁이에 불을 땠다. 밤의 영어명은 'chestnuts'이다. 견과류를 뜻하는 너트(nut)가 이름에 들어 있다. 그러나 영양 면에서는 호두·아몬드 등 다른 견과류와 큰 차이를 보이는 별종이다.

호두·아몬드·잣·코코넛 등이 고열량(100g당 600kcal 이상) 식품인 것과 달리 같은 무게의 밤은 162kcal에 불과하다. 또 견과류 가운데 유일하게 비타민 C가 들어 있는 과일이다. 밤의 100g당 비타민 C 함량은 30mg 이상이어서 사과·블루베리·포도·복숭아·라임·키위·토마토보다 높다. 비타민 C는 면역력 증강·항산화 효과 외에 피부 미용에도 이로운 비타민으로 알려져 있다. 우리 조상이 정월대보름에 생밤을 씹으면서 피부에 부스럼이 나지 않기를 기원한 것은 나름대로 과학적 근거가 있는 풍습이다.

"생밤을 술안주로 먹으면 술독이 풀린다"라는 말이 있는데 이는 밤에 든 비타민 C가 알코올 분해를 돕기 때문으로 풀이된다. 밤의 비타민 C는 굽거나 삶아도 거의 파괴되지 않는다. 군밤이 귀여운 '영양 덩어리'인 것은 이래서다. 면역력 증강·칼슘 흡수를 돕는 비타민 D, 정신건강에 유익한 비타민 B_1 등 각종 영양소가 골고루 든 밤은 한마디로 천연 영양제다. "토실토실 밤 토실"·"밤 세 톨만 먹으면 보약이 따로 없다"라는 말은 이래서 나왔다. 여느 견과류와는 달리 지방이 적다는(100g당 0.6g) 것도 장점이다.

우리 민족에게 밤은 조상과의 뗄 수 없는 연(緣)을 뜻한다. 이는 최초의 씨밤(조상)이 밤나무에 오래 달려 있다는 사실에 근거한 것이다. 조상을 모시는 위패·신주를 밤나무로 깎고 차례 상에서 밤이 대추 바로 옆 자리를 차지하는 것은 이래서다. 차례 상엔 홍동백서(紅東白西)라고 하는 대대로 전해진 과일 배치의 원칙이 있다. 신위를 기준으로 붉은 과일은 동쪽, 흰 과일은 서쪽에 놓는다. 밤은 동쪽에 놓이는 '홍'(붉은색)의 과일이다. 그러나 컬러 푸드 분류상으로는 노란색 식품이다. 밤 알맹이가 노란색을 띠는 것은 카로티노이드라는 색소 때문이다. 카로티노이드는 귤이나 당근에도 들어 있는 항산화 성분이다. 노화·성인병의 주범인 유해 산소를 없애고 면역력을 강화한다.

《동의보감》은 밤을 "가장 유익한 과일"이라고 칭송했다. "기운을 돋우고 위장을 강하게 하며 정력을 보한다"라고도 했다. 옛사람들은 밤이 특히 남성에게 이로운 과일로 여겼는데 그 이유가 재미있다. 밤송이의 날카로운 가시가 남

빛나는 하체를 원하십니까?

한방에서 밤의 효능 중 하나로 꼽는 것이 바로 하체 근력 강화이다. 밤으로 하체를 단련시키고 싶다면 밤 껍질을 벗겨 두충과 같이 달여 먹어보자. 다리에 힘이 생기는 것이 느껴질 것이다. 특히 걸음이 느린 아이들이나 나이가 들어 하체에 힘이 없는 사람, 특별히 하체가 약한 사람들이 꾸준히 마시면 효과를 볼 수 있다. 지속적으로 밤을 섭취하는 것도 큰 도움이 된다.

주요 산지	주요 영양 성분	효능	제철	고르는 법	보관 방법
산청 광양 보성 공주 하동 양평 충주	비타민 B군 비타민 C 비타민 D 카로티노이드 탄수화물 칼슘 철분 칼륨	피부 미용 감기 예방 알코올 분해 위장 강화 신장 보호 성인병 예방	9~12월	무겁고 껍질에 윤기가 도는 것을 고른다.	속껍질까지 모두 벗긴 뒤 하룻밤 물에 담가 두었다가 말려 냉동 보관한다.

성의 강함을 뜻하며 밤꽃 향취가 남성의 정액 냄새와 비슷하다는 것이다. 지금도 일부에선 말린 밤(황률)에 두충을 함께 넣고 달인 것을 정력 식품으로 친다.

밤은 한·중·일 등 주로 동양인이 즐겨 먹는다. 서양인은 대개 추수감사절 음식에 넣거나 빵·케이크 등에 넣어 먹는다. 밤을 설탕 시럽에 졸여 만드는 프랑스 과자 마롱글라세가 서양의 대표적인 밤 식품이다. 우리는 군밤·생밤·삶은 밤을 겨울 간식거리로 선호한다. 또 밤영양밥·밤떡·밤경단·밤다식·밤암죽·밤엿·밤초·밤단자·송편 등 다양한 음식에 밤을 사용한다. 특히 밤을 강판에 갈아 끓인 밤암죽은 아기 이유식으로 널리 쓰인다. 또 밥을 지을 때 햇밤을 넣으면 밥맛이 더 구수해진다. 밤은 나무에서 떨어지면서 전분이 당분으로 변하기 시작한다. 햇밤은 덜 달고 약간 떫은 데 비해 묵은 밤은 단맛이 강한 것은 이 때문이다.

속껍질을 쉽게 벗기려면 밤을 삶은 뒤 바로 찬물에 담가둔다. 계란을 삶은 뒤 찬물에 담그는 것과 같은 이치이다.

까놓은 밤송이 활용기, 밤송이 두피 팩

가을이 되면 산에 올라 가족들과 함께 밤송이를 찾아 헤매는 모습을 심심찮게 볼 수 있다. 밤송이에 두 발로 올라가면 밤이 톡하고 나오는 재미가 쏠쏠하다. 하지만 가시가 박힌 밤송이는 밤을 꺼내고 나면 버려지기 일쑤이다. 밤보다 밤송이를 찾아서 주워 담아야 할 알찬 소식! 우리나라 민간요법과 한방에서는 머리가 나지 않는 탈모 증세에 밤송이 두피 팩을 해왔다고 전해진다. 밤송이를 참기름에 개어서 머리에 바르면 머리카락이 새로 난다고 한다. 방법 또한 어렵지 않다. 밤송이 열 개를 프라이팬에 뚜껑을 덮고 약한 불에서 굽는다. 연기가 나면 불을 끄고 식혀 가루를 낸다. 이 가루에 참기름 1컵을 섞어 고루 개어 머리에 바르면 끝이다. 하루에 2~3번 정도 꾸준히 하면 효과가 있다고 하니 한번 도전해볼 것!

밤 안쪽 껍질인 율피 가루와 계란 흰자나 우유를 섞어 팩을 하면 피부 미백과 모공 수축, 여드름 치료에 도움이 된다.

대갓집 손님상에 올라갔던, 밤과자율란

통밤 200g(속 120~130g), 꿀 1½큰술, 계핏가루 1/2 작은술, 잣가루 약간

만들기

① 밤은 껍질째 삶는다. 물이 끓기 시작하면 중간 불로 줄여 20분 정도 더 삶은 뒤 반 갈라서 작은 숟가락으로 속을 파낸다.
② 1의 밤을 뜨거울 때 곧바로 체에 내린 뒤 꿀과 계핏가루를 넣고 고루 섞는다.
③ 2를 밤톨 모양으로 엄지손톱만 하게 빚은 뒤 한쪽 끝에 잣가루를 묻힌다.

* 꿀의 양을 줄이고 유자청을 더하면 향이 더 좋아진다.

디저트로 맛있게 즐기는 밤 파운드케이크

버터 100g, 설탕·달걀 70g씩, 꿀 10g, 삶은 밤 60g, 아몬드 가루 40g, 박력분 60g, 베이킹파우더 1/3 작은술, 밤 피칸(곁들임 용) 약간

만들기

① 버터는 상온에 두어 부드럽게 만든다. 그런 다음 설탕을 서너 번에 나누어 넣으면서 거품기로 섞는다.
② 달걀을 1에 서너 번으로 나누어 넣으면서 고루 섞은 뒤 꿀, 아몬드 가루, 박력분, 베이킹파우더를 넣는다.
③ 삶은 밤을 잘게 잘라 2에 넣어 다시 한 번 섞는다.
④ 곁들임용 밤은 껍질을 벗겨 둥글게 모양을 낸 다음 익힌다. 피칸은 반으로 자른다.
⑤ 길이 18cm, 폭 7cm, 높이 5.5cm의 케이크 틀에 3의 반죽을 넣는다.
⑥ 반죽에 4의 곁들임 용 밤과 피칸을 고루 올린 다음 180℃로 예열한 오븐에 35분 동안 굽는다.

은행

Ginkgo nut

새색시가 시집갈 때 가마 타기 서너 시간 전에 먹었다는 은행은 한국인이 선호하는 견과류이다. 이때 새 색시에게 은행은 '소변을 멈추는 약'이었다. 긴장한 탓에 가마에서 요의(尿意)를 느낄까 봐 미리 은행을 챙겨 먹은 것이다. 지금도 한방에서는 소변이 잦은 노인이나 요실금으로 고민하는 여성에게 곧잘 은행을 권한다. 밤에 요에 자주 실례를 하는 오줌싸개 아이에게 구운 은행을 하루 대여섯 개씩 며칠간 먹이면 효과를 볼 수 있다. 또 여성의 흰색 냉증, 쌀뜨물 같은 소변이 지속될 때에도 유효하다. 맥주 마실 때 요의를 줄이는 효과가 있는 은행을 안주로 먹으면 화장실에 자주 들락거리지 않아도 된다. 그러나 은행을 날로 찧어서 10개가량 먹으면 은행이 소변 배출을 돕는 이뇨제로 바뀐다. 방광염·요도염 등 비뇨기 염증이 있을 때 생 은행을 처방하는 것은 이 때문이다.

민간에서는 은행이 정력에 좋은 식품으로 알려져 있다. 정력을 강화하는 비타민 B_1과 섹스 비타민이라고 불리는 비타민 E가 풍부해서 그렇게 인식했을 것으로 짐작된다. 실제로 은행은 남성의 조루증·몽정, 여성의 불감증을 치료하는 한방약이다.

은행은 무엇이든 몸에서 빠져나가지 못하도록 하는 성질이 있으므로 너무 많이 먹는 것은 곤란하다. 하루에 1~6개쯤 복용하면 충분하며 10개 이상은 먹지 않는 것이 바람직하다. 잘 익은 은행을 까서 참기름에 담가뒀다가 매일 한두 개씩 먹으면 기침을 멈추게 하고 가래를 삭이며 폐를 튼튼히 할 수 있다.

결혼식 날 신랑·신부에게 은행을 던진 것은 은행의 생명력을 이어받아 자손이 번성하기를 바라는 마음의 표현이다. 중국에서는 은행나무를 공손수(公孫樹)라 부른다. 열매를 맺는 데 수십 년이 걸리므로 할아버지가 심어 손자가 먹는다는 뜻이 담겨 있다.

중국에서는 오랫동안 천식과 동상을 치료하는 데 은행을 써왔다. 서양에서는 최근 노인성 치매(알츠하이머병) 치료약으로 기대를 모으고 있다. 은행 추출물이 기억력·인지능력·사회 적응력을 높인다는 것이다. 일부 유럽 국가들은 이미 은행에서 추출한 성분을 기억력 저하·치매 치료약으로 시판하는 것을 허용했다. 미국에서도 은행의 치매 예방 효과에 대한 논란이 가열돼 국립보건원(NIH)이 심판관을 자청하고 나섰으나 아직 결론에 이르지는 못했다.

은행은 열매나 잎이 모두 약이 된다. 열매는 기침과 가래·천식을 멈추게 하며 주독(酒毒)을 풀어준다. 껍질이 흰색이어서 백과(白果)로 통하는 은행 열매를 한방에선 폐에 좋은 약재로 친다. 폐결핵·호흡기 질환에 흔히 처방되는

은행도 건강에 좋지만, 우리 주변에서 그저 줍기만 하면 되는 은행잎에도 놀라운 비밀이 숨겨져 있다는 사실!

① 책에 은행잎을 넣어두면 운치 있고 추억이라 생각되지만, 사실 은행잎에는 강력한 살균 작용이 있어 책에 좀이 슬지 않는다.

② 은행을 딸 무렵, 은행잎을 망대에 묶어 집 안에 놔두면 벌레, 특히 바퀴벌레가 서서히 사라진다.

③ 은행잎을 차로 달여 마시면 중풍에 좋다. 민간에서는 물 700~800ml에 말린 잎 10~12g을 넣어 중간불로 달인 후 1일 3회 정도로 10일 이상 마시면 중풍 치료에 유익하다고 본다. 또 은행잎차는 목이 쉬거나 티눈 치료에도 효과가 있다.

* 은행잎을 먹었을 때
은행잎에도 독이 있으므로 법제를 해서 사용하는 것이 좋다. 법제란 한방에서 약으로 사용하기 위해 처리하는 과정을 일컫는 말이다. 음력 6~7월경이 약성이 가장 좋으므로 그 무렵에 은행잎을 구해 농도 3%의 소금물에 담갔다가 3~4시간 후 물을 뺀다. 그런 다음 진하게 끓였다 식힌 감초 물에 은행잎을 하루 동안 담가두었다가 건져 헹구지 않고 말려서 사용하면 된다.

주요 산지	주요 영양 성분	효능	제철	고르는 법	보관 방법
양평 완도 광주 울산 대구	비타민 B군 비타민 E 플라보노이드 칼슘 단백질 철분 펙틴	야뇨증 치료 기침 · 가래 · 천식 완화 고혈압 · 현기증 · 폐 기능 향상 식욕 증진	9~10월	알이 고르고 깨끗하며 은행 특유의 냄새가 나는 것이 좋다	가능한 한 수분을 없앤 뒤 통풍이 잘되는 곳에서 보관한다.

것은 그래서다. 은행잎은 혈관을 넓히고 혈압과 혈중 콜레스테롤 수치를 떨어뜨리는 작용을 한다. 그래서 은행잎에서 추출한 성분이 기넥신·징코민 등 혈액순환 촉진 약으로 판매되고 있다. 그러나 열매를 장복(長服)하거나 너무 많이 먹으면 기(氣)가 돌지 않는다고 한의사들은 경고한다. 기가 뭉치면 성인은 답답해하고 어린이는 경기(驚氣)를 일으킬 수 있다.

날로 먹거나 한 번에 너무 많이 먹으면 두통·발열·알레르기 등 독성 증상이 나타나기도 한다. 이때는 감초 달인 물이 최상의 해독제이다. 삶은 은행의 열량은 100g당 180kcal로 견과류 중에서는 낮은 편에 속한다.

은행은 겉껍질을 벗긴 뒤 볶아서 먹는 것이 좋다. 은행을 호두·밤·생강·대추와 함께 달인 것이 오과차(五果茶)다. 평소 속이 차거나 추위를 잘 타는 사람이 오과차를 마시면 감기·기침·천식의 예방·치료는 물론 피부 미용에도 상당한 효과를 볼 수 있다.

망치는 이제 그만, 기상천외한 은행 까기 비법!

① 우유팩+전자레인지 : 우유팩에 은행을 넣고 입구를 오므린 후 전자레인지에서 2~3분 정도 가열한다. 이때 펑펑 소리가 나는데 이 소리가 들리지 않으면 전자레인지에서 꺼내 겉껍질과 속껍질을 제거한다.

② 은박 접시+프라이팬 : 은박 접시 두 개를 마주 보게 겹치고 그 안에 은행을 넣은 다음 프라이팬에 올려 가열한다.

④ 기름에 100일 정도 담가두기 : 무식하게 들리지만 효과는 좋다. 시간이 충분하다면 기름에 100일 동안 담갔다가 꺼내면 쉽게 은행을 깔 수 있다.

④ 밥솥에 찌기 : 밥솥에 은행을 넣고 고구마를 삶듯이 찌면 은행 까기가 수월하다.

은행을 넣은 일본식 계란찜 차완무시

(4인분) 닭다릿살 60g, 새우 4마리, 흰 살 생선살 40g, 생 표고버섯 2개, 은행 8개, 참나물 줄기 2대, 유자 1/4 개, 우스쿠치쇼유(일본식 국간장)·청주 1/2 작은술씩, 절임장(다시마 물 2컵, 맛술·우스쿠치쇼유 2큰술씩, 소금 1/3작은술), 달걀물(달걀 3개, 다시물 3컵, 맛술 2작은술, 소금 1/3작은술, 우스쿠치쇼유 1⅓작은술)

만들기

① 닭다리 살은 사방 1cm로 썰고 끓기 직전 물에 넣어 표면만 살짝 익힌다. 찬물에 담가 식힌 다음 물기를 제거하고 우스쿠치쇼유와 청주를 넣어 버무린다.
② 새우는 머리와 내장을 제거하고 끓기 직전 물에 넣어 표면만 살짝 익힌다. 찬물에 담가 식힌 다음 물기를 제거하고 껍질을 벗겨 3~4조각으로 썬다.
③ 흰 살 생선살은 4조각으로 잘라 끓기 직전 물에 넣어 표면만 살짝 익힌다. 찬물에 담가 식힌 다음 물기를 제거한다.
④ 냄비에 다시물, 맛술, 우스쿠치쇼유, 소금을 넣고 끓인 뒤 식혀 절임장을 만든다.
⑤ 생 표고버섯을 4~6조각으로 썰어 소금물에 데친다. 찬물에 담가 식힌 다음 물기를 제거하고 4의 절임장을 약간 넣어 절인다.
⑥ 은행은 소금물에 데친 뒤 찬물에 담가 식힌 다음 물기를 제거한다. 4의 절임장을 약간 넣어 절인다.
⑦ 참나물 줄기는 1.5cm 길이로 썬다.
⑧ 유자는 껍질만 벗겨 작게 모양내어 썬다.
⑨ 볼에 식힌 다시물, 맛술, 소금, 우스쿠치쇼유를 넣고 잘 섞어 달걀 물을 만든다. 다른 볼에 달걀을 잘 푼 다음 앞의 다시물을 넣은 후 잘 섞어 고운체에 거른다.
⑩ 달걀찜용 그릇에 1~7의 재료를 담은 뒤 9의 달걀 물을 붓는다. 표면의 기포를 제거하고 뚜껑을 덮어 강한 불에 3~4분, 약한 불에 8~10분간 찐다. 대나무 꼬치로 가운데를 찔러보아 투명한 물이 올라오면 익은 것이다.
⑪ 8의 유자 껍질을 고명으로 얹는다.

스님이 추천하는 웰빙 감기 예방 보양식
현미은행밥

현미·멥쌀 1/2컵씩, 은행10알, 물 1컵, 황기 1가닥

만들기
① 현미와 멥쌀은 깨끗이 씻어 30분 이상 불린다.
② 은행은 껍질을 벗겨 준비한다.
③ 밥에 1과 2를 섞어 넣고 물 1컵을 부은 후 황기를 넣어 밥을 짓는다.

호두　　　　　　　　　　　　　　Walnut

　　호두는 생김새가 뇌와 많이 닮았다. 그래서 고대 그리스에서는 머리에 난 상처를 치료할 때 호두를 썼다. 한방에서는 수험생이나 머리를 많이 쓰는 사람에게 권장한다. 머리가 좋아지려면 뇌 모양과 닮은 호두를 즐겨 먹어야 한다는 것이다. 이는 동물의 간이 간 건강에 유익하다는 한의학의 '동기상구(同氣相求)' 이론에 근거한 것이다.

　　실제로 호두에는 뇌 건강에 이로운 성분이 여럿 들어 있다. 뇌세포의 구성 물질 중 하나인 ALA(알파리놀렌산)이 풍부하다. 또 호두의 칼슘·레시틴 성분은 뇌와 신경을 강화하고 불면증·노이로제를 완화한다. 호두를 갈아서 차로 마시면 두뇌 발달과 숙면에 좋다.

　　미국인은 호두를 앞에 두고 뇌보다 심장을 먼저 떠올린다. 호두를 다른 각도에서 보면 심방과 심실로 나뉜 심장이 연상된다. 그래서인지 미국 등 선진국에서는 호두를 '심장 보약'으로 친다. 미국 식품의약청(FDA)은 2003년 호두나 호두가 함유된 식품의 라벨에 "하루 1.5온스(약 43g, 8개 정도)의 호두 섭취는 심장병 예방에 도움이 된다"라는 문구를 써넣을 수 있도록 허용했다. 호두가 심장 건강에 유익하다는 사실을 공식 인정한 셈이다. 호두가 심장 건강에 이로운 것은 ALA라는 지방 덕분이다. ALA는 꽁치·고등어 등 등 푸른 생선에 풍부한 DHA·EPA와 함께 오메가-3 지방 '삼총사'로 꼽힌다. 이들은 모두 혈관 건강에 유익한 불포화지방의 일종이다.

　　또 호두에 풍부한 아미노산인 아르기닌은 체내에서 산화질소의 생성을 돕는데 이 기체가 혈관을 확장시킨다. 호두에는 심장병 예방에 유익한 성분이 하나 더 있다. 장시간의 항공 여행에 따른 시차 극복에 효과적인 성분으로 널리 알려진 멜라토닌이다. 멜라토닌은 유해 산소를 없애는 항산화 성분이다. 따라서 혈관에 쌓인 유해 산소를 제거해 심장병 발생 위험을 낮춰준다. 미국에서는 호두를 즐겨 먹으면 혈중 멜라토닌 함량이 세 배 증가한다는 연구 결과를 발표했다.

　　호두는 2형(성인형) 당뇨병의 예방·치료에도 효과가 있다. 호두 등 견과류를 매주 5회 이상 먹으면 당뇨병 발생 위험이 20% 감소하는 것으로 알려져 있다. 미국당뇨협회(ADA)의 학술지인 〈당뇨병 케어(Diabetes Care)〉 2004년 12월호에는 "2형 당뇨병 환자가 평소 건강한 식습관을 유지하면서 매일 호두 한 움큼을 먹으면 혈중 콜레스테롤 수치가 개선되고 심장병 위험이 줄어든다"라는 연구 결과가 실렸다. 당뇨병 환자들에게 호두를 하루 8~10개(30g)씩 6개월간 섭취하게 했더니 혈관 건강에 해로운 LDL 콜레스테롤 수치는 10% 떨어지고 혈관

호두의 연인, 우유

호두는 우유와 궁합이 잘 맞는다. 호두와 우유를 같이 먹으면 고소함이 배가돼 맛도 좋아지지만 효과 또한 높아진다. 중국의 서태후는 불면증을 다스리기 위해 호두를 즐겨 먹었다고 할 정도로 호두는 숙면에 효과가 있다. 자기 전에 따뜻한 우유 반 잔과 호두 3~4개를 먹으면 우유의 칼슘 성분이 스트레스를 줄여주고 호두의 멜라토닌 성분 덕에 깊은 잠을 잘 수 있다. 숙면 외에도 호두의 오메가-3 지방은 슬픔이나 무기력증을 억제하는 데 효과가 있고 우유 역시 마음을 편하게 해주는 효과가 있어 우울증 예방에 도움이 된다. 결론적으로 호두와 우유는 최강의 연인인 셈이다.

주요 산지

천안
영동
상촌
김천
미국 캘리포니아

주요 영양 성분

알파리놀렌산
칼슘
레시틴
아르기닌
멜라토닌
비타민 A
비타민 B군
비타민 C
비타민 E
단백질

효능

두뇌 발달
피부 노화 방지
동맥경화 예방
불면증 해소
변비 예방

제철

9~10월

고르는 법

들었을 때 무게가 느껴지고 껍질이 온전한 것을 고른다. 작고 구멍이 뚫린 것은 벌레 먹은 것이므로 고르지 않는다.

보관 방법

가능한 한 껍데기가 있는 것을 구입해 바람이 잘 통하는 곳에 보관한다. 껍데기를 깐 것은 캔, 병 등 밀폐 용기에 담아 서늘한 곳에 보관한다.

건강에 이로운 HDL 콜레스테롤 수치는 올라갔다는 것이다.

호두의 원산지는 유럽이다. 지금은 미국 캘리포니아 주에서 전 세계 호두의 66%가 생산된다. 미국에서는 보통 8월 말에서 10월에 수확된다. 국산 호두도 있지만 그 비율은 미미하다.

여느 식물성 식품과는 달리 탄수화물 함량이 상대적으로 낮다는(100g당 12.6g) 것이 호두의 영양상 특징이다. 대신 단백질(15.4g)과 지방(66.7g)이 많이 들어 있다. 불포화지방에 대한 이해가 부족했던 과거에는 호두는 '나쁜 식품'이었다. 그러나 호두의 지방은 대부분 불포화지방이며 불포화지방은 혈관 건강에 오히려 이롭다는 사실이 밝혀지면서 인식이 180도 바뀌었다.

그러나 한 가지 기억할 것이 있다. 불포화지방도 나쁜 지방인 포화지방과 마찬가지로 1g당 9kcal의 열량을 낸다는 사실이다. 말린 호두 100g의 열량은 652kcal(볶은 것은 673kcal)에 달한다. 따라서 체중을 걱정한다면 하루에 한 줌(약 40g) 이상 먹는 것은 곤란하다. 하루에 두서너 개만 먹으라고 충고하는 학자도 많다. 또 '과도한' 지방이 소화에 부담이 될 수 있으므로 소화력이 약하거나 설사 증상이 있는 사람은 섭취량을 줄일 필요가 있다.

호두는 가능한 한 껍데기가 붙어 있는 것을 사서 바람이 잘 통하는 곳에 보관한다. 껍데기를 깐 것은 공기 중에서 산화되므로 캔·병 등 밀폐 용기에 담아 서늘한 곳에 둔다. 2~3개월이상 지나 곰팡이가 피거나 지방(기름)이 산화(산패)한 것은 먹어선 안 된다.

호두의 대표 웰빙 성분인 불포화지방도 산화하면 과산화지질이라는 '악당'으로 변하며 맛도 떨어진다.

내 가슴을 지켜주세요, 호두

호두가 유방암을 막는 데 탁월한 효과가 있다는 연구 결과가 발표되었다. 미국 웨스트버지니아 마셜 대학 의과대학의 하드먼 박사는 호두를 하루에 한 줌씩 먹으면 유방암 위험을 최고 50%까지 줄일 수 있다고 밝혔다. 호두에 들어 있는 오메가-3 지방이 바로 이 유방암 예방의 일등 공신인데 호두에는 이 오메가-3 지방이 고등어나 연어 같은 생선 못지않게 많이 들어 있다. 여자들에겐 정말 보물과 같은 견과임에 틀림없다.

맵지 않고 고소함은 2배로, 호두간장떡볶이

떡볶이 떡 100g, 호두 12알, 애호박 20g, 식용유 약간, 조림 양념(간장 1½큰술, 다진 파, 물엿·참기름 1 작은술씩, 통깨 약간)

만들기
① 떡볶이 떡은 찬물에 담가두었다가 건진 뒤 적당한 길이로 잘라 참기름에 버무린다.
② 호두는 끓는 물에 살짝 데쳐 이쑤시개로 속껍질을 벗긴 다음, 굵게 다진다.
③ 애호박은 얇게 반달 모양으로 썬다.
④ 달군 팬에 기름을 두르고 2, 3을 넣고 볶다가 1과 조림 양념을 넣고 조린다.

두뇌 발달 간식, 미니 호두 파이

호두 8개, 박력분 150g, 버터 100g, 설탕·아몬드 가루·슈거파우더 40g씩, 달걀 2개

만들기
① 박력분과 설탕을 체에 내린 다음 버터 60g을 넣고 손으로 비벼 부슬부슬하게 만든다.
② 1에 달걀 1개를 풀어 넣고 잘 섞어 반죽한 후 냉동실에 넣고 10분간 숙성시킨다.
③ 2를 밀대로 밀어 타르트 모양으로 만든 뒤 180℃로 예열한 오븐에 넣고 12분간 굽는다.
④ 아몬드 가루, 슈거파우더를 체에 내리고 팬에 녹인 버터 40g을 섞는다.
⑤ 4에 달걀 1/2개를 풀어 넣고 잘 섞은 다음 짤주머니에 넣는다.
⑥ 3에 5를 반 정도 채우고 호두를 얹어 200℃로 예열한 오븐에 넣고 10분간 굽는다.

올바른 냉장고 사용법

각종 식중독에 걸리지 않고 건강한 한 해를 보내려면 식중독 균이나 부패 세균이 활개치지 못하도록 해야 한다. 세균을 잡아 가두는 데 가장 효과적인 도구는 바로 필수 가전제품인 냉장고이다. 음식을 냉장고에 넣어둔다고 해서 식중독 균에서 안전한 것은 아니다. 그러나 세균의 활동력(증식과 성장)은 확실히 억제된다. 추운 곳에 가면 잔뜩 웅크린 채 지내는 것은 인간이나 세균이나 마찬가지다.

냉장고에 보관한 음식도 오래 두면 상한다. 식품의 냉장 보관 기간은 식품의 종류·상태마다 다르다. 먹다 남은 밥이나 생과일 주스 등은 냉장 보관 기간이 24시간을 넘겨서는 안 된다. 각종 가공식품의 포장지에는 유통기한과 함께 괄호 안에 보관 방법이 적혀 있다. 예컨대 2012년 6월 9일(냉장)이라고 쓰여 있다면 반드시 냉장고에 넣어 보관하되 9일까지 소비하라는 의미다. 식재료에 잘 보이도록 보관 가능 날짜를 기록해두고 오래된 것부터 먼저 소비한다.

냉장고가 채소·과일 등의 장기 보관에 매우 유용한 생활용품인 것은 사실이나 마트에서 산 식품을 모두 무조건 냉장고에 넣어버리는 것은 현명한 일이 아니다. 마트에 냉장 또는 냉동 진열돼 있던 식품이 아니라면 냉장고에 넣지 않는 것이 기본 원칙이다. 특히 채소는 쉽게 무르고 잘 상한다는 이유로 종류를 불문하고 일단 냉장고에 넣어두곤 한다. 그러나 냉장고에 보관해서는 안 되는 채소도 적지 않다.

과일은 채소보다 잘 상한다. 냉장실에 보관하되 가능한 한 빨리 먹는 것이 좋다. 덜 익은 과일은 다 익을 때까지 상온에 놓아두었다가 익으면 냉장고로 옮긴다. 채소도 냉장실에 보관하는 것이 원칙이나 예외도 있다. 채소의 물기가 없어져 마르는 것을 막으려면 뚜껑이 있는 용기·플라스틱 봉지나 냉장고의 채소 칸에 넣는다. 단, 파·오이·시금치·피망 등은 물기가 없이 보관한다.

냉장고 칸막이를 잘 활용하는 것도 식품의 신선도를 오래 유지하는 비결이다. 냉장고 안에서 공간이 가장 넓은 냉장실에는 음식을 용도별로 정리해둔다. 맨 위 칸에는 반찬류, 다음 칸에는 음식 재료·수박 등 큰 과일, 맨 아래 칸엔 김치·장류를 배치하는 것이 적당하다.

냉장고의 냉장실은 내부 공간의 70%가량만 채우는 것이 적당하다. 가득 채우면 냉기가 골고루 전달되지 않아 냉장실 온도가 올라간다. 반면 냉동실은 가능한 한 가득 채워야 급격한 온도 변화를 줄일 수 있다.

냉장고를 사용할 때 주의할 점이 몇 가지 있다. 우선 뜨거운 음식을 바로 냉장고에 넣는 것은 금물이다. 음식의 열이 냉장고 안에 든 다른 음식의 온도를 높이기 때문이다. 음식을 식히는 동안에는 그릇을 비스듬히 해서 김이 빠져나가게 한다. 이때 음식에 벌레가 들어가지 않도록 깨끗하고 마른 무명천으로 덮어둔다.

냉장고 문을 되도록 자주 열지 않는 것도 중요하다. 10초간 열었을 때 원래 온도로 되돌아가는 데 10분이 걸린다. 냉장고에 둔 식품과 식품 사이는 적당히 띄워서 찬 공기가 잘 순환되도록 한다. 냉장고의 냄새를 제거하는 데는 탈취제·원두커피 찌꺼기·녹차 잎·떡갈나무 잎 등이 효과적이다.

요즘 출시되는 냉장고의 평균 수명은 10년 이상이다. 산 지 얼마 안 돼 소음이 심하거나 성에가 많이 생긴다면 설치가 잘못됐거나 간단한 고장이 났을 가능성이 높다. 냉장력이 떨어지는 가장 흔한 원인은 냉매 가스를 압축시키는 핵심 부품인 컴프레서의 고장이다. 컴프레서는 수십만 원대의 고가 부품이므로 고장 나면 수리해서 쓸 것인지, 새로 살 것인지 따져보는 게 좋다.

냉장고를 잔 고장 없이 오래 쓰려면 설치 장소를 잘 택해야 한다. 냉장고 뒤쪽 아랫부분(기계실)이 환기가 잘돼야 냉각 능력이 좋아지고 제품에 무리가 가지 않으므로 벽에서 10cm쯤 떨어진 곳에 설치하는 것이 원칙이다. 반면 보일러·난방기 근처·꽉 막힌 구석·직사광선이 비치는 곳 등 열이 발생하는 곳은 냉장고를 설치하기에 부적절한 장소이다. 너무 축축하거나 차가운 곳도 피해야 한다. 냉장고 위에 물건을 얹어두거나 장식용 커버를 씌우거나 냉장고 문에 자석 장식물을 붙이는 것도 백해무익이다. 냉장고의 방열(放熱)을 방해해 성능을 떨어뜨릴 뿐이다.

냉동실

남은 밥 : 한 번에 먹을 양만큼 1~2cm두께로 랩에 싼 뒤 냉동실에 보관. 전자레인지로 해동해 먹으면 열이 골고루 퍼져 맛이 새로 지은 밥 같다.

빵 · 떡 : 냉장 · 냉동실 모두에 보관 가능하다. 냉장실에 넣으면 부드러움이 없어지나 냉동실에서는 질적인 저하 없이 오래 보관할 수 있다.

생강 : 껍질을 벗긴 뒤 비닐봉지에 넣어 냉동실에 보관한다.

바나나 : 너무 익은 바나나는 껍질을 벗기고 속만 비닐 팩에 넣어 냉동실에 보관한다.

냉동식품 : 해동할 때는 반드시 필요한 만큼만 해동하고 남은 부분은 비닐 팩에 넣어 냉동실에 보관한다.

냉동실 도어포켓

콩 · 팥 · 깨 등 여러 잡곡류

Tip 각종 식품의 냉동 보관 기간

(냉동실에 보관 시 식품의 질을 어느 정도 유지할 수 있는 기간)

과일 · 채소 : 8~12개월
육류(훈제품) : 1개월
버터 · 마가린 : 2개월
조리한 육류 · 닭고기 : 2~3개월
다진 고기 · 스튜 : 3개월
닭튀김 : 4개월
돼지고기 : 4~8개월
닭고기 : 6~12개월
쇠고기 : 8~12개월

냉장실

고춧가루 · 밀가루 : 냉장실에 보관해야 벌레가 생기지 않는다. 고춧가루는 잘 싸서 냉동실에 넣어두면 고유의 색이 잘 유지된다.

두부 : 깨끗한 물을 부은 큰 대접에 담아 냉장실에 보관한다. 살짝 데치면 더 오래 보관 가능.

셀러리 · 파슬리 : 빈 병에 잎이 잠기지 않을 만큼 물을 넣고 다발째 담근 뒤 뚜껑을 덮어 냉장실에 보관한다.

파 : 물기를 뺀 뒤 종이에 둘둘 말아 냉장실에 보관한다. 잘게 썬 것은 밀폐 용기에 넣어 냉동실에 보관한다.

호박 : 씨와 내용물을 긁어내고 랩으로 싸서 냉장실에 보관한다.

마늘 : 껍질을 벗긴 것은 밀폐 용기에 담아 냉장실에 보관한다. 껍질을 벗기지 않은 것은 비닐 팩에 넣어 냉장실에 보관한다.

사과 : 다른 채소와 닿지 않도록 하나씩 종이에 싼 뒤 비닐봉지에 넣어 냉장실에 보관한다.

통조림 : 개봉한 뒤엔 반드시 다른 용기에 옮겨 밀봉해 냉장실에 보관한다.

냉장실 도어 포켓

계란 · 잼 · 케첩 · 꿀 · 땅콩버터 · 장아찌 · 마요네즈 & 물병 · 음료 : 일단 개봉 후엔 냉장실에 보관한다. 곰팡이가 생기는 것을 막기 위해서다. 도어 포켓은 냉장실에서 가장 온도가 높은 곳이므로 변질 위험이 비교적 적은 것을 둔다.

신선 칸

육류 · 생선 · 치즈 · 버터 · 햄 · 소시지 : 신선 칸은 냉장실에서 온도가 가장 낮다(-1~1℃). 채소나 과일보다는 상하기 쉬운 육류 · 생선, 변질되기 쉬운 치즈 · 버터 · 햄 · 소시지를 보관하기에 가장 좋은 곳이다.

채소 칸

시금치 : 물을 뿌린 종이에 싸거나(흙이 묻은 것) 비닐 팩에 넣어(깨끗이 씻은 것) 냉장고의 채소 칸에 보관한다. 이때 세워서 보관해야 노화가 지연된다.

상온

감자 : 껍질을 벗긴 감자는 식초 몇 방울을 섞은 물에 담가두면 3~4일은 변색되지 않고 맛도 고스란히 유지된다. 껍질을 벗기지 않은 감자는 구멍 뚫린 불투명 봉지에 담아 서늘한 곳에 보관한다.

고구마 · 호박 : 낮은 냉장 온도에서는 호흡을 잘 하지 못하므로 냉장고에 넣으면 오히려 빨리 부패한다. 이 두 식물의 보관에 알맞은 온도는 약 15℃이므로 자르지 않은 상태로 집 안의 서늘한 곳에 두면 꽤 오래 보관할 수 있다.

오이 · 가지 : 7~10℃에 보관하는 것이 적당하다. 굳이 냉장고에 넣는다면 냉해를 입지 않도록 신문지로 싸 비닐에 넣은 뒤 보관한다.

토마토 : 먹기 직전에 냉장고에 잠깐 넣어두었다가 차가워졌을 때 꺼내 먹는 것이 좋다. 잘 익은 빨간 토마토는 바로 냉장고에 넣어도 무방하나 푸른 토마토 등 덜 익은 과일은 실온에서 보관하다가 빨갛게 익은 뒤에 냉장고로 옮겨야 한다.

바나나 · 파인애플 · 멜론 · 피망 : 바구니에 담아 바람이 잘 통하는 서늘한 곳에 보관하면 된다. 바나나는 냉장고에 넣으면 검게 변한다. 시원하게 먹으려면 한 번 먹을 분량만큼만 먹기 직전에 냉장고에 넣었다가 차가워지면 꺼내 먹는다.

당근 : 씻지 않은 채 종이에 싸서 보관한다.

콩나물 · 숙주 : 사 온 즉시 깨끗이 씻어 물에 담가두는 것이 좋다.

양파 : 습기가 차면 상하기 쉬우므로 망에 담아 통풍이 잘되는 곳에 매달아둔다.

무 : 사 온 즉시 잎을 떼어내는 것이 좋다. 잎을 그대로 두면 신선도가 떨어지기 때문이다.

채소와 식중독

2011년 미국에서 발생한 최악의 식중독 사고의 주역은 멜론이었다. 리스테리아 균에 오염된 멜론이 수십 명의 희생자를 발생시켰다. 같은 해 유럽에서 터진 병원성 대장균 식중독 사고의 원인 식품으로도 처음에는 오이, 나중에는 콩싹이 지목됐다. 1996년 일본에서 발생한 병원성 대장균 O-157 사건 때는 무싹이 원인 식품이었다. 2006년에는 시금치에 O-157이 오염돼 미국 내 26개주에서 199명이 집단 발병했고 이 중 세 명이 사망하는 사고도 발생했다.

"미국인이 쓰는 1달러 중 25센트는 미국 식품의약국(FDA)의 규제나 허가를 받아야 하는 제품 구입에 지출된다"라는 말이 있다. 미국인의 소비생활 중 4분의 1을 FDA가 관장하는 셈이니 그 위상을 알 만하다.

100년 이상의 역사(1906년 설립)를 자랑하는 FDA를 최대 위기로 몰아넣은 것도 땅콩버터였다. 2009년 발생한 땅콩버터의 살모넬라 균(식중독균의 일종) 오염사고는 FDA에 대한 미국 사람의 신뢰를 크게 떨어뜨렸다.

육류·어패류 등 동물성 식품만 식중독을 일으키는 것은 아니다. 최근 몇 년 새 미국에서 대형 식중독 사고를 유발한 식품 리스트를 보면 땅콩버터·토마토·캔털로프·시금치 등 식물성 식품이 오히려 더 많다. 식중독균(세균)은 5대 영양소 중 단백질을 특히 좋아한다. 육류 등 단백질 식품(동물성 식품)이 식중독 사고에 자주 연루되는 것은 이래서이다. 채소·과일·곡류 등에 풍부한 탄수화물(식물성 식품)은 식중독균이 선호하지 않는 영양소다. 식물성 식품을 먹은 뒤 식중독에 걸렸다면 십중팔구는 동물성 식품에 든 식중독균이 식물성 식품에 옮겨진 탓이다. 이런 전파는 동물(야생동물 포함)의 분변이나 사람(주로 농장 관리인)의 오염된 손이나 관개용수, 칼·도마 등에 의한 교차 오염을 통해 이뤄진다.

전 세계적으로 채소·과일 등 식물성 식품을 통한 식중독이 흔해지는 것은 우리에게 시사하는 바가 크다. 한국인은 채소 특히 쌈 채소를 즐겨 먹기 때문이다. 동물성 식품에 의한 식중독은 가열·조리로 예방 가능하다. 거의 모든 식중독균이 열에 약해서다. 그러나 채소·과일 등 식물성 식품은 열을 가하지 않고 대개 생으로 먹기 때문에 대처가 훨씬 까다롭다. 채소·과일을 물로 여러 번 씻어 내거나 과일 세제로 소독해도 식중독균을 100% 제거할 수는 없다. 소비자가 아무리 조심해도 식물성 식품에 의한 식중독을 원천적으로 막기란 불가능하다. 우리 식품안전 당국이 채소·과일에 의한 식중독 대책을 서둘러야 하는 이유다.

농약 문제

일반 소비자에게 잔류 농약은 식중독 균보다 훨씬 큰 공포감으로 다가온다. 그 때문인지 재배 과정에서 농약을 사용하지 않았다는 '유기농 식품'이 고가임에도 판매가 지속적으로 늘어나고 있다.

채소·과일·곡류 등 식재료에 농약이 지나치게 많이 묻어 있다면 조리하는 사람의 손 등에 접촉성 피부염을 일으킬 수 있다. 농약은 또 사람의 면역력을 떨어뜨린다. 감기에 잘 걸리게 하고 피로를 쉬 느끼게 한다. 농약 중에는 발암물질로 의심되는 것도 상당수다. 극소량의 농약이라도 장기간(10~30년) 섭취하면 암의 원인이 될 수 있다.

잔류 농약의 섭취를 최대한 줄이는 방법은 무엇일까? 마트에서 유기농산물 마크나 유기농 가공식품 마크가 붙은 식품을 사서 먹으면 잔류 농약을 섭취할 가능성이 줄어든다. 식품을 구입할 때 겉모습만 보고 고르지 않는 것도 중요하다. 채소의 벌레 먹은 흔적은 농약을 사용하지 않았다는 증거이다. 반면 겉모습이 너무 싱싱하고 때깔이 좋으면 일단 농약 사용을 의심한다. 마트에서 사 온 채소·과일·곡류 등 농산물을 잘 씻어 먹기만 해도 잔류 농약의 폐해에서 벗어날 수 있다. 채소·과일·곡류를 잘 씻으면 농약 잔류량이 크게 감소하는 것은 요즘 보급된 농약의 대부분이 농산물의 내부로 침투하지 않고 표면에만 머물러 있기 때문이다.

농촌진흥청이 이와 관련된 의미 있는 연구 결과를 발표한 바 있다. 상추·배추 등 잎채소를 고인 물에서 2~3회(물을 교체) 씻어냈더니 잔류 농약이 80% 이상 감소했다는 것이었다. 물에 담가 여러 번 씻는 것이 흐르는 물에 한 번 씻는 것에 비해 많게는 두 배까지 잔류 농약 제거 효과가 높았다고 한다. 물에 소금이나 주방용 중성세제를 넣어 채소를 씻으면 효과가 더 높아진다. 농촌진흥청의 연구에선 또 채소를 데치기만 해도 잔류 농약이 65% 이상 제거되는 것으로 밝혀졌다. 채소를 볶거나 국에 넣어 끓이는 과정에서도 잔류 농약이 날아간 것으로 확인됐다. 따라서 채소 등을 가열할 때 조리용기의 뚜껑을 열어두는 것이 좋다. 채소 등의 발효 과정에서도 잔류 농약은 크게 줄어든다. 발효 미생물에 의해 농약이 분해되기 때문이다. 얼갈이배추와 열무로 김치를 담가봤다. 잔류 농약은 소금에 절이고 세척하는 과정에서 55% 이상, 발효과정에서 70~91% 감소했다.

잔류 농약에서 자신과 가족을 보호하려면 과일은 되도록 껍질을 벗겨 먹는 것이 좋다. 과일의 껍질에는 안토시아닌 등 웰빙 성분이 많이 들어있지만 잔류 농약을 우려하는 사람에게 껍질째 먹으라고 권하기도 힘든 것이 현실이다. 딸기는 샤워 꼭지를 통해 나오는 물에 5분 이상 씻어 먹는 것이 좋다.

농약은 농작물을 각종 벌레와 병에서 지키기 위한 물질이다. 영어로는 'pesticide'인데 '해충을 죽인다'라는 뜻이다. 농작물을 해치는 해충을 죽이는 살충제, 세균과 곰팡이를 없애는 살균제, 잡초를 없애는 제초제 등이 농약으로 분류된다. 농작물의 생리 기능을 증진시키는 성장촉진제, 반대로 방해하는 발아억제제 등도 농약에 포함된다. 씨 없는 포도를 만드는 데 쓰는 식물호르몬 등 식물 성장 조절제도 농약이다.

우리나라 소비자는 잔류 농약에 매우 민감하다. 식품 안전을 위협하는 여러 위해 요소 가운데 농약에 대한 공포가 가장 크다. 식품의약품안전청이 2009년 7월 전국 17세 이상 남녀 1050명을 대상으로 실시한 잔류 농약에 대한 소비자 인식 조사 결과에 따르면 응답자의 87.6%가 식품 중 잔류 농약에 대한 불안감과 우려를 나타냈다. 그러나 실제 잔류 농약으로 건강상 피해를 입을 가능성은 적다. 식약청이 2009년 국내 유통되는 국산·수입 농산물 10만여 건을 자연 상태에서 검사한 결과 99.1%가 잔류 허용 기준에 적합했다. 이처럼 일반인의 우려와는 달리 농작물의 농약 잔류량은 대부분 허용 기준 내에 있다. 이는 농약이 비바람·태양·미생물·공기 중 산소 등에 의해 자연적으로 분해되거나 자체 분해되기 때문으로 여겨진다.

설령 일시적으로 농약 잔류 허용 기준을 초과한 농산물을 섭취하더라도 건강상 문제가 일어나는 것은 아니다. 대부분의 농산물은 섭취하기 전 세척 또는 조리 등의 과정을 거치므로 상당량이 제거된다. 그러나 ppm(mg/kg) 단위가 아닌 다량의 농약을 섭취하면 중독증이나 사망 등 심각한 상황을 맞을 수 있다.

바른 식품 정보 전하기

최근 세계적인 의학 저널 〈란셋〉의 편집장인 영국의 리차드 호튼 박사를 만나 이런 대화를 나눈 적이 있습니다.

"얼마 전 세계 최고의 의학 저널로 공인된 〈뉴잉글랜드의학저널(NEJM)〉에선 '소금을 덜 섭취하는 것이 오히려 건강에 나쁘다'는 일반인의 상식과 반하는 연구 결과가 실렸던데요. 대중은 헷갈립니다."

그랬더니 호튼 박사는 "일반인들은 절대 한 편의 논문만을 그대로 믿어선 안 됩니다. 소금 섭취량을 줄이면 고혈압 위험이 감소하는 등 보건상의 이익이 있다는 것이 현재까지의 결론입니다."

의식주에서 가장 중요한 것이 역시 식(食)이겠지요? 잘 먹으면 맛과 영양은 물론 건강까지 챙길 수 있습니다. 그런데 문제는 온라인과 오프라인을 통해 쏟아져 나오는 엄청난 식(食) 관련 정보들 가운데 과학적으로 검증되지 않았거나 과장, 허위, 의도된 것이 수두룩하다는 것입니다. 심지어는 유명 학술저널에 실린 연구 결과라 하더라도 다 진실은 아닙니다.

이처럼 수많은 정보들 가운데 믿을 만한 것들을 선정해 대중에게 알려주는 일이 미디어의 역할이라 생각합니다. 지난 16년간 식품의약전문기자로 일하면서 나름대로 체득한 식품과 건강 정보의 선택 기준을 가지고 독자들에게 바른 식품 정보들을 전하는 것이 이 책의 저술 동기입니다. 밥상에 오르는 여섯 종류의 식품들(곡물·채소·과일·육류·유제품·생선) 가운데 먼저 식물성 식품 세 가지를 책에 담았습니다. 기회가 닿는다면 나머지 동물성 식품 셋과 관련된 책도 완성하고 싶습니다.

끝으로 이 책을 기획하고 열심히 도와준 디자인하우스 장다운 님을 비롯해 박병량 님, 박납순 님, 하성숙 님, 박하연 님, 이영은 님, 임경숙 님, 하상도 님, 서현창 님, 박혜경 님, 박선희 님, 김경수 님, 오상우 님, 김경주 님, 박홍균 님, 배종화 님, 강현욱 님, 박선순 님, 박진호 님, 박원호 님, 박정원 님, 김영식 님, 박성연 님 등께 깊은 감사를 드립니다.

2012년 1월 1일 아침 박태균

내 몸을 살리는 곡물 · 과일 · 채소

1판 1쇄 펴낸날	2012년 2월 1일
1판 2쇄 펴낸날	2012년 5월 1일

지은이	박태균
펴낸이	이영혜
펴낸곳	디자인하우스
	서울시 중구 장충동2가 162-1 태광빌딩
	우편번호 100-855 중앙우체국 사서함 2532

대표전화	(02) 2275-6151
영업부직통	(02) 2263-6900
팩시밀리	(02) 2275-7884, 7885
홈페이지	www.design.co.kr
등록	1977년 8월 19일, 제2-208호

편집장	김은주
편집팀	장다운, 전은정
디자인팀	김희정, 김지혜
마케팅팀	도경의
영업부	김용균, 오혜란, 박예지
제작부	이성훈, 민나영
디자인	박우혁
디자인 도움	설하영
편집 도움	김다래
교정 · 교열	이정현
출력 · 인쇄	신흥 P&P

Copyright ⓒ 2012 by 박태균
이 책은 저자 박태균과 (주)디자인하우스의 독점 계약에 의해 출간되었으므로 이 책에 실린 내용의
무단 전재와 무단 복제를 금합니다.
이 책에 사용된 사진과 일러스트 등은 (주)디자인하우스에서 발행하는 잡지인 〈행복이 가득한 집〉,
〈맘 앤 앙팡〉, 〈멘즈헬스〉, 〈럭셔리〉 등에서 발췌하였습니다. (주)디자인하우스의 저작권 계약에 따라
사용하였으며, 일부 저작권이 해결되지 않은 자료에 대해서는 연락이 닿는 대로 정식 동의 절차를
밟겠습니다. 이 책이 만들어질 수 있도록 도움을 주신 많은 분들께 진심으로 감사드립니다.
(주)디자인하우스는 김영철 변호사 · 변리사(법무법인 케이씨엘)의 법률자문을 받고 있습니다.

값 15,000원

ISBN 978-89-7041-577-2